Nicola Kluftinger

MIT DEM WOHNMOBIL NACH POLEN

Teil 1: Der Norden

Die Anleitung für einen Erlebnisurlaub

DER WOHNMOBIL-VERLAG
D-98634 Mittelsdorf/Rhön

Bibliografische Information Der Deutschen Bibliothek

Die Deutsche Bibliothek verzeichnet diese Publikation in der Deutschen Nationalbibliografie.
Detaillierte bibliografische Daten sind im Internet über <http://dnb.ddb.de> abrufbar.

Herzlichen Dank den vielen Helfern:

Der Familie Breidenbach für die gute WOMO-Polen-Nord-Buchvorlage, Frank, Lotte und Paulina fürs tapfere Mitreisen, Rückenfreihalten und Korrekturlesen, Andrea und Finja für den furchtlosen Umgang mit Wolfis Eigenheiten und die tolle Reisebegleitung, Wolfgang für die Überlassung des alten Schätzchens, Svenja für den aufmunternd-kritischen Profiblick und die viele, viele Zeit. Ebenso Stephanie, Jule, Paula, Beata fürs Korrekturlesen, Kasten-Schreiben, Johannes und Günter für die Bildbearbeitung, die technische Unterstützung und die gestalterischen Tipps sowie Andrea und Stefanie für den letzten kritischen Blick über die Druckdaten.

Ohne euch hätte ich das nicht geschafft!

Titelbild: Schloss Malbork (Tour 11)

Innentitel: Am Strand von Piaski (Tour 5)

Fotos: Autorinnenbild Andrea Freimüller,
alle weiteren Fotos und alle Karten von der Autorin.

4. komplett erneuerte und erweiterte Auflage 2017

Druck:
www.schreckhase.de

Vertrieb:
GeoCenter, 70565 Stuttgart

Herausgeber:
WOMO-Verlag, 98634 Mittelsdorf
Position: N 50° 36' 38.2" E 10° 07' 55.6"

Fon: 0049 (0) 36946-20691
Fax: 0049 (0) 36946-20692
eMail: verlag@womo.de
Internet: www.womo.de

Autoren-eMail: Kluftinger@womo.de

ISBN 978-3-86903-614-4

Über 500 km feinster Ostseestrand warten auf Sie!

EINLADUNG

Seit über 20 Jahren lebe ich mit Familie in Berlin.
In diesen Jahren haben wir immer wieder den ein oder anderen Städtetripp in unser Nachbarland Polen unternommen. In den letzten drei Sommern sind wir für mehrere Wochen durch das wunderschöne, landschaftlich abwechslungsreiche Land gereist. Polen mit seinen gastfreundlichen Menschen ist ideal für einen Womo-Urlaub.
Neben zahlreichen Naturschönheiten, aufwändig restaurierten Städten, interessanten Zeugnissen der Geschichte sowie unzähligen kulturellen Highlights sind es die Wälder voller Pilze und Heidelbeeren, die Wanderungen entlang wildzerklüfteter Naturstrände oder die günstige, leckere Hausmannskost, die uns das Reisen im Nachbarland so angenehm machen.
Folgen Sie uns entlang der über 500 km langen Ostseeküste, in die kaschubische Schweiz, zu den Seen in Masuren, zum weltweit größten Backsteinschloss in Malbork, oder genießen Sie den Bummel durch reizvolle Städte wie Gdańsk, Toruń, Warszawa oder Poznań.
Radeln, wandern, paddeln oder entspannen Sie in wunderschöner Natur. Erfreuen Sie sich an der Aussicht von hohen Wanderdünen oder Leuchttürmen.
Inzwischen sind wir oft ins Nachbarland gereist und laden auch Sie ein, mit uns ein interessantes, vielseitiges Land der Europäischen Union zu erkunden, in dem es noch so einiges zu entdecken gibt …

Sehr geehrter Leser, lieber WOMO-Freund!

Reiseführer sind für einen gelungenen Urlaub unverzichtbar – das beweisen Sie mit dem Kauf dieses Buches. Aber aktuelle Informationen altern schnell, und ein veralteter Reiseführer macht wenig Freude.
Sie können helfen, Aktualität und Qualität dieses Buches zu verbessern, indem Sie uns nach Ihrer Reise mitteilen, welchen unserer Empfehlungen Sie gefolgt sind (freie Stellplätze, Campingplätze, Wanderungen, Gaststätten usw.) und uns darüber berichten (auch wenn sich gegenüber unseren Beschreibungen nichts geändert hat).
Bitte füllen Sie schon während Ihrer Reise das Info-Blatt am Buchende aus und senden Sie es uns sofort nach Ihrer Rückkehr zu (per Brief, Fax oder formlos als eMail). Dafür gewähren wir Ihnen bei Ihren nächsten Buchbestellungen direkt beim Verlag ein Info-Honorar von 10%.
Bitte schreiben Sie evtl. Korrekturen auch in unser Forum unter: forum.womoverlag.de

Um die freien Übernachtungs- und Campingplätze auf einen Blick erfassen zu können, haben wir diese im Text in einem Kasten nochmals farbig hervorgehoben und, wie auf den Karten, fortlaufend durchnummeriert. Wir nennen dabei wichtige Ausstattungsmerkmale und geben Ihnen eine kurze Zufahrtsbeschreibung. "Max. WOMOs" soll dabei andeuten, wie viele WOMOs dieser Platz maximal verträgt und nicht, wie viele auf ihn passen würden (schließlich gibt es auch Einwohner und andere Urlauber)!
Übernachtungsplätze mit **B**ademöglichkeit sind mit hellblauer Farbe unterlegt. **W**anderparkplätze sind grün gekennzeichnet. **P**icknickplätze erkennen Sie an der violetten Farbe. Auf Schlafplätzen, denen die gerade genannten Merkmale fehlen – also auf einfache **S**tellplätze – weist die Farbe Gelb hin. Empfehlenswerte **C**ampingplätze haben olivgrüne Kästchen. Wanderungen, die wir Ihnen besonders ans Herz legen möchten, haben wir hellgrün unterlegt.

Und hier kommt das Kleingedruckte:
Jede Tour und jeder Stellplatz sind von uns meist mehrfach überprüft worden, wir können jedoch inhaltliche Fehler nie ganz ausschließen. Bitte achten Sie selbst auf Hochwasser, Brandgefahr, Steinschlag und Erdrutsch!
Verlag und Autoren übernehmen keine Verantwortung für die Legalität der veröffentlichten Stellplätze und aller anderen Angaben. Unsere Haftung ist, soweit ein Schaden nicht an Leben, Körper oder Gesundheit eingetreten ist, ausgeschlossen, es sei denn, unsere Verantwortung beruht auf Vorsatz oder grober Fahrlässigkeit.

INHALTSVERZEICHNIS

Zur Einstimmung ...

Dass auch wir unser direktes Nachbarland erst vor ein paar Jahren als Reiseland entdeckt haben, erwähnte ich bereits. Doch nicht nur uns geht es so! Bei der Ankündigung unseres Urlaubsziels sehen wir erstaunte Gesichter und hören zweifelnde Stimmen.
Dabei bietet das Land, das bereits seit 2004 zur Europäischen Union gehört, die Möglichkeit sehr abwechslungsreichen, entspannenden und preisgünstigen Urlaub zu machen.
Der Beitritt zur EU im Jahre 2004 hat Polen Schwung verliehen. Überall wird gebaut und renoviert, Straßen und ganze Stadtzentren wieder hergestellt. Zahlreiche Sehenswürdigkeiten, aber auch tolle Naturlandschaften, sind zu besichtigen.

Fast jeder hat schon von den über **500 km Küstenlinie** gehört, die mit ihrer teilweise unberührten Natur sehr beeindrucken. Auch die Masurische Seenplatte ist den meisten ein Begriff, aber wusste Sie, dass es im **Białowiesża-Nationalpark,** nahe der weißrussischen Grenze, riesige Urwälder mit freilebenden Wisenten gibt? Oder dass Sie an den Küsten tatsächlich mit etwas Glück Bernstein finden können?
Neben der schönen Natur haben uns zahlreiche sehenswerte Städte imponiert. Allen voran **Warszawa** mit seinen modernen Museen, der großen Alt- und Neustadt und den vielen einladenden Cafés und Restaurants. Aber auch **Poznań, Toruń** oder **Gdańsk** mit perfekt restaurierten Altstädten sind alleine schon eine Reise wert.
Für uns gehört zu einem gelungenen Urlaub, die Küche des Landes zu erkunden. Und da man diesbezüglich in Polen nicht enttäuscht wird und sich das Ausgehen auch noch leisten kann, haben wir das ausgiebig getan. Versuchen Sie Pierogi, die köstlichen, gefüllten Teigtaschen, Bigos, Żurek (eine leckere, saure Mehlsuppe) oder an der Küste natürlich frischen Fisch, oft direkt vom Kutter.
Mehr zum polnischen Essen und Trinken oder auch speziell zum Bier finden Sie bei den **Tipps von A-Z**.
Unter „**Sprache**" haben wir ein paar einfache Begriffe und Sätze für Sie notiert. Oft wird man Sie in Polen auch auf Deutsch oder Englisch verstehen, aber die Freude über einige Worte auf Polnisch von Ihrer Seite ist groß und ein paar Broken sind in kleinen Orten durchaus hilfreich.
In der **Rubrik Tipps von A-Z** finden Sie zudem Wissenswertes über **Straßenverhältnisse**, **Geschwindigkeitsbegrenzungen, Aktivitäten, Camping, Geschichte** und **Landeskunde, Literatur** und **Karten, Feiertage** sowie ein **Ortsregister.**

Dieses Buch ist, wie alle Bücher der WOMO-Reihe, übersichtlich in Touren gegliedert.
Natürlich konnten wir nicht alle Regionen bis in den letzten Winkel auskundschaften, auch ist unsere Auswahl subjektiv und zum Beispiel Stadtbesichtigungen oder Beschreibungen von Bau- und Kunstdenkmälern können nur angerissen werden. Viele Ortschaften haben Touristenbüros (IT), in denen Sie sich mit Infomaterial und Karten versorgen können.
Wir beschreiben für Sie in unseren einzelnen Touren zahlreiche **Stellplätze** und nennen ausgewählte **Camping-, Bade-**, und **Picknickplätze**, die Ihnen außer der Übernachtungsmöglichkeit (freies Stehen) mehr Möglichkeiten als reine Stellplätze bieten. Außer einer Beschreibung der Ausstattung, die Sie im jeweiligen Kasten finden, erwähnen wir auch, ob der Platz im Ort oder eher einsam liegt. Und nicht zuletzt erklären wir ihnen, wie Sie anhand von **GPS-Koordinaten** dorthin gelangen. Da unsere Plätze nicht immer an Straßen liegen, die auch im GPS-Netz erfasst sind, haben wir versucht die Zufahrt genau zu beschreiben. Bitte beachten Sie, dass wir keine vollständige Auflistung aller möglichen Plätze an einem Ort bzw. in einer Stadt erreichen wollten, sondern lediglich die Plätze aufführen, die wir entweder persönlich ausprobiert, aufgesucht oder empfohlen bekommen haben (beispielsweise als Tipp von Lesern).

Auf die Angabe von Kosten zu den einzelnen Plätzen haben wir bewusst verzichtet, da diese zum Zeitpunkt Ihrer Reise eventuell schon nicht mehr aktuell wären. Sämtliche Plätze unterliegen natürlich auch dem Risiko, zugebaut, versperrt, geschlossen oder durch andere Umstände unattraktiv zu werden. Wir freuen uns daher, wenn Sie uns von Ihren Erfahrungen berichten und bemühen uns, diese weiter zu geben. Gerne dürfen Sie

uns ebenso Ihre Reiseerfahrungen oder Verbesserungsvorschläge mitteilen. Einen Vordruck dazu finden Sie am Ende des Buches oder Sie schicken eine Mail an kluftinger@womo.de. Ihre Aktualisierung finden Sie auf www.forum-womoverlag.de

Zwar gibt es inzwischen in Polen zahlreiche Campingplätze, jedoch noch keine perfekte Infrastruktur für Wohnmobile. So ist zum Beispiel die Ver- und Entsorgung nicht immer ganz einfach, Entsorgungsstationen für große Mobile findet man kaum. Frischwasser bekommt man grundsätzlich auch an Tankstellen und sofern Sie dort sowieso tanken, wird Ihnen auch das Wasser nicht verwehrt werden. Zudem ist die Entsorgung einer Kassettentoilette vorsichtig auch über ein öffentliches WC zu bewerkstellen.
Wer **Campingplätze** bevorzugt, sollte sich auf jeden Fall eine Karte mit allen polnischen Campingplätzen besorgen (kostenlose Karte des PFCC), einen Camping-Führer mitführen oder im Netz recherchieren (siehe Adressen, Tipps A-Z). Wir erwähnen zwar viele Plätze, wählen aber eher nach landschaftlich reizvollen Standorten, als nach perfekter Sanitärausstattung aus. Generell sind die Campingplätze deutlich günstiger als in Deutschland oder anderen Teilen Europas, teilweise aber vor allem im Sommer sehr gut besucht und recht eng. Aber es wird gerne improvisiert und versucht, Ihnen ein Plätzchen frei zu machen. Auch bei sonstigen Fragen oder Problemen, hat man uns immer sehr fürsorglich weitergeholfen.
Vor jede Tour haben wir eine **Karte** gesetzt, so dass Sie sich leicht orientieren können. Eine professionelle Straßenkarte sollte unsere Karte aber auf keinen Fall ersetzen. In der hinteren Umschlagklappe ist eine **Übersichtskarte** mit allen Touren abgedruckt.

Noch etwas zur Bezeichnung der Orte: Wir beschreiben Dörfer und Städte im nördlichen Polen und benutzen daher in unseren Texten und Karten die polnischen Namen. Sehenswürdigkeiten jedoch sind aus Gründen der besseren Lesbarkeit in Deutsch aufgeführt, die polnischen Namen häufig in Klammern. Ein See ist in Polen ein *jezioro* (in der Karte auch mal nur *jez.*), ein Marktplatz ein *rynek*, die Ostsee allerdings bleibt die Ostsee. Uns ist dabei bewusst, dass die Bezeichnungen oft mehr als nur topographische Bedeutung haben. Im Ortsregister ab Seite 277 werden die deutschen und polnischen Ortsnamen aufgelistet.

Einen letzten Hinweis noch: Besuchen Sie vor Reiseantritt unbedingt das WOMO-Forum unter www.forum.womoverlag.de. Dort finden Sie neben praktischen Tipps zu vielen Themen auch aktuelle Hinweise auf Veränderungen von Stellplätzen, Schließung von Campingplätzen oder auch mal einen Hinweis von Lesern zum Straßenzustand oder Preisänderungen. Reinschauen lohnt!

Jetzt bleibt uns nur noch Ihnen **Szczesliwej drogi** (Gute Reise, wörtlich: schöne Straße) zu wünschen!

Unsere ganz persönlichen Top-Aktivitäten

Łeba:
Wahnsinnig hohe Dünen erklimmen und kilometerlange Strände erkunden.
Seite 96

Gdańsk:
Durch eine lebendige, spannende und aufwändig renovierte Altstadt spazieren.
Seite 120

Bernstein finden:
Stundenlanges Suchen und endlich Finden eines Bernsteinkörnchens an der Danziger Nehrung.
Seite 128 ff.

Polnische Küche:
Sich den Bauch mit Bigos, Żurek, frischem Fisch, Piroggen oder köstlichen Torten vollschlagen.

Paddeltour/Schiffsfahrt:
In unberührter Natur auf Seen oder kleinen Flüssen paddeln oder mit dem Schiff über die Wiese rollen.
Seite 171, 219 ff.

Lody:
Polen ist das „Softeis-Land“: Überall kann man ganz viel leckeres Eis lutschen.

Natur pur genießen:
Mit dem Womo richtig nah am See stehen. Womöglich ganz alleine ...
Seite 53, 66, 69, 73 ...

Warszawa:
Sich in einem tollen Museum mit der Geschichte der polnischen Juden auseinandersetzen.
Seite 204

Einkaufen:
Das „Tante-Emma-Laden-Land“ so richtig genießen! Märkte, Kioske und Einraumläden im ganzen Land entdecken.

Poznań:
Kneipentour durch attraktive Restaurants und schöne Cafés.
Seite 235

Anreise

Polen ist ein direktes Nachbarland von Deutschland. Insofern erübrigt sich eigentlich eine detaillierte Beschreibung der Anfahrtswege in den Norden des Landes. Dennoch möchten wir Ihnen die **Grenzorte** nennen und dazu noch die eine oder andere Möglichkeit, noch vor der Grenze einen Stellplatz aufzusuchen. Denn generell empfehlen wir nicht unbedingt bei einbrechender Dunkelheit, die Reise in ein fremdes Land zu beginnen. Da unsere Tour 1 in Frankfurt/Oder beginnt, nennen wir zuerst die südlichen Übergänge:

Autobahn A10/A12: Südlich von Berlin nach Osten, unterhalb Frankfurt/Oder und dank Schengener Abkommen ohne jede Kontrolle über den Grenzfluss. Um zum Start unserer Tour 1 zu kommen, verlassen wir bereits 3 km nach der Grenze die A2 und brausen auf der <29> nach Norden bis **Słubice**.

Anfahrt über Berlin, die B1/B5 bis Frankfurt/Oder: Nach einem Berlin-Besuch bietet es sich an, einfach die B1 Richtung Osten zu düsen (Achtung häufig Geschwindigkeitskontrollen).

Möglichkeiten für einen Stopp bieten sich in **Hennickendorf beim Badeplatz am Stienitzsee** [**A1:** N 52°29'57.5" E 13°49'33.0", 1 km hinter Tasdorf nach links Richtung Hennickendorf, nach fast 2 km links zum Parkplatz der Badestelle] oder auf dem einfachen Platz am Ortsrand von **Müncheberg** [**A2:** N 52°30'11.6" E 14°07'15.0", von der B1 links Richtung Müncheberg, nach 1 km rechts].

Um der Grenzstadt **Frankfurt/Oder** einen Besuch abzustatten, nehmen wir hinter Müncheberg die B5 Richtung Frankfurt/Oder. In **Heinersdorf,** nur 7 km später, bietet sich nochmals eine wunderschöne Gelegenheit, am See stehen zu bleiben [**A3:** N 52°27'52.1" E14°13'29.2", im Ortszentrum links, 1 km bis zum Ortsende, dann noch 500 m Kopfsteinpflaster, 200 m Waldweg links bergab zur Wiese direkt am See].

Stellplätze in Frankfurt/Oder (**001-003**) beschreiben wir ab Seite 17. Wer länger bleiben möchte, kann Quartier auf dem **großen Camping- und Freizeitpark am Helenesee** nehmen, der rund 10 km südlich von Frankfurt/Oder liegt [**A4:** N 52°16'33.7" E 14°30'04.9", am Helenesee 2, 15236 Frankfurt/Oder, Tel. 0335 55666-0, Mitte April-Mitte Oktober, Anfahrt über die B112, Richtung Eisenhüttenstadt. Im Kreisverkehr bei Lossow westwärts abzweigen, noch ca. 4 km, beschildert].

Anfahrt von Berlin über die B1 bis Küstrin/Kostrzyn: Wer weiter auf der B1 bleibt, kommt zum **Grenzübergang Kostrzyn**. Ein Stopp davor bietet sich beim **Fort Gorgast** (Foto), wo es tagsüber leckeren geräucherten Fisch zu kaufen gibt.

[**A5:** N 52°33'35.4" E 14°32'51.3", in Manschow (fast 10 km hinter der Umgehung von Seelow) links Richtung Letschin, gleich nach dem Ortsende wieder links auf die Wiese vor dem Fort, Besichtigung der Befestigungsanlage Mai-Oktober, geöffnet Mo-Fr 10-16 Uhr]. Anschluss an unsere Tour 1 auf Seite 27.

Anfahrt über Eberswalde/Bad Freienwalde auf der B158: Der Grenzübergang ist bei **Hohenwutzen,** einen Stellplatz in Grenznähe haben wir in **Oderberg** entdeckt [**A6:** N 52°51'54.2" E 14°02'41.4", von der B158 rund 4 km vor der Grenze nach Norden bis Oderberg, nach der Überquerung der alten Oder links, gleich wieder links bergab zum Parkplatz, nicht ganz leise]. Wer diesen Grenzübergang wählt, stößt bei Moryń oder Chojna auf unsere Tour 1A, ab Seite 32.

Anfahrt über die B166 Schwedt/Oder nach Krajnik-Dolńy: Auch hier hat man Anschluss an unsere Tour 1 in Chojna ab Seite 32 und kann gleich mit der Besichtigung der prächtigen St.Marien-Kirche beginnen oder die gewaltige Platane bewundern (Foto unten).

Anfahrt über die A11 südlich von Szczecin bei Kołbaskowo: Sinnvolle Route für alle, die möglichst flott an die Ostsee möchten, denn hier umfährt man auf der gut ausgebauten S3 Szczecin und kann in Goleniów entscheiden, ob man weiter nach Norden bis Świnoujście oder auf der <6> Richtung Koszalin braust.

Auf der B104 über Pasewalk beim Grenzort Linken bis Szczecin.

Der sehr kleine **Grenzübergang bei Hintersee-Dobieszczyn** nochmals 20 km nördlich, der sich bei einer Rundfahrt ums Stettiner Haff anbietet.

Und ganz nördlich **Grenzübergang auf Usedom bei Ahlbeck - Świnoujście für Pkws bis 3,5t**. Wer von hier oben mit der Polenerkundung startet, steigt in unserer Tour 1 auf Seite 45 ein.

Für alle, die einen Polenurlaub mit einem Berlinbesuch verbinden möchten, haben wir hier noch ein paar Hinweise für **Stellplatzmöglichkeiten in der Hauptstadt und näherer Umgebung**:

Wer aus dem Süden kommt und Zeit mitbringt:
Auch die **Gegend um Potsdam** lohnt einen Besuch. Einen schönen Stellplatz finden Sie am **Schlosspark Sacrow** [**A7:** N 52°25'36.7" E 13°05'14.9", beim Autobahndreieck Werder Richtung Norden auf die A10, Ausfahrt Potsdam Nord, links Richtung Potsdam. Nach gut 2 km links Richtung Fahrland und 6 km bis zur B2. Hier erneut links Richtung Spandau und bereits nach 1 km rechts abbiegen. Nach weiteren 4,3 km kommt rechts der schöne, schattige Parkplatz des Schlossparks Sacrow.]
Von hier lässt sich wunderbar das **Schloss Sacrow** von 1773 erkunden, die **Heilandskirche** am Jungfernsee bewundern oder den **Blick auf die Glienicker Brücke** genießen.
In Potsdam selbst möchten wir natürlich noch auf die Besichtigung des **Schlosses Sanssouci** [**A8:** N 52°24'26.2" E 13°02'43.4", gebührenpflichtig, für kleine Wohnmobile] hinweisen, bevor wir uns ins Großstadtgetümmel stürzen.
Vorab wollen wir Ihnen hier zwei zentrumsnahe Parkmöglichkeiten nennen, die gerne von Wohnmobilisten genutzt werden:
[**A9:** N 52°32'54.2" E 13°20'09.9", Transvalstraße, Parkstreifen entlang der Straße in den Rehbergen, U-Bahn Seestr./Bus ca. 1 km. Anfahrt: Stadtautobahn A115, dann A100 Richtung Wedding/Seestraße, die erste Straße (Afrikanische Straße) links und nach 500 m erneut links].
Eine weitere Möglichkeit sind die Parkflächen des Olympiastadions [**A10:** N 52°30'55.4" E 13°14'54.1", Olympischer Platz 3, große, schattenlose Parkfläche direkt vor dem Stadion].
Aber **offizielle Stellplätze** gibt es in Berlin natürlich auch:
Wohnmobilpark, Waidmannsluster Damm 12-14, 13509 Berlin-Tegel, Tel. 030/20166333 oder 0172/99552500, www.stellplatz-berlin.de, [**A11:** N 52°35'44.4" E 13°17'20.8", ganzjährig].
Reisemobilhafen Berlin, Askanierring 70, 13585 Berlin (Spandau), Tel. 030/35506074, www.womotreff.de, [**A12:** N 52°33'09" E 13°12'01", ganzjährig].
Und schon ein bisschen mehr in Richtung Polen liegt der Wohnmobilstellplatz Köpenicker Hof, Stellingdamm 14/15, Tel 030/65015042, www.koepenicker-hof.de [**A13:** N 52°27'33.4" E 13°35'07.4", ganzjährig].

Eine der vielen Sehenswürdigkeiten Berlins ist die Neue Nationalgalerie.

OSTSEE
Świnoujście
Międzyzdroje
Wiselka
Woliński Park Narodowy
Dziwnówek
Trzęsacz
Rewal
Kirchenruine
Kamień Pomorskie
Mrzeżyno
Rogowo
Dźwirzyno
Grzybowo
Kołobrzeg
Trzebiatów
Wolin
Stettiner Haff
Freilichtmuseum
Eisenbahnmuseum
Gryfice
Nowe Warpno
Czarnocin
Radtour
Trzebież
Stepnica
Płoty
Nowogard
Rega
Tanowo
Goleniów
Jenikowo
Glebokie
Szczecin
Kicko
Stargard Szczeciński
Morzyczym
Jezioro Miedwie
Park Krajobrazowy Doliny Dolnej Odry
Czepino
Warnice
Pyrzyce
Variante A
Gryfino
Widuchowa
PL
Lipiany
Variante B
Schwedt/Oder
Odra
1000 jährige Eiche
Chojna
Myślibórz
Hohenwutzen
Jezioro Morzycko
Moryń
Gorzów Wielkopolski
Dębno
Wegweiser-Park
Witnica
Safari Zoo
Gozdowice
Warta
Kostrzyn
Słońsk
Kreszyce
Park Krajobrazowy Ujście Warty
Górzyca
Nowy Lubusz
Słubice
Nowe Biskupice
Frankfurt/Oder
Świecko
D
B
001-003
004
005
006
007
008
009
010
011
012
013
014
015
016
017
018
019
020
021
022
023
024
025
026
027
028
029
030
031
032
033
034
035
036
037
038
039
040
041
042
043
044
045
046
047
048
049
050
051
052
053
054
055
056
057
058
059
060
061
062
063
064
065
066
067
068
069
070
071
072
073
074
075
076
077
078
079
S3
10
22
23
31
106
107
103
109
112
113
132
134
137
152
162
163
6
E28
1
2
3
5
29
N
50 km
TOUR 1
Variante A
Variante B

Tour 1A und 1B: Durch Westpommern zur Ostsee, eine Odererkundung (450 / 350 km)

Frankfurt/Oder – Słubice – Kostrzyn – Szczecin – Insel Wolin – Świnoujście – Trebiatów oder über Stargard – Nowogard – Trebiatów – Kołobrzeg

Stellplätze: Frankfurt/Oder, Słubice, Kunowice, Nowy Lebusz, Górzyca, an der Wartha, Dąbroszyn, Kostrzyn, Kaleńsko, Porzecze, Czelin, Gozdowice, Moryń, Widuchowa, Gryfino, Czepino, Szczecin, Jezioro Głębokie, Jasienica, Trzebież, Karszno, Podbrzezie, Bartoszewo, Stepnica, Gogolice, Wolin, Sułomino, Zalesie, Wapnica, Woliński Nationalpark, Kołczewo, Kamień Pomorskie, Rewal, Trebiatów, Myślibórz, Lipiany, Derczewo, Nowielin, Pyrzyce, Stargard, Nowogard, Gryfice, Mrzeżyno, Dźwirzyno, Grzybowo, Kołobrzeg.

Campingplätze: Gądno, Trzebież, Nowe Warpno, Szczecin, Świnoujście, Międzyzdroje, Agroturystyka Kołczewo, Kołczewo, Dziwnówek, Rewal, Stargard/Zieleniewo, Mrzeżyno, Rogowo, Dźwirzyno, Kołobrzeg.

Baden: Stare Biskupice, Moryń, Jezioro Głębokie, Jezioro Przybiernów, Czarnocin, Wolin, Świnoujście, Dębno, Nowogard.

Besichtigen: Frankfurt/Oder, Czelin, Szczecin, Woliński Nationalpark, Kamień Pomorskie, Trebiatów, Pyrzyce, Stargard, Kołobrzeg.

Wir beginnen unsere Reise mit einem Streifzug durch eine deutsche Stadt, die allerdings nur eine Fluss- bzw. Brückenbreite oder rund 230 m von Polen entfernt liegt: FRANKFURT/ODER. Unseren fahrbaren Untersatz haben wir im Zentrum auf dem großen Brunnenplatz abgestellt [**001:** N 52°20'36.2" E 14°33'11.2"], den wir erreichen, indem wir rund 300 m nach dem Abzweig nach Słubice/Polen links in die Heilbronner Straße abbiegen und der Ausschilderung folgen. Alternativen finden sich ganz in der Nähe der Marienkirche: Der Parkplatz Bischofstraße [**002:** N 52°20'36.8" E 14°33'17.6"] oder der Parkplatz nahe der Konzerthalle in der Kietzer Gasse/Ecke Mühlengasse [**003:** N 52°21'02.7" E 14°33'06.1"].

Spaziergang oder Radtour durch Frankfurt/Oder:
Wir starten unsere Runde beim schönen **Backsteinrathaus**. 1253 begannen die Bauarbeiten am Rathaus, das mehrfach umgebaut und im Zweiten Weltkrieg stark beschädigt wurde.
90 % des Stadtzentrums lagen damals in Trümmern. Oben am Giebel des Rathauses zwischen zwei Strebepfeilern ist Frankfurts ehemals wichtigstes Handelsgut verewigt: ein Fisch an einer Angel.
Im Untergeschoss des Gebäudes befindet sich das **Museum für „Junge Kunst“** mit einer Sammlung von über 11.000 Kunstwerken, die in wechselnden Ausstellungen gezeigt werden. (www.museum-junge-kunst.de, Di-So von 11-17 Uhr).
Wir wollen einen Blick auf den Grenzfluss werfen und schlendern die Bischofstraße hinunter Richtung Oder. Das kleine, rosa Barockhaus, auf das wir zulaufen, ist die ehemalige Freischule für verwahrloste Soldatenkinder, die der einstige Stadtarchitekt Knoblauch errichtete.

Brunnenplatz mit Marienkirche

Heute ist hier das **Museum der Kleist Gedenk- und Forschungsstätte e.V.** untergebracht.
Heinrich von Kleist, 1777 in Frankfurt geboren, besuchte die Universität der Stadt. Eine Bombe zerstörte im 2. Weltkrieg sein **Geburtshaus**, aber eine Gedenktafel gegenüber dem Chor der Marienkirche erinnert an den Standort. Vor dem Museum stehen drei Skulpturen des wohl bedeutendsten ostdeutschen **Bildhauers Wieland Förster**. Im Hof des Museums befindet sich eine weitere Skulptur von ihm, ein **Kleist-Denkmal**. Wir folgen der Uferstraße nach rechts und stehen wenig später vor der Brücke auf die **Insel Ziegenwerder**. Im Sommer locken ein Biergarten, ein Abenteuerspielplatz, schön angelegte Nischen zum Entspannen sowie der Blick nach Polen.
Wieder zurück auf dem Festland umrunden wir das **Gräfin Dönhoff-Gebäude/Mensa der Uni**, vor dessen Eingang zwei altmodische Straßenbahnen auf Gäste warten. Richtung **Marienkirche** sehen wir das moderne Audimax vor uns liegen. Auf der anderen Seite der Gro-

Der prächtige Giebel des Rathauses am Marktplatz.

Hier geht es nach Polen...

ßen Scharrnstraße („Scharren" waren übrigens die Bezeichnungen für Marktstände oder -buden) ragt der 24-stöckige **Oderturm** in den Himmel. 1968-76 erbaut, 1991-93 saniert und durch Einkaufsstraßen ergänzt, bildet er ein Pendant zum eckigen Turm der Marienkirche. Im 24. Stock bietet ein Restaurant französisch-italienische Küche (Tel. 0335-504517, täglich ab 11.30 Uhr, www.turm24.de).
In der Großen Scharrnstraße finden wir das Hauptgebäude der **Europa-Universität Viadrina**, ein repräsentatives, ehemaliges Regierungsgebäude aus der Gründerzeit (1898-1903). Die moderne **Universitätsbibliothek** kann besichtigt werden.
Wir steuern auf den gotischen, quaderförmigen Turm der **Marienkirche** zu. 1990 fanden Restauratoren heraus, dass der Backsteinturm im Mittelalter weiß getüncht war. Dies und die prächtigen, gotischen Schaugiebel sind als Zeichen des Reichtums und des Stolzes der Frankfurter Bürger zu deuten. Carl Philip Emanuel Bach war von 1734-38 hier Kantor. Die Kirche ist sehenswert, auch wenn von ih-

Der Blick von der Insel Ziegenwerder geht nach Słubice in Polen.

rem mittelalterlichem Flair im Inneren wenig erhalten ist. Die alten Gewölbe sind eingestürzt, die Malereien größtenteils zerstört und das kostbare Inventar fast vollständig in die Gertraudenkirche ausgelagert. Statt der Gewölbe ist die gigantische, neue Dachkonstruktion zu sehen und die lange als verschollen gegoltenen **Chorfenster von 1370**. Sie zeigen eine seltene Darstellung der Antichristlegende, wurden 2002 von St. Petersburg zurückgegeben und werden seither restauriert. Die Marienkirche hatte ursprünglich zwei Türme, von denen der südliche 1826 wegen Baufälligkeit einstürzte. Der berühmte Architekt Karl Friedrich Schinkel persönlich beaufsichtigte die Renovierungsarbeiten des Nordturmes.

Wir überqueren den quirligen **Brunnenplatz** mit den bunten Wasserspielen und nehmen die als „Magistrale“, bezeichnete Karl-Marx-Straße Richtung Norden. Sie wurde als sozialistischer Aufmarschplatz gebaut und führt uns an den **Lennépassagen** vorbei, von den Frankfurtern gerne wegen der etwas gewalttätigen Architektur „das Walzwerk“ oder „die Fischbüchse“ genannt.

Hier entdecken wir einen **Gedenkstein für die alte Frankfurter Synagoge**, die die Nazis 1938 in der Pogromnacht niederbrannten. Wir queren die Slubicer Straße, um uns noch die Konzerthalle anzuschauen.

Am Wasser gehen wir zurück, unter der **Brücke nach Polen** hindurch, die 2002 parallel zur 1952 fertiggestellten Stadtbrücke errichtet und dann an deren Stelle gerückt wurde. Das Beibehalten der Bogenform, obwohl ingenieurtechnisch kaum nötig, entstand eher aus Not. 1950 sollte die Brücke innerhalb kürzester Zeit fertiggestellt werden, die ausreichende Menge an Stahl konnte aber nicht organisiert werden. Man griff auf zwei Eisenbahnbrückenteile zurück, verband sie miteinander, goss sie mit Beton aus und verstärkte sie mit dem Bogen. Im Laufe der Jahre wurde der Bogen zum Symbol für die Stadt und wird in zahlreichen Logos von Institutionen und Initiativen aufgegriffen, allen voran der Europa-Universität Viadrina.

Wenig später können wir am kleinen **Pegelhäuschen** den aktuellen Wasserstand, Gewässer- und Lufttemperatur ablesen und kommen dann zum heutigen **Stadtmuseum „Viadrina“**. Das ehemalige Junkerhaus erhielt sein heutiges Aussehen in den Jahren 1675-83 und war in seiner wechselvollen Geschichte Wohnheim für adlige Studenten, Professorenwohnung, Behördensitz und nun **Stadtmuseum**. Ein Besuch lohnt der prächtigen, von italienischen Meistern geschaffenen Stuckdecken wegen (Öffnungszeit: Di-So, 11-17 Uhr). Einige Meter entfernt erinnert eine von den Gronefelder Keramikwerkstätten gefertigte Skulptur an die Flutkatastrophe von 1997, bei der Deutsche und Polen gemeinsam gegen die Flut kämpften. Wir beenden unsere Runde im Kartoffelhaus bei leckerem Reibekuchen auf der Terrasse mit Blick nach Polen.

Wir queren die Brücke und erhalten, kaum in SŁUBICE an Land gegangen, bereits eine erste Polnisch-Lektion. Der Schilderwald macht uns den Einstieg einfach: *Lody* ist Eis, im *kantor* wechselt man Geld, im Laden mit der Aufschrift *kwiaty* erhält man Blumen. Zum Spaziergang parken wir oberhalb des kleinen Yachthafens.

(004) WOMO-Stellplatz: Słubice Hafen

GPS: N 52°20'51.2" E 14°33'56.2" **max. Womos:** 2

Ausstattung/Lage: Keine Infrastruktur, kleine, ebene, gepflasterte Fläche, etwas Schatten, oberhalb des kleinen Yachthafens/innerorts.

Zufahrt: Gleich nach der Brücke aus Deutschland nach rechts in die 1. Maya, nach 500 m rechts hoch auf den Damm fahren.

Unsere Kinder lieben den Polen-Markt

Wer nochmals einen Blick von oben über den Fluss und die Stadt werfen möchte, geht zurück zum zentralen **Rondell-Platz** vor der Brücke, an dem sich die neue **Bibliothek des Collegium Polonicum** befindet. Dieses Collegium wurde 1992 als gemeinsame Forschungs- und Lehreinrichtung der Europa-Universität Viadrina und der Adam-Mickiewicz-Universität von Poznań gegründet. Die Dachterrasse ist wochentags von 8-21 Uhr, am Wochenende von 8-18 Uhr geöffnet.
Da Słubice ansonsten nicht so viel zu bieten hat, zieht es uns bald weiter zu einem Ziel, das polnische Grenzorte weit über die Grenzen hinweg bekannt macht: dem „Bazar".

Der Bazar: Nach rund 1,5 km auf der 1. Maya, immer der Ausschilderung folgend, liegt links an der Straße der riesige, **überdachte Basar**. Wir parken bewacht für 1 €/4 Zł (N 52°20'43.1" E 14°35'12.9").
Den neuen Marktgassen fehlt es zwar etwas an Stimmung, dafür ist das Angebot reichhaltig und günstig. Wurst und Käse, Spezialitäten der Region, Textilien, Werkzeug, CDs und Filme, Alkoholika und Zigaretten, Felle und Süßigkeiten, Honig und vieles mehr. Auch erste Erfahrungen mit der polnischen Küche können wir sammeln.

Bevor wir weiter die Oder entlang nach Norden reisen, möchten wir uns an einem kleinen See erfrischen: **Stare Biskupice** ist unser Ziel und dafür fahren wir die <29> Richtung **Zielona Góra** und bereits nach 400 m auf die <137> Richtung **Osno Lubuskie**. 2 km nach **Kunowice** lockt ein Plätzchen zur Rast.

(005) WOMO-Picknickplatz: Kunowice

GPS: N 52°21'32.7" E 14°39'57.5" **max. Womos:** 3
Ausstattung/Lage: Tisch & Bank überdacht, Mülleimer, Schatten/außerorts.
Zufahrt: Die <137> von Słubice Richtung Kowalów, 2 km hinter Kunowice rechts an der Straße.

200 m nach **Nowe Biskupice** folgen wir der Ausschilderung **Stare Biskupice**. Die **Badestelle** (Foto S. 22) gefällt uns gut und im Mai sind wir hier ganz alleine.

(006) WOMO-Badeplatz: Stare Biskupice

GPS: N 52°23'20.0" E 14°40'28.3" **max. Womos:** 1-2
Ausstattung/Lage: Feuerstelle, Tisch&Bank, Sandstrand 300m/innerorts.
Zufahrt: In Stare Biskupice nach rechts, am Ende des Ortes nach 300 m, wo der Asphalt aufhört, parken. Fußweg zum See, steile Abfahrt, eventuell Platz für kleines WOMO. Vorher ablaufen. Parken oben am Weg möglich.

Nach dem erfrischenden Bad sind wir bereit für weitere Aktivitäten: Die Oder ruft.
Wir nehmen die schmale Straße an der Kirche vorbei Richtung **Drzecin**. Nach gemütlicher Fahrt durch die Wiesen stoßen wir dort auf die <31>, die nach Norden zu unserem **Stellplatz Górzyca** (**008**) führt. Wir wollen allerdings vorher noch einen Schlenker entlang der Oder machen. Dazu biegen wir erstmal nach links Richtung Słubice und dort 4 km nach dem Ortsschild nach **Nowy Lebusz**, das mit 5 km ausgeschildert ist.

Blick über die Oder ins deutsche Grenzörtchen Lebus.

(007) WOMO-Stellplatz: Nowy Lebusz

GPS: N 52°25'23.6" E 14°32'50.0" **max. Womos:** 1-2
Ausstattung/Lage: Tisch & Bank überdacht, Mülleimer, toller Blick über die Oder/außerorts.
Zufahrt: Von der <31> nach Nowy Lebusz, im Ort links, asphaltiert bis zum Oderdeich. Möglichkeit bis direkt unten ans Wasser zu fahren.

Wir folgen der Oder, mal auf dem Deich, mal dahinter, immer auf einer passablen Schotterpiste. Nach rund 4 km Gegondel erreichen wir **Pławidło**. Von dort sind es 6 km zurück zur <31>. Abenteuerlustige bleiben auf der Schotterpiste und stoßen nach rund 7 km kurz vor **Owaczary** wieder auf die <31>.
Wir wollen uns den letzten Wachturm an der Oder anschauen und dazu brausen wir die nächsten Kilometer auf der <31> bis nach GÓRZYCA. Einen **Picknickplatz** [**008:** N 52°29'41.0" E 14°38'58.0"] gibt es im Ort, schöner ist es direkt am Wasser.

Immer entlang der Grenze oben auf dem Damm.

(009) WOMO-Stellplatz: Alter Wachturm, Górzyca

GPS: N 52°30'00.8" E 14°38'11.8", ul. Odrzanska **max. Womos:** 1
Ausstattung/Lage: Keine Infrastruktur, ebene betonierte Fläche direkt an der Oder/außerorts.
Zufahrt: In Górzyca Richtung Szeczin. Am Ende des Ortes gleich nach der Brücke mit dem roten Geländer nach links, die ul. Odrzańska, leicht links, dann noch 700 m bis zur Oder.

Wir befinden wir uns im **Park Krajobrazowy Ujście Warty** (Nationalpark „Warthemündung").

Der **Nationalpark „Ujście Warty"** wurde 2001 gegründet und umfasst eine Fläche von 8074 ha. Der Park reicht von der westlichen Grenze Polens bei Kostrzyn, südlich bis Górzyca entlang der Oder und nach Osten entlang des breiten Schwemmlands der Warthe. Dieser Fluss bildet eine natürliche Grenze zwischen zwei Bereichen des Parks: dem Nordpolder und dem Überschwemmungsgebiet.
Das Überschwemmungsgebiet (Foto Seite 25) ist ein halbnatürliches Habitat, in dem die Wasserstandschwankungen im Jahresverlauf bis zu 4 m betragen können, wobei die höchsten Wasserstände meistens in Frühlingsmonaten (März und April) gemessen werden. Dank dem parallel zum Flussbett angelegten Hochwasserdeich steht der Nordpolder unter keinem direkten Einfluss der Warthe. Der Wasserpegel ist also relativ stabil und deutlich niedriger als auf dem linken Flussufer.
Die Vegetation des Parks ist eine Mischung aus Wiesen, Weiden und Schilfflächen. Im Gebiet des Nationalparks „Ujście Warty" wurden bislang 270 Vogelarten beobachtet, für mehr als 170 gibt es Brutnachweise. Viele der im Park vorkommenden Vogelarten wurden entsprechend der sogenannten Vogelschutz-Richtlinie, einem der zwei Dokumente, die eine rechtliche Grundlage für das Europäische Netz von Schutzgebieten NATURA-2000 bilden, als besonders gefährdete bzw. schutzwürdige Art anerkannt. Von den 190 in der Richtlinie genannten Vogelarten wurden im Park 64 festgestellt. Dazu zählen in diesem Gebiet brütenden Arten wie: Große Rohrdommel, Nachtreiher, Wachtelkönig, Tüpfelsumpfhuhn, Trauerseeschwalbe, Zwergseeschwalbe und Seggenrohrsänger oder solche, die sich im Parkgebiet während der Zugzeit oder im Winter aufhalten, wie z.B. Goldregenpfeifer, Kornweihe, Zwergschwan und Singschwan.
Die Überschwemmungsflächen und Wiesen des Nationalparks „Ujście Warty" sind für Vögel ein wichtiger Punkt auf der Karte Europas - nicht nur in der Brutzeit, sondern auch in anderen Jahreszeiten (z.B. in Sommer-

monaten während der Mauser oder während der Frühlings- und Herbstzugzeit). Im Herbst wird der Park zum Reich der Wildgänse (Saatgänse sind die Wappenvögel des Parks), wenn sich rund 60-80.000 (maximal 200.0000) Tiere hier sammeln. Auch als ein Überwinterungsgebiet spielt der Park für viele Arten eine wichtige Rolle, z.B. für Sing- und Höckerschwäne oder Seeadler.
Ausfühliche Infos über den Naturpark gibt es auch auf Deutsch unter www.pnujsciewarty.gov.pl.

Um nach **Słonsk** zu kommen, nehmen wir in Górzyca die kleine Straße nach **Czarnów**. Im **Fort Zabice** schießen Freizeitschützen, daher fahren wir schnell weiter.
Ein ungewöhnliches Storchennest, das in der Astgabel eines alten Baumstumpfes thront, entdecken wir in **Czarnów**. Ein Foto davon können Sie auf Seite 142 sehen, genauer Infos zu Störchen ab Seite 141 in Tour 6.
Kurz nach **Czarnów** erreichen wir die <22>, die uns in östlicher Richtung bis SŁOŃSK bringt. Wir lenken unser Gefährt ins Zentrum und finden ein Örtchen wie aus den 1950-er Jahren! Am Kreisel halten wir uns Richtung **Gluchowo** und fahren bis zur schönen **Johanniter-Backsteinkirche** mit Alabaster-Altar aus der Berliner Schlosskapelle. Direkt dahinter liegt ein **Parkplatz** mit Infotafeln [**010:** N 52°34'11.6" E 14°48'18.4"]. Von hier aus sehen wir die Ruine des Residenzschlosses aus dem Jahre 1667, das 1976, kurz nach der Restaurierung, durch Brandstiftung abbrannte.
2001 wurde in diesem Gebiet die Rzeczpospolita Ptasia, die Vogelrepublik, gegründet. Die Initiative der Vogelliebhaber von Słonsk hat eine eigene Verfassung, einen Präsidenten und Minister, gibt eigene Pässe aus und zählt über 2.000 "Bürger".
Von hier zuckeln wir 12 km auf einer passablen Schotterpiste auf dem Deich quer durch das Nationalparkgelände bis nach **Klopotowo**. Die **Pumpstation** und den tollen **Stellplatz** direkt an der Warta erreicht man auf dieser einspurigen Strecke. Dafür halten

wir uns 150 m nach der Kirche links und nach 250 m erneut links. Alternativ (und für WOMOs über 3,5 t) führt die Route auf Asphalt zurück zur <22> und über das 11 km entfernte **Krzeszyce** zur <131> Richtung Norden.

Die Dörfer südlich der Warta wurden häufig überschwemmt. Im 18. Jh. baute man Dämme, die Abhilfe schufen. Durch diese Deiche aber konnte andererseits das Regenwasser nicht mehr ungehindert abfließen. Anfang des 20. Jh. errichtete man eine **Pumpstation** in Słońsk, die durch eine Dampfmaschine angetrieben wurde (N 52°35'02.7" E 14°49'13.2").
Bis zu 20 Tonnen Kohlen täglich verbrauchte diese bei besonders hohen Pegelständen der Warta, um das Wasser wieder hinter den Deich zu pumpen.

(011) WOMO-Stellplatz: Warta

GPS: N 52°37'16.9" E 14°51'17.9"
max. Womos: 3
Ausstattung/Lage: Keine Infrastruktur, Wiese direkt am Fluss/außerorts.
Zufahrt: In Słońsk Richtung Gluchowo, dem Wanderzeichen folgen. Ca. 6 km hinter der Pumpstation auf dem geschotterten Deich, kleiner Feldweg 900 m bis vor zur Warta.
Achtung: Nur für geländegängige Womos, im Frühjahr gerne überschwemmt!

Von **Klopotowo** gehts über **Oksza** auf dem neuem Deich bis zur <131> (**ein Schild stoppt Schwergewichte über 3,5t!!**). Die in unserer Karte eingezeichnete Autofähre fährt nicht. Noch bevor wir den Fluss per Brücke queren, entdecken wir eine weitere gute Stellplatzmöglichkeit.

(012) WOMO-Stellplatz: Warta-Brücke

GPS: N 52°38'56.4" E 14°59'53.8"
max. Womos: 2
Ausstattung/Lage: Keine Infrastruktur, Wiese direkt am Fluss/außerorts.
Zufahrt: Die <131> Richtung Wartabrücke, nach der Hochstraße mit gelbem Geländer direkt vor der blauen Brücke links hinunter auf einem Feldweg bis vor zum Fluss.

1,5 km hinter der Brücke liegt auf der linken Seite ein **Safari Zoo** (N 52°39'44.3" E 14°59'42.2", Kolejowa, www. safari-zoo.com.pl). In **Nowiny-Wielkie** erreichen wir dann die <132>. Da wir noch weiter entlang der Oder auf Entdeckungsreise gehen möchten, nehmen wir die <132> gen Westen bis WITNICA (13.000 Einwohner). Dort lohnt ein Stopp.

"Wegweiser-Park", ul. Sikorskiego 6: Mit den Exponaten aus Technik, Natur und Politik wird der gemeinsamen Geschichte von Polen und Deutschen gedacht. So erinnert der Park daran, dass übersteigerter Nationalstolz Ursache für Streit zwischen den Völkern ist. Der Schöpfer des Parks, **Zbigniew Czarnuch**, wurde für sein unspektakuläres, beharrliches Wirken für die polnisch-deutsche Verständigung vom Deutschen Kulturforum östliches Europa im Oktober 2009 in Berlin mit dem Georg Dehio-Kulturpreis ausgezeichnet.

Richtung **Kostrzyn** erreichen wir DĄBROSZYN mit einer Kirche, die durch Schinkel inspiriert ist und einem Schloss im Dornröschenschlaf. Eine **Stellplatz**möglichkeit liegt direkt daneben oder deutlich ruhiger am Rande des Nationalparkgeländes:

(013) WOMO-Stellplatz: Dąbroszyn am Kanal

GPS: N 52°36'32.2" E 14°43'14.3" **max. Womos:** 1
Ausstattung/Lage: Tisch&Bank überdacht, ebene Fläche direkt am Weg am Rand des Warte-Nationalparks/außerorts.
Zufahrt: In Dąbroszyn vom Schloss Richtung Süden auf Kopfsteinplaster, über Bahngleise und noch rund 1,2 km auf Betonplattenpiste.

6 km später ist KOSTRZYN erreicht. Die Reste der ehemaligen **Befestigungsanlagen** der „Stare Miasto" besichtigen wir vom großen **„Grenz-Parkplatz"** aus (N 52°34'50.1" E 14°38'10.5").

Im 16. Jh. ließ Markgraf Hans von Brandenburg-Küstrin über 30 Jahre eine gewaltige Festung errichten, die dann der Große Kurfürst Friedrich Wilhelm von Brandenburg weiter ausbaute. Sie galt als uneinnehmbar, am Ende des Zweiten Weltkriegs war sie dennoch zerstört. Die Trümmer nutzte man für den Wiederaufbau zerstörter Wohnhäuser. Inzwischen sind Strukturen der Festung rund um die ehemalige Küstriner Altstadt mit Schloss, Marktplatz und Rathaus nachvollziehbar. Wiederaufgebaut sind seit 1994 Kietzer- und Berliner Tor sowie die Bastion Philipp, in deren Gewölben ein **Festungsmuseum** entstanden ist (Infotafeln auch in Deutsch).

Wir nehmen die <31> Richtung **Szczecin**, lassen den „Polenmarkt" rechts liegen und entdecken nach der Warta-Brücke einen **Stellplatz** direkt am Fluss und beim *Amfiteatr*.

(014) WOMO-Stellplatz: Kostrzyn, Platz an der Warta

GPS: N 52°35'04.9" E 14°38'44.0" **max. Womos:** 2-3
Ausstattung/Lage: Keine Infrastruktur, Betonplatten, direkt an der Warta, Dixi-Klo/außerorts.
Zufahrt: In Kostrzyn auf die <31> Richtung Szczecin, gleich nach der Überquerung der Warta, links unterhalb der Brücke.

Wer jetzt flott ans Meer möchte, nimmt hier in Kostrzyn die <31> (später <23>) gen Norden, folgt unserer Variante 1B ab Seite 50 und stößt in Trzebiatów wieder auf die Variante 1A.

Wir haben noch nicht genug von tollen Plätzen direkt an der Oder: So folgen wir **Variante 1A** und biegen am ersten Kreisel, gleich nach der Brücke über die Warta, links ab Richtung **Namśylin**. In KALEŃSKO werden wir bereits wieder stellplatzfündig:

(015) WOMO-Stellplatz: Kaleńsko
GPS: N 52°37'59.9" E 14°32'31.5"
max. Womos: 1-2
Ausstattung/Lage: Keine Infrastruktur, Betonplatten direkt an der Oder/außerorts.
Zufahrt: In Kostrzyn <31> Richtung Szczecin, nach der Überquerung der Warta am Kreisel links in Richtung Namśylin abbiegen. Nach 10 km ist Kaleńsko erreicht, 200 m nach den ersten Häusern Sträßchen nach links nehmen, 300 m bis zur Oder.

Wir haben es nicht eilig. Für FreundInnen des Stellplatzes (015) lohnt ein Abstecher nach **Porzecze**. Durch ein Kiefernwäldchen mit kleinen Wanderdünen erreichen wir den Platz.

(016) WOMO-Stellplatz: Porzecze
GPS: N 52°40'11.1" E 14°27'40.9"
max. Womos: 1-2
Ausstattung/Lage: Keine Infrastruktur, Betonplatten direkt an der Oder/außerorts.
Zufahrt: In Kostrzyn <31> Richtung Szczecin, nach der Überquerung der Warta am Kreisel links in Richtung Namśylin abbiegen. Von Namyślin nach Porzecze, dort führt ein Sträßchen nach links in 1,4 km vor zur Oder.

Ruhig fließt sie dahin die Oder ...

Zurück in Namyślin halten wir uns Richtung **Dębno**. In CHWARSZCZANY treffen wir auf die <31>, der wir links Richtung **Szczecin** folgen. Nach 16 km, am Ortsbeginn von MIESZKOWICE, schwenken wir links nach **Czelin**. Kurz vor dem Ort entdecken wir eine **Rentierfarm** (Besichtigung von Damwild- und Mufflonzucht, Führungen in Deutsch ab 10 Personen, Anmeldung unter Tel. +48 603050478, N 52°37'59.9" E 14°32'31.7"). In CZELIN finden wir einen neu angelegten **Stellplatz** mit sonderbarer Wegeführung, aber schöner Sicht auf die Oder. Direkt davor liegt ein interessantes **Gräberfeld**.

(017) WOMO-Stellplatz: Czelin, Gräberfeld

GPS: N 52°44'06.5" E 14°22'48.0"
max. Womos: 1-2
Ausstattung/Lage: Befestigte, schattenlose Wiesenfläche oberhalb der Oder und eines Gräberfeldes, Tisch & Bank, Mülleimer, Dixi-Klo/innerorts.
Zufahrt: Von Kostrzyn auf der <31> Richtung Szczecin vor Mieszkowice links ab, 11 km bis Czelin, im Ort immer geradeaus.
Sonstiges: Große Tafeln informieren ausführlich (auch in Deutsch) über Lage und Ausstattung eines **Gräberfeldes aus dem 1. und 3. Jh**. und über Bestattungsrituale und Grabbeigaben der Krieger. Zudem erfahren wir auf einer Infotafel, dass hier bereits am 27. Februar 1945 der erste polnische Grenzpfosten am Ufer der Oder aufgestellt wurde.

Hinter Czelin beginnt der **„Nationalpark Unteres Odertal"**, der ein Gebiet von 10.300 Hektar umfasst. Von hier bis Szczecin erstreckt der Park sich über 45 Kilometer, der deutsche Teil ist dabei der einzige Auen-Nationalpark der BRD. 1995 wurde dieser erste grenzübergreifende Landschaftsschutzpark mit den zwei polnischen Nationalparks **Cedyński** und **Doliny Dolnej Odry** gegründet. Er wird seither erhalten und gepflegt, wobei große Bedeutung auf die ungestörte Entwicklung der Natur gelegt wird. Trotz

Das Gräberfeld von Czelin

Oderregulierungen, intensiver Landwirtschaft und Einflüssen der Industrie konnte sich in der weiträumigen, regelmäßig überfluteten Oderniederung eine in Mitteleuropa selten gewordene Auenlandschaft erhalten. Der **Nationalpark Unteres Odertal** ist eine Moränenlandschaft mit Söllen (ein in der Regel kreisrundes oder ovales Kleingewässer), bewaldeten und unbewaldeten Endmoränenhügeln, Trockenrasen sowie einer Flussauenlandschaft mit Altarmen, Weidenbäumen, Röhricht und Riedflächen, ausgedehnten Bruchwiesen und Weiden. Mehr als 145 Vogelarten brüten im Nationalpark, darunter See-, Fisch- und Schreiadler. Mehr als 200.000 Wasser- und andere Zugvögel rasten hier.

7 km später Richtung **Siekierki** erreichen wir GOZDOWICE. Das Örtchen hat ein **Denkmal**, ein **Kriegsmuseum** und die einzige **Autofähre** (8-18 Uhr) über die Oder nach Deutschland zu bieten. Einen **Parkplatz** (N 52°45'52.7" E 14°19'13.7") mit kleinem Spielplatz sowie Tisch & Bank gibt es dort auch. Aber lange halten wir uns hier nicht auf, denn nur 500 m nach dem Ort lockt ein Sonnenuntergangsplatz mit wunderbarem Blick über die Oder.

(018) WOMO-Stellplatz: Gozdowice

GPS: N 52°46'12.5" E 14°18'39.6" **max. Womos:** 1-2
Ausstattung/Lage: Wiesenfläche, Tisch&Bank, einfaches Klo, oberhalb der Oder, großer Unterstand, toller Blick, Waldweg vorher ablaufen/außerorts.
Zufahrt: Von Mieszkowice 18 km Richtung Oder bis Gozdowice, von dort Richtung Stare Łysogórki, nach 500 m links in den Wald hinter einer Mauer links der Straße. **Ein Waldweg führt weiter bis vorne an die Kante.**

Wir haben genug auf die Oder geschaut, jetzt wollen wir Baden und dafür gibt es in **Moryń** eine schöne Möglichkeit. Am Ortsbeginn von **Stare Łysogórki** schwenken wir auf eine einspurige, holprige Straße nach **Moryń** und arbeiten uns durch dichten, urwaldähnlichen Wald und Sumpf gen Nordosten. Mehr als 40 km/h sind hier nicht drin! Nachdem wir mehrere tolle **Picknickmöglichkeiten** passiert haben, machen wir eine Rast auf folgendem Platz:

(019) WOMO-Picknickplatz: Moryń, Cedyński Park Krajobrazowy

GPS: N 52°48'47.4" E 14°19'57.7"
max. Womos: 3
Ausstattung/Lage: Großer, geschotterter Platz mitten im Wald, Tisch & Bank überdacht, Mülltrennung/außerorts.
Zufahrt: Von Gozdowice nach Stare Łysogórki, am Ortsbeginn rechts Richtung Moryń nach 4 km auf der rechten Seite.

Auf den 11 km bis **Moryń** kommen uns nur zwei Autos entgegen, dafür am Ortsbeginn von **Moryń Dwór** ein Hausschwein. MORYŃ hat einen schmucken **Rathausplatz** mit Krebsbrunnen, eine interessante, **„tierische" Promenade** und ein **Strandbad**.

Der Blick geht weit über die Oder vom Stellplatz (018) hinter Gozdowice.

Sumpfiger Wald im Nationalpark Unteres Odertal vor Moryń.

(020) WOMO-Badeplatz: Moryń

GPS: N 52°51'42.5" E 14°23'46.9"
max. Womos: 1-2
Ausstattung/Lage: Keine Infrastruktur, kleiner, geschotterter Platz mitten im Wald, Mülleimer, 300 m zum Strandbad/außerorts.
Zufahrt: In Moryń Richtung Cedynia, dann Richtung Zentrum rechts, 200 m später links (ul. Jeziora) 600 m bis zum Parkplatz links an der Straße.

Um nach **Chojna** zu kommen, fahren wir die <126> Richtung **Mieszkowice** und direkt hinter **Moryń** links Richtung **Witnica**. Entlang des südlichen Zipfels des **Jezioro Morzycko** entdecken wir bei **Gądno** einen sehr einfachen **Campingplatz** am See.

(021) WOMO-Campingplatz: „Jolek", Gądno

GPS: N 52°51'25.8" E 14°25'17.4" **Tel:** +48 505307016
Öffnungszeit: Mai-September
Ausstattung/Lage: Schöne Wiesenfläche mit großen Bäumen, Bungalows, sehr einfache Sanitäranlagen, Badestrand 200 m/innerorts.
Zufahrt: In Moryń Richtung Mieszkowice, am Ortsende bergab Richtung Witnica bis Gądno, dort in der 90°-Kurve geradeaus, 200 m links.

In **Witnica** nehmen wir die <31> Richtung **Szczecin** und haben 10 km später CHOJNA (7.500 Einwohner) erreicht.
Zur Besichtigung stellen wir unser Gefährt auf den **Parkplatz** zwischen **Kirche** und **Rathaus** (N 52°57'48.3" E 14°25'43.0").

Chojna war nach dem Zweiten Weltkrieg zu 80% zerstört. Die prächtige, gotische **St.-Marien-Kirche** (Foto S. 33) wird aber seit 1994 in deutsch-polnischer Zusammenarbeit wiederaufgebaut. Der 102 m hohe Turm, ursprünglich von 1854 bis 1861 vom Berliner Architekten Friedrich August Stüler erbaut, ist der sechshöchste Polens. Am Brett vor der Kirche steht eine Telefonnummer und wer diese anwählt oder in der Touristeninfo nachfragt, dem wird die Kirche geöffnet oder sogar eine Turmbesteigung ermöglicht (werktags 10-15.30 Uhr, Sa/So 11-15 Uhr). Das ebenfalls bis auf die Grundmauern zerstörte **Rathaus** wurde zwischen 1977 und 1986

wieder aufgebaut. Heute sind dort ein Kulturzentrum, die Stadtbibliothek, eine Gaststätte im Ratskeller mit aufwändigem Kreuzrippengewölbe sowie die Touristeninformation untergebracht. Des weiteren sind noch zwei **Stadttore aus dem 15. Jh.** zu bewundern. Vor allem das **Schwedter Tor** ist einer der schönsten, gotischen Wehrtürme.

Bei der Weiterfahrt beeindruckt uns nach nur 200 m rechts vor der Brücke eine gewaltige, rund 280 Jahre alte **Platane** (*platan*, N 52°57'57.4" E 14°25'45.6", Foto S.14). Um Strecke zu machen, bleiben wir die nächsten 20 km auf der <31> bis WIDUCHOWA. Dort finden wir einen schönen **Stellplatz** im Hafen an der Oder.

(022) WOMO-Stellplatz: Widuchowa

GPS: N 53°07'48.2" E 14°23'01.2", Bulwary Rybackie **max. Womos:** 1-2
Ausstattung/Lage: Keine Infrastruktur, Betonplatten direkt an der Oder/innerorts.
Zufahrt: In Widuchowa bei der 90°-Kurve nach dem Zebrastreifen links abbiegen, die Kirche rechts umfahren. 300 m bergab und in den sandigen Bulwary Rybackie nach links aufs Hafengelände einbiegen.

Im 17 km entfernten GRYFINO (20.000 Einwohner) kann ganz entspannt am Schwimmbad Laguna geparkt werden [**023:** N 53°14'41.8" E 14°29'11.1"]. Schöner ist es aber am wenig später erreichten Jachthafen.

(024) WOMO-Stellplatz: Gryfino, Hafen

GPS: N 53°15'14.9" E 14°29'01.9"
max. Womos: 1-2
Ausstattung/Lage: Gepflasterte Parkplätze direkt an der Oder, Mülleimer/innerorts.
Zufahrt: In Gryfino vor dem Rundturm links durch die Stadt, die 2. Straße nach der Kirche links bis vor zum Hafengelände.
Sonstiges: nur für kl. Womos, Markt 200 m.

Achtung bei der Weiterfahrt auf der <31> Richtung **Szczecin**: Gleich am Ortsausgang von Gryfino kommt eine **Unterführung, die mit 2,70 m** Höhenbeschränkung beschildert ist! Wegen des Ampelverkehrs wird die Unterführung nur einspurig befahren und daher kann man mittig auch mit höherem Gefährt durchfahren. **Alternative:** Nach der Kirche die erste Straße rechts bergauf, hier kommt eine Unterführung mit 3,40 m.
In CZEPINO lockt nochmals ein schöner **Wiesenstellplatz**.

(025) WOMO-Stellplatz: Czepino, Żabnica,

GPS: N 53°17'08.5" E 14°29'41.5"
max. Womos: 2-3
Ausstattung/Lage: Keine Infrastruktur, Wiesenplatz direkt an der Oder, kleiner Laden 400 m/innerorts.
Zufahrt: Von Gryfino Richtung Szczecin, in Czepino nach Kirche mit gr. Holzkreuz links nach Żabnica. Dort an T-Kreuzung links, nach 500 m auf einem Wiesenweg bis zur Oder.

Immer entlang der Bahngleise ist **Szczecin** gut ausgeschildert. Kurz nachdem wir die Autobahn A6 Richtung Deutschland unterquert haben, fängt das Stadtgebiet bereits an. Ein braunes Schild „**Jezioro Szmaradowe**" macht uns neugierig und so biegen wir 600 m nach der Eisenbahnunterführung in die ul. Kopalina rechts ab und erreichen wenig später den leicht schrägen **Waldparkplatz** [**026:** N 53°22'25.2" E 14°37'26.6", kleine WOMOs] eines großen, durchaus reizvollen **Erholungsparks** (Park Lesny) mit geheimnisvoll schimmerndem **Waldsee**.
Beim Kreisel wechseln wir auf die <10> Richtung Zentrum, überqueren zweispurig einen Oderarm, passieren mehrere Hafeneinfahrten und erreichen auf der „Trasa Zamkowa" nach der Überquerung der Oder die Altstadt von SZCZECIN (420.000 Einwohner). Um die Stadt zu besichtigen, können wir unser Gefährt auf dem **großen Bus- und PKW-Parkplatz** unterhalb der Brücke abstellen oder schöner auf einem Stadtparkplatz (für kleine Mobile).

(027) WOMO-Stellplatz: Szczecin, Zentrum

GPS: N 53°25'33.0" E 14°33'17.8", Staromłyńska **max. Womos:** 1-2
Ausstattung/Lage: Recht ruhig, trotz Kopfsteinpflaster ringsherum, Mülleimer, gebührenpfl., Altstadt /Schloss ca. 400 m, **für kl. WOMOs**/innerorts.
Zufahrt: Auf der Trasa Zamkowa die Oder überqueren, beim nächsten Kreisel nach 800 m in einer 180°-Wende zurück. Nach 200 m schräg rechts Richtung Schloss und 150 m später rechts in die ul. Farna einbiegen. Nach 220 m wieder rechts in die ul. Grodzka. Parkplatz kommt nach 150 m rechts.

Alternative: **Campingplatz (038)**, den wir auf S. 40 beschreiben.

Spaziergang durch Szczecin: Wir besichtigen das prächtige **Schloss der pommerschen Herzöge** (Foto Seite 35 oben), dessen Baubeginn

1346 war und das 1944 durch die Luftangriffe der Alliierten vollständig zerstört wurde. Von 1958 bis 1980 dauerte der Wiederaufbau und im beeindruckenden Bau mit weiß verputzter Renaissance-Attika und prächtigem Kuppelturm sind heute die **Schlossoper**, ein kleines **Kino**, kleinere **Kabarett- und Theaterbühnen**, ein **Konzertsaal** und im Nord- und Südflügel **Galerien** für Wechselausstellungen neuer polnischer Kunst untergebracht. Gut gefällt uns der **Uhrenturm** mit einer etwas skurrilen Uhr von 1693 sowie die Aussicht vom **Glockenturm** (204 Stufen, Tickets zum Aufstieg in der Touristeninfo). Unterhalb des Schlosses wird seit 1995 das **historische Altstadtviertel** rekonstruiert, was nicht durchweg als gelungen bezeichnet werden kann. Bunte Bürgerhäuser reihen sich aneinander, Bars und Pubs versuchen eine heimelige Stimmung zu schaffen, daneben stört jedoch gesichtslose Nachkriegsarchitektur die die Atmosphäre erheblich. Mittendrin trifft man auf den filigranen Backsteinbau des **Alten Rathauses**, in dem das **Stadtmuseum** untergebracht ist und in dessen ehemaligem Weinkeller man heute recht gemütlich sitzt. Wenige Meter weiter steht eines der wenigen original erhaltenen Häuser: der **Loitzenhof**. Weiter empfehlen wir einen Spaziergang auf die andere Seite der breiten, lauten Trasa Zamkowa, wo man hoch oberhalb der Oder entlang imposanter Repräsentationsbauten wie **Marinehochschule** und **Schifffahrtsmuseum** (Muszeum Morskie) bis zur **Hakenterrasse (Foto unten)** spaziert. Aber wir müssen zugeben, Szczecin ist keine Stadt, die uns sehr beeindruckt, wir wollen weiter ans Stettiner Haff und in „unbekannte Gefilde“.

Dicke Pötte ziehen an der Uferpromenade von Trebież vorbei

In keinem unserer Reiseführer finden wir etwas über den kleinen Zipfel Polens am südwestlichen Ufer des Stettiner Haffs nördlich von **Szczecin**. Unserer Meinung nach lohnt der Abstecher zu den kleinen Städtchen **Trzebież** und **Nowe Warpno**, zu einigen schönen Badestellen und dem großen Waldgebiet **Puszcza Wkrańska** durchaus. Der kleine **Campingplatz in Nowe Warpno** ganz im Norden des Haff ist unser Ziel für heute Abend. Wir verlassen **Szczecin** über zahlreiche Kreisel Richtung Nordwesten auf der <115>. 1 km nach der BP-Tankstelle links machen wir einen Schwenk nach rechts in die ul. Spacerowa zum **Parkplatz** [**028:** N 53°27'41.6" E 14°30'18.5"]. Von hier können wir den Wald des **Erholungsgebietes Las Arkonski** und den kleinen **Jezioro Goplana** erkunden. 2 km später ist die große **Badestelle des Jezioro Głębokie** erreicht.

(029) WOMO-Badeplatz: Jezioro Głębokie, Strandbad

GPS: N 53°28'17.6" E 14°29'07.3" **max. Womos:** 1-2
Ausstattung/Lage: Sandiger Parkplatz im Wald, Strandbad 200 m, Wasserrutsche, Wasserskianlage/außerorts.
Zufahrt: Von Szczecin auf der <115> Richtung Nowe Warpno an der Wendeschleife der Straßenbahn bei der Ampel links, gleich wieder links.

Wir fahren vor dem See links ab und zuckeln etwas am Ufer entlang. Bereits nach knapp 500 m entdecken wir links der Straße ein gut besuchtes **Picknickgelände** mit Feuerstelle:

(030) WOMO-Picknickplatz: Jezioro Głębokie

GPS: N 53°28'17.6" E 14°28'47.6"
max. Womos: 2-3
Ausstattung/Lage: Sandiger Wiesenplatz im Wald, 60 m zum See, Grillstelle, Dixi-Klo, Radweg rund um den See/außerorts.
Zufahrt: Von Szczecin die <115> Richtung Nowe Warpno vor dem Jezioro Głęboie nach links Richtung Dobra, nach 500 m rechts.

Im Oktober ist der Strand von Trzebież wieder leer.

Weiter geht es auf der <115> Richtung Norden. 4 km nach **Pilchowo**, also kurz vor **Tanowo** nehmen wir die <114> nach POLICE (8 km). Am Ortseingang befindet sich ein großer **Parkplatz am Friedhof**. Wir folgen auch hier der Ausschilderung nach **Nowe Warpno**. Fast 5 km hinter Police, kurz vor dem Örtchen **Jasienica**, entdecken wir einen **einsamen Platz am Kanal** für Freunde befestigter Betonflächen. Eventuell scheiden sich bei diesem Platz die Geister, aber unserer Meinung nach ist er gut anzufahren, ruhig und die Nähe zum Wasser hat ihren Reiz. Dass er nicht allzu romantisch ist, geben wir zu!

(031) WOMO-Stellplatz: Jasienica, am Kanal

GPS: N 53°35'43.8" E 14°33'02.5"
max. Womos: 3-4
Ausstattung/Lage: Keine Infrastruktur, Betonfläche direkt am Kanal, Angler/außerorts.
Zufahrt: Von Szczecin die <115>, dann die <114> Richtung Police und Nowe Warpno. 1,6 km nach der letzten Versorgungsleitungen einer Chemiefabrik, kurz vor Jasienica, in einer Linkskurve rechts abbiegen und 850 m auf Betonplattenweg zum Kanal.

TRZEBIEŻ ist flott erreicht. Das Örtchen besteht aus zwei Ortsteilen: Zum einen dem südlichen **Trzebież Wielka** mit **Jachthafen** für rund 90 Boote, dem größten polnischen Fischerhafen am Stettiner Haff, der **Kreuzerhöhungskirche** sowie einigen Fachwerkhäusern aus der zweiten Hälfte des 18. Jh., den **Weberhäusern**. Zum Parken finden wir hier keine gute Möglichkeit! Der andere Ortsteil liegt nördlich, er heißt **Trzebież Mała** und hat einen **Strand**, einen kleinen **Campingplatz** und einen **Aussichtsturm** zu bieten. Wir folgen der Ausschilderung Plaża und sind nach einigem Gekurve auf einer befestigten Wiese am Haff mit Spiel- und Skaterplatz.

In Nowe Warpno kann man schön am Haff entlang spazieren.

(032) WOMO-Stellplatz: Trzebież, Skaterpark

GPS: N 53°39'56.4" E 14°30'18.3"
max. Womos: 2-3
Ausstattung/Lage: Befestigte Wiese direkt am Haff, kleiner Strand, Spielplatz, Skaterpark, Restaurant/außerorts.
Zufahrt: <114> Richtung Nowe Warpno nach Trzebież. 60 m nach den Bahngleisen links in die ul. Dworcowa, nach 700 m links auf die <114>, die 1. Möglichkeit 300 m später rechts. Die ul. Polna führt nach 800 m leicht rechts in die ul. Osadnikow, weitere 650 m später links (Restaurant Delfin). 100 m weiter links, nach weiteren 100 m rechts.

(033) WOMO-Campingplatz: Trzebież

GPS: N 53°40'02.1" E 14°29'54.6" **Öffnungszeit:** Ganzjährig
Ausstattung/Lage: Wiesenfläche, Bungalows, einfache Sanitäranlagen, Restaurant 300 m, Sandstrand 200 m.
Zufahrt: Von Platz (032) noch 500 m weiter Richtung Nordwesten.

Wieder auf der <114> geht es zügig durch den Wald der **Puszcza Wkrańska**. In **Brózki** bringt das Kopfsteinpflaster das Auto ganz schön zum Zittern. **Karsznie** hat eine reizende **Kirche mit Ritterburgturm**.
Parken ist in NOWE WARPNO nicht ganz einfach. Unsere Empfehlung ist daher das WOMO gleich auf dem **Campingplatz** abzustellen und das Örtchen zu Fuß oder mit Rad zu erkunden. Ein enger Parkplatz (N 53°43'31.30", E 14°16'43.78") befindet sich beim **Strand** oder nördlich der spätgotischen **Backsteinkirche**.

(034) WOMO-Campingplatz: Nowe Warpno

GPS: N 53°43'16.3" E 14°17'43.2", Słoneczna 23 **Tel:** +48501290598
Öffnungszeit: Ganzjährig
Ausstattung/Lage: Wiese am Strand, moderne Sanitäranlagen, kleines Restaurant, Bungalows, Wifi, Spielplatz, Tisch & Bank, Zentrum 1 km/innerorts.
Zufahrt: In Nowe Warpno 500 m nach der Kreuzung mit Holzkreuz und blauer Wasserpumpe nach einem Zebrastreifen ausgeschildert links, nach 300 m.

Die Promenade (Foto links) und der Marktplatz von Nowo Warpno

Nowe Warpno: Mit 1.250 Einwohnern ist Nowe Warpno die kleinste Stadt Polens, zudem hat das Örtchen das einzige **Fachwerkrathaus** zu bieten. Besonders ist ebenso die **Backsteinkirche Maria Himmelfahrt**, in deren Innerem in einer Nische ein kreuzförmiger Reliquienschrein mit Papstblut zu sehen ist. Blut, das dem Heiligen Vater kurz vor seinem Tod entnommen wurde und das man an über 100 Orten tröpfchenweise verteilt hat. Ehrenbürger des Örtchens ist seit 1927 der **Maler und Graphiker Hans Hartig** (1873–1936), der seit 1912 regelmäßig hierher kam, um Flusslandschaften und Meeresbilder zu malen. Als Mitglied des Künstlerkreises „Club der Landschafter" schuf er Bilder, die das Leben am Haff zeigen.

Świnoujście ist unser nächstes größeres Ziel. Dazu geht es zurück Richtung **Szczecin**. Vor KARSZNO entdecken wir einen schönen Platz direkt am Wasser.

(035) WOMO-Stellplatz: Karszno
GPS: N 53°43'59.3" E 14°19'54.0"
max Womos: 1
Ausstattung/Lage: Keine Infrastruktur, Wiese am Haff, viele Fischreiher/außerorts.
Zufahrt: Von Nowe Warpno Richtung Szczecin. 700 m nach der Einmündung der kleinen Str. von (034) auf die Hauptstr., Abzweigung nach links Richtung Podgrodzie, dann nach 100 m rechts nach Miroszewo, 2 km bis zum Haff.

Wieder zurück auf der Hauptstraße biegen wir Richtung **Dobieszczyn**/Szczecin ab (31 km, großes Holzkreuz). Nach rund 12 km auf guter Piste durch den Wald, erreichen wir **Dobieszczyn** und schwenken nach links auf die <115>. Die **Puszcza Wkrzańska** scheint ein Wildschwein-Paradies zu sein, der Straßenrand ist beidseitig stark aufgewühlt. Wir wagen trotzdem eine Rast:

(036) WOMO-Picknickplatz: Waldplatz Podbrzezie
GPS: N 53°35'06.4" E 14°23'01.0" **max Womos:** 2-3
Ausstattung/Lage: Asphaltierter Parkplatz, Tisch & Bank/außerorts.
Zufahrt: Von Nowe Warpno Richtung Szczecin, 3,7 km nach Dobieszczyn.

Hinter **Tanowo** stoßen wir wieder auf die <115> und 1,3 km später, direkt gegenüber der Abzweigung nach **Bartoszewo** liegt nochmals ein **Picknickplatz** nahe an der Straße.

(037) WOMO-Picknickplatz: Bartoszewo

GPS: N 53°31'07.5" E 14°28'15.4"
max Womos: 2-3
Ausstattung/Lage: Geschotterter Parkplatz, Tisch & Bank, Mülleimer/außerorts.
Zufahrt: Von Nowe Warpno Richtung Szczecin, an der <115> 1,3 km hinter Tanowo links an der Straße.

In GŁĘBOKIE kennen wir uns ja schon aus. Einen Sprung ins kühle Nass können wir uns nicht verkneifen. Wir durchfahren SZCZECIN auf der <115> und verlassen die Stadt auf der „Trasa Zamkowa". Ein guter Platz für eine Nacht ist der **Campingplatz** von Szczecin in **Dąbie**.

(038) WOMO-Campingplatz: Marina, Dąbie, Szczecin

GPS: N 53°23'42.99" E 14°38'13.2", ul. Przestrzenna 23, **Tel:** +48914601165
Öffnungszeit: Ganzjährig, www.campingmarina.pl
Ausstattung/Lage: Blütenpracht, grünes Gelände am Dąbie-See, keine Bademöglichkeit, Strand 2 km, nicht ganz leise (Bahnlinie), Jachthafen, Zentrum 30 min mit Bus, Restaurant, Infomaterial, Verkauf Bustickets, Fahrradverleih.
Zufahrt: Von Szczecin auf der <10>/<S3> Richtung Świnoujście, Abfahrt nach Dąbie, Brücke über die Regalica. 2,8 km der Ausschilderung folgen.

Auf der zuerst 6-spurigen <10>, dann 4-spurigen S3 düsen wir bis **Goleniów**. Nochmals wollen wir einen Abstecher ans Haff wagen. **Stepnica** ist mit 18 km ausgeschildert.

STEPNICA liegt mit seinen 5.000 Einwohnern am Papenwasser/ Roztoka Odrzańska, wo sich die Oder aus dem Jezioro Dąbie zum Stettiner Haff verbreitert. Im Mai finden wir hier viel Platz.

(039) WOMO-Badeplatz: Stepnica

GPS: N 53°39'03.8" E 14°37'12.7"
max Womos: 1-2
Ausstattung/Lage: Asphaltierter Parkplatz, WC, Strand 200 m, Seebrücke/innerorts.
Zufahrt: Von Goleniów 18 km nach Stepnica, dort zum Hafen, dann zum Strand.
Sonstiges: Touristinfo am Strand, Wiese dort wird inoffiziell als Campinggelände genutzt. Besitzerin des Agraturystika Laguna spricht gut Deutsch, ist sehr hilfsbereit.

Alternativen: Der Mini-Camping beim schönen Restaurant Taverna (ul. Tadeusza Kościuszki 23) war 2016 nicht in Betrieb. Beim Jachthafen Richtung Reclaw gibt es eine Möglichkeit für kleinere Womos (rote Boje, N 53°39'16.1" E 14°37'08.2").

Hier in der Region lebt die größte Seeadlerpopulation Europas. Die Vögel sind mit ihrer gewaltigen Körperlänge von 85 bis 95 Zentimeter und einer Flügelspannweite von bis zu 240 Zentimeter durchaus beeindruckend. Der Naturpark Stettiner Haff bietet mit seinen Kanälen, Waldflächen und Überschwemmungsland einen Lebensraum für die großen Greife innerhalb eines Europäischen Schutzgebietsnetzwerks.
Mit dem Fahrrad von Stepnica zum Strand von Czarnocin: Über GĄSIERZYNO und KOPICE erreichen wir nach 12 km auf Minipisten den schönen **Badestrand von Czarnocin** (N 53°43'13.6" E 14°32'56.0").

Mit Motorkraft rollen wir von **Stepniczka** bis **Miłowo**, biegen in **Zielonczyn** rechts ab, um nach 9 km wieder auf die S3 zu stoßen. Gut 2 km später biegen wir links ab zum Baden.

(040) WOMO-Badeplatz: Jezioro Przybiernów

GPS: N 53°45'37.0" E 14°45'37.3"
max Womos: 2-3
Ausstattung/Lage: Sandiger, Waldparkplatz, Mülleimer, oberhalb des Strandes/außerorts.
Zufahrt: 20 km nördl. von Goleniów bei der Abfahrt nach Przybiernów links Richtung Jarszewko von der S3 abbiegen. Nach 1,2 km links.

Die **Insel Wolin** ist unser nächstes Ziel. Also fahren wir nach ausgiebigem Geplansche zurück zur S3 und haben keine 15 Minuten später die Brücke über die Dziwna erreicht. In WOLIN entdecken wir einen **tollen Platz** direkt am Haff. Wer allerdings gerne auf einem privaten Stellplatz stehen möchte, biegt kurz vor der Brücke ab Richtung **Reclaw/Gogolice**.

(041) WOMO-Stellplatz: Gogolice, Stellplatz Lafrentz

GPS: N 53°49'59.0" E 14°37'19.0", Gogolice 20, **Tel:** +48510100402
lafwin@neostrada.pl **Öffnungszeit:** Mai-September
Ausstattung/Lage: Kleiner, privater Kiesstellplatz, keine Sanitäranlagen, Entsorgung (2 €), Zentrum 2 km, Besitzer spricht deutsch/innerorts.
Zufahrt: Von der S3 aus Süden kommend vor der Brücke über die Dziwna nach links Richtung Reclaw/Gogolice, nach 1,3 km, direkt vor Gogolice.

Die **Insel Wolin**: Die Oder teilt sich an ihrer Mündung in einen östlichen und einen westlichen Arm. Nach Osten fließt die **Dziwna** und wird zum Camminer Bodden, nach Westen schlängelt sich die **Swina** bei Świnoujście ins Meer. Diese beiden Flussläufe begrenzen die 35 km lange und zwischen 8 und 20 km breite Insel Wolin, auf der vier Städte und ein herrlicher **Nationalpark** liegen. Weite, teilweise unberührte Sandstrände mit menschenleeren Buchten, Steilküste, dahinter uralte Wälder mit wuchtigen Findlingsbrocken oder mit Sümpfen durchzogene Moorgraswiesen bestimmen die Landschaft der **Insel Wolin**.

Vom Glanz der einst reichen Handelsmetropole, ist heute nicht mehr viel zu spüren. Aber ein beeindruckendes **Freiluftmuseum** auf der Flussinsel führt in die frühmittelalterliche Wikingerzeit zurück. Wir bestaunen reetgedeckte Holzhäuser, die ohne einen einzigen Nagel gebaut wurden, kuscheln uns in eine Wikinger-Koje und messen unsere Kräfte beim Tauziehen. Freilaufende Schafe und Pferde vervollständigen das Bild vom einfachen Leben und die Helme lassen uns sehr wikingerisch aussehen. (www.jomsborg-vineta.com, April-Okt. tgl. 10-16 Uhr, Juli/Aug. 10-18 Uhr. **Parkplatz** auf der anderen Seite des Flusses [**042:** N 53°50'27.1" E 14°37'15.5"].

Im Freilichtmuseum sind 27 Holzgebäude zu besichtigen.

Von der Bogenbrücke über die Dziwna gelangt man in das verschlafene Städtchen. Einen **Stellplatz** für einen kurzen Rundgang zur Besichtigung des barocken, ehemaligen **Herrenhauses**, des **Rathauses** oder der **St. Nicolai-Kirche** finden wir hier:

(043) WOMO-Stellplatz: Wolin

GPS: N 53°50'41.4" E 14°37'01.0"
max Womos: 1-2
Ausstattung/Lage: Schattenloser, gepflasterter Platz, leicht schräg/innerorts.
Zufahrt: Von der S3 aus Süden kommend, in Wolin direkt nach der Brücke rechts, dann links ausgeschildert hinter dem barocken Herrenhaus.

Die durch Siedler und Handwerker gegründete Ansiedlung erlangte am Ende des 9. Jh. städtischen Charakter. In einem arabischen Reisebericht aus dem Jahr 965 ist über Wolin zu lesen: *...eine große Stadt am Weltmeer, die 12 Tore und einen Hafen hat...* Und Ibn Said, ein arabischer Chronist, beschrieb die Stadt im 12. Jh. als *...die schönste in jenem Landesteil...* Durch die Befestigung des strategisch wichtigen Hafens mit einer Wehranlage, konnte die Stadt sich am Anfang des 11. Jh. doch tatsächlich bis *...zur größten Stadt, die es in Europa gibt...* mit bis zu 12.000 Einwohnern entwickeln. Slawische Freibeuter führten wenig später zu ihrem Niedergang.

Einen idealen **Übernachtungs- und Badeplatz** finden wir am **Strand von Wolin** (Schild Plaża). Hier verbringen wir in der Nachsaison zwei wunderschöne, ruhige Tage.

(044) WOMO-Badeplatz: Wolin, Strandbad

GPS: N 53°49'45.9" E 14°35'56.1"
Do Plaży **max Womos:** 3-4
Ausstattung/Lage: Große, schattige Wiese am Sandstrand, Steg, Mülleimer, Feuerstelle, eingezäunt, unbewacht/außerorts.
Zufahrt: Von Wolin ausgeschildert Richtung Plaża abwärts, 800 m nach den letzten Häusern.
Sonstiges: Hügelgräberfeld aus dem 9.-11. Jh. vor dem Gelände, Infotafeln auch auf Deutsch. Strandspaziergänge entlang des Haffs bis nach Wolin sind möglich.

Wir verlassen Wolin auf der Schnellstraße E65 Richtung **Międzyzdroje**. Der Hinweise zum **Western Picknick/Caravan Camp** 1,2 km hinter PLOCIN macht uns neugierig, aber im Mai 2016 ist hier noch keiner. Über Infos dazu mit Rückmeldezettel oder gerne auch im Forum des Verlages http://forum.womoverlag.de freue ich mich.

(045) WOMO-Stellplatz: Sułomino

GPS: N 53°51'26.0" E 14°33'05.5" **max Womos:** 2-3
Ausstattung/Lage: Festivalwiese, Tisch & Bank/außerorts.
Zufahrt: Von der S3/E65 von Wolin Richtung Świnoujście, fast 4 km hinter Wolin, rund 1,2 km hinter Plocin, dem Hinweis Sułomino nach links folgen, rund 700 m auf Schotterweg bis zum Haff, zum Schluss sandig und holprig.

Bevor wir **Świnoujście** erobern, machen wir nochmals einen Schlenker nach Süden entlang des Haffs, denn dort locken schöne, einfach anzufahrende Plätze:

(046) WOMO-Stellplatz: Zalesie

GPS: N 53°54'01.1" E 14°26'13.2"
max Womos: 1-2
Ausstattung/Lage: Keine Infrastruktur, Parkplatz an der Straße, am Haff/außerorts.
Zufahrt: Von der S3 an der Einmündung der <102> links Richtung Lubin, 800 m nach dem Ortsbeginn von Zalesie, rechts an der Straße am Haff.
Sonstiges: Stellplatz ist Parkplatz eines Bunkermuseums.

In WAPNICA lockt ein Platz am schönen **Jezioro Turkosowe**.

(047) WOMO-Stellplatz: Wapnica

GPS: N 53°52'45.1" E 14°26'25.6"
max Womos: 2-3
Ausstattung/Lage: Keine Infrastruktur, asphaltierte Parkfläche, am See/außerorts.
Zufahrt: Von der S3 an der Einmündung der <102> links 3,8 km Richtung Lubin, 100 m nach dem Ortsanfang von Wapnica nach links, nach 500 m rechts.
Sonstiges: Der **Türkissee** ist eine ehemalige Kreidegrube, die für eine der größten Zementfabriken Preußens Mitte des 19. Jh. errichtet wurde. Eine Drahtseil- und Schmalspurbahn brachte die Kreide zum Brennen in die nahegelegene Fabrik in Lubin. Mitte des 20. Jh. wurde die Grube aufgegeben. Bei Sonnenschein schimmert der See türkisgrün, das Baden ist leider nicht erlaubt.

Wir bleiben auf der gut ausgebauten S3 und erreichen wenig später die **kostenlose Fähre** (Prom) in Karsibór nach **Świnoujście**. Im Mai halten sich die Wartezeiten in Grenzen. Unseren fahrbaren Untersatz parken wir für die Nacht auf dem **Campingplatz**, aber auch ein **Strandparkplatz** bietet sich an.

(048) WOMO-Campingplatz: Relax, Świnoujście

GPS: N 53°55'00.7" E 14°15'25.8", ul. Slowackiego 1, **Tel:** +48913213010
www.camping-relax.com.pl **Öffnungszeit:** Ganzjährig
Ausstattung/Lage: Großes Gelände, schattig, Hunde erlaubt, Ver- und Entsorgung, Restaurant, Strand 400 m, Zentrum 800 m/innerorts.
Zufahrt: S3 nach Świnoujście, 5,8 km hinter dem Fähranleger rechts auf die ul. Grunwaldzka, nach 400 m links in die 11 Listopada, geradeaus weiter in die St. Moniuszki bis zur ul. Słowackiego, dann nach rechts.

(049) WOMO-Badeplatz: Świnoujście

GPS: N 53°55'34.4" E 14°13'43.7" **max Womos:** 4-5
Ausstattung/Lage: Unbewachter Großparkplatz direkt am Strand, gebührenpflichtig, Zentrum 2,5 km/ortsnah.
Zufahrt: In Świnoujście, links Richtung Grenze, letzte Straße (ul. Bałtycka) vor der Grenze nach rechts, noch 800 m.

Zum **Stadtrundgang** durch **Świnoujście** gehen wir am Strand nach Osten. Bald ist das Wahrzeichen Świnoujścies, das Navigationszeichen **Stawa Młyny** (Mühlenbake) von 1874 erreicht. Auf der "Feinigertour", einem Radweg, der auf die Motive des Malers Feiniger hinweist, stoßen wir entlang der Świna auf das **West-Fort** (Fort Zachodni). Hier lässt ein Militärmuseum die Geschichte zahlreicher Kämpfe aufleben. Wenige Minuten später erreichen wir die **Engelburg** (Fort Aniola). Von hier sehen wir den **Leuchtturm** auf dem gegenüberliegenden Ufer der Świna besonders gut. Mit seinen 65 m (308 Treppenstufen führen nach oben) ist er der höchste Leuchtturm Polens und sogar einer der höchsten der Welt. Er ist zudem einer der ältesten und schönsten Leuchttürme an der polnischen Ostseeküste, erbaut in den Jahren 1854-57. Mehr zu Leuchttürmen gibt es auf Seite 62.

Nach rund 20 Minuten auf der kopfsteingepflasterten ul. Jachtowa entlang des Kurparks und den Ausläufern des Hafengeländes haben wir das südlich gelegene Stadtviertel erreicht. Beim Schiffsanleger am Plac Rybacka erinnert ein **Denkmal** an alle, „die vom Meer nicht mehr zurückgekehrt sind". Das **Museum für Seefischerei**, direkt dahinter im alten Rathaus, präsentiert Wissenswertes zu Fischfang und zu Meeresfauna. Durch den Kurpark kehren wir Richtung Campingplatz zurück, um uns zum Essen in eines der vielen Restaurants an der nahen **Strandpromenade** zu setzen.

Jetzt wollen wir aber endlich die Natur hier an der Küste entdecken. Der **Wolińsky Nationalpark** bietet dazu die besten Möglichkeiten. Wir fahren also mit der Fähre zurück auf die Insel

Wolin und biegen nach 11 km links ab nach MIĘDZYZDROJE. Das Örtchen ist eng und voll, Parkraum ist rar. Der einfache **Campingplatz 24** am westlichen Ortsanfang kommt uns da gelegen.

(050) WOMO-Campingplatz: Camping 24, Międzyzdroje
GPS: N 53°55'20.7" E 14°26'10.4", Polna 36 **Tel:** +48913280275
www.camping24.info.pl **Öffnungszeit:** 15. April-September
Ausstattung/Lage: Wiesengelände, teils schattig, Laden 200 m, Hunde erlaubt, Ver- und Entsorgung, Strand 500 m, Zentrum 800 m, Wifi.
Zufahrt: Von der S3 kommend nach Międzyzdroje abbiegen, 300 m nach der Eisenbahnunterführung links ab auf die ul. Polna, nach 500 m links.

Międzyzdroje: Vom kleinen Bauern- und Fischerdorf hat sich das Städtchen zu einem trubeligen Touristenort gewandelt, in dem sich in den Sommermonaten über 80.000 Gäste am Strand, zwischen Souvenirshops, Fressbuden oder Kiosken drängeln. Der Ort bietet eine fast 400 m lange **Seebrücke**, ein **Wachsfigurenkabinett**, die „**Promenade der Stars**", die vom berühmten Berliner Hofarchitekten Stüler entworfene **Kirche St. Peter** sowie das 1960 gegründete **Bildungs- und Museumszentrum des Woliner Nationalparks**. Und diese Naturregion im Norden des Ortes möchten wir allen für einen Strandspaziergang wärmstens ans Herz legen. Nach den letzten Hotels wird der Strand menschenleer, die Steilküste beeindruckt durch Klippen aus Geschiebemergel und Kreide. Zudem führt ein Weg durch gewaltige Buchenwälder oberhalb der Küste bis zum 95 m hohen **Aussichtspunkt Góra Gosań** (Gosan Berg).

Wer nicht vom Campingplatz startet, parkt am besten hier:

(051) WOMO-Picknickplatz: Woliński Nationalpark
GPS: N 53°56'16.0" E 14°28'31.7"
max Womos: 2-3
Ausstattung/Lage: Tisch & Bank, bewachter Waldparkplatz, kostenpflichtig, Wanderkarte/außerorts.
Zufahrt: 1,2 km auf der <102> von Międzyzdroje Richtung Wisełka rechts an der Straße.
Sonstiges: Startpunkt für Wanderung zum gut besuchten Wisentreservat, das uns allerdings nicht so sehr beeindruckt hat.

Der kilometerlange Strand des Woliner Nationalparks bei Międzyzdroje.

Der nächste Parkplatz kommt bereits nach gut 2 km, er ist aber sehr klein und ein Abstieg zum Meer von hier nicht möglich.

Lesertipp: 2 km nach Kołczewo weist ein Schild **Agroturystyka** nach rechts. Wir folgen diesem 300 m und kommen zu einem Bauernhof, der Platz für 20 Womos bietet. Zudem findet sich hier eine Wiese mit Dusche, WC, Ver- und Entsorgung, Feuerstelle und Bademöglichkeit am eigenen See.

Für Strandspaziergänge empfehlen wir den großen Parkplatz 2,5 km hinter **Kołczewo** oder 500 m weiter den **Campingplatz.**

(052) WOMO-Picknickplatz: Kołczewo

GPS: N 53°59'25.1" E 14°37'49.5"
max Womos: 2-3
Ausstattung/Lage: Tisch & Bank überdacht, unbewachter Waldparkplatz, Strand 500 m, außerorts.
Zufahrt: Auf der <102> von Międzyzdroje Richtung Kołobrzeg 2,5 km hinter Kołczewo links neben der Straße, **schlecht ausgeschildert!**

(053) WOMO-Campingplatz: Tramp, Nr. 96, Kołczewo

GPS: N 53°59'45.3" E 14°38'52.8", Świętouść **Tel:** +48913212662
Öffnungszeit: 15. April-15.Oktober
Ausstattung/Lage: Wiese, teilweise im Wald, Ver-und Entsorgung, Wifi in der Rezeption/außerorts.
Zufahrt: Auf der <102> von Międzyzdroje Richtung Kołobrzeg 2,5 km hinter Kołczewo.

MIĘDZYWODZIE bietet wie der Nachbarort DZIWNÓW reichlich Budenzauber. In DZIWNÓWEK geht es wieder ruhiger zu:

(054) WOMO-Campingplatz: Wiking, Nr.194, Dziwnówek

GPS: N 54°02'02.2" E 14°47'59.9", ul. Wolności 3 **Tel:** +48913813493
Öffnungszeit: Ende April-Mitte September
Ausstattung/Lage: Schattig, Laden, Restaurant, Hunde erlaubt, Ver- und Entsorgung, Spielplatz, Wifi, Strandzugang, Zentrum 300 m.
Zufahrt: Von Międzyzdroje nach Dziwnówek, am Orteingang links.

Wir wollen einen kleinen Abstecher ins Landesinnere machen. Über **Wrzosowo** ist KAMIEŃ POMORSKI (10.000 Einwohner) auf der <107> gen Süden schnell erreicht. 3 km vor unserem Ziel grüßen große Dinosaurier von der Wiese.

Kamień Pomorskie: Das kleine Städtchen liegt auf einem Hügel über dem Camminer Bodden und ist eine der ältesten Städte Pommerns, denn Stadtrechte besitzt es seit 1274. Bedeutendes Zeugnis dieser Zeit ist der **Dom St. Johannes** (Katedra św. Jana) mit **wertvollem Triptychon** und **gotischem Taufbecken**, aber vor allem einer **Barockorgel**, die im Sommer alljährlich beim **Festival der Orgel- und Kammermusik** (Juli/ August am Freitagabend) zum Klingen kommt.
Zwei Drittel der Bebauung Kamień Pomorskis wurde im Zweiten Weltkrieg zerstört. Neben dem idyllischen **Klostergarten** und dem **ehemaligen Bischofspalais** gegenüber des Gotteshauses sind nur noch die Überreste der ehemaligen **Stadtbefestigung mit dem Woliner Tor** erhalten. In diesem 700 Jahre alten Gemäuer ist das **Museum der Steine**, mit Mineralien, archäologischen Funden und einer kleinen Dinosaurierausstellung untergebracht (Muzeum Kamieni, ul.Słowacki 1, Juli/Aug. tgl. 10-18 Uhr, sonst Di-Sa 10-18 Uhr). Am eindruckvollsten ist allerdings der Blick vom Turm. Über den Alten Markt mit seinem **gotischen Rathaus**, das 1969 wieder originalgetreu aufgebaut wurde, und dem schön gelegenen *Amfiteatr* kehren wir entlang der Seepromenade zum Auto zurück.

(055) WOMO-Stellplatz: Kamień Pomorski

GPS: N 53°58'26.9" E 14°46'19.5", ul. Lipowa **max Womos:** 1-2
Ausstattung/Lage: Keine Infrastruktur, gebührenfrei, direkt an der Stadtmauer/ innerorts.
Zufahrt: Von Dziwnówek auf der <107> bis Kamień Pomorski, bereits vor Ortsbeginn direkt nach der Brücke rechts in die ul. Lipowa bis zur Stadtmauer und zum ausgeschilderten Bus-Parkplatz.

Alternative: Parkplatz Schiffsanleger/Hafenamt: N 53°58'22.7" E 14°45'57.6"

Die dreischiffige Basilika St. Johannes auf einem Hügel über dem Bodden.

Von Kamień Pomorski nach **Trzebiatów** gibt es mehrere Wege. Entweder Sie holpern die <103> über **Świerno**, das ein **Fachwerkschloss** von 1730 und eine **Fachwerkkirche** von 1681 zu bieten hat. Oder Sie fahren die <107> bis zur Küste, über **Strzeżewo** nach **Łukęcin** und nach den trubeligen Ferienorten **Probierowo**, **Trzęsacz** (großer Parkplatz am Ortseingang N 54°04'29.6" E 14°59'12.0") und **Rewal** wieder leicht ins Landesinnere bis **Trzebiatów**. Den **Campingplatz** sowie einen **Stellplatz** in REWAL möchten wir Ihnen noch nennen. Von beiden ist zu Fuß auch die **Kirchenruine von Trzęsacz** gut zu erreichen.

(056) WOMO-Campingplatz: Klif, Nr. 192, Rewal

GPS: N 54°04'46.3" E 15°00'16.8", ul. Kamieńska 2 **Tel:** +48913862618
Öffnungszeit: Mai-September
Ausstattung/Lage: Wiesengelände, Restaurant, Hunde erlaubt, Ver- und Entsorgung, Küche, Wifi, Strandzugang, Laden 200 m, Zentrum 500 m.
Zufahrt: Auf der <102> von Westen Richtung Kołobrzeg am Ortseingang von Rewal links.

(057) WOMO-Stellplatz: Rewal

GPS: N 54°04'53.1" E 15°01'04.4"
max Womos: 2-3
Ausstattung/Lage: Gebührenpflichtiger, gepflasterter Parkplatz/innerorts.
Zufahrt: Auf der <102> nach Rewal, beim Kreisel Richtung Zentrum, nach 200 m rechts, Parkplatz links.

20 km trennen uns auf der <102> von TRZEBIATÓW.

(058) WOMO-Stellplatz: Trzebiatów, Marienkirche

GPS: N 54°03'51.2" E 15°16'03.1" **max Womos:** 2-3
Ausstattung/Lage: Parkplatz, nicht sehr ruhig/innerorts.
Zufahrt: Im Zentrum von Trzebiatów direkt an der Marienkirche.

Einst war die Kirche von Trzęsacz (direkt am Strandabgang) 1,8 km entfernt vom Kliff.

Die Altstadt Trzebiatóws: Marktplatz und die Marienkirche im Hintergrund.

Erkundungen in Trzebiatów: Das verschlafene Trzebiatów wurde im Krieg wenig zerstört, so dass der kleine Burgflecken aus dem 12. Jh., der zur Zeit der Hanse im 14. Jh. gewaltig aufblühte, mit seinen restaurierten, einfachen **Bürgerhäusern** rund um den **Marktplatz** durchaus für einen kurzen Stopp lohnt. Nahebei steht die **Marienkirche** mit 90 m hohem **Turm**, den man im Sommer etwas mühevoll erklettern kann. Unter dem gewaltigen Dachstuhl können zwei prächtige Glocken besichtigt werden, die **Gabriel-Glocke** aus dem 14.Jh., eine der ältesten Glocken des Landes, oder die **Maria-Glocke**, die eine der größten Glocken Polens ist. Der Blick von oben über die Dächer der Stadt lohnt.

Da sich in Trzebiatów unsere Varianten 1A und 1B treffen, beschreiben wir auf den folgenden Seiten erst mal die Variante 1B.
Für alle, die zur Küste fahren, geht es auf Seite 57 weiter.

Variante 1B von Kostrzyn bis Trzebiatów:
In **Kostrzyn** bleiben wir auf der <31>, die nach Übertreten der Grenze in den Verwaltungsbezirk Westpommern (Zachodnopomorskie) zur <23> wird. DĘBNO ist unser erster Stopp nach 17 km, dort lockt ein **Badesee**.

(059) WOMO-Badeplatz: Dębno, Jezioro Lipowo
GPS: N 52°44'38.8" E 14°42'36.3"
max Womos: 1-2
Ausstattung/Lage: Parkbuchten am Straßenrand, eingezäunte, bewachte Badestelle, Sandstrand, Steg, Kiosk, Dixi-Klo/innerorts.
Zufahrt: In Dębno Richtung Myślibórz 700 m nach dem Marktplatz bei der Kirche in die ul. Parkowa nach links, ca. 450 m, Parkplätze an der Straße.

Zuerst entlang der Bahnlinie, dann vorbei an Seen, geht es Richtung **Myślibórz**. Es ist spät geworden, einen **einfachen Stellplatz** finden wir in MYŚLIBÓRZ gute 15 km später.

Ein Segelclub läd zur Rast im kleinen Hafen von Myślibórz.

(060) WOMO-Stellplatz: Myślibórz, Park am See
GPS: N 52°55'14.3" E 14°51'38.4"
max Womos: 1-2
Ausstattung/Lage: Keine Infrastruktur, geschotterte Fläche direkt am Park/innerorts.
Zufahrt: In Myślibórz direkt nach dem Zebrastreifen bei einem Backsteinhaus mit Aufschrift "Kolber"/P links 100 m Schotterweg bis zum Park (P), parken entlang des Weges.
Sonstiges: 500 m Fußweg nach rechts am See entlang: kleiner Segelclub mit Gaststätte und **Badestrand** (wenig Parkraum).

Am nächsten Morgen werfen wir einen Blick ins **Sanktuarium**, das 200 m nördlich an der <23> liegt (N 52°55'19.1" E 14°51'44.7"). Das Glasfenster im Inneren ist wunderschön. Jetzt wollen wir uns noch das Zentrum des Ortes ansehen.

(061) WOMO-Stellplatz: Myślibórz, Rynek
GPS: N 52°55'30.3" E 14°51'58.3"
max Womos: 1-2
Ausstattung/Lage: Parkflächen direkt vor dem Rathaus, Sitzbänke/innerorts.
Zufahrt: In Myślibórz fast am Ortsende nach dem Stadttor links, erneut links zurück bis zum *Rynek*/Marktplatz.

Die schöne **Backsteinkirche** lohnt einen Besuch. Wir umrunden den Platz mit dem rosagetünchten Rathaus und finden eine guten Eisdiele und zahlreiche Sitzmöglichkeiten.
Weiter geht es auf der <26> Richtung **Szczecin**. Nach 6 km erreichen wir die zweispurige Schnellstraße, wir bleiben allerdings auf der <119> Richtung **Szczecin**. Wenig später ist LIPIANY angeschrieben. Dort halten wir uns beim Kreisel Richtung *Centrum*, am **Stadttor** fahren wir rechts vorbei. Unsere

Stellplatzempfehlung liegt am Ende des Städtchens.

(062) WOMO-Stellplatz: Lipiany, Jezioro Wądól

GPS: N 53°00'16.5" E 14°57'53.6", ul. Okrzei
max Womos: 1-2
Ausstattung/Lage: Wiesenfläche direkt am See, Tisch & Bank überdacht, Steg, Mülleimer/innerorts.
Zufahrt: <119> von Süden kommend, Richtung Lipiany beim Kreisel Richtung „Centrum", rechts am Stadttor vorbei und das Städtchen durchfahren. Direkt nach dem zweiten Stadttor rechts zum See.
Sonstiges: Für die Weiterfahrt zum letzten Tor zurück, dann rechts bis zur <119>.

Bei unserer kurzen Stadtbesichtigung des idyllisch zwischen zwei Seen gelegenen **Lipiany** entdecken wir ein besonderes **Relief beim Brunnen** am Rathaus, das an die Legende des Bier-Streits erinnert: Dieser Erzählung nach war es früher in der Gegend üblich, dass die umliegenden Brauhäuser den Ratsherren Bier zum Probetrinken zur Verfügung stellen mussten. Aber es kam zum Streit, da die letzten Verkoster sich ungerecht behandelt fühlten. Immer sei die Kanne schon leer, wenn sie an der Reihe seien. Der Landesherr beendete den Streit, indem er festlegte:"Wer austrinkt die Neig, fängt an vom Frischen zu trinken!" Die Letzten durften nun zusätzlich bei der neuen Runde als Erste trinken und damit war der Streit beendet!

Wir verlassen den Ort nach Westen und stoßen 800 m später auf die Umgehungsstraße. Auf der gut ausgebauten <119> brausen wir Richtung **Pyrzyce** durch die **„Kornkammer Polens"** rund um den **Jezioro Miedwie**. Weizen und Roggen gedeihen prächtig auf der Schwarzerde, die sich hier wegen günstiger Bedingungen bilden konnte.

Damit Schwarzerde entstehen kann, müssen fünf Faktoren gleichzeitig zutreffen. Der Boden als Ausgangsmaterial muss locker und kalkreich sein, es braucht eine grasreiche Steppenvegetation, kontinentales Klima (heiße Sommer, kalte Winter), einen ausgeglichenen Wasserhaushalt und tiefgründige und intensive Bodendurchmischung durch Bodentiere.

Getreidefelder soweit das Auge reicht, im August ist das abgeerntete Stroh auch schon zu dicken Kugeln verpackt. Wenig später kommt eine **Stellmöglichkeit** für "sehr sportliche" Fahrzeuge und FahrerInnen, die Sand nicht fürchten.

(063) WOMO-Stellplatz: Derczewo, Jezioro Wądól

GPS: N 53°02'12.2" E 14°53'37.4", ul Lipanska
max Womos: 1
Ausstattung/Lage: Wiesenfläche direkt am See, Grillstelle, holprige Zufahrt/außerorts.
Zufahrt: Von der <119> Richtung Pyrzyce ca. 4 km hinter Lipiany (1,5 km nach Debiec), links, kurz nach Mielecin links 3,8 km bis Derczewo, beim Holzkreuz links, 150 m nach dem letzten Haus linker schlechter Sandweg bis zum See.

Schöne Stellplätze gibt es an den Seen nördlich von Nowielin

Bei NOWIELIN entdecken wir einen wirklich schönen Platz.

(064) WOMO-Stellplatz: Nowielin, Platz am See

GPS: N 53°07'09.6" E 14°53'07.8"
max Womos: 2-3
Ausstattung/Lage: Schotterfläche, große Picknickhütten, Grillstelle, Angler/außerorts.
Zufahrt: Am Ortseingang von Pyrzyce **direkt** hinter der Dall-Tankstelle links, nach 100 m links in Holperweg. Nach 300 m rechts zwischen die Seen, dann wieder links.

In PYRZYCE (13.000 Einwohner) befinden sich **Parkplätze** rund um die Kirche oder aber noch besser vor dem Eulenturm am Ende der Altstadt.

(065) WOMO-Stellplatz: Pyrzyce, Eulenturm

GPS: N 53°08'43.3" E 14°53'34.6"
max Womos: 1-2
Ausstattung/Lage: Parkplatz an der Stadtmauer, für kleine Womos/innerorts.
Zufahrt: Pyrzyce durchfahren, nach dem zweiten Stadttor am Kreisel rechts Richtung Spital, gleich wieder rechts, nach 100 m.

Rundgang durch Pyrzyce: Entlang der **alten Stadtmauer** umrunden wir das Städtchen und bewundern die wuchtigen, gut erhaltenen **Backsteintore**. Die Stadt war von einer 2 km langen Wehrmauer mit Feldsteinfundament und mit 44 Wachttürmen und sechs Wehrtürmen umgeben, die zwischen dem 13. und dem 16. Jh. erbaut wurde. Die Mauerhöhe betrug zwischen 5,5 m und 7 m. Bis zu ihrer Zerstörung während der Kämpfe im Jahre 1945 wurde die Stadt Pyritz aufgrund ihres mittelalterlichen Stadtkerns auch Pommersches Rothenburg (ob der Tauber) genannt.

Der Abstecher zum fünftgrößten polnischen Binnengewässer, dem **Jezioro Miedwie** lohnt nicht, der See ist kaum zugänglich.

Der **Campingplatz** von Stargard liegt am See.

(066) WOMO-Camping: Zieleniewo, Nr. 104, Jezioro Miedwie

GPS: N 53°21'02.3" E 14°55'51.7", ul. Szczecińska 32 **Tel:** +48514399335
Öffnungszeit: 1. Mai-Mitte September www.osir.stargard.pl
Ausstattung/Lage: Schattig, einfache Sanitäreinrichtungen, 300 m zum Strandbad mit Spiel- und Spaßangeboten, Ver- und Entsorgung.
Zufahrt: An der <10>, 7 km westlich von Stargard, links ausgeschildert.

Jetzt steht STARGARD SZCZECIŃSKI (75.000 Einwohner) auf dem Programm, eine der ältesten Siedlungen Pommerns.

Marktplatz und St. Marien-Kirche

Nachdem wir immer dem Schild „Centrum" gefolgt sind, parken wir direkt hinter der gewaltigen **Kirche St. Marien** von 1292, die mit ihrem 84 m hohen Kirchturm alle Kriege überstanden hat, oder auf dem Platz (067).

Das am Flüsschen Ina gelegene Stargard hat noch große Teile einer mittelalterlichen **Stadtmauer mit Türmen, Toren und Bastionen** zu bieten. Die prächtigen Backsteinblender an der Kirchenfassade lassen uns staunen, doch auch das am benachbarten Marktplatz liegende **spätbarocke Rathaus** mit wunderschön verziertem Schmuckgiebel gefällt uns gut.

Wir machen eine rund einstündige Runde durch einen Parkgürtel entlang der bis zu 8 m hohen Stadtbefestigung, von der noch gut 1 km erhalten ist. **Gefangenenturm**, achtstöckiger **Weberturm**, **Wehrturm Rotes Meer** (größte Stadtbastei Polens!), **Wasserturm**, **Kirche St. Johannes** mit einem Turm von 99 m Höhe, um nur einige der Backsteinaltertümer zu nennen.

Unser persönlicher Höhepunkt bei der Sommerhitze sind allerdings die städtischen „Nebelduschen", die am Marktplatz für Abkühlung sorgen.

(067) WOMO-Stellplatz: Stargard, Stadtmitte

GPS: N 53°20'06.4" E 15°02'19.5", Skarbowa
max Womos: 1-2
Ausstattung/Lage: Keine Infrastruktur, gebührenpflichtiger Parkplatz direkt am Park, leicht schräg/innerorts.
Zufahrt: In Stargard 350 m nach der Unterführung (Eisenbahn) am Kreisel die 1. Ausfahrt nehmen, nach 450 m rechts durch Toreinfahrt auf großen Parkplatz direkt am Park 3 Maja.

Wir verlassen Stargard auf der <106> Richtung **Nowogard**. Die Landschaft wird hügelig, Getreidefelder grenzen an schilfige Tümpel. Im Wald kurz vor KICKO liegt links der Straße eine **Badestelle am Jezioro Grabowskie**, die allerdings nur über einen sandigen, engen Parkplatz verfügt.

23 km später in **Jenikowo** entdecken wir ein **Backsteinkirchlein** mit altem Holzturm. In **Korytowo** sichten wir sechs Storchennester. In NOWOGARD (16.500 Einwohner) entdecken wir einen superentspannten **Parkplatz** für Erkundungen der Altstadt und Spaziergänge entlang des Sees.

(068) WOMO-Stellplatz: Nowogard

GPS: N 53°40'04.6" E 15° 07'06.3", Zielona
max Womos: 2-3
Ausstattung/Lage: Keine Infrastruktur, Parkplatz am See, sonnig, Spielplatz, Restaurant 200 m, Strandbad 1 km/innerorts.
Zufahrt: In Nowogard Richtung Szczecin, nach 400 m ausgeschildert mit P Prystań nach rechts bergab zum großen Parkplatz.

Wir wollen uns nochmals erfrischen, die städtische **Badestelle** bietet dazu die Möglichkeit. Wer den Kilometer am See entlang nicht laufen möchte, kann durch das Städtchen bis zum Strandbad fahren. Viele Parkplätze gibt es dort allerdings nicht.

(069) WOMO-Badeplatz: Nowogard

GPS: N 53°40'19.4" E 15°06'34.0"
max Womos: 2
Ausstattung/Lage: Parkbuchten quer zur Straße für eher kleine Womos, Riesenrutsche, Steg, Sandstrand/innerorts.
Zufahrt: In Nowogard auf der <106> bleiben, 300 m nach dem Marktplatz links, bereits 50 m später links in die ul. Woijka Polskiego Richtung Czermninca, Richtung Szpital. Nach 500 m vor dem Gebäude der *Policji* links Richtung See.

Um jetzt ein bisschen Strecke zu machen, nehmen wir die <6> Richtung Gdańsk. Hinter **Żabowo** überqueren wir die Bahngleise, dort werden *Miod* (Honig) und Kartoffeln an der Straße verkauft. PŁOTY bietet ein **Schloss** und eine **Backsteinkirche**. Noch 12 km sind es auf der <109> bis **Gryfice**, aber vorher wollen wir noch den Picknickplatz an der Rega erwähnen.

(070) WOMO-Picknickplatz: Gryfice an der Rega

GPS: N 53°51'31.4" E 15°13'37.7"
max Womos: 2-3
Ausstattung/Lage: Großer Parkplatz nahe der Straße am See, Tisch & Bank überdacht, Mülleimer/außerorts.
Zufahrt: Von Płoty die <109> Richtung Gryfice, nach 5,5 km rechts an der Straße.

Weiter geht es Richtung Norden, das riesige „Verkehrs-Kunst-Schild" lässt uns schmunzeln. In GRYFICE (16.000 Einwohner) selbst beeindruckt der große, kreisrund gepflasterte **Marktplatz** und die angrenzende **Marienkirche**. Ein altes Fachwerkgerippe wartet auf seine Renovierung. Zwei von drei ehemaligen Stadttoren sind erhalten, im westlichen Tor, dem **Brama Wysoka**, ist heute das **Stadtmuseum** und eine Galerie untergebracht.

Ein Tipp für Eisenbahnfreunde und -freundinnen:

Von Mai bis September startet vom Bahnhof täglich um 8.40 Uhr (Ankunft Pogorzelica 10.35 Uhr, Rückfahrt 17.45 - 19.40 Uhr) der **Ciuchcia-Retro-Ekspres**, eine Schmalspurbahn, die Badegäste und EisenbahnfreundInnen an die Küste bei Rewal, Niechorze und Trzebiatow bringt. Im Bahnhofsgebäude in der ul. Błonie 2 informiert ein kleines **Museum** über die 100-jährige pommersche Eisenbahngeschichte. Zudem sind auf dem Außengelände historische Dampfloks, Triebwagen und Waggons zu bewundern. (Öffnungszeiten: Sommer tgl. 10-18 Uhr, im Winter 8-16 Uhr).

Anfahrt: Beim Kreisel die 3. Ausfahrt nehmen, der <109> knapp 300 m folgen, nach rechts abbiegen, 100 m später nach links (N 53°54'38.4" E 15°11'27.5").

Fischverkauf im Hafen von Mrzeżyno

Die <109> führt weiter Richtung **Mrzeżyno** und 18 km später sind wir in TRZEBIATÓW, wo wir ***Anschluss an unsere Variante 1A*** haben. Über die <109> erreichen wir nach rund 2 km NOWIELICE, bekannt durch ein Gestüt mit rund 300 Pferden (www.nowielice.pl). Nach 10 km ist MRZEŻYNO erreicht, das zwischen dem Mündungsarm und dem Altarm der Rega inmitten von Wiesen, Mooren und Heiden liegt. Erbittert war die Konkurrenz unter den Hansestädten im 15. Jh. 1457 blockierten Kolberger Kaufleute, die damals weiter östlich verlaufende Mündung des Flusses Rega, um den Treptowern den Zugang zum Meer zu versperren. Diese gruben daraufhin im heutigen Mrzeżyno einen neuen, künstlichen Durchstich. Im Sommer hat der Ort heute vor allem als Ferienziel Bedeutung. Im ehemaligen Handelshafen wird aber noch Fisch verkauft und Fischerboote schaukeln vor sich hin.

(071) WOMO-Campingplatz: Mrzeżyno, Camping Portowy
GPS: N 54°08'26.5" E 15°17'14.6", Trzebiatowska 24 **Tel:** +48913866268
Öffnungszeit: 15. Juni-Ende September, www. mrzezyno-kamping.pl
Ausstattung/Lage: Einfacher Wiesenplatz, Hunde erlaubt, Zentrum und Strand 1 km.
Zufahrt: Die <109> von Trzebiatów nach Mrzeżyno, am Ortsanfang links.

Wir parken kostenlos und eng am Hafen (N 54°08'33.2" E 15°17'16.3", beim Kreisel Richtung Zentrum, 100 m später nach links). Mehr Platz ist auf der anderen Flussseite.

(072) WOMO-Stellplatz: Mrzeżyno
GPS: N 54°08'43.54" E 15°17'9.91"
max Womos: 2-3
Ausstattung/Lage: Geteerte Parkfläche direkt an der Flussmündung, kostenpflichtig (25 Zł /Tag), 100 m zum Strand/innerorts.
Zufahrt: Am Kreisel beim Ortseingang von Mrzeżyno links über die Rega. Gleich nach der Brücke rechts, 400 m bis zur Flussmündung.

Der weite Sandstrand ist nahe und beschäftigt uns eine ganze Weile. Später genießen die Kinder den Sport auf dem Riesentrampolin und das Herumkurven im Vierer-Kettcar.

Richtung **Kołobrzeg** zuckeln wir auf der Hauptstraße noch gut einen Kilometer durch eine „Ramsch-Zelt-Stadt". Unglaublich, was da alles zum Kauf angeboten wird! Auf holpriger Betonplattenpiste erreichen wir ROGOWO. Beim ehemaligen Flugplatzgelände mit maroden Hangars wird „wild" gecampt (N 54°08'59.5" E 15°19'51.6"). Schöner ist es auf jeden Fall auf dem alternativ angehauchten **Campingplatz** nur einen Kilometer weiter.

(073) WOMO-Campingplatz: Rogowo, Camping am Jezioro Resko Przymorskie

GPS: N 54°09'03.3" E 15°20'49.5", ul. Kolobrzeska, Rogowo 91
Tel: +48791707759, rogowokempa@gmail.com, www.camping-rogowo.pl
Öffnungszeit: Mai-November, eventuell ganzjährig.
Ausstattung/Lage: Große, sonnige Wiese am See, deutschsprachig, einfache, saubere Sanitäranlagen, kleine Bar, leckere Pizza/innerorts.
Zufahrt: Von Mrzeżyno Richtung Dźwirzyno, in Rogowo, vor Hotel rechts.

Am Ende von Rogowo finden wir noch einen umzäunten **Strandparkplatz** (N 54°09'10.0" E 15°21'25.6") links an der Straße. DŹWIRZYNO ist auf dem Damm zwischen Ostsee und Jezioro Resko Przymorskie schnell erreicht. Über die Brücke, vorbei am Hafen durchfahren wir das Zentrum des Örtchens. Einen nicht so schönen, gebührenpflichtigen, dafür aber sehr **zentralen Parkplatz** finden wir 1,5 km nach der Brücke gegenüber des Supermarktes Leviathan (N 54°09'32.5" E 15°24'44.1"). Ein **Campingplatz** liegt fast am Ortsende rechts an der Straße.

(074) WOMO-Campingplatz: Dźwirzyno, Camp 88, Biała Mewa

GPS: N 54°09'41.1" E 15°25'31.4", ul Wyzwolenia 48h
Tel: +489435854 02, www.camping88.dzwirzyno.pl
Öffnungszeit: 15. April-30. September
Ausstattung/Lage: Laden, Schatten, Ver- und Entsorgung/innerorts.
Zufahrt: Von Dźwirzyno Richtung Kołobrzeg, am Ortsende rechts an der Straße.

Wer dem Trubel etwas entfliehen möchte, fährt weiter und erreicht 900 m nach dem Senator-Hotel einen großen Parkplatz.

(075) WOMO-Stellplatz: Dźwirzyno, Strandparkplatz

GPS: N 54°09'46.1" E 15°27'09.1"
max Womos: 5
Ausstattung/Lage: Großer, geschotterter Strandparkplatz, Dixi-Klos, am Rand schattig, kostenpflichtig (15 Zł /Tag), Mülleimer, 300-400 m zum Strand/außerorts.
Zufahrt: Richtung Kołobrzeg, 1,8 km hinter Dźwirzyno links an der Straße.

Auch am Strand von Dźwirzyno sind stundenlange Spaziergänge möglich

Am Ortseingang von GRZYBOWO 2 km weiter entdecken wir gegenüber des Fußballplatzes einen **großen Parkplatz**.

(076) WOMO-Stellplatz: Grzybowo
GPS: N 54°09'42.2" E 15°29'05.6"
ul. Baltycka **max Womos:** 2-3
Ausstattung/Lage: Große, sonnige Parkfläche, kostenpflichtig, (15 Zł /zw. 10-18 Uhr), 200 m zum Strand, FKK-Strand rechts/innerorts.
Zufahrt: Nahe der <109> von Dźwirzyno nach Kołobrzeg am Ortseingang von Grzybowo links.

Wir halten Kurs auf **Kołobrzeg**. 300 m nach Grzybowo entdecken wir ein Schild, das uns auch auf Deutsch zur **Ver- und Entsorgung** auffordert. Auf unser Klingeln öffnet sich ein Metalltor und wir können auf dem weitläufigen Gelände der Kläranlage für 5 Zł unser Chemieklo entsorgen und die Tanks auffüllen. Im Büro wird unser Heimatort erfragt und auf dem Quittungsbeleg vermerkt, mit einem freundlichen „gute Reise" sind wir wieder Richtung Kołobrzeg unterwegs (N 54° 09'39.47", E 15°31'22.22"). Wir halten wir uns immer Richtung *Centrum*, direkt nach der Brücke über die Parsęta liegt rechts neben der Straße ein großer **Parkplatz** [**077**: N 54° 10'41.2", E 15°33'46.7", Ulica Kamienna 1B, bewacht, 60 Zł/Tag, Toilette (1,50 Zł)], der sich zur Besichtigung der Altstadt anbietet. Wer länger bleiben will, steht aber ruhiger auf dem städtischen **Campingplatz**.

(078) WOMO-Campingplatz: Baltic, Nr.142, Kołobrzeg
GPS: N 54°10'52.9" E 15°35'44.4" ul. 4 Dywizji Wojska Polskiego 1
Tel: +48606 411 954 www.camping.kolobrzeg.pl
Öffnungszeit: 15. April-30. Oktober
Ausstattung/Lage: Volleyball, Basketballfeld, Tischtennis, Trampolin, Spielplatz, Fahrradverleih, WiFi, Waschmaschine, Ver- und Entsorgung, Laden, kleine Gaststätte, Strand 400 m, Altstadt 800 m/innerorts.
Zufahrt: In Kołobrzeg auf der <11> 1 km nach der Überquerung des Kanals Drzewyn beim Kreisel nach links, nach 600 m rechts, 250 m bis zum Eingang.

Leuchtturm und Strand von Kołobrzeg von der Mole aus gesehen.

Die **Promenade**, den **Strand mit Leuchtturm** oder die **Seebrücke** erkundet man am einfachsten vom Stellplatz gegenüber des **Amphitheaters**.

(079) WOMO-Stellplatz: Kołobrzeg, Strand

GPS: N 54°11'06.2" E 15°35'30.2", ul Fredry **max Womos:** 2-3
Ausstattung/Lage: Großer Parkplatz gegenüber des Amphitheaters, am Rand schattig, kostenpflichtig, Mülleimer, 300-400 m zum Strand, 2 km zum Zentrum/innerorts.
Zufahrt: Vom Campingplatz (078) Richtung Meer, 400 m, dann links.

Stadterkundung Kołobrzeg: Kołobrzeg (45.000 Einwohner) war ab dem 13. Jh. Mitglied der Hanse und dominierte den Salzhandel bis zum 18. Jh. Als sich die Salzproduktion dann wegen der mitteldeutschen und englischen Konkurrenten nicht mehr lohnte, wurde der Kur- und Bädertourismus zur wichtigsten Einnahmequelle. Die Solequellen wurden zur Heilung eingesetzt und bis heute gilt Kołobrzeg seiner Moore, jodhaltiger Seeluft und solehaltiger Quellen wegen als **größter Kurort Polens** mit zahlreichen Hotels und Sanatorien.

Im Verlauf der Geschichte wurde die Stadt mehrfach in Schutt und Asche gelegt: Im Dreißigjährigen Krieg (1618-1648) niedergebrannt, während des Siebenjährigen Krieges (1756-1763) durch russische Soldaten erobert und 1807 durch Napoleonische Truppen zerstört. Im Zweiten Weltkrieg allerdings erlebte die Stadt ihre verheerendste Zerstörung.

Bekannte "Söhne" Kołobrzegs sind Turnvater Jahn, der hier eine

Piratenschiffe im Hafen von Kołobrzeg

fünfjährige Festungshaft absaß oder Egon Krenz, der letzte Staatsratsvorsitzende der DDR.
Zur Besichtigung der Stadt bieten sich drei Viertel besonders an: Erstens der Strand mit **Promenade, Leuchtturm** und **Mole**, zweitens die **wiederaufgebaute Altstadt** und drittens die **Salzinsel**.
Vom Parkplatz (079) sind wir schnell am **Żeromski-Park**, einem Grüngürtel mit Promenade. Nach rund 2 km Spaziergang ist die **Mole**, wenig später der **Obelisk** erreicht, der an die Einnahme der Stadt durch russische und polnische Truppen am 18. März 1945 erinnert. Deutlich sichtbar erhebt sich der **Leuchtturm**, der 1948 auf den Überresten der alten Kohlberger Festung aus dem 18. Jh. erbaut wurde. In seinen Kellerräumen befindet sich ein kleines **Natursteinmuseum**. Die Aussicht von oben ist lohnenswert (täglich 10-17 Uhr).
In der Altstadt rund 2 km südöstlich des Leuchtturms ist vor allem die wiederaufgebaute, massive **Backsteinkirche St. Marien** aus dem 14. Jh. und das schräg gegenüberliegende, neugotische **Rathaus** (Foto Seite 60) interessant, das nach Plänen von Karl Friedrich Schinkel erbaut wurde. Daneben wurden in historisierendem Stil einzelne Häuser der Altstadt wieder hergerichtet. Eine Fußgängerzone mit Läden und Cafés lädt zum Bummeln ein.
Das Militär spielt in Polen bis heute eine ganz besondere Rolle. So erstaunt es uns nicht, dass im Park rund um das **Museum der polnischen Waffen** Hubschrauber und Haubitzen mitten in der Stadt präsentiert werden (Muzeum Oręża Polskiego, Mai-September, täglich 10-18 Uhr, Oktober-April Di-So 10-16 Uhr, ul. E. Gierczak 5).
Von der ul. Solna oder vom Parkplatz (077) kommt man auf die **Salzinsel**, die einst den Mittelpunkt für den Reichtum der Stadt darstellte. Schön ist es dort im **Jachthafen** vor allem im **alten Fort, der Morast-Redoute**, wo wir den Tag mit einem Räucherfisch ausklingen lassen.

Leuchttürme:

Gut 20 Leuchttürme zählt man noch heute an der Küste zwischen Pommerscher- und Danziger Bucht. Sie leuchten backsteinrot, sind gelb verklinkert oder auch rot-weiß gestreift, können meistens erstiegen werden und bieten eine herrliche Sicht über Wasser und Land.

Bereits in der Antike wurden Leuchttürme gebaut. Auch die Hanse begann im 13. Jh. mit ihrer Errichtung. Weder das Aussehen noch die Funktion haben sich vom Prinzip seitdem sehr geändert. Ursprünglich mit einem Feuer, später mit Gas oder Petroleum, warnen die Leuchtfeuer von erhöhter Position vor Gefahrenstellen oder geben einen Hinweis auf eine Hafeneinfahrt. Durch die unterschiedliche Umdrehungszeit und Leuchtdauer des Lichts kann auch die Position bestimmt werden.

Jean Fresnel entwickelte um 1822 Speziallinsen, die das Licht bündelten und es dadurch erheblich weiter trugen als die bisherigen Leuchtkörper. Sie bestanden aus handpolierten Glasprismen, die in einem Rahmen aus Bronze zusammengefügt wurden. Durch ihre deutlich höhere Lichtstärke revolutionierten sie die Leuchtturmtechnik. Die Herstellung der frühen Fresnel-Linsen war allerdings aufwändig und teuer. Aber bis heute sind viele Leuchttürme, so zum Beispiel der Leuchtturm von Świnoujście (siehe Seite 45) mit Fresnellinsen ausgestattet.

An der Bedeutung von Leuchttürmen hat sich bis heute, trotz moderner Navigationstechnik wie z.B. GPS, nichts geändert. Auch bei Stromausfall an Bord können sich Boote mit ihrer Hilfe orientieren.

Wer alle Leuchttürme auf einmal bestaunen möchte, der besuche den **Miniatur-Leuchtturmpark in Niechorze** (ul. Ludna 16, tgl. 10-18 Uhr, Eintritt 21 Zł, Kinder 16 Zł).

Leuchtturm von Kołobrzeg

Leuchtturm von Ustka

Leuchtturm von Darłówko

Leuchtturm von Stilo

Mielno
Kołobrzeg
Koszalin
Dygowo
Karlino
Białogard
Moczyłki
Bobolice
Porost
Biały Bór
Kurpark
Połczyn Zdrój
Świdwin
Drawski Park Krajobrazowy
Toporzyk
Gawroniec
Jezioro Siecino
Ostrowice
Sikory
Rakowo
Jezioro Wielimie
Gwda-Wielka
Szczecinek
Jeleń
Krągi
Jezioro Pile
Drawsko Pomorskie
Zarańsko
Gudowo
Złocieniec
Lubieszewo
Czaplinek
Łubowo
Borne Sulinowo
Jezioro Lubie
077
078
079
080
081
082
083
084
085
086
087
088
089
090
091
092
093
094
095
096
097
098
099
100
B
11
6
20
102
152
162
163
169
171
173
N
50 km
TOUR 2

Tour 2: Seenreiches Hinterland Westpommerns (ca. 300 km)

Karlino – Białogard – Drawsko Pomorskie – Jezioro Lubie – Czaplinek – Szczecinek – Biały Bór – Koszalin

Stellplätze: An der <163>, Białogard, Moczyłki, Połczyn-Zdrój, Toporzyk, Czaplinek, Szczecinek, Gwda-Wielka, Koszalin.

Campingplätze: Lubieszewo, Agroturtystika Piaseczno, Czaplinek, Borne Sulinowo, Biały Bor.

Baden: Byszyno, Zarańsko, Drawsko Pomorskie, Cieszyno, Sikory, Komorze, Borne Sulinowo, Szczecinek, Biały Bór, Porost.

Besichtigen: Altstadt Białogard, Altstadt Szczecinek, Altstadt Koszalin.

Aktivitäten: Paddeln auf der Drawa (Seite 70 oder vom Stellplatz (093)).

Von Kołobrzeg aus wollen wir das abwechslungsreiche Hinterland Westpommerns erkunden. Hunderte tiefe Seen mit schönen Badestellen, dunkle Schluchten und bewaldete Hügel erwarten uns.
Auf der <163> geht es flott gen Süden, **Wałcz** ist ausgeschildert. 2,8 km nach **Dygowo** liegt links ein kleiner Picknickplatz an der Straße mit Aussichtsturm, von dem der Blick weit über die Moorlandschaft geht [**080:** N 54°07'12.6" E 15°46'04.0"]. Schnell ist KARLINO erreicht und bereits 7 km weiter, kurz auch auf der E28/<6>, trudeln wir in BIAŁOGARD (24.000 Einwohner) ein. Wir steuern gleich einen ruhigen Stadtparkplatz an:

(081) WOMO-Stellplatz: Białogard

GPS: N 54°00'22.4" E 15°59'26.6"
max. Womos: 1-2
Ausstattung/Lage: Stadtparkplatz an der alten Stadtmauer, für kleine Mobile/innerorts.
Zufahrt: Von Karlino die <163> bis Białogard, über die Bahngleise, nach 1,2 km beim Kreisel in Richtung Zentrum, nach 400 m rechts, 300 m geradeaus bis zum Parkplatz.

Białogard: Wir nehmen die ul. M. Kopernika und stehen wenig später auf dem zentralen Platz des Städtchens, dem quadratischen **Marktplatz** (Foto S. 66). Das schlichte **Alte Rathaus**, einst ein Wohnhaus aus dem Jahr 1827 auf das ein Uhrenturm gesetzt wurde, ist heute Sitz eines kleinen **Stadtmuseums**. Einige schmucke **Bürgerhäuser** rahmen den Platz des einstigen Handelszentrums ein. In der anderen Ecke befindet sich die gotische **Marienkirche** von 1310 mit 60 m hohem Turm. Immer wieder treffen wir auf Reste der **alten Stadtmauer** – besonders schön das südlich gelegene **Hohe Tor** (Brama Połczyńska) – und einfache, altmodische Läden.

Den Marktplatz von Białogard bevölkern mehr Tauben als Menschen.

In Richtung **Wałcz** folgen wir der <163>. 1,5 km hinter **Moczyłki** liegt rechts an der Straße ein einfacher Rastplatz.

(082) WOMO-Picknickplatz: Moczyłki

GPS: N 53°57'45.2" E 16°03'05.9"
max. Womos: 2-3
Ausstattung/Lage: Schotterfläche im Wald, Tisch & Bank überdacht, Mülleimer/außerorts.
Zufahrt: Von Białogard Richtung Wałcz/Połczyn-Zdrój auf der <163>, 1,5 km nach Moczyłki rechts an der Straße.

Und bereits 1,6 km später entdecken wir eine geniale **Badestelle**.

(083) WOMO-Badeplatz: Jezioro Byszyno

GPS: N 53°56'04.8" E 16°03'50.2" **max. Womos:** >5
Ausstattung/Lage: Gebührenpflichtiges Wald- und Wiesengrundstück am See, Feuerstelle, im Aufbau durch engagierte Familie, Dixi-Klo/außerorts.
Zufahrt: Von Białogard Richtung Połczyn-Zdrój auf der <163>, 1,6 km nach der Abzweigung der <169> nach links 50 m vor grüner Bushaltestelle, holpriger Waldweg bis zum See, Einfahrt nicht beschriftet.

Der Kurpark in Połczyn-Zdrój lädt zum Spazieren ein.

22 km später ist POŁCZYN-ZDRÓJ (8.400 Einwohner) erreicht.

Den Status eines **Badekurortes** verdankt **Połczyn-Zdrój** der Entdeckung eines Schmiedes im Jahre 1688. Dieser hatte ein Augenleiden mit dem milchig-trüben Wasser einer Quelle behandelt, die er in der Nähe des Flusses Wugger entdeckt hatte. Nachdem das Quellwasser tatsächlich Linderung schuf und dies bekannt wurde, kamen zahlreiche Leidende von weit her zu der Heilquelle. Noch mehr kamen, als sich herausstellte, dass das Wasser auch Krampfadern linderte. Da Połczyn-Zdrój zudem landschaftlich reizvoll in der so genannten **Pommerschen Schweiz** liegt, entwickelte sich bereits im 18. Jh. ein florierender Fremdenverkehr. Selbst die preußische Königin Luise und Fürst von Bismarck gehörten zu den Kurgästen. 1854 eröffneten das **Marien- und Victoriabad** und seit 1857 ist der Ort auch ein Moorheilbad. Interessant ist der schön angelegte, weitläufige **Kurpark** sowie die kleine, lebendige Fußgängerzone, in der wir in einem der Cafes einkehren. (**Parkmöglichkeit** direkt an der <163/173> [**084:** N 53°46'01.5" E 16°05'50.6"].

Um das „Tal der fünf Seen" zu erkunden, kurven wir auf der holprigen, hügeligen und schmalen <173> südlich Richtung **Drawsko Pomorskie**. Am Ende von TOPORZYK liegt ein **Picknickplatz** am Sportplatz [**085**: N 53°41'26.0" E 16°02'16.9", Grillstelle, Tisch & Bank]. In **Gawroniec** schauen wir uns die eigenartige **Kuppelkirche** an (erste Abzweigung rechts Richtung Swidwin, nach 250 m links). Zurück auf der <173> über **Ostrowice** erreichen wir nach 13 km durch zahlreiche Alleen **Zarańsko**.

(086) WOMO-Badeplatz: Zarańsko
GPS: N 53°34'26.3" E 15°50'44.1"
max. Womos: 2-3
Ausstattung/Lage: Wiese am Strand, leicht schräg, Tisch & Bank, Grillstelle, Mülleimer/ außerorts.
Zufahrt: In Zarańsko geradeaus über die <162> in einen Sandweg, linker Sandweg, ca. 500 m bis zum See.

Vom Ortskern DRAWSKO POMORSKIEs (12.000 Einwohner) trennen uns noch 6 km. Dort besichtigen wir den **Marktplatz**, **Reste der Stadtmauer** sowie das bedeutendste Bauwerk, die spätgotische **Auferstehungskirche**. Uns zieht es weiter zur Erkundung des nördlichen Ufers des **Jezioro Lubie**. Drawsko Pomorskie verlassen wir nach Süden und finden eine **Badestelle** und einen dazugehörigen Parkplatz oberhalb des Sees.

(087) WOMO-Badeplatz: Drawsko Pomorskie

GPS: N 53°30'59.3" E 15°49'17.8"
max. Womos: 1-2
Ausstattung/Lage: Keine Infrastruktur, gepflasterter Parkplatz oberhalb des Sees, Strand 200 m/innerorts.
Zufahrt: In Drawsko Pomorskie Richtung Szczecinek, nach der 90°-Kurve rechts Richtung Lubieszewo, nach 200 m links, am Ortsende rechts, dann links, 700 m bis zum Parkplatz.

Richtung **Lubieszewo** gondeln wir über GUDOWO am **Jezioro Lubie** entlang. Wir kommen an mehreren **Campingplätzen** (Camping Helena, Camping Jermak) vorbei, aber wir wollen noch 7 km weiter auf einen Platz, von dem wir schon vor Jahren in Berlin gehört haben: Nur mit der Fähre, dem Rad oder zu Fuß erreichbar, eine ganze Insel nur "offener" Campingplatz, ein Platz ohne Verbote? Überzeugen Sie sich selbst, wer die Natur liebt und etwas Zeit mitbringt, wird sich hier wohlfühlen!

Der Camping Inter Nos liegt auf einer Insel mitten im schönen Jezioro Lubie.

.(088) WOMO-Campingplatz: Inter Nos Nr.116, Lubieszewo

GPS: N 53°27'31.5" E 15°55'06.7"
Tel: +48943631190, Błedno 1, m.moser@inter-nos.pl, www.inter-nos.pl
Öffnungszeit: Ostern-1. Oktober
Ausstattung/Lage: Tolle Lage auf einer 8,5 ha großen Insel, ruhig, erreichbar nur über Fähre oder zu Fuß (Brücke), Restaurant mit guter Küche, Feuerstellen, Kanuverleih, Infos zu verschiedenen Radtouren, Waschmaschine, deutschsprachig.
Zufahrt: Von Drawsko Pomorskie Richtung Lubieszewo, direkt vor dem Ort rechts in einen Schotterweg, 1 km bis zur Fähre.

Eine geplante Stromabschaltung bei unserem Besuch, die den Campingplatzbetreibern allerdings nicht gemeldet wurde, führte dazu, dass wir über fünf Stunden auf der Insel festsaßen. Denn auch die Fähre braucht Strom! Dabei haben wir den Platz so richtig lieb gewonnen, weil der köstliche Kaiserschmarren, die Möglichkeit Kanus auszuleihen und vor allem die tolle Natur, uns leicht über die „verlorene Zeit“ hinwegtrösteten.

Nach erholsamen Urlaubstagen geht es weiter über **Lubieszewo** und das zwischen zwei Seen gelegene **Stawno** bis nach ZŁOCIENIEC (13.000 Einwohner). Ein Schlenker bringt uns nach CIESZYNO, dort lockt schon die nächste Badestelle.

(089) WOMO-Badeplatz: Cieszyno

GPS: N 53°35'21.5" E 16°02'09.0" **max. Womos:** 1-2
Ausstattung/Lage: Parkplatz an der Straße gegenüber der Badewiese am bewachten Strand, ruhig, Spielplatz, Minigolf, Mülleimer/innerorts.
Zufahrt: In Złocieniec rechts, dann links über die Bahngleise bis zum Kreisel, geradeaus Richtung Cieszyno, nach ca. 4,7 km rechts, 2,5 km später.

Vor der Heilig-Kreuz-Kirche in Czaplinek stehen interessante Holzfiguren.

Von Cieszyno holpern wir über 2,5 km Kopfsteinpflaster bis nach RZEPOWO. Auch hier kann man zu Kanutouren auf dem Flüsschen Drawa starten (Kanustation). In PIASECZNO entdecken wir einen schönen Platz für alle, die Ruhe und Abgeschiedenheit suchen.

(090) WOMO-Campingplatz: Agroturtystika, Piaseczno
GPS: N 53°34'53.5" E 16°07'58.0" **Tel:** +48790553072
Öffnungszeit: Mai - Ende September
Ausstattung/Lage: Sonniges, schräges Wiesengelände direkt am See, Feuerstellen, Strom, Ver- und Entsorgung, Toilette, Dusche, frische Eier, Käse, Milch/außerorts.
Zufahrt: Von Złocieniec über Cieszyno und Rzepowo nach Piaseczno oder von der <20> in Siemczyno Richtung Norden nach Piaseczno. Im Ort der Ausschilderung "Camping Wajk" folgen, nach 400 m rechts.

Wenig später ist die <20> erreicht, auf der wir flott auf CZAPLINEK (7.000 Einwohner) zusteuern. Für längere Stopps:

(091) WOMO-Campingplatz: Drawtur, Czaplinek
GPS: N 53°34'36.6" E 16°13'12.0" **Tel:** +48 94 375 54 54
Öffnungszeit: 1. Mai-30. September www.drawtur.pl
Ausstattung/Lage: Schattiges Gelände, Strand, Café, Hunde erlaubt, Ver- und Entsorgung, Kanu- und Segelbootverleih, Zentrum 1 km/außerorts
Zufahrt: In Czaplinek nach Norden auf die <163> Richtung Połczyn-Zdrój, 300 m nach dem Abzweig der <171> nach links, noch 750 m.

Ein guter Parkplatz für einen Spaziergang entlang des Sees und eine Runde durchs Städtchen ist: [**092:** N 53°34'01.3" E 16°13'47.1", schattig, 100 m zum See, am Sportplatz].

Besichtigung von Czaplinek: Am See entlang ist vom Stellplatz aus nach 500 m das **Papst-Denkmal** erreicht. Wir steigen bergauf Richtung Ortszentrum und bewundern die schönen Holzfiguren am Platz vor der **Heilig-Kreuz-Kirche** von 1829/30, die vom bekannten Architekten Carl Friedrich Schinkel geplant wurde. Zahlreiche Rad- und Wanderwege starten am Platz und hier finden wir auch die lohnenswerte Touristeninfo (10-14 Uhr).

Bevor wir **Szczecinek** besuchen, möchten wir nochmals nach Norden schlenkern. Daher nehmen wir die <171> Richtung **Bobolice**. Nach 5 km, in Sikory, finden wir einen schönen Badeplatz, an dem wir erst mal ganz alleine sind, bevor 15 Geländewagen eintreffen, die von hier aus zur Kanutour starten. (Kanustation direkt daneben, 10 Zł/h, 30 Zł/ganzer Tag).

(093) WOMO-Badeplatz: Sikory

GPS: N 53°37'01.6" E 16°15'50.8"
max. Womos: 1-2
Ausstattung/Lage: Wiese am See, Feuerstelle, Steg, Schutzhütte, Mülleimer, außerorts.
Zufahrt: Von Czaplinek die <171> nach Norden 5 km bis Sikory fahren, 900 m nach der Feldsteinkirche rechts in einen Feldweg, 400 m bis vor zum See.

Paddeln auf der Drawa im Nationalpark: Die Drawa ist eines der interessantesten Paddelgewässer Polens und ist noch nicht so entdeckt. Im **Nationalpark Drawski Park Krajobrazowy** liegen der Drawska-Urwald, das Flusstal der Drawa und der Plociczna, ein Nebenfluß der Drawa, sowie 30 Seen. Die Landschaft ist von der letzten Eiszeit geprägt und 80% der Nationalpark-Fläche sind mit Kiefern bewachsen, aber auch Mischwälder mit Buchen, Eichen und Erlen sind vorhanden. Zu den Besonderheiten des Parks gehört das Hochmoor im Quellgebiet der Plociczna. In den Gewässern des Nationalparks leben zahlreiche Fischarten und auch Biber, Fischotter, Eisvogel oder Fisch- und Seeadler zählen zu den einheimischen Tierarten.
Kanustationen in Rzepowo (Seite 70) oder in Sikory (siehe oben).

Wir zuckeln weitere 5 km nach Nordosten und in **Polne** biegen wir rechts ab Richtung **Łubowo**. Das Sträßchen nach Komorze ist in gutem Zustand. Nach dem Ort geht es im Wald bergab bis zur großen Badebucht.

(094) WOMO-Badeplatz: Komorze

GPS: N 53°37'05.7" E 16°22'27.5"
max. Womos: 2-3
Ausstattung/Lage: Wiese am See, Feuerstelle, Steg, Schutzhütte, Mülleimer, außerorts.
Zufahrt: Von <093> über die <171< in Polne rechts ab über Kuszewo, nach Komosze, 2,5 km bergab bis zur Badebucht. Oder von der <20> vor Łubowo 1 km nördlich von Rakowo.

In **Rakowo** fahren wir an der Kreuzung mit den drei Kreuzen links Richtung **Szczecinek**. In **Łubowo** treffen wir auf die <20>, die wir nach links nehmen. Am Ortsende ist **Borne Sulinowo** mit 11 km angeschrieben. Die Badestelle ist schön.

Szczecinek besitzt ein Strandbad mit schönen, alten Holzgebäuden.

Zum Campingplatz geht es am Ortsanfang ausgeschildert links. Der Platz ist kein Campingplatz im eigentlichen Sinne, ist aber gut anzufahren und liegt günstig an der Badestelle.

(095) WOMO-Campingplatz: Borne Sulinowo

GPS: N 53°35'23.6" E 16°31'43.3"
Ausstattung/Lage: Sonniges, fußballfeldgroßes Wiesengelände oberhalb des Sees, Grillplätze, einfachste Sanitäranlagen/außerorts.
Zufahrt: In Borne Sulinowa am Ortsanfang links, nach 300 m rechts.

BORNE SULINOWO (4.500 Einwohner) ist in unserer Karte gelb eingezeichnet, das macht uns neugierig.

Borne Sulinowo hatte 1925 nur 242 Einwohner. Bis 1930 entstand allerdings beim Bahnhof eine stark erweiterte Militärsiedlung, die im Dritten Reich den Namen Westfalenhof erhielt. Hier erfolgte die Aufstellung des Afrikakorps des Generals Erwin Rommel und 1943 wurde Groß Born zum Garnisonsstandort der Wehrmacht, in der Panzertruppen und Artilleristen ausgebildet wurden. Von 1939 bis zum Kriegsende bestand in Groß Born das Oflag II D, ein Kriegsgefangenenlager. Von 1945 bis zum Abzug der Sowietischen Truppen 1983 war Borne Sulinowo Standort verschiedener Panzerdivisionen der Roten Armee. Das ehemaligen Militärgelände ist bis heute eine Geisterstadt, bzw. kann man heute hier dem zweifelhaften Vergnügen frönen mit Panzern über die Hügel zu rasen. Bekannt geworden ist der Ort auch durch den HSV Groß Born, der zur Zeit des Zweiten Weltkriegs zu den besten deutschen Fußballvereinen gehörte!

Die meisten Gebäude der einstigen Militärsiedlung sind inzwischen wieder bewohnt, aber Reizvolles können wir zwischen den Wohnriegeln nicht entdecken. Weiter gehts.
Auf kleinem Sträßchen, mehrere **Soldatenfriedhöfe** streifend, gelangen wir nach **Krągi**, wo wir wieder auf die <20> treffen.
Auch in **Jeleń** gibt es natürlich Badestellen, aber direkt an der <20> und mitten im Ort. Nach 9 km ist das am **Jezioro Trzesiekko** gelegene SZCZECINEK (40.000 Einwohner) erreicht.

Am Jezioro Wielimie gibt es tolle Stellplatzmöglichkeiten direkt am Strand.

(096) WOMO-Stellplatz: Strandbad, Szczecinek

GPS: N 53°42'13.8" E 16°41'40.1"
max. Womos: 3-4
Ausstattung/Lage: Großer Parkplatz an der Uferstraße, nicht so stimmungsvoll, Strandbad 100 m, dort Duschen, Imbiss, Tretbootverleih, Wasserski/innerorts.
Zufahrt: <20> von Südwesten kommend, 1,8 km nach dem Ortsbeginn von Szczecinek beim Kreisel auf die Uferstraße, wenig später großer Parkplatz. Geparkt wird im vorderen und hinteren Bereich, dazwischen Verkehrsübungsplatz.

Vom Stellplatz aus sind wir schnell am kostenlosen, schön renovierten **Strandbad**. Entlang des Sees durch einen schönen Park erreichen wir wenig später das **Schloss der Polnischen Herzöge** mit Gebäudeteilen aus dem 14. Jh., das heute in Privatbesitz ist und in dem ein Restaurant untergebracht ist. Nur 300 m weiter nördlich und wir sind am **Marktplatz**, an dem das **Rathaus** steht, das 1852 im von Schinkel beeinflussten neugotischen Stil erbaut wurde. Auf dem Rückweg kommen wir an der **Stadtkirche St. Marien** vorbei, einem neugotischen Backsteinbau (1905-1908) mit einem 78 Meter hohen Kirchturm. Wer noch nicht genug gesehen hat, kann vom Stellplatz nochmals gut 1,3 km Richtung Süden am See entlang laufen, bis zum **Bismarckturm** von 1911, der heute als **Aussichtsturm** bestiegen werden kann. Früher wurde an Feiertagen oben im Metallkorb ein großes Feuer entzündet.

Über die <20> Richtung **Słupsk** sind wir 4 km nach **Marcelin** im Dorf GWDA-WIELKA. Der **Jeziora Wielimie** lockt mit leicht anzufahrenden, tollen Badestellen und einer Campingmöglichkeit.

(097) WOMO-Stellplatz: Gwda-Wielka (Foto oben)

GPS: N 53°45'05.6' E 16°47'25.4" **max. Womos:** 4-5
Ausstattung/Lage: Sandiger Weg direkt am See, Mülleimer, ruhig/außerorts.
Zufahrt: Von Szczecinek die <20> ca.5 km bis Gwda-Wielka, dort die erste Möglichkeit im Ort links, erneut links, nach 400 m rechts, dann links noch 1 km zum Strand (Bodenwellen). Sandweg führt zu weiteren Badestellen.

Bialy Bor hat eine schöne Badestelle und direkt daneben eine Campingwiese.

Die 23 km lange Strecke auf der <20> bis BIAŁY BÓR (2.200 Einwohner) legen wir ohne Stopp zurück. Der kleine Ort war nach dem Krieg zu 80% zerstört, vielleicht gibt es auch daher dort zahlreiche große Parkplätze im Stadtzentrum. Mit vielen Sehenswürdigkeiten müssen wir uns aber nicht aufhalten, wir beginnen gleich mit dem Badeprogramm.

(098) WOMO-Camping- und Badeplatz: Biały Bór

GPS: N 53°54'18.1" E 16°49'41.3", ul. Sądowa 31 **Tel:** +48943739466
Öffnungszeit: Mai-September
www.plaza-bialybor.pl
Ausstattung/Lage: Wiese am See, Steg, Spielplatz, Mülleimer, Frischwasser, Strom, Kanuverleih (10 Zł/h), Strand 150 m, Hunde erlaubt, Zentrum 700 m, Bungalows.
Zufahrt: In Biały Bor beim Stopp-Schild rechts, nach 500 m, bevor es bergauf geht links in die ul. Sądowa, vorbei am **prächtigen, neugotischen, ehemaligen Amtsgericht**, nach 750 m links.

Bevor unsere Tour in Koszalin endet, legen wir noch einen Badestopp ein. Dafür fahren wir ins Zentrum von Bialy Bor zurück und schwenken für gut 12 km auf die <25>.

(099) WOMO-Badeplatz: Porost

GPS: N 53°56'13.8" E 16°40'17.4"
max. Womos: 3-4
Ausstattung/Lage: Wiese am See in einer schönen Bucht, Steg, Kanuverleih, Mülleimer, Dixi-Klos, wildes Campen rechts am Wald, etwas eng/außerorts.
Zufahrt: Von Biały Bor 12 km Richtung Koszalin auf der <25> bis Porost, am Ortsbeginn rechts dem bunten Hinweis "Rajska Plaża" folgen, 1 km bis zum Strand.

In Koszalin gibt es eine wunderschöne Backsteinkathedrale.

In einem Ruck fahren wir die restlichen 35 km durch bis KOSZALIN (109.000 Einwohner). Ein Stellplatz ist schnell gefunden.

(100) WOMO-Stellplatz: Koszalin

GPS: N 54°11'31.0" E 16°11'18.2"
Piastowska, Amphitheater, **max. Womos:** 2-3
Ausstattung/Lage: Keine Infrastruktur, Parkbuchten an der Straße, bzw. großer Parkplatz am Amphitheater, Zentrum 500 m/innerorts.
Zufahrt: Die<11> bis Koszalin, beim großen Kreisel Richtung Zentrum, nach 400 m geradeaus über den Kreisel in die ul 1 Maja, die zur ul. Młynska wird. Vorbei am Rathaus. nach der Brücke am Kreisel rechts in die ul. Pistowska, 200 m, bzw. 500 m.

Koszalin: Durch den „denkmalgeschützen Park der pommerschen Herzöge", in dem Bergahorn, Amur-Korkbaum (ursprünglich in Asien beheimatet) oder Ginkobäume wachsen, kommen wir zu Überresten der mittelalterlichen, **ringförmigen Stadtmauer** aus dem 14. Jh. Die 7 m hohe und 1,6 km lange Backsteinmauer war mit 46 Wachtürmen und 3 Toren gesichert. Nach einem großen Brand im Jahr 1718 wurde die Mauer über 13 Jahre lang abgetragen, da die Steine für den Wiederaufbau der Stadt genutzt wurden. Das **Stadtmuseum** liegt auf der anderen Straßenseite der ul. Młyńska im neubarocken Müllerpalast. Im angeschlossenen **Freigelände** (Foto) sind die Lebens- und Arbeitsverhältnisse in der Region rund um den Jezioro Jamno am Anfang des letzten Jahrhunderts dargestellt.

Alt und Neu bilden einen interessanten Kontrast am Rathausplatz in Koszalin.

Das **moderne Rathaus** von 1960–1962 liegt am Marktplatz, diagonal gegenüber steht die 1300-1333 erbaute **Backsteinkathedrale St. Marien** mit 57 m hohem Turm. Sie lohnt durchaus einen Besuch besonders des Sternengewölbes, des Taufbeckens aus dem 13. Jh. in der Vorhalle sowie des goldenen Altars aus Ebenholz wegen. Auf der Orgel von 1899 finden im Sommer Konzerte statt.
Wir sitzen noch eine Weile an den großflächigen Wasserspielen und genießen ein Eis im Café auf dem Platz, bevor wir zum Auto zurückkehren.

Die Kartoffel – eine tolle Knolle
Eines der wichtigsten (und leckersten) Grundnahrungsmittel ist die Kartoffel. Heute gibt es weltweit rund 5000 Kartoffelsorten und dass mir die Sorte Nicola am liebsten ist, wird Sie nicht wundern.
In der unfruchtbaren Sandmergelregion rund um Koszalin taten sich Weizen und Rüben schwer. So ließ König Friedrich II. Mitte des 18. Jh. die ersten Anbauversuche mit Karoffeln durchführen. Der Anbau war jahrzehntelang von Misserfolgen geprägt, aber rund 100 Jahre später begann Rittmeister Kartz von Kameke erfolgreich mit der systematischen Kartoffelsaatzucht. Zahlreiche weitere Saatzuchtbetriebe siedelten sich an, bis vor dem Zweiten Weltkrieg fast das gesamte Deutsche Reich mit Pflanzkartoffeln aus Hinterpommern beliefert wurde. Und bis heute ist die Region um Koszalin bedeutend im Saatkartoffelgeschäft. Mehrere Kartoffellager, zwei Beurteilungsstätten und ein Forschungsinstitut für Kartoffelanbau gibt es. Wer Biesiekierz ca. 10 km südwestlich von Koszalin an der <6> besucht, sollte sich das große und dennoch eher unscheinbare Kartoffeldenkmal nicht entgehen lassen.

ЦРЪ СЛВЬ
СНЪ
БЖІИ
КТ
МЛ
РБ
УПОКОЙ

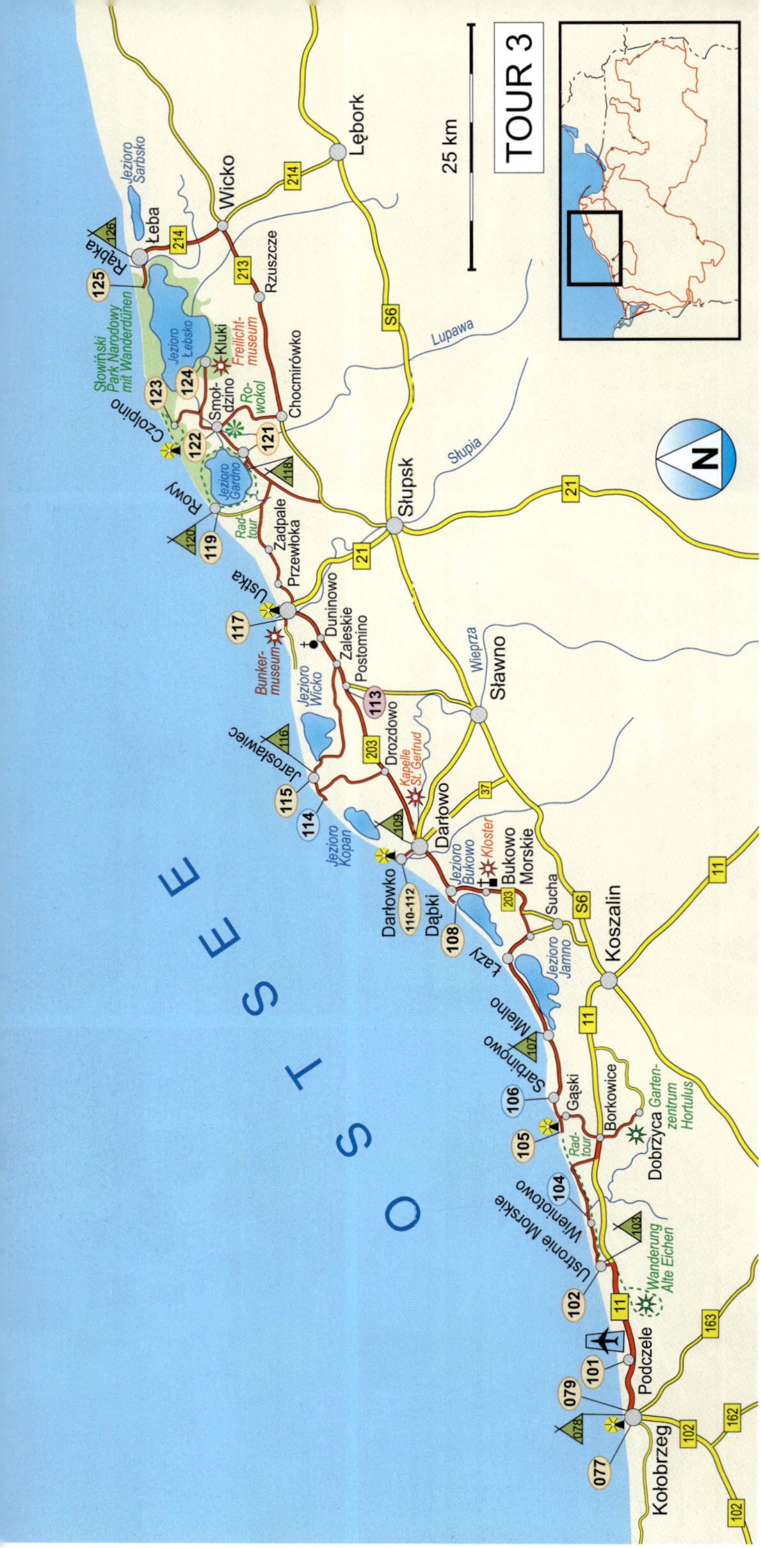
TOUR 3
25 km
N
OSTSEE
Łeba
Wicko
Lębork
Rąbka
Jezioro Sarbsko
Jezioro Łebsko
Słowiński Park Narodowy mit Wanderdünen
Kluki
Freilicht-museum
Rzuszcze
Chocmirówko
Smoł-dzino
Ro-wokol
Czołpino
Rowy
Jezioro Gardno
Rad-tour
Zadpale
Przewłoka
Ustka
Duninowo
Zaleskie
Postomino
Bunker-museum
Jezioro Wicko
Słupsk
Lupawa
Słupia
Wieprza
Sławno
Jarosławiec
Drozdowo
Kapelle St. Gertrud
Jezioro Kopan
Darłowo
Darłówko
Dąbki
Jezioro Bukowo
Kloster
Bukowo Morskie
Sucha
Koszalin
Łazy
Jezioro Jamno
Mielno
Sarbinowo
Gąski
Borkowice
Dobrzyca
Garten-zentrum Hortulus
Rad-tour
Wieniotowo
Ustronie Morskie
Wanderung Alte Eichen
Podczele
Kołobrzeg
214
213
S6
21
203
37
11
163
162
102
077
078
079
101
102
103
104
105
106
107
108
109
110-112
113
114
115
116
117
118
119
120
121
122
123
124
125
126

Tour 3: Die Küste Pommerns von Kołobrzeg bis zu Łebas Wanderdünen (ca. 320 km)

Ustronie Morskie – Darłowo – Ustka – Jezioro Gardna – Słowiński Nationalpark – Łeba

Stellplätze: Podczele, Ustronie Morskie, Gąski Sarbinowo, Dąbki, Darłowko, Postomino, Jarosławiec, Ustka, Rowy, Gardna Wielka, Smołdzino, Czolpino, Kluki, Łeba.

Campingplätze: Ustronie Morskie, Mielno, Darłowo, Jezioro Gardno, Rowy, Łeba.

Baden: Ustronie Morskie, Wieniotowo, Sarbinowo, Mielno, Dąbki, Jarosławiec, Ustka, Jezioro Gardno, Rowy, Czolpino, Łeba.

Besichtigen: Leuchtturm von Gąski, Gartenparadies Hortulus, Ruinen des Zisterzienserklosters Bukowo Morskie, Altstadt von Darłowo, Ustka, Wanderdünen im Słowiński Nationalpark, Freilichtmuseum Kluki.

Aktivitäten: Wanderung und Radtour Ustronie Morskie, Radtour um den Jezioro Gardna, Wanderung in den Dünen von Czolpino und Łebas.

Wir verlassen Kołobrzeg auf der <11> Richtung **Ustronie Morskie**. Vorbei am *Military*-Markt zwingt 2 km später ein Stopp-Schild beim Bahnübergang alle zum Anhalten.
Weitere 2 km später nehmen wir die Abfahrt nach PODCZELE, das ehemalige Flughafengelände reizt uns. Wer möchte, kann hier zu **Sightseeing-Flügen** starten und einmal im Jahr, immer im August, findet auf dem Areal die Meisterschaft im Drachenfliegen statt. Für Freunde großer, weiter Flächen ist das Gelände durchaus stellplatzgeeignet.

(101) WOMO-Stellplatz: Podczele, alter Flughafen

GPS: N 54°11'47.2" E 15°40'53.0"
max. Womos: 5
Ausstattung/Lage: Keine Infrastruktur, große, betonierte Fläche neben zugewachsenen Hangars, sonnig/außerorts.
Zufahrt: Von Kołobrzeg Richtung Koszalin auf der <11>, 4 km hinter Kołobrzeg links Richtung Podczele/Bagicz, immer der Vorfahrtsstraße folgen, nach 1 km, hinter den Häusern.

Bis USTRONIE MORSKIE (2.000 Einwohner) sind es noch 5 km. Seit 1899 gibt es eine Bahnlinie von Kołobrzeg, die dem Örtchen schon damals Aufschwung verlieh und ihn zu einem beliebten Badeort machte. Die Besonderheit des gut 10 km langen Sandstrandes sind die langen Reihen von Holzpfählen, die **Buhnen**, die zur Uferbefestigung quer zur Strömung ins Meer gerammt wurden. Möwen sonnen sich auf den teilweise 100 Jahre alten Holzpfählen und tragen zur stimmungsvollen Atmo-

Am Strand von Ustronie Morskie

sphäre bei. Noch bis 1920 verlor die Küste, vor allem in stürmischer Winterzeit, jedes Jahr meterweise Land ans Meer. Wir nehmen die zweite Abfahrt von der <11> in den Ort. Eine einfache **Stellmöglichkeit** ist der große Parkplatz im Ort am Schwimmbad Helios.

(102) WOMO-Stellplatz: Helios, Ustronie Morskie

GPS: N 54°12'58.0" E 15°45'46.3"
max. Womos: 1-2
Ausstattung/Lage: Keine Infrastruktur, gepflasterter Parkplatz der Schwimm- und Saunalandschaft Helios, kostenpflichtig 9-21 Uhr, sonnig/innerorts.
Zufahrt: Von der <11> die 2. Abfahrt nach Ustronie Morskie, nach 1,2 km rechts, weitere 1 km später rechts an der Straße.

Wir bleiben für ein paar entspannte Tage auf dem angenehmen Campingplatz nahe am Strand:

(103) WOMO-Campingplatz: Trymas, Ustronie Morskie

GPS: N 54°13'07.4" E 15°46'13.8", ul. Graniczna 4 **Tel:** +48508811701
Öffnungszeit: Ganzjährig
Ausstattung/Lage: Schattiges Gelände rund um ein kleines Hotel, nur 60 m zum Strand, Ver- und Entsorgung, Kletterspaß für Kinder (10 Zł/Tag), WiFi, Gaststätte, deutschsprachig/innerorts.
Zufahrt: Von der <11> nach Ustronie Morskie abbiegen, der Platz liegt am östlichen Ende des Ortes. Beim kleinen Kreisverkehr am Ortsende (Bushaltestelle und Stadion rechts) geradeaus, nach 150 m links zum Hochseilgarten. Direkt dahinter liegt rechts der Campingplatz.
Alternative: Camping Ognik, ul. Polona 4, großer Wiesenplatz (N 54°12'56.7" E 15°45'46.3"), beim Schwimmbad Helios.

Ustronie Morskie bietet einen **traumhaften Sandstrand, zwei kleine Seebrücken,** eine **Strandpromenade** und einen Ortskern mit Restaurants, Cafés und natürlich reichlich Budenzauber.

Strandleben am Stellplatz bei Wieniotowo

Spaziergang zu den zwei ältesten Eichen Polens:
Start der kleinen Wanderung ist am besten der kleine Bahnhof Bagicz (N 54°11'29.1" E 15°41'49.3", 2,2 km nach der Abzweigung nach Podczele). Auf blau markiertem Wanderweg erreichen wir nach 1,5 km die zwei knorrigen „Stammesbrüder" Bolesław und Warcisław im Wald, die über 800, bzw 640 Jahre alt sein sollen. Im Wald befinden sich weitere uralte Naturdenkmäler.

Radtour zum Leuchtturm Gąski (ca. 10 km einfach):
Ustronie Morskie durchfahren wir auf der kleinen Dorfstraße Richtung Osten in den Wald. Wir halten uns rechts, an der Hauptstraße links verlassen wir den Ort auf einer Betonplattenpiste entlang eines Militärgeländes. Immer parallel zum Strand überqueren wir die kleine Brücke (Badeplatz 104). Sobald die Straße nach rechts abbiegt, schwenken wir nach links auf einen Waldweg. Dann folgen wir immer geradeaus der Ausschilderung des R10. Der Weg wird sandig und führt an kleinen Häusern vorbei. Bald ist Gąski erreicht und der fast 50 m hohe Leuchtturm schon von weitem zu sehen. Der heftige Wind und der Blick von oben (Foto) sind bemerkenswert.

Die nächste Badestelle, die wir beim Radeln entdeckt haben, liegt leider am Ende einer Sackgasse. Für Badewütige lohnt es aber trotzdem Richtung Osten am Strand entlang zu gondeln. Ehemalige Militäranlagen lauern im Dünenstreifen. Hinter **Wieniotowo** macht die Mündung eines Baches das Baden interessant (Foto Seite 81, oben).

(104) WOMO-Badeplatz: Wieniotowo
GPS: N 54°13'39.2" E 15°47'54.3"
max. Womos: 2-3
Ausstattung/Lage: Keine Infrastruktur, sandige Fläche am Sträßchen/außerorts.
Zufahrt: Von der <11> nach Ustronie Morskie abbiegen, immer östlich am Strand entlang, 1,5 km hinter Wieniotowo direkt vor einer kleinen Brücke rechts.
Sonstiges: Zugang zum Meer etwas schwierig über schiefe Betonplatten.

Entweder Sie kehren nach Ustronie Morskie zurück, um dort die <11> zur Weiterfahrt zu nehmen, oder Sie holpern auf einem löchrigen Schotterweg Richtung **Pisko**. Hinter **Kładno** spüren wir bald wieder Asphalt unter den Rädern. Wir kurven rechts und wenig später erreichen wir die <11>, die wir Richtung **Koszalin** nehmen. Freunde üppiger Gartenanlagen oder großer Labyrinthe folgen uns jetzt zum **Gartenparadies Hortulus**.

Ein Geheimtipp sind die **Hortulus Gärten** längst nicht mehr, denn bereits 2007 haben über 100.000 Touristen aus ganz Europa das über 5 ha große Gelände des Gartenzentrums und der Baumschule besichtigt. Und auch wir sind begeistert: die Kinder vor allem vom Labyrinth und ich von der unglaublichen Blumenpracht und den zahlreichen Möglichkeiten an verschiedensten Stellen im Gelände aufs Angenehmste entspannen zu können!
Nachdem wir uns am Eingang in der einfachen Gastronomie mit Kuchen und überbackenen Sandwiches gestärkt und den üppigen Eintrittspreis von 27 Zł/19 Zł (für beide Gärten) gezahlt haben, tauchen wir ein in die **Themengärten**. Vom Japanischen schlendern wir in den Französischen Garten, amüsieren uns im Englischen Garten rund um den Springbrunnen und bestaunen die bunten Kacheln eines Areals, das die Ideen des spanischen Architekten Gaudi zeigt. Wir sind beeindruckt von der Blumenfülle und können uns kaum sattsehen oder -riechen.
Dann treffen wir Lniana – wie alle MitarbeiterInnen hat auch sie einen Pflanzennamen – die uns durch die rund 2 km entfernten Hortulus Spectabilis Gärten mit dem **größten 3D-Labyrinth Polens** führt. Da sie gut deutsch spricht, erfahren wir so einiges über die Hintergründe der riesigen Anlage: Zwölf Jahre dauerte es, bis die 18.000 Hainbuchen soweit gewachsen waren, dass auch Erwachsene nicht mehr in der Lage sind, den Irrgarten auf Zehenspitzen zu überblicken. Die Fläche des Labyrinths alleine beträgt 1 ha und besteht aus gut 3,5 km Gängen.
Der botanische Gartenkomplex Hortulus in Dobrzyca wurde 1992 durch das Gärnterehepaar Iwona und Piotr Bigoński gegründet und mit viel Engagement und Liebe zum Detail entwickelt. Seitdem wurde das Gelände ständig erweitert, beide Gärten haben inzwischen eine Größe von über 70 ha. In insgesamt **30 thematischen Gärten** stehen **Pflanzen von über 6.000 Arten**. Wegen der außergewöhnlich milden Klimazone, in

der sich diese Gärten befinden (milde Winter, viel mehr Niederschläge als in anderen Regionen des Landes), wachsen hier auch exotische und in Polen seltene Pflanzen. Die Gärten wurden mehrfach ausgezeichnet. Vom **siebenstöckigen Aussichtsturm** inmitten des Labyrinths beobachten wir die Kinder, die sich zwischen den Hecken verirren. Zuerst finden sie immer leicht zur Mitte, doch plötzlich scheinen sie gefangen und auch wir von oben haben Schwierigkeiten, sie heraus zu dirigieren. Wir rufen und winken, übersehen Öffnungen, sehen Durchgänge, wo keine sind. Wir fangen an zu schwitzen und sind froh, als die „Zwerglein" endlich doch den Weg in die Mitte finden!
Übrigens ist der **„Hortulus"** (das Liber de Cultura Hortorum) ein botanisches Buch des Mönchs Walahfrid Strabo, der einst auf der Klosterinsel Reichenau im Bodensee lebte. Entstanden ist dieses erste Gartenbuch um das Jahr 840. In Versform wurden darin 24 Heilpflanzen und deren Anwendungsmöglichkeiten aufgeführt. 1510 wurde das Werk als „Hortulus" in Wien als Druck herausgegeben.
Mit zahlreichen Ideen für den eigenen Garten und den Überlegungen, ob wir im WOMO nicht doch ein paar Blumentöpfe unterbringen können, verlassen wir nach gut vier Stunden erschöpft die beeindruckende Anlage.
Anfahrt: Von der <11> von Kołobrzeg nach Koszalin 4 km hinter Tymien in Bogowice rechts Richtung Dobrzyca, 3,7 km der Ausschilderung folgen.
Öffnungszeiten: Gärten: April-September: Mo-Sa 9-19 Uhr, So 10-18 Uhr
Labyrinth: Mai-September: 10.30-17.30 Uhr, tägl. außer Mo, 27 Zł/19 Zł (für beide Gärten).

Um die Küstenerkundung fortzusetzen, kehren wir zurück zur <11> und gondeln geradeaus Richtung **Smiechow** (4 km), dann in Richtung **Gąski**. Wir möchten uns sportlich betätigen und 234 Stufen bieten dazu eine ideale Möglichkeit für alle, die den **Leuchtturm** (Foto S. 62) noch nicht per Rad besucht haben. Die Aussicht lohnt auf jeden Fall (siehe Foto Seite 81, unten), auch wenn es unten ganz schön trubelig und oben sehr windig ist. Der Parkplatz ist gebührenpflichtig, aber stellplatztauglich [**105:** N 54°14'26.8" E 15°52'26.7"]. Eintritt für den Leuchtturm 6 Zł/4 Zł, Juni-September 10-13.30 Uhr und 15-20 Uhr, im Juli/ August bis Sonnenuntergang.
Vorbei an mehreren kleinen **Campingplätzen** folgen wir dem Küstenverlauf weiter Richtung Osten. Wer ein paar Kilometer Holperei nicht scheut, bleibt immer geradeaus und findet vor **Sabinowo** einfache Zugänge zum Meer mit **Parkmöglichkeit** direkt am Sträßchen.
SARBINOWO (550 Einwohner) lag einst 1,5 km vom Meer entfernt. Um die drohende Vernichtung durch das Meer abzuwenden, wurde bereits 1910 eine breite, 1,2 km lange Stein- und Betonmauer errichtet, die heute als **Strandpromenade** genutzt wird. Die vielen bunten Holzboote, die vor einigen Jahren hier noch am Strand lagen, werden von Jahr zu Jahr weniger. Einen großen Strandparkplatz finden wir direkt im Ort.

(106) WOMO-Badeplatz: Sarbinowo
GPS: N 54°14'50.9" E 15°56'39.8"
max. Womos: 3
Ausstattung/Lage: Keine Infrastruktur, Wiese, etwas Schatten, kostenpflichtig, direkt hinter dem Strand/innerorts.
Zufahrt: In Sarbinowo rund 1 km nach dem Ortsanfang rechts an der Straße.

Im Hochsommer braucht es schon gute Nerven, um sich durch den Rummel zu arbeiten. Direkt nach der **Backsteinkirche** gibt es nochmals eine **Parkmöglichkeit**.
Am Kreisel halten wir uns Richtung **Mielno**, durchqueren wenig später das nette Dörfchen **Mielenko**. Durch eine prächtige Allee erreichen wir MIELNO (2.000 Einwohner, im Sommer 50.000 Feriengäste!) und halten uns beim Kreisel Richtung **Łazy**. Wir sichten Parkplätze im Ort, der eine wahre Freude für Liebhaber von Imbissbuden, Souvenirshops, Ramschzelten oder Fressbuden ist. Die Promenade ist tipptopp gepflegt, die Sommervillen erstrahlen frisch renoviert, aber Ruhe und Einsamkeit findet man im Hochsommer nicht. Da es schon spät ist, bleiben wir dennoch für eine Nacht hier:

(107) WOMO-Campingplatz: Ada, Mielno
GPS: N 54°16'11.6" E 16°05'24.6", Świerczewskiego 29, **Tel:** +48601483197
Öffnungszeit: 20. April-20. September
Ausstattung/Lage: Teils schattig, einfacher Wiesenplatz, 700 m zum Zentrum, eigener Strandzugang, Hunde erlaubt, Ver- und Entsorgung/innerorts.
Zufahrt: Von Mielno Richtung Łazy am Ortsende auf der linken Seite.

Hinter dem Ort finden wir einige Möglichkeiten an der Straße stehen zu bleiben und durch die Dünen zum offenen Meer zu gehen. Am Durchstich des Jamno-Kanals wird 2015 und 2016 gebaut, es scheint dort ein Jachthafen zu entstehen.
In ŁAZY halten wir uns Richtung **Osieki**. Von dort nehmen wir die Abkürzung über holprige Betonplatten (Fahrradstrecke) nach **Rzepkowo**.
Dąbki am **Jezioro Bukowo** ist unser nächstes Ziel. Vor **Iwięncino** treffen wir auf die <203>. Im Ort selbst bestaunen wir

Attraktiver Strand (links) und Brotladen in Ustronie Morskie.

In Dąbki ist Baden am offenen Meer oder am Jezioro Bukowo möglich.

die schöne **Backsteinkirche** mit prächtigem Kirchturmdach. In BUKOWO MORSKIE statten wir den **Ruinen eines Zisterzienserklosters** von 1259 einen Besuch ab. Mönche aus Mecklenburg-Vorpommern gründeten einst das Kloster. Am Kreisel halten wir uns Richtung **Darłowo**.
Bald ist DĄBKI erreicht. Baden kann man hier am See oder am offenen Meer. Unser Womo stellen wir genau dazwischen ab.

(108) WOMO-Stellplatz: Dąbki am Sportplatz

GPS: N 54°22'38.6" E 16°18'38.2"
max. Womos: 1-2
Ausstattung/Lage: Keine Infrastruktur, asphaltierter Parkplatz, 200 m zum See, Kanuverleih, 400 m zum Meer/innerorts.
Zufahrt: <203> von Koszalin nach Darłowo. Am Ortsbeginn von Dąbki die ul. Dąbkiwicka links zur Nehrung, nach 150 m links, 300 m.

Weiter geht es: Auf der <203> verlassen wir Dąbki vorbei am großen **Wiesen-Campingplatz** an der ul. Darłowska. Das Sträßchen führt uns durch kleine Dörfer bis nach **Darłowo**.

DARŁOWO (16.000 Einwohner) liegt am Flüsschen Wieprza. Die kleine **Altstadt** ist weitgehend erhalten, denn Darłowo ist einer der wenigen Orte, die den 2. Weltkrieg fast unversehrt überstanden haben. Der **Rathausplatz mit Bürgerhäusern** aus dem 18. und 19. Jh., ein **barockes Rathaus**, **Fischerbrunnen**, zwei **Stadttore** aus dem 14. Jh. sowie **Reste der alten Stadtmauer** sind sehenswert.
Ebenso die **Marienkirche** mit 60 m hohem Turm, in der Erik der XII. beigesetzt wurde, der bis zu seiner Entthronung 1439 über 40 Jahre lang König von Dänemark, Schweden und Norwegen war. Danach war er berühmt berüchtigt als „Piratenkönig" und „letzter Wikinger der Ostsee", plünderte die Schiffe der Hanse und kehrte reich in seine Heimatstadt Darłowo zurück. Dort finanzierte er den Ausbau des **Schlosses,** in dem er bis zu seinem Tod lebte. Heute befindet sich

Blick auf die zwei Ortsteile von Darłowko.

in jenen Räumen auf der kleinen Flussinsel das **Regionalmuseum** mit Folterkammer im Keller (Mai-September tgl. 10-18 Uhr, sonst Di-So 10-16 Uhr). Auch die **Touristeninfo** ist hier untergebracht.

Für die Nacht wählen wir den wunderbar ruhigen und romantisch gelegenen Campingplatz direkt am Fluss.

(109) WOMO-Campingplatz: Bionika Przstań, Darłowo

GPS: N 54°25'24.9" E 16°24'09.5", ul. Morska 61 **Tel:** +4894 3141766
Öffnungszeit: Mai-September www. polenhotel.org/BPC/
Ausstattung/Lage: Einfacher, stimmungsvoller Wiesenplatz am Wieprza-Ufer, 500 m zum Zentrum, Supermarkt gegenüber, 3 km zum Strand/innerorts.
Zufahrt: In Darłowo Richtung Darłowko Wschodnie (Ost) am Kreisel nach links in die ul. Morska, 850 m nach dem Kreisel auf der linken Seite.

Vom Campingplatz radeln wir 3 km auf der durch Fitnessgeräte aufgelockerten **Promenade** entlang des Flüsschens nach DARŁOWKO zum Meer. Die zwei Ortsteile liegen links und rechts der Flussmündung und sind nur durch eine **Schiebe-Fußgängerbrücke** miteinander verbunden. Ein kleiner **Fischereihafen** und Anlegestellen für **Ausflugsboote** nach Bornholm oder Meereskreuzfahrten mit Wikingerbooten erwarten uns neben den üblichen Imbissständen und Souvenirshops. Der 23 m hohe **Leuchtturm** (Foto Seite 63) von 1885 bietet Aussicht auf die Mole und den Hafen (Mai-Sept., tgl. 10-18 Uhr).

(110-112) Stellplätze: Darłowko

Der „**Yachtparking**“, nicht stimmungsvoll, aber zentral (24 h, eingezäunt, 45 Zł, Strom, Toiletten im Haus [**110:** N 54°26’20.6” E 16°23’04.5”], „**Kemping 243**“ am Ortsausgang und direkt davor ein großer Parkplatz [**111:** N 54°26’17.6” E 16°23’17.7”] sowie den **Parkplatz am Hallenbad Wodney** [**112:** N 54°26’40.9” E 16°23’40.9”].

Am Weg Richtung **Ustka** liegt die sehenswerte **Kapelle St. Gertrud** (Kaplica Św. Gertrudy, Foto links).
Mitten auf dem Friedhof auf einem Hügel gelegen, gefällt uns die reetgedeckte, zwölfeckige Backsteinkapelle mit reich bemaltem Inneren sehr. (N 54°25’26.5” E 16°24’54.7”), Parken ul.Świetej Gertrudy.

Weiter geht es auf der <203> und im 8 km entfernten **Drozdowo** ist **Jarosławiec** mit 11 km nach links ausgeschildert.
Wer auf der <203> bleibt, findet in **Postomino** rund 13 km weiter eine einfache Möglichkeit zur Rast beim Sportplatz [**113:** N 54°29’10.4” E 16°42’31.9”]. Badefreunde fahren auf teilweise gut ausgebauter Straße auf **Rusinowo** zu. Dort ist **Jarosławiec** nach links ausgeschildert und nach 1,5 km ist die Strandstraße erreicht, entlang der sich reichlich Parkfläche finden lässt.

(114) WOMO-Badeplatz: Jarosławiec

GPS: N 54°31’23.9” E 16°30’05.2”
max. Womos: > 5
Ausstattung/Lage: Parkstreifen entlang der Straße, nicht sehr stimmungsvoll, Mülleimer, Dixi-Klos, eventuell nachts laut/außerorts.
Zufahrt: Von der <203> in Drozdowo über Rusinowo nach Jarosławiec, dort nach links.

Es weht trotz Traumwetter eine sehr frische Brise, so halten wir es nicht allzulange am Strand aus. Wir fahren zurück ins leicht erhöht liegende JAROSŁAWIEC.

(115) WOMO-Stellplatz: Jarosławiec

GPS: N 54°32'21.5" E 16°32'17.1"
max. Womos: 2-3
Ausstattung/Lage: Keine Infrastruktur, Wiese, sonnig, 500 m zum Strand/innerorts.
Zufahrt: Von der <203> in Drozdowo über Rusinowo nach Jarosławiec, dort nach rechts, nach 2,5 km rechts neben der Straße.
Alternative: Strandparkplatz im Ort, N 54°32'30.7" E 16°32'18.7".

Am Ende des Ortes entdecken wir noch ein riesiges Gelände mit Bungalows unter Kiefern, auf dem auch gecampt wird [**116:** N 54°32'25.3" E 16°32'44.7", 12 Zł/Person, 10 Zł/Strom].
Wir fahren auf neu asphaltierter Straße weiter. In JEZIEZANY biegen wir scharf rechts ab, wenig später erneut rechts Richtung **Zaleskie**. Die Straße ist schmal und ungeschickterweise sind wir auf der Spur, die immer auf den seitlichen Schotterstreifen ausweichen muss. Nach **Królewo** wird es deutlich besser, die letzten 8 km sind zumindest fast durchgehend breiter asphaltiert. Wir bleiben geradeaus Richtung **Zaleskie**, Getreidefelder und Windräder zu beiden Seiten.
Die letzten 2 km holpert es nochmals gehörig, aber dann ist ZALESKIE und damit wieder die <203> erreicht. Wir halten uns links Richtung **Ustka**. In DUNINOWO gefällt uns die **helle Dorfkirche**. Von USTKA trennen uns noch 6 km und dort parken wir auf dem kleinen Parkplatz rechts vor der Brücke über die Słupia (400 m nach dem Lidl, N 54°34'45.7" E 16°51'24.4"). Falls hier kein Platz frei ist, fahren Sie einfach vor der Brücke links und dann 900 m zum großen **Parkplatz** beim **Hafen, in Strandnähe** und beim kleinen **Bunker-Museum**.

(117) WOMO-Stellplatz: Ustka

GPS: N 54°35'07.0" E 16°51'01.1"
max. Womos: 4-5
Ausstattung/Lage: Keine Infrastruktur, holpriger, staubiger Betonplatten-Platz, Schatten am Rand, 400 m zum Strand, 1,5 km zum Zentrum/innerorts.
Zufahrt: Die <203> bis Ustka, noch vor der Überquerung der Słupia 900 m nach links
Sonstiges: Bunker/Militär-Museum (12/8 Zł).

Verkehrszeichen auf polnisch: Alles muss man ja vielleicht auch nicht verstehen...

Bummel durch Ustkas Fußgängerzone Marynarki Polskiego

Spaziergang durch Ustka (16.000 Einw.): Die Lage von Ustka an der Mündung der Słupia ist schön. Das Örtchen entwickelte sich zum „Vorhafen“ von Słupsk. Vom Parkplatz aus gehen wir die ul. Bohaterów Westerplatte entlang alter Hafengebäude und der Słupia zurück, bis wir den Fluss queren können. Sofort nach der Brücke halten wir uns links und kreuzen die Bahngleise. Wir umrunden ein Fabrikgebäude, nehmen die Portowa nach links und haben wenig später die Haupteinkaufsstraße erreicht. Vorbei am **Regional- und Heimatmuseum** (Marynarki Polskiego 62a, Juni-September: Di-Sa 10-17 Uhr, Oktober-Mai: Mi 11-16 Uhr) oder dem **Brot-Museum** mit angeschlossener Bäckerei (Marynarki Polskiej 49, Di-Sa 10-17 Uhr) erreichen wir bald den **Hafen**. Im Zuge der Industrialisierung wurde dieser ausgebaut, heute geht es hier wieder eher gemächlich zu. Im Sommer starten hier die Wikingerschiffe zu **Hafenrundfahrten** oder es kann der 21,50 m hohe **Leuchtturm** von 1892 bestiegen werden (Mai-August, tgl. 10-19 Uhr). Die Aussicht lohnt sich (Foto unten).

Weniger die Bauwerke, als die Atmosphäre des Ortes, die schönen Strände und die Einbindung in die Natur, ließen Ustka bereits vor über 100 Jahren zu einem der populärsten Seebäder an der Ostseeküste werden. In der Hochsaison geht die Schönheit des Ortes mit den stattlichen Villen des einstigen Kapitänsviertels unserer Meinung nach allerdings im Rummel der Touristenströme unter.

Morgenstimmung am Jezioro Gardno

Wir verlassen Ustka in Richtung **Rowy**. In PRZEWŁOKA entdecken wir den **Camping Morski** (Nr. 101, Armii Krajowej 4, N 54°34'34" E 16°52'49", +48604486413) und machen noch einen Abstecher zur bewaldeten **Düne von Orzechewo** in der Nähe eines atmosphärischen Naturstrandes am Waldrand (am Ortsende von Przewłoka 2 km geradeaus nach Orzechewo, kleiner Parkplatz, N 54°35'49.4" E 16°55'14.5"). Zurück Richtung **Objazda** gondeln wir bis **Wytowno** (500 m nach Przewłoka liegt links an der Straße ein **Picknickplatz**). In OBJAZDA gefällt uns die **Fachwerkkirche** aus dem Jahr 1606.

Wer mit dem Auto nach **Rowy** möchte, trennt sich hier von uns. Wir werden das Dörfchen später per Fahrrad erkunden. Einen **Stellplatz** und **Campingplatz** haben wir in ROWY beim Radeln auch entdeckt und am Ende der Radtour (Seite 93) beschrieben. Uns interessiert jetzt der **Jezioro Gardno.** Wir lenken unser Mobil Richtung **Gąbino/Kluki** nach rechts. 600 m nach **Czysta**, noch vor **Wysoka**, erreichen wir einen angenehmen Platz am See:

(118) WOMO-Campingplatz: Surf Camp, Jezioro Gardno
GPS: N 54°38'01.7" E 17°08'22.4" **Tel:** +48609485199
Öffnungszeit: Mai-Mitte September www.surfcamp-gardno.pl
Ausstattung/Lage: Ruhiger Wiesenplatz direkt am Jezioro Gardno, einfache Sanitäranlagen, Kiosk, Surf- und Kite-Center, Bootsverleih/außerorts.
Zufahrt: Von Ustka oder Słupsk Richtung Norden nach Smołdzino/Kluki. Ca 1 km nach Czysta nach links zum Surf-Camp, 700 m bergab zum See.

Radtour rund um den Jezioro Gardno, ca. 20 km:
Wir fahren vom Camp Richtung Straße zurück zur ersten Kreuzung und nehmen den mit der Jakobsmuschel gekennzeichneten Weg nach rechts. Es geht leicht bergauf, der Blick schweift sehr schön übers Land und den See. Durch schattige Alleen in leichtem Auf und Ab ist RETOWO flott erreicht. Das kleine Dorf hat reizvolle Fachwerkhäuser und Sitzbänke laden zum Genießen der phantastischen Aussicht ein. Ein breiter Sandfahrweg führt uns zum nächsten Örtchen, wo uns ein so reich mit Kunstblumen geschmücktes Kruzifix begrüßt, dass man den Jesus richtig suchen muss. Wir bleiben rechts und biegen gleich nochmals ausgeschildert nach rechts

Rowy: Fischverkauf direkt vom Kutter

Richtung **Rowy** (8 km) ab, was keine 500 m später nochmals auf 7,4 km reduziert wird. Das soll uns nur recht sein. Die nächsten Kilometer holpern wir auf Plattenbelag immer hinter dem Schilfgürtel entlang. Erst auf der Holzbrücke sieht man wieder auf den See. Die Betonplatten werden gröber, die Fahrt etwas beschwerlicher. Nach rechts geht es zum **Aussichtsturm**, von dem man erneut die Sicht über den See genießen kann. Auf festem Sand radeln wir, erst schattenlos hinterm Damm, dann durch ein lichtes Birkenwäldchen bis nach Rowy. Nach einer Stärkung rollen wir immer weiter Richtung Meer, die ul. Bałtycka, die ul. Nadmorska und auf der ul. Rybacka über den Fluss Łupawa. Nach weiteren 100 m biegen wir den Schildern folgend nach Szmołdzino (12 km) ab, und bereits 150 m später sind die westlichen Ausläufer des **Słowiński Park Narodowy** erreicht, für den wir eine geringe Eintrittsgebühr zahlen müssen. (www.slowinskipn.pl, Mai-Sept. 8-19 Uhr, sonst ohne Zeitbegrenzung).

Auf einem wunderschönen **Waldlehrpfad** führt der Weg rund 6,5 km schattig am nördlichen Ufer des Gardno-Sees entlang, bevor er wieder nach Süden schwenkt. Nach 2 km überqueren wir nochmals die Łupawa und weitere 2,5 km später haben wir **Gardna Wielka** erreicht. Über Gardna Mała und gut 200 m nach **Wysoka** sind wir im Surfcamp zurück.

Wer per WOMO nach ROWY fährt, kann auf dem großen, gebührenplichtigen, sonnigen **Wiesenstellplatz** stehen bleiben, der zwar rummelig, aber zentral liegt. [**119**: Rowy, N 54°39'50.7" E 17°03'10.5", WC].

Alternativ bieten sich zur Übernachtung in Rowy mehrere **Campingplätze** an, z.B. sehr angenehm hinter der Kirche:

[**120:** Camping Wagabunda, Rowy, ul. Kapitalska 6, **Tel:** +48509039518, www.wagabunda.rowy.pl, N 54°39'49.2" E 17°03'26.2"].

Einen Stellplatz in Seenähe können wir ebenfalls anbieten.

(121) Stellplatz: Gardna Wielka

GPS: N 54°38'25.0" E 17°10'04.6"
max. Womos: 1-2
Ausstattung/Lage: Parkplatz am See ohne Seeblick/-zugang, ruhig, Spielplatz, Tisch&Bank überdacht, Infotafeln, Laden+Bäcker 500 m/innerorts.
Zufahrt: Von Gabino Richtung Smołdzino in Gardna Wielka rund 350 m nach der Kirche links die ul. Bałtycka, 200 m bergab zum See.

Czolpino: Gut 2 km laufen wir durch den Wald, ...

"Die Polnische Sahara", der Słowiński Park Narodowy:
Die Riesendünen zwischen Ustka und Łeba beeindrucken gewaltig. Seit 1967 als Schutzgebiet ausgewiesen, umfassen die beweglichen Wanderdünen eine Fläche von rund 300 ha. Sie wandern rund 10 m im Jahr und begraben Bäume, Häuser und ganze Dörfer unter ihren Sandmassen. Die höchste Düne ist die **Lacka Góra** mit 42 m. Der Łebsko- und der Gardno-See, die zahlreichen Vögeln Rückzugsfläche bieten, gehören mit ins Schutzgebiet. Auch sie büßen Jahr für Jahr an Fläche ein.

In SMOŁDZINO 4 km weiter liegt am Ortsbeginn links ein großer **Stellplatz**, von dem aus sich ein Spaziergang auf den 115 m hohen **Rowokól mit Aussichtsturm** anbietet.

(122) WOMO-Stellplatz: Smołdzino
GPS: N 54°39'42.8" E 17°12'23.5"
max. Womos: 3-4
Ausstattung/Lage: Keine Infrastruktur, Parkplatz, eben, gebührenpflichtig/innerorts.
Zufahrt: Von Gąbino Richtung Smołdzino gleich am Ortsbeginn links an der Straße.
Sonstiges: Startpunkt für eine Wanderung zum Aussichtsturm auf dem Rowokól, Nationalpark-Museum im Ort.

Wir überqueren die Łupawa und werfen einen Blick auf das kleine Wasserkraftwerk. Weiter geht es Richtung **Kluki.** In **Smołdziński Las** biegen wir links ab Richtung **Czolpino** vorbei am einfachen **Camping Classic**.

(123) WOMO-Stellplatz: Czolpino
GPS: N 54°42'32.6" E 17°14'26.6"
max. Womos: 2-3
Ausstattung/Lage: gebührenpfl., im Wald, WC, Mülleimer, Imbiss, Wanderkarte, laut Leserzuschrift 2016 zeitweilig Übernachtung nicht möglich/außerorts.
Zufahrt: Von Smołdzino Richtung Kluki, in Smołdzinski Las links, 2,5 km bis Czolpino, dort rechts auf den Parkplatz.

... bis der Blick auf die Sanddünen frei wird.

Rundwanderung (9 km) durch die "Polnische Sahara" bis zum Leuchtturm: Wir starten vom Parkplatz auf rot markiertem, breitem Weg, später auch auf Holzstegen durch den Wald in Richtung Norden. Nach rund 2 km wird es immer sandiger, bis wir die ersten Dünen erreicht haben. Anstrengend aber beeindruckend ist der Gang über die Sandberge, und nach rund 1,5 km steigen wir hügelabwärts bis zum Strand. Dort stapfen wir nach links 2 km am Meer entlang, dann wieder für 2 km links in den Wald in Richtung **Laternia Morska** (Leuchtturm). Wer den Turm besteigt, wird mit einer tollen Aussicht belohnt. Gut 1 km sind es dann zurück zur Straße, dort links und 300 m weiter sind wir wieder am Parkplatz.

Das **Freilichtmuseum** von Kluki ist unser nächstes Ziel. Der Stellplatz dazu verspricht eine ruhige Nacht.

(124) WOMO-Stellplatz: Kluki

GPS: N 54°40'56.6" E 17°20'50.4"
max. Womos: 1-2
Ausstattung/Lage: Schotterparkplatz, eben, Dixi-Klo, Mülleimer, Tisch & Bank überdacht, Infotafeln, Museumsdorf 1 km/außerorts.
Zufahrt: Von Smołdzino nach Kluki, den Ort durchfahren, am Ende des Wendekreises mit Storchennest noch 300 m Feldweg.
Sonstiges: 650 m bis zu einem Aussichtsturm und zur Schiffsanlegestelle.

Slowinzisches Freilichtmuseum Kluki (Skansen Słowiński at Kluki): Seit 1963 wurden sieben historische, komplett ausgestattete Bauernhöfe mit Scheunen, Ställen, Brunnen sowie Fischerkaten und reetgedeckte Fachwerkhäuser auf einem ca. 10 ha großen Gelände originalgetreu wieder aufgebaut. Sie zeigen das Leben der Slowinzen im 18. und 19. Jh., einem protestantischen und teilweise deutschsprachigen Volk, das mittlerweile als fast ausgestorben gilt. Die Slowinzen lebten vom Ackerbau und Fischfang sowie der Torfgewinnung. Alljährlich zog man für zwei Wochen zum Torfstechen in die Umgebung - zur "schwarzen Hochzeit", wie man die Arbeit im Torf nannte. Zur Erinnerung an diese Arbeit wird jedes Jahr am ersten Maiwochenende ein großes Folklorefest in Kluki gefeiert. (Öffnungszeiten: Mai-August, Di-So 10-18 Uhr, Mo nur 11-15 Uhr, dann ist nur ein Gehöft geöffnet, September-April 9-16 Uhr).

Um nach **Łeba** zu fahren, müssen wir zurück bis **Smołdzino.** Durch eine prächtige Lindenallee erreichen wir WIERZCHOCINO. In CHOĆMIRÓWKO treffen wir auf die <213>, **Łeba** ist nach links ausgeschildert.
Nach 9 km auf der <213> ist **Główczyce** erreicht. Im reichlich unaussprechlichen RZUSZCZE entdecken wir eine etwas sonderbare **Haltemöglichkeit** auf einer Hügelkuppe bei einem kleinen Laden (gepflasterter Parkplatz, Grillstelle, WC). Auf geflickter Holperpiste tuckern wir durch wunderschöne Alleen. Zeit muss man hier schon haben!
In WICKO nehmen wir die <214> Richtung ŁEBA (4200 Einwohner) und erreichen "die Stadt in den Dünen" 9 km weiter.

Das Städtchen ŁEBA, zwischen dem Łebsko- und dem Sarbsko-See gelegen, hat einen **Fischereihafen** (Foto Seite 97) und ist ein belebtes Seebad. Der ursprüngliche Ort aus dem 13.Jh. wurde nach langem Kampf gegen Überschwemmungen und Sand aufgegeben und 1570 landeinwärts neu aufgebaut.

Um den **Słowiński Park Narodowy** mit seiner **Dünenlandschaft** ausgiebig erkunden zu können, braucht man ebenfalls Zeit. Daher hier verschiedene **Stellplatzmöglichkeiten in Łeba**:

(125) WOMO-Stellplatz: Łeba, Rąbka am Jezioro Łebsko
GPS: N 54°45'12.4" E 17°31'04.6" **max. Womos:** 3-4
Ausstattung/Lage: Geschotterter Parkplatz, gebührenpfl., im Sommer oft voll, früh oder spät kommen, **Zugang zum Nationalparkgelände**/außerorts.
Zufahrt: Von Wicko auf der <214> nach Łeba, gleich am Ortseingang beim Kreisel Richtung Leba/Rąbka, dann links, 500 m nach der Brücke links Richtung „Słowiński Park Narodowy" und nach 1,7 km auf den Parkplatz.
Alternativplatz: Kleiner **Stellplatz** vorne am Strand von Łeba, vom Campingplatz (126) noch knapp 500 m immer geradeaus, links (N 54°45'49.9" E 17°31'59.9").

(126) WOMO-Campingplatz: „Morski", Nr. 21, Łeba
GPS: N 54°45'41.8" E 17°32'18.4", Turystyczna 3 **Tel:** +48598661380
Öffnungszeit: Mai-September, www.camping21.pl camp21@op.pl
Ausstattung/Lage: Wiesenplatz im Wald, 200 m zum Strand, 700 m zum Zentrum, Ver- und Entsorgung, Laden.
Zufahrt: In Łeba über die Łeba-Brücke immer geradeaus, nach 700 m rechts an der Straße.
Alternative: Campingplatz Rafael, N 54°45'26.7" E 17°32'49.1", unmittelbar nach der Łeba-Brücke links, nach ca. 100 m links.

Die Sanddünen im Slowinzischen Nationalpark bei Łeba sind beeindruckend.

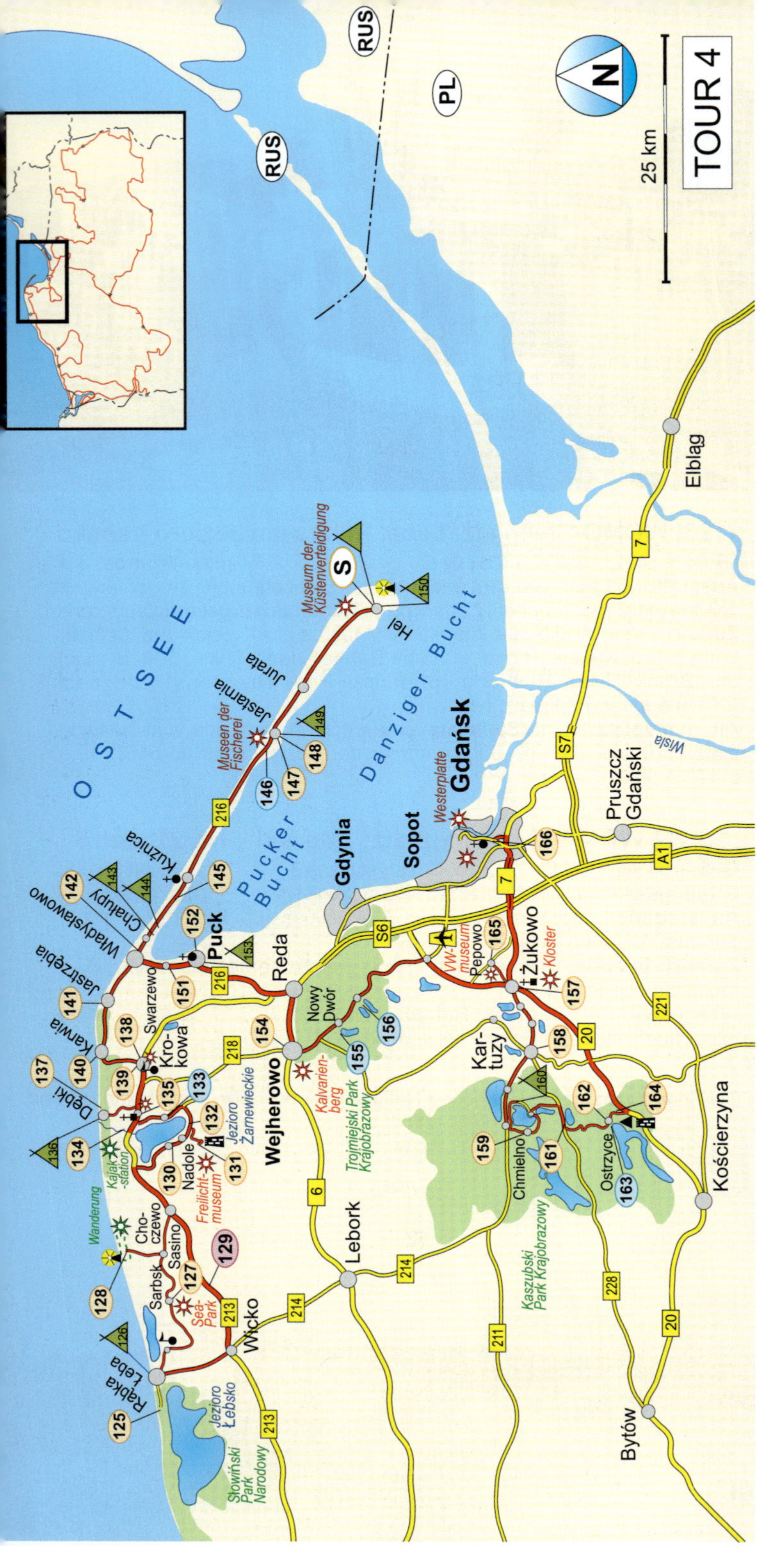
TOUR 4
25 km
N
RUS
PL
OSTSEE
Danziger Bucht
Pucker Bucht
Gdańsk
Gdynia
Sopot
Westerplatte
Pruszcz Gdański
Elbląg
Wisła
Hel
Jurata
Jastarnia
Museen der Fischerei
Museum der Küstenverteidigung
Kuźnica
Chałupy
Władysławowo
Jastrzębia
Karwia
Dębki
Swarzewo
Puck
Reda
Kro-kowa
Wejherowo
Kalvarien-berg
Nowy Dwór
Trojmiejski Park Krajobrazowy
Jezioro Żarnowieckie
Nadole
Freilicht-museum
Kajak-station
Wanderung
Cho-czewo
Sasino
Sarbsk
Sea-Park
Łeba
Rąbka
Jezioro Łebsko
Słowiński Park Narodowy
Wicko
Lebork
Kar-tuzy
Żukowo
Kloster
Pępowo
VW-museum
Chmielno
Ostrzyce
Kaszubski Park Krajobrazowy
Kościerzyna
Bytów
S
216
218
213
214
6
211
228
20
221
A1
S6
S7
7
125
126
127
128
129
130
131
132
133
134
135
136
137
138
139
140
141
142
143
144
145
146
147
148
149
150
151
152
153
154
155
156
157
158
159
160
161
162
163
164
165
166

Tour 4: Von Łeba bis Gdańsk – das Land der Kaschuben (ca. 370 km)

Łeba – Jezioro Żarnowieckie – Władysławowo – Halbinsel Hel – Puck – Wejherowo – Kartuzy – Gdańsk

Stellplätze: Leuchtturm Stilo, Borkowo Lęborskie, Brzyno, Aussichtsturm, Czymanowo, Żarnowiec, Dębki, Krokowa, Karwia, Jastrzębia, Jastarnia, Swarzewo, Puck, Wejherowo, Żukowo, Kartuzy, Chmielno, Wieżyca, Pępowo, Gdańsk.

Campingplätze: Dębki, Chałupy, Jastarnia, Jurata, Hel, Puck, Chmielno.

Baden: Lubkowo, Halbinsel Hel: Jastarnia, Hel, Jezioro Borowo, Bieszkowice, Ostrtrzyce, Jezioro Meskowskie, Zawody.

Besichtigen: Sea-Park Sarbsk, Aussichtsturm Kaszubskie, Kloster Żarnowiec, Schloss Krokowa, Altstadt Puck, Kalvarienberg Wejherowo, Kaschubisches Museum in Kartuzy, Töpferdorf Chmielno, Altstadt Gdańsk.

Aktivitäten: Spaziergang zum Leuchtturm Stilo, Kanutour nach Dębki,

Der Abschied von der Küstenregion mit ihren Riesendünen fällt uns schwer, aber es locken die **Halbinsel Hel**, die **kaschubische Schweiz** und die beeindruckende Stadt **Gdańsk**. Um von Łeba nach Osten zu kommen, gibt es die Variante über kleinere Sträßchen oder die straßentechnisch etwas entspanntere Strecke über **Wicko** und die <213> (Variante 2 ab Seite 100).

Variante 1: Von Łeba fahren wir landeinwärts Richtung Lebork, am Bahnhof in die ul. Kościuszki, weiter auf der ul. Powst Warszawy, geradeaus die ul. Nowęcińska bis NOWECIN. Richtung **Sarbsk** erreichen wir **Szczenurze** 6 km später. Dort biegen wir links ab und 3 km später ist für Freunde von Seehund-Shows etwas geboten (**Sea-Park Sarbsk**, Juli/August 9-19 Uhr, sonst 9-16 Uhr, 39 Zł/29 Zł [**127:** N 54°44'16.8" E 17°38'49.9", großer Parkplatz].

Über **Sarbsk** und **Ulinia** steuern wir bis **Sasino**. Der **Leuchtturm Stilo** zieht uns magisch an. Campen kann man im Ort rechts.

(128) WOMO-Stellplatz: Stilo, Leuchtturm (Foto Seite 63)

GPS: N 54°46'51.6" E 17°44'17.1"

max. Womos: 5

Ausstattung/Lage: Gebührenpfl. Parkplätze, Tisch & Bank überdacht, Mülleimer/Ortsrand.

Zufahrt: Von Łeba bis Sasino laut Text, dort 3 km bis Stilo, dann 200 m links.

Spaziergang: Auf breitem Waldweg direkt auf den **Leuchtturm** zu. Der Turm (1904-1906) ist 34 m hoch und steht auf einer fast 45 m hohen Düne. (Juli/Aug. 10-14 Uhr und 16-19 Uhr, Mai/Juni/Sept. 10-13 Uhr und 15-18 Uhr).

Kleiner Hafen am Jezioro Żarnowieckie beim Stellplatz (130).

Drei kleine Dörfer später haben wir CHOCZEWO erreicht, hier starten wir zur Umrundung des **Jeriozo Żarnowieckie**.
Aber vorher die Beschreibung der **Variante 2**: Den Weg von Łeba zurück nach **Wicko** kennen wir schon. Dort biegen wir auf die <213> Richtung Puck. Zwischen Windrädern fahren wir auf breiter Piste. Endlich mal wieder ein Mittelstreifen. Im Wald kurven wir bergab, dann liegt links neben der Straße ein großer **Picknickplatz** ohne Hinweisschild.

(129) WOMO-Picknickplatz: Borkowo Lęborskie

GPS: N 54°43'34.7" E 17°48'44.7"
max. Womos: 2-3
Ausstattung/Lage: Schotterparkplatz, Mülleimer, Tisch & Bank überdacht/außerorts.
Zufahrt: Von Wicko die <213> Richtung Puck, 2,5 km hinter Borkowo Lęborskie links an der Straße. Nicht gut ausgeschildert!

Beim Kreisel auf freiem Feld bleiben wir Richtung Puck auf der <213>. CHOCZEWO, wo wir mit Variante 1 zusammentreffen, hat eine sehr moderne Kirche, am Ortsausgang einen Baumarkt und eine Tankstelle.
Direkt vor SŁUCHOWO gute 5 km später biegen wir ab zum See.

(130) WOMO-Stellplatz: Brzyno

GPS: N 54°46'22.2" E 18°01'29.8"
max. Womos: 4-5
Ausstattung/Lage: Leicht schräge Wiese, Pavillon, WC, gebührenpflichtige Duschen, kleiner Hafen/außerorts.
Zufahrt: <213> Richtung Puck, vor Słuchowo bergab nach Prusewo, dort rechts Richtung Dwór. 1 km nach Brzyno links in den Sandweg zum See oder 2. Abfahrt zum *Przystań*.

Dinopark und Aussichtsturm Kaszubskie Oko am Südzipfel des Jezioro Żarnowieckie.

In NADOLE sehen wir eine **Parkmöglichkeit** mitten im Ort und ein kleines **Freilichtmuseum** (Zagroda Wiejska, Bałtycka 2). Wir fahren bei der großen Kreuzung mit zwei Zebrastreifen mitten im Ort nach links zum kleinen **Hafen**. (N 54°44'44.9" E 18°03'12.2"). Am Ende des Ortes wird wild am See gecampt.

Es gilt mal wieder einen Turm zu besteigen und daher biegen wir für einen Abstecher am Ende des Ortes in Richtung **Gniewino** ab und schrauben uns steil durch den Wald bergauf. Kurz darauf erreichen wir den 44 m hohen **Aussichtsturm Kaszubskie Oko** (Juni-August 8-22 Uhr, sonst Mo-Fr 10-18 Uhr, Sa/So 12-20 Uhr, 11,50 Zł/8 Zł, parken kostenlos an der Straße). Hinter dem Turm gibt es einen kostenpflichtigen Parkplatz [**131:** N 54°43'02.9" E 18°03'12.8"]. Während wir Großen die Aussicht auf den See des Pumpspeicherwerks bewundern, streicheln die Kinder Dinos, spielen Mini-Golf und nehmen Fahrstunden im Autoscooter.

Wir kehren um und kurven wieder bergab zum **Jezioro Żarnowieckie**. In CZYMANOWO halten wir uns geradeaus und entdecken einen Mini-Parkplatz am See mit kleiner **Badestelle**.

(132) WOMO-Stellplatz: Czymanowo, Jezioro Żarnowieckie

GPS: N 54°43'44.2" E 18°04'38.4"
max. Womos: 1-2
Ausstattung/Lage: Keine Infrastruktur, direkt am Wasser/innerorts.
Zufahrt: Am südlichen Ende des Jezioro Żarnowieckie vom Stellplatz (130) über Nadole nach Czymanowo, 250 m nach der Abzweigung Sandweg nach links direkt an den See.

Bei der Weiterfahrt durchqueren wir das Gelände des Pumpspeicherkraftwerks und halten uns links Richtung **Lukowo**, denn wir wollen am östlichen Seeufer wieder hoch Richtung Küste. An der T-Kreuzung halten wir uns links, das Industrie-viertel lassen wir flott hinter uns. In LUKOWO sichten wir einen **Badeplatz** direkt an der Straße (N 54°45'38.8" E 18°04'38.7"), aber schöner ist es hier:

(133) WOMO-Badeplatz: Lubkowo, Jezioro Żarnowieckie
GPS: N 54°46'38.5" E 18°03'50.3"
max. Womos: 2-3
Ausstattung/Lage: Schotterplatz, Sandstrand, WC (2 Zł), Pavillon, Steg, nicht ganz ruhig, weil gut besucht/innerorts.
Zufahrt: Am öslichen Ufer des Jezioro Żarnowieckie in Lubkowo hinter dem Backstein-Marienaltar die ul. Nad. Jeziorem nach rechts bergab zum See, beim Stopp geradeaus.

Nach 1 km in Richtung Norden ist die <213> wieder erreicht.

Für **KajakfreundInnen**: Wer ein Kajak dabei oder Lust darauf hat, die Küste bei Dębki per Paddelboot zu erobern, folgt uns an der Kreuzung der kleinen Straße von Lubkowo und der <213> zu einem kurzen Abstecher nach links. Bereits nach einem Kilometer, direkt an der Brücke über die Łeba, sind im Sommer Kanuverleiher plaziert. Parken kann man einfach an der Straße (N 54°47'44.7" E 18°03'14.7"). Die Strecke bis zur Küste beträgt 7 km, die sportlichen, jungen, gut englischsprechenden Männer veranschlagen dafür ca. 2,5 Stunden. Zweimal am Tag kann gestartet werden (10 und 15 Uhr), nach Beendigug der Tour wird man mitsamt des Bootes zurückgeholt. Kosten pro Person ca. 25 Zł., Tel: . +48696009423. Wer sich bei der Kreuzung mit der <213> von Lubkowo kommend geradeaus über die Hauptstraße hält und noch 1,2 km immer leicht links rollt, kommt ebenfalls zu einem Paddel-Startpunkt, der sich sogar als Stellplatz eignet [**134:** N 54°47'59.1" E 18°03'53.0"].

Auf der <213> brausen wir Richtung **Puck** und erreichen nach knapp 2 km das **Kaschubendorf** ŻARNOWIEC, dessen **Klosteranlage** den Krieg unbeschadet überstanden hat. Einst im 12. Jh. durch Zisterzienserinnen gegründet, ist das

Kloster seit dem 16.Jh. von Benediktinerinnen bewohnt. Die prächtige **Backsteinkirche** ist schlicht und hat ein tolles Sternengewölbe. Der Kreuzgang mit liebevoller Sammlung von Naturschönheiten kann rechts von der Kirche betreten werden. (Juli/Aug. tgl. 9-17 Uhr, sonst nach Voranmeldung unter Tel. 586737107, Żarnowiec 44) [**135:** N 54°47'13.4" E 18°04'53.6" oder N 54°47'15.8" E 18°05'00.6" direkt hinter der Kirche].

Die Kaschuben: Anfang 2005 verfasste die gesetzgebende Kammer des polnischen Parlaments, der Sejm, nach jahrelangen, zähen Diskussionen ein **Minderheitengesetz**. Heute gibt es acht nationale Minderheiten (deutsche, weißrussische, tschechische, litauische, ukrainische, armenische, russische und slowakische), der insgesamt 1,5 Millionen polnische Staatsbürger angehören sowie vier ethische Minoritäten (die Karaimer, Lemken, Tataren und Roma). Lediglich die Kaschuben stellen einen Sonderfall dar. Sie sprechen eine dem Polnischen sehr verwandte Sprache, die lange als polnischer Dialekt angesehen wurde und gelten als eine polnische Volksgruppe. Ihr rechtlicher Status war dadurch lange Zeit nicht eindeutig geregelt. Erst seit 2005 wurde das Kaschubische zur gesetzlich anerkannten Sprache und darf in Schulen unterrichtet werden.

Die Kaschuben sind ein westslawisches Volk, das in der Woiwodschaft Pommern lebt. Kaschubien wird dieser Landstrich genannt. Er zieht sich von der Küste und der Danziger Bucht in einem rund 30 km breiten Band bis Chojnice nach Südwesten. Kaschubien ist ein hügeliges Land mit rund 1.000 Seen, die die kaschubische Seenplatte (Pojezierze Kaszubskie) bilden. Im dortigen Landschaftspark rund um Chielmno trifft man immer wieder auf typische Holzhäuschen mit kunstvoll verzierten Dachgiebeln. Darin wird in Töpfereien und Museen die Volkskunst, wie z.B. Sticken oder Bildhauerei, gepflegt.

1910 beriefen sich rund 100.000 Menschen auf ihre kaschubischen Wurzeln, heute sind es noch ungefähr 50.000. Es gibt kaschubische Zeitungen und Broschüren, in zahlreichen Orten (z.B. in Jastarnia / Foto) finden wir zweisprachige Ortsschilder und häufig kann man neben dem polnischen Adler auch den schwarzen Greif, das kaschubische Wappentier, entdecken.

Bevor wir uns das **Schloss in Krokowa** anschauen, möchten wir nochmals in die Ostseewellen hüpfen. Und da bietet sich bereits 1,5 km nach **Żarnowiec** die Möglichkeit in **Dębki**. Wer hier länger bleiben möchte, steht besser auf einem Campingplatz, zum Beispiel:

(136) WOMO-Campingplatz: Kamping Kaszub, Dębki

GPS: N 54°59'41.8" E 18°04'34.8", ul. Lakowa 4 **Tel:** +48606746002
Öffnungszeit: Mitte Juni - Ende August, www.camping-kaszub.com.pl
Ausstattung/Lage: Großer Platz im Kiefernwald, Laden, Bar, 200 m zum Strand/innerorts.
Zufahrt: Von der<213> nach Dębki, gleich 2. Straße nach Ortsbeginn links (ul. Wrzosowa), 700 m später rechts in die Lakowa.
Alternative: Campingplatz Lesne N 54°49'46.3" E 18°04'13.7" oder Camping Berszowisko, Spacerowa 3a, N 54°49'43.9" E 18°05'39.4".

Etwas außerhalb des Ortes liegt folgender Platz:

(137) WOMO-Stellplatz: Dębki

GPS: N 54°49'46.1" E 18°08'28.8" **max. Womos:** 2-3
Ausstattung/Lage: Keine Infrastruktur, sandige Parkfläche am Waldrand, sonnig, 300 m zum Strand/außerorts.
Zufahrt: Die <213> Richtung Puck nach Goszczyno (500 m vor Krokowa) nach links verlassen, durch den Ort, weiter nach Letowice, am Ende von Szary Dwór leicht rechts und nach weiteren 3 km links.

Zurück auf der <213> ist nach 500 m KROKOWA erreicht. Beim Kreisel nehmen wir die erste Abzweigung und sichten bereits die **Katharinenkirche** und daneben zahlreiche Parkplätze.

Krokowa: Das Schloss der kaschubischen Adelsfamilie Krockow wurde im 14. Jh. erbaut, später mehrfach umgestaltet und 1993 aufwändig restauriert. Heute ist hier die Begegnungsstätte „Stiftung Europäische Begegnung – Kaschubisches Kulturzentrum Krokowa" untergebracht. Im zweiten Raum neben der Rezeption ist eine kleine Ausstellung zur Geschichte der Familie Krokow zu sehen, links von der Rezeption lockt das gute Schlossrestaurant mit polnischer und kaschubischer Küche, das von allen Gästen besucht werden kann, wenn nicht gerade Tagungsgäste das Restaurant füllen.

Das Schloss ist von einem schönen, romantisch gestalteten Park umgeben, in dem uns Beschriftungen von Bäumen in Blindenschrift doch sehr erstaunt haben. In direkter Nachbarschaft zum Schloss sind in einem kleinen Häuschen hinter der **Katharinenkirche (Foto)** das Touristenbüro und das **deutsch-polnische Regionalmuseum** von Krokowa als Außenstelle des Westpreußischen Landesmuseums Münster untergebracht. Es zeigt in einer Dauerausstellung das mühsame Leben der Bauern im 19. und 20. Jh. [**138:** N 54°46'41.2" E 18°09'49.0"]

In Krokowa gibt es zudem einen einfachen Stellplatz am Bahnhof, der etwas weiter von der Durchgangsstraße weg ist.

(139) WOMO-Stellplatz: Krokowa

GPS: N 54°46'54.1" E 18°09'42.1"
max. Womos: 1-2
Ausstattung/Lage: Keine Infrastruktur, gepflasterte Parkfläche am Bahnhof, sonnig, Skaterplatz, Infotafeln/innerorts.
Zufahrt: Die <213> in Krokowa beim Kreisel nach Norden (von der Kirche kommend die 2. Abzweigung) 200 m geradeaus, dann 200 m leicht links. Parkfläche rechts an der Straße.

Das Schloss in Krokowa ist von einem schönen Park umgeben.

Steinmauern schützen die Küste von Karwia vor der Kraft des Meeres.

Zurück beim Kreisel in Krokowa halten wir uns Richtung **Puck**. Wenig später geht es links Richtung KARWIA. Am Ortseingang begrüßt uns ein Rummelplatz, dicht gefolgt von allen anderen typischen Einrichtungen eines polnischen Ferienortes im Hochsommer. Vor dem Holzkreuz im Ort fahren wir die enge Straße nach Westen, parken irgendwo am Straßenrand, aber so richtig empfehlen können wir das nicht. Es ist voll, eng, die kleinen Campingplätze sind nicht sehr reizvoll. So machen wir uns auf Richtung **Jastrzębia Góra**. Am östlichen Ende von KARWIA liegt der **Campingplatz Zefir** neben dem Sportplatz. 300 m später ein **Strandparkplatz** rechts neben der Straße, 400 m eine weiterere Parkmöglichkeit.

(140) WOMO-Stellplatz: Karwia

GPS: N 54°49'53.1" E 18°14'17.7"
max. Womos: 3-4
Ausstattung/Lage: Keine Infrastruktur, grobe Betonplatten, teils schattig, Dixi-Klos, 200 m zum Strand/außerorts.
Zufahrt: Von Karwia entlang der Küste Richtung Władysławowo, 300 m nach dem Ortsende und ein weiterer Platz 400 m später.
Sonstiges: Im Hochsommer sind diese Plätze tagsüber sehr voll, das Parken an der Straße ist möglich.

Den **nördlichsten Punkt Polens** erreichen wir in JASTRZĘBIA GÓRA. Ein Denkmal mit Podest aus Findlingssteinen markiert die geographische Besonderheit im trubeligen Ortszentrum. Rummelbuden, Souvenirshops, Restaurants ... alleine sind wir hier nicht. Steil bricht die Küste zur Ostsee ab, der Strand liegt gut 30 m tiefer und ist daher jeweils nur über rund 200 Treppenstufen erreichbar.
Zum Abstellen des Womos können wir den grünen, schattigen

Das wunderschöne kaschubische Holzhaus beim Stellplatz (141).

Parkplatz rund um ein altes Holzhaus empfehlen.

(141) WOMO-Stellplatz: Jastrzębia, kaschubisches Haus
GPS: N 54°49'58.8" E 18°17'50.0", ul. Spacerowa 1 **max. Womos:** 2-3
Ausstattung/Lage: Keine Infrastruktur, Wiese, alte Kiefern, schattig, kostenpflichtig, 20 Zł, für kleinere Mobile/innerorts.
Zufahrt: Von Karwia entlang der Küste Richtung Władysławowo, in Jastrzębia 500 m nach dem Ortsbeginn oben auf dem Berg nach links in die ul. Spacerowa, rechts.

Eine Alternative ist der staubige, sonnige **Parkplatz** in der Droga Rybacka gegenüber des Strandabgangs 23 (N 54°49'55.1" E 18°18'21.9", 350 m nach dem großen Platz rechts) oder die Wiese beim Leuchtturm (Rozewie) am Ortsende.
Die nächsten Orte gehören bereits alle zur 10.000 Einwohner zählenden Stadt **Władysławowo**, die malerisch direkt vor der **Halbinsel Hel** liegt, die wir jetzt erkunden möchten.

Im 18. Jh. schloss sich eine Inselkette durch Strömungen zu einer sensenförmigen Landzunge, da Dünen zwischen den Inselchen entstanden. Heute erstreckt sich die **Halbinsel Hel** über 35 km Länge, an der schmalsten Stelle nur 200 m breit. Sie begrenzt die Pucker und die Danziger Bucht und bis in unsere Tage bedrohen Stürme den Landstrich. So überschwemmten bei einem gewaltigen Sturm 1992 Wellen die Eisenbahngleise und die mitten auf der Halbinsel liegende Verbindungsstraße. An der Außenküste bläst der Wind den Sand zu einer beeindruckenden Dünenlandschaft auf, die bei den Orten Jurata und Hel durchaus beachtlichen Höhen erreicht. Zahlreiche Kite-Surfer erfreuen sich an der frischen Brise. Die Flachwasser der Pucker Bucht wiederum bieten beste Voraussetzungen für Surf-Anfänger und zahlreiche Surfschulen säumen die Ufer. Alle bieten auch Möglichkeiten zum Campen.
Wir wollen es nicht unterschlagen, an Hochsommerwochenenden ist der schmale Landstrich hoffnungslos überfüllt. Immer wieder werden Überlegungen angestellt, die Halbinsel zum Schutz der Natur ganz für den Autoverkehr zu sperren. Uns gefielen die hübschen, gepflegten und nicht ganz so ramschig-trubeligen Örtchen durchaus. Die Campingplätze sind allerdings viel zu voll, „wildes Campen“ nur sehr eingeschränkt möglich.

Von der Mole in Jastarnia starten kleine Boote zu Fahrten in der Bucht.

Aber bevor wir die Halbinsel entern, wollen wir natürlich nicht unerwähnt lassen, dass man auch schon in WŁADYSŁAWOWO auf einem der Campingplätze stehen bleiben kann, die sich am Ortsanfang aneinanderreihen (Alexa, gleich nach dem Flugzeug-Restaurant oder Horyzont). Zudem bietet sich ein Strandparkplatz am Ortsende an [**142:** N 54°47'19.2" E 18°25'39.4"] CHAŁUPY ist der erste Ort auf der Halbinsel. An der Seite zur Bucht reiht sich ein Campingplatz an den anderen.

(143) WOMO-Campingplatz: Małe Morze Nr. 72, Chałupy

GPS: N 54°45'44.9" E 18°30'52.3", Droga Helska 1 **Tel:** 586741231
Öffnungszeit: Ganzjährig www.malemorze.pl
Ausstattung/Lage: Segel- und Surfzentrum, 250 m zum Strand/innerorts.
Zufahrt: Von Władysławowo auf der <216> Richtung Hel, 1,5 km hinter der Tankstelle am Ortsende von Władysławowo mitten in Chałupy.

(144) WOMO-Campingplatz: Kaper, Chałupy

GPS: N 54°46'27.2" E 18°27'54.1", Droga Helska 1 **Tel:** 586741486
Öffnungszeit: Anfang Mai bis Ende Sept. www.kaperkemping.pl
Ausstattung/Lage: Segel- und Surfzentrum, Verleih, 250 m zum Strand/innerorts.
Zufahrt: Von Władysławowo auf der <216> Richtung Hel, 2,5 km hinter der Tankstelle am Ortsende von Władysławowo am Ende von Chałupy.

Am Strand von Jastarnia warten Strandkörbe auf Sonnenanbeter.

Viele weitere enge und im Sommer sehr volle Zeltstädte liegen an der Straße, gegenüber immer **Parkplätze** links oder auch mal rechts [**145:** N 54°44'21.6" E 18°33'52.5"].

KUŹNICA ist das nächste Örtchen. Jahr für Jahr brechen von hier am 29. Juni kaschubische Folkloregruppen zur **Fischerwallfahrt** nach Puck auf. Sie bitten die Schutzheiligen Peter und Paul um stets volle Netze und eine glückliche Heimkehr. Liebhaber von Fischbrötchen kommen hier auf ihre Kosten. 3 km später, noch vor Jastarnia, liegt rechts ein Parkplatz.

(146) WOMO-Badeplatz: Jastarnia
GPS: N 54°42'49.1" E 18°38'17.2"
max. Womos: 2-3
Ausstattung/Lage: Schotterparkplatz, 50 m zum Strand in der Bucht, ruhig/außerorts.
Zufahrt: Richtung Hel, 4 km hinter Kuźnica rechts, 1,5 km vor Jastarnia.

JASTARNIA ist das **touristische Zentrum** der Halbinsel und wird von vielen als **schönster Ort** der Landzunge bezeichnet. Wir stellen unseren fahrbaren Untersatz auf einem Parkplatz nahe der Seebrücke ab.

(147) WOMO-Stellplatz: Jastarnia
GPS: N 54°41'52.7" E 18°40'16.2"
max. Womos: 2-3
Ausstattung/Lage: Keine Infrastruktur, gebührenpfl., gepfl. Parkplatz, Dixi-Klo/innerorts.
Zufahrt: In Jastarnia beim Kreisel geradeaus, nach 1,2 km nach rechts die ul. Stelmaszczyka 150 m Richtung Mole.

Ein Bummel durch Jastarnia: In Jastarnia kann man gleich in zwei sehenswerten **Museen** vieles über die Vergangenheit kaschubischer Fischer erfahren.
In der **„Chata Rybacka"** im westlichen Teil des Ortes sind in einer typischen **Fischerkate von 1881** die Fischereigeräte der letzten fünf Jahrhunderte zu sehen. Wenige Schritte vom quirligen **Fischer- und Jachthafen** entfernt zeigt das privat betriebene **Fischermuseum Muzeum Rybackie** eine rekonstruierte Fischerstube und Fischerbootswerkstätten. Wir schlendern durch die Gassen des Dörfchens, genießen den Blick von der schönen Seebrücke. Kleine Boote starten von hier zu Erkundungsfahren in der Danziger Bucht. Im nur 400 m entfernten Fischerhafen legen die größeren

Frisch gestrichen leuchten die Boote im Hafen von Jastarnia.

Ausflugsboote nach Gdynia ab, wir decken uns mit leckerem, frischen Fisch ein und wir könnten ganz gut auch für eine Nacht stehen bleiben.

(148) WOMO-Stellplatz: Jastarnia, Hafen

GPS: N 54°41'44.1" E 18°40'43.5"
max. Womos: 2-3
Ausstattung/Lage: Keine Infrastruktur, gepflasterter Parkstreifen längs der Straße/innerorts.
Zufahrt: In Jastarnia beim Kreisel geradeaus, nach 1,8 km direkt am Hafenbecken.

(149) WOMO-Campingplatz: Spot Molo Surf, Jastarnia

GPS: N 54°41'36.5" E 18°40'36.6", ul. Rybacka **Tel:** +48505151105
Öffnungszeit: Mai-September www.molosurf.com
Ausstattung/Lage: Surf-/Kite-Zentrum, Laden, saubere, einfache Sanitäranlagen, kleiner Strand, englischsprachig, Zentrum 1 km, Diskothek in der Nähe/innerorts.
Zufahrt: In Jastarnia beim Kreisel geradeaus die <216>, nach 1,8 km direkt hinter dem Hafenbecken am Kreisel rechts in die ul Rybacka, bis zum Ende links.

JURATA, 1928 von der Aktiengesellschaft Jurata für die Schönen und Reichen aus Politik und Gesellschaft als Seebad erbaut, ist noch heute Treffpunkt für Polens Neureiche.
Auf der 650 m langen **Flaniermeile Miedzymorze**, die die Ostsee mit der Pucker Bucht verbindet, schlendern wir gemütlich bis zur 320 m langen **Seebrücke**. Am Ortsausgang liegt der Kemping Caravaning Jurata (Wojska Polskiego 63) unter Kiefern im Ort links an der Straße. Direkt nach dem Ort sichten wir einen weiteren Campingplatz (Tel: +48 792 600 315) rechts.
Wir wollen aber jetzt endlich bis zur Spitze der Landzunge und kurven dazu hügelaufwärts durch den Wald. Die Straße führt entlang eines militärischen Sperrgebiets. Bis 1990 erhielten Touristen für den Transit einen Passierschein, auf dem Datum

Die Kirche von Hel ist heute ein Museum und von Fischerbooten umgeben.

und Uhrzeit der „Einreise“ vermerkt wurden. Ausländischen PKWs wurde 15 Minuten Durchreisezeit zugestanden, Anhalten war verboten.

Auch hier, wie an so vielen anderen Orten in Polen, ist die Halbinsel mit Bunkern, Gefechtstellungen und militärischen Anlagen aus der Zeit von 1918 - 1977 übersät. Besichtigt werden können diese auf dem Gelände des **Museums der Küstenverteidigung** (Muzeum Obrony Wybrzeza, 1 km vor Hel N 54°37'17.7" E 18°47'52.9", Öffnungszeiten: April 11-16 Uhr, Mai/Juni 10-18 Uhr, Juli/Aug. 10-19 Uhr, Sept./Okt. 10-16 Uhr).

Kurz darauf, nach der Querung der Bahngleise, sind die ersten Häuser von HEL (3.000 Einwohner) erreicht. Wir biegen 1 km weiter nach dem großen Supermarkt nach links in die *Admirala Steyera*, der wir 1,2 km folgen. Hier gibt es einige **größere Parkplätze** sowie den **WDH Camping**. Unser Ziel ist der ganz an der Spitze gelegene Hel-Camping.

(150) WOMO-Campingplatz: Hel Camp, Hel

GPS: N 54°35'56.6" E 18°48'23.2", ul. Kuracyjna 1 **Tel:** +48606388184
Öffnungszeit: Anfang Mai-Ende Sept. www.helkamp.com
Ausstattung/Lage: 1 km zum Strand, 900 m zum Zentrum, Gaststätte, Hunde erlaubt, Ver- und Entsorgung, sehr, sehr eng, Ausweideraum.
Zufahrt: In Hel auf der <216> zur Südspitze des Ortes (siehe Text), die letzten 200 m durch eine Budengasse, ausgeschildert.

Zahlreiche Restaurants locken in Hel zur Einkehr.

Spaziergang durch Hel: Vom Campingplatz aus bummeln wir die kleine Hauptstraße ul. Wiejska nach Norden. Alte Fischerkaten aus Backstein, viele Lokale, Cafés oder Fischbratereien sowie schmucke Holzhäuschen säumen die Straße. Wir wenden uns links zum Fischerhafen, in dem morgens fangfrische Waren vom Kutter verkauft werden.

Nach einem Bummel über die Hafenpromenade kommen wir zur **gotischen Kirche**, in der heute das **Fischereimuseum** als Zweigstelle des polnischen Schifffahrtsmuseums in Danzig untergebracht ist. War die wuchtige Backstein-Holz-Kirche bei ihrer ersten Erwähnung im Jahr 1417 noch 200 m von der Pucker Bucht entfernt, stürzte 250 Jahre später ihr vorderer Teil mitsamt dem Turm in die Fluten. Heute liegt sie rund 50 m vom weißen Strand zur Pucker Bucht entfernt, umringt von zahlreichen alten Holzbooten (Foto Seite 111).

Nur 200 m weiter haben wir das **Seehundbecken** des Ozeanographischen Instituts der Danziger Universität erreicht. Ziel dieses Fokariums ist es, junge Robben wieder in die Ostsee zu entlassen, denn die Tiere sind hier nahezu ausgestorben.

Vom Campingplatz nach Süden führen Fußwege durch den Wald bis zur Spitze der Landzunge. Auch hier befinden sich etliche **ehemalige Verteidigungsanlagen** aus dem Zweiten Weltkrieg, die auch nach Kriegsende durch russische, bzw. polnische Streitkräfte genutzt wurden und teilweise zu Museumszwecken wieder aufgebaut wurden.

Wir fahren zurück zum Festland. In WŁADYSŁAWOWO halten uns am großen Kreisel Richtung **Reda/Gdansk**. Auf der gut ausgebauten Schnellstraße <216> ist SWARZEWO zügig erreicht.

(151) WOMO-Stellplatz: Swarzewo, Museum Kocham Bałtyk

GPS: N 54°45'35.2" E 18°23'48.1"
max. Womos: 1-2
Ausstattung/Lage: gepflasterter Parkplatz an der <216>, Museum, nicht ruhig/innerorts.
Zufahrt: Die <216> von Właysławowo Richtung Puck in Swarzewo 500 m nach dem Ortsanfang rechts.
Sonstiges: Kleines Museum, vor allem auch für Kinder, Infos über die Ostsee und deren Tiere, Fotos vor Hintergründen, Lego spielen. (Mo-Fr 8-18 Uhr, Sa/So 10-18 Uhr).

Bernstein – das Gold der Ostsee:

Überall entlang der Ostsee findet man ihn, diesen geheimnisvollen, fast magischen "Stein", den Bernstein. Seltener liegt er nach einem kräftigen Sturm am Strand, häufig jedoch an kleinen Verkaufsständen in den Ferienorten und in zahlreichen Werkstätten und Läden entlang der Küste.

Schon immer war Bernstein eine einträgliche Einkommensquelle. Die Herzöge von Pommerellen besaßen das Monopol auf den Handel, später ging es auf die Ordensritter über. Die Küstenbewohner wurden verpflichtet Bernstein „zu sammeln, zu schöpfen, zu stechen und zu fischen", um ihn gegen Salz einzutauschen. Wer gegen das Monopol verstieß, wurde mit dem Tod bestraft. Ab 1830 begann man mit dem systematischen Abbau und so entstanden an der Westküste des Samlands erste Bergwerke. Noch heute wird dort durch ein russisches Kombinat, das die Werkstätten in Danzig beliefert, mit Hochdruckdampf Bernstein aus der Erde gepresst. Dort sind rund 1.000 KunsthandwerkerInnen beschäftigt.

Fossile Harze haben sich im Laufe verschiedener Epochen der Erdgeschichte ausgebildet. Die ältesten sind über 300 Millionen Jahre alt. Die meisten Bernsteine entstammen jedoch dem Tertiär, dem Zeitalter der Säugetierentwicklung vor etwa 55 Millionen Jahren. Dazu gehört unter anderem auch der Baltische Bernstein, den man an den Küsten der Ostsee findet. Als Harz von skandinavischen Nadelbäumen getropft, zu "Stein" verhärtet und durch Wind und Wasser in die Flüsse und schließlich ins Meer gespült. Große Mengen wurden durch eine besonders starke Strömung in die Bucht transportiert, die sich von der Samlandküste bis westlich von Danzig erstreckt. Die Sedimente verdichteten sich, es entstand Braunkohle mit darin eingeschlossenem Harz, das sich unter Druckausschluss entwässerte und so zu Bernstein wurde.

Bernstein leuchtet gelblich bis braun, poliert kann er honigfarben schimmern. Manchmal hat er während seiner Entstehung viele mikroskopisch kleine Luftbläschen eingeschlossen, die ihn in einem milchigen Gelbton erscheinen lassen. Durch Lagerung in einem eisenhaltigen Sediment nimmt Bernstein eine rote Farbe an, während fein verteilter Pyrit dem Stein eine grünliche Farbgebung verleiht. In größeren Brocken sind häufig Insekten oder Blattteile eingeschlossen, die Hinweise auf Spuren aus dem Tertiär geben. Ab 375°C beginnt Bernstein zu schmelzen, er löst sich in Äther und Alkohol auf. Zu Pulver verrieben und mit Spiritus vermischt, ergab er früher eine Heiltinktur, die Kopfweh, Schnupfen sowie die Gefahren des Schlaganfalls bannen sollte. Bernstein am Hals schützt angeblich vor Atemnot, am Handgelenk vor Rheuma. Zu erwerben ist er als einfache Kette, in Silber eingefasst als Ohrring, Ring, Brosche oder als Briefbeschwerer, Lampe... der Phantasie sind kaum Grenzen gesetzt. Zudem findet Jahr für Jahr im August in Jantar, östlich von Danzig, die **Weltmeisterschaft im Bernsteinsuchen** statt. Da müsste sich doch ein Mitbringsel finden lassen!

St. Peter und Paul am Hafen von Puck

Den **Picknickplatz an der Bucht** direkt an der <216> kann man von Norden aus nur durch ein Wendemanöver anfahren (N 54°43'49.6" E 18°23'37.9").
In PUCK (12.000 Einwohner) können wir unseren fahrbaren Untersatz auf einem großen, ausgeschilderten Parkplatz abstellen (N 54°43'05.3" E 18°25'07.5") oder gleich auf den einfachen Campingplatz fahren, der einem Sportzentrum angeschlossen ist.

(152) WOMO-Stellplatz: Puck

GPS: N 54°43'05.3" E 18°25'07.5" **max. Womos:** 3-4
Ausstattung/Lage: Keine Infrastruktur, ausgeschilderter Parkplatz unter Bäumen/innerorts.
Zufahrt: In Puck von der <216> Richtung Zentrum, scharfe Rechtskurve in die generałna Josefa Hallera, am Kreisel die 2. Abfahrt (Zentrum, ul. Wejherowska), beim nächsten Kreisel geradeaus in die Nowy Świat, nach 500 m links.

(153) WOMO-Campingplatz: Moksir, Puck

GPS: N 54°43'12.5" E 18°25'13.8", aleja Lipowa 3c **Tel:** +486732046
Öffnungszeit: Ganzjährig www.moksir.puck.pl
Ausstattung/Lage: Wiesenplatz hinter der großen Sporthalle, Anmeld. über Rezeption, 100 m Strand, Tor/Zaun, einfache Sanitärcontainer/innerorts.
Zufahrt: In Puck Richtung Zentrum, scharfe Rechtskurve in die Generała Józefa Hallera, am Kreisel die 2. Abfahrt Richtung Zentrum (Wejherowska), beim nächsten Kreisel geradeaus, nach 350 m links, nach 250 m rechts.

Besichtigung von Puck: Vom Campingplatz aus starten wir unsere Runde entlang des Strandes zum Hafen, nicht ohne uns mit einem leckeren, frischen *Zapiekanka* (überbackenes Baguettebrötchen) und selbstgemachter Limonade im Bistro Mistral gestärkt zu haben. Puck war der einzige Kriegshafen des polnischen Königreichs zur Zeit des Königs Zygmunt II. August (1548-1572) und die erste polnische Galeone wurde hier gebaut. Auch nach dem Ersten Weltkrieg hatte der Pucker Hafen in der Republik Polen eine wichtige Bedeutung als einziger funktionstüchtiger Hafen. Am 10. Februar 1920 erfolgte hier die „symbolische Vermählung Polens mit der Ostsee" durch General Haller, an die ein Denkmal am Hafen erinnert. Heute spielt der 1988 erbaute **Segel- und Jachthafen** im Sommer eine wichtige Rolle beim Austragen von Segelregatten. Im ganzen Städtchen verteilt hängen **große Infotafeln**, die mit Texten (auch auf Deutsch) und

Wenn ich 'nen See seh, brauch ich kein Meer mehr... Glück am Jezioro Borowo

Bildern zum Beispiel über die Bräuche kaschubischer Fischer, die Gebäude der Fischverarbeitungsbetriebe oder die **Pucker Festung** aufklären. Wir besichtigen die 3-schiffige **Backsteinkirche St. Peter und Paul** (Kościol św. Piotra i Pawla), die sich wuchtig über dem Hafen erhebt. Das **Regionalmuseum** befindet sich in einem Fachwerkhaus in der ul.Wałowa 11 und in einem Haus am Marktplatz (Muzeum Ziemi Puckiej, pl Wolnosci 28, Mo geschl., Di-Fr 9-17 Uhr, Sa./So. 10-14 Uhr, 5 Zł/4 Zł).

Bevor wir **Gdańsk** besuchen, wollen wir einen Abstecher in die **kaschubische Schweiz** (Szwajcaria Kaszubska) machen. **Malerische Seen** und eine **eiszeitlich geprägte Hügellandschaft** locken uns von **Puck** über **Reda** auf die E28/<6> Richtung Szczecin ins 7 km entfernte WEJHEROWO (47.000 Einwohner).

Kalwaria Wejherowska (Kalvarienberg), **das kaschubische Jerusalem:** 26 Kapellen versetzen alljährlich Tausende Pilger, vor allem an Ostern, ins biblische Jerusalem. Der Großteil der kleinen Bauwerke entstand bereits zwischen 1649 und 1651, die restlichen folgten in den darauffolgenden 14 Jahren. Die Kreuzweg-Kapellen verteilen sich auf 4,6 km in einem schönen, hügeligen Parkgelände, das südlich des **Kaschubisch-Pommerschen Museums für Schrifttum und Musik** liegt. Zu besuchen sind sie täglich von 7.30 bis 19 Uhr. Parkplatz beim Museum N 54°35'58.0" E 18°14'17.5" oder an der <218> hinter der fünftürmigen Kirche und dem Feuerwehrhaus [**154:** N 54°36'05.7" E 18°14'00.2", ul. 3 Maja].

Weiter gehts Richtung **Kartuzy**. Nach 1,4 km auf der <218> biegen wir nach links in Richtung Chwaszczyno ab. Nach 4,5 km Gekurve durch den Wald sind wir in NOWY DWÓR WEJHEROWSKI.

(155) WOMO-Badeplatz: Jezioro Borowo
GPS: N 54°32'33.3" E 18°16'00.4"
max. Womos: 1-2
Ausstattung/Lage: Schotterparkplatz, 200 m zum See, ruhig, teilweise schräg, Grillstelle, Tisch & Bank/außerorts.
Zufahrt: siehe Text bis Nowy Dwór Wejherowski, 1. Schotterweg im Ort rechts, nach 230 m wieder rechts, 1,2 km auf Schotter geradeaus zum See.

Bereits im nächsten Ort BIESZKOWICE gibt es erneut die Möglichkeit zum Baden. Alleine sind wir hier allerdings nicht.

(156) WOMO-Badeplatz: Biszkowice
GPS: N 54°30'36.6" E 18°17'28.4"
max. Womos: > 5
Ausstattung/Lage: Große Parkplätze, 200 m zum großen Strand, Restaurant, Musik/außerorts.
Zufahrt: Von Wejherowo die <218> über Nowy Dwor bis Biszkowice, am Ortsende rechts, ausgeschildert mit "Zawiat", 400 m bergab zum Parkplatz.

Über **Koleczkowo**, **Bojano**, **Karczemki** treffen wir in CHWASZCZYNO auf die <20>, die wir nach rechts Richtung **Żukowo** nehmen. Die nächsten 13 km sausen wir auf der gut ausgebauten Schnellstraße bis ŻUKOWO (6.000 Einwohner). Wir möchten uns das **Kloster** ansehen und nehmen dafür beim Kreisel die erste Straße, beim kurz darauf folgenden weiteren Kreisel die zweite Abzweigung.

Herzog Mestwin I. holte im Jahr 1209 Nonnen des Prämonstratenserordens hierher und ließ für sie Kloster und Kirche bauen. Die **Klosterkirche** besitzt anscheinend einige wertvolle Altargemälde, Skulpturen oder bestickte Tücher aus dem 15. und 16. Jh. sowie einen prächtigen Hochaltar aus dem 16.Jh. Die Nonnen waren für ihre feinen Stickereien berühmt. In Polen finden allerdings am Samstag im Sommer an solchen Orten eigentlich durchgängig Hochzeiten statt, bei unserem Besuch hat es mit einer ausführlichen Besichtigung nicht geklappt.

(157) WOMO-Stellplatz: Żukowo
GPS: N 54°20'27.5" E 18°21'38.5"
max. Womos: 3-4
Ausstattung/Lage: Keine Infrastruktur, Parkplatz am Kloster/innerorts.
Zufahrt: In Żukowo am 1. Kreisel die 1. Abzweigung, am zweiten Kreisel die 2. Abzweigung, nach 150 m links abwärts.

Zurück am Kreisel nehmen wir die <211> Richtung KARTUZY (6.000 Einwohner), das Hauptstadt Kaschubiens genannt wird.

Kartuzy: Im 14.Jh. bauten Kartäusermönche hier das **Kloster Marienparadies**. Die düstere **Klosterkirche** ist, bis auf ein später eingezogenes Sternengewölbe und das einem Sarg nachempfundene Dach, unverändert erhalten. Ein **Hochaltar** aus dem 17. Jh. sowie das **Gestühl** und die **Chorbalustrade** lohnen einen Blick. Eine weitere Sehenswürdigkeit ist das **Kaschubische Museum**, in dem Alltagsgegenstände aus dem Leben der Kaschuben, Spielzeug und die gesamte Palette kaschubischer Musikinstrumente ausgestellt sind. (ul. Kościerska 1, etwas zurückgesetzt an der T-Kreuzung der ul. Gdańska mit der <211> Richtung Żukowo, Di-Fr 8-16 Uhr, Sa-15 Uhr, Mai bis September, zudem So 10-14 Uhr, www.muzeum-kaszubskie.gda.pl).

(158) WOMO-Stellplatz: Kartuzy

GPS: N 54°20'04.9" E 18°11'42.5"
max. Womos: 3-4
Ausstattung/Lage: Asphaltierter Parkplatz direkt am Park, Dixi-Klos/außerorts.
Zufahrt: In Kartuzy immer auf der <211> bleiben, ca. 700 m nach dem dem Kreisel rechts.
Alternative: Großer Parkplatz gegenüber.

Auf der <211> Richtung Słupsk erreichen wir über **Lapałice** wenig später GARCZ. Ein Badeplatz liegt gleich am Ortseingang rechts an der Straße (N 54°20'46.4" E 18°06'43.4"). 400 m weiter schwenken wir links zum Töpferdorf CHMIELNO (1.500 Einwohner). Wir bleiben über Nacht auf dem großen Parkplatz am Rande des Ortszentrums. Aber auch der **Campingplatz** ist empfehlenswert, wenn auch etwas steil, dafür aber mit tollem Blick über die Seenlandschaft.

(159) WOMO-Stellplatz: Chmielno
GPS: N 54°19'40.1" E 18°06'20.4"
max. Womos: 3-4
Ausstattung/Lage: Parkplatz an der Straße und am See, Mülleimer, ruhig/Ortsrand.
Zufahrt: Von Kartuzy die <211> bis Garcz, dann links nach Chmielno. Dort immer am See entlang, noch vor der Kirche links halten, nach 300 m rechts.

(160) WOMO-Campingplatz: Tamowa, Chmielno
GPS: N 54°19'13.6" E 18°07'03.9", Zawory 47a **Tel:** +48606765355
Öffnungszeit: Ganzjährig www.tamowa.pl
Ausstattung/Lage: Terrassierter Platz am Westufer des Jezioro Kłodno, steiles Gelände, Bungalows, Boots- und Fahrradverleih, Restaurant, 2 km ins Zentrum, enge Zufahrt, deutschsprachig/außerorts.
Zufahrt: Von Platz (159) in Chmielno weitere 2 km, die letzten 350 m auf Schotterweg.

Chmielno: Drei Seen umgeben das schön gelegene Örtchen. Lecker kaschubisch gegessen haben wir im Fachwerk-Restaurant mitten im Zentrum (Chëcz u kaszëbë, ul. Gryfa pomorskiego 28b). Nachdem wir uns die Kirche von 1845 angesehen haben, besuchen wir das kleine **Keramikmuseum der Familie Necel**. Hier wird die Arbeit an der Töpferscheibe und das Bemalen der Keramik mit den typisch blauen Tulpen/Lilienmotiven vorgeführt. Alte kaschubische Keramik und Krüge sind in einem anderen Raum ausgestellt. (ul. Gryfa Pomorskiego 65, Mo-Sa 9-17 Uhr, Nachsaison 9-15 Uhr, www. necel.pl, Foto Seite 116).

Nach Süden verlassen wir das Örtchen. In Zawory stoßen wir auf den nächsten See und 3 km später, in **Ręboszewo,** auf die <228>. Wir halten uns Richtung Bytów und durchfahren eine hügelige Wald- und Wiesenlandschaft.

Nach gut 2,5 km auf der "Kaschubischen Straße" ist der **Aussichtspunkt Złota Góra** mit Restaurant, kleiner **Marina**, **Amphitheater** und **Denkmal** für die 1939 gegen die Nazis gegründete Widerstandsgruppe Gryf Pomorski erreicht. Der Blick über den **Jezioro Brodno** ist herrlich, für einen Stopp steht man oben an der Straße [**161:** N 54°16'29.2" E 18°05'40.6" oder unten neben dem Amphitheater N 54°16'25.2" E 18°05'50.4"].

Direkt nach dem Aussichtsturm geht es links bergab Richtung **Ostrzyce**. Über Brodnica Dolna erreichen wir OSTRZYCE. Mitten im Ort wird gebadet. Kleine Mobile können direkt ober-

Straßenschild im kaschubischen Landschaftspark

halb des Strandes am zentralen, aber kleinen Parkplatz stehen bleiben [**162:** N 54°15'22.6" E 18°06'45.7"]. Bei unserem Besuch schüttete es wie aus Kübeln, an Baden war nicht zu denken. Wir rollen 500 m weiter bis zum südlichen Ortsende und ahnen, dass es hier bei Sonnenschein richtig schön sein könnte:

(163) WOMO-Badeplatz: Ostrzyce
GPS: N 54°15'08.9" E 18°07'00.4"
max. Womos: 2-3
Ausstattung/Lage: Wiese am See, Tisch & Bank, sandig/außerorts.
Zufahrt: Von Kartuzy die <228> Richtung Bytow, nach dem Aussichspunkt (161) links, 3 km bis Ostrzyce. Am Ortsende rechts auf die Wiese am See.

300 m weiter liegt direkt am See der **Campingplatz Stolëmek** (N 54°14'57.8" E 18°07'03.6", Tel: 586841877, Mai-Sept., leider recht eng, bei unserem Besuch voll, große Bar). Direkt gegenüber des Campings liegt ein Parkplatz bei einem Minigolfgelände. 2 km später sind wir in **Kolano**, unterqueren die Eisenbahngleise, bleiben links und kurven gute 3 km durch den Wald bergauf bis zu einem großen, unbeschrifteten Waldparkplatz.

(164) WOMO-Stellplatz: Waldparkplatz Wieżyca
GPS: N 54°13'22.8" E 18°07'48.2"
max. Womos: >5
Ausstattung/Lage: Schotterparkplatz und Wiese, Tisch & Bank, Mülleimer/außerorts.
Zufahrt: Von der <228> über Ostrzyce Richtung <20>. 3 km hinter Kolano links im Wald.
Sonstiges: Wanderung zum Aussichtsturm auf dem höchsten kaschubischen Berg, den **Wieżyca Góra** (328,60 m). Die Straße queren rund 500 m bergauf. Der 35 m hohe Holzturm ist täglich von 9 Uhr bis zum Sonnenuntergang geöffnet. Die Aussicht entlohnt für den mühsamen Aufstieg auf 190 Stufen.

Der Neptunbrunnen vor dem Goldenen Haus

Nach der vielen Natur steht uns jetzt der Sinn nach Kultur, da kommt uns Gdańsk genau richtig. Wir nehmen die <20> nach links nach Nordosten. Nach 21 km ist **Żukowo** erreicht. Von dort unternehmen wir noch einen kurzen Abstecher in ein privates **VW-Museum** mit kleiner, angeschlossenen Camping/Stellplatzwiese, bevor wir uns ins Stadtgetümmel stürzen.

(165) WOMO-Stellplatz: Pępowo

GPS: N 54°21'38.4" E 18°23'20.6"
ul. Armii Krajowej 50, **Tel:** +48586818205
Ausstattung/Lage: Wiese/innerorts.
Zufahrt: In Żukowo auf der <20> bleiben, über die Bahngleise, 400 m später nach rechts Richtung Pępowo, 2 km, rechts.
Sonstiges: Interessante Ausstellung von über 30 alten VW-Modellen vom Käfer über den Bulli, Reparaturdienst.

Wir kehren zurück nach **Żukowo**, nehmen die <7> Richtung **Gdańsk**. 21 km auf der Schnellstraße sind zügig zurückgelegt. Unser Lieblingsstellplatz in GDAŃSK (500.000 Einwohner) ist, der Zentrumsnähe wegen, eindeutig der folgende Platz. Den Campingplatz der Stadt beschreiben wir später auf Seite 125.

(166) WOMO-Stellplatz: Gdańsk

GPS: N 54°20'44.0" E 18°39'48.2"
max. Womos: > 5
Ausstattung/Lage: Keine Infrastruktur, bewachter Parkplatz, 400 m zum Zentrum, ruhig, teils schattig, 2 Zł/Stunde/innerorts.
Zufahrt: Immer Richtung Zentrum auf der <501>, 900 m nach der zweiten Flussüberquerung unter der Hochstraße nach links abbiegen (altes Backsteingebäude). Nach 450 m nach links, nach 230 m links (Parkplatz Musikakademie).

Blick von der grünen Brücke auf Gdańsks Wahrzeichen, das Krantor

Stadtrundgang durch die Hansestadt Gdańsk:

In der Rechtsstadt, der „richtigen" Stadt, lebten einst die wohlhabenden Bürger. Mehr als 700 Bauwerke wurden hier detailgetreu wiederaufgebaut, da nach 1945 die Stadt komplett in Trümmern lag.

Über die **Grüne Brücke/Stagiewna** erreichen wir das **Grüne Tor**, an dem wir vergeblich etwas Grünes suchen. Einst offizielle Residenz der polnischen Könige ist die mächtige Backsteinbastion heute eine Galerie. Von der Brücke aus hat man den besten Blick über die Kaianlagen, die die Rechtsstadt mit der Speicherinsel verbinden. Im Hintergrund sehen wir das Wahrzeichen Gdańsks, das **Krantor** aus dem Jahre 1444, das zum Zeitpunkt seiner Entstehung der größte Hafenkran der Welt war. Heute beherbergt es auf fünf Stockwerken das **Zentrum für Maritime Kultur,** in dem multimediale Shows über Boote und Schiffe aus unterschiedlichsten Epochen, Fischfang oder Häfen gezeigt werden (ul. Szeroka 67/68, Di-So 10-16 Uhr, Juli/August bis 18 Uhr, 8 Zł/5Zł).

Wir durchschreiten das **Grüne Tor** und stehen auf dem **Langen Markt**, dem Długi Targ. Prunkvolle Häuser mit weiten, über Freitreppen erreichbaren Terrassen säumen den Platz. In seiner Mitte steht der prächtige **Neptunbrunnen** (Foto Seite 120). Das Haus Nr. 41, das **Goldene Haus**, ist eines der schönsten und im **Artushof** aus dem Jahre 1617, kann im Inneren ein beeindruckender Versammlungssaal besichtigt werden (Nr. 44, Di 10-15, Mi-Sa. 10-16, So 11-16, Juli/August auch länger).

Am Ende des Marktes erreichen wir das **Rechtsstädtische Rathaus** mit hohem Turm, von dem man einen weiten Blick über die Altstadt hat (ul. Długa 45, Di 10-15, Mi-Sa 10-16. So 11-16 Uhr, im Juli/August länger).

Jetzt beginnt die Langgasse, Długa, in der einst kirchliche Würdenträger, reiche Kaufleute oder Ratsherren wohnten.

Die farbenfohen Fassaden der schmucken Barock- und Renaissancehäuser leuchten um die Wette. Hier wird gebummelt, Straßenmusikanten spielen auf, Verkaufsbuden säumen den Weg, beschaulich geht es in den Sommermonaten wirklich nicht zu. Ein bisschen fühlen wir uns dadurch wie auf einem Weihnachtsmarkt mitten im Sommer!

Bevor wir das **Goldene Tor** aus dem 17. Jh. erreichen, schwenken wir nach rechts in die ul. Tkacka, um bereits die nächste Kreuzung erneut nach rechts zu nehmen. Die ul. Piwna führt uns direkt zu Polens größter Backsteinkirche der gotischen **Marienkirche,** in der bis zu 25.000 Menschen Platz finden. Sie soll sogar weltweit die dritt- oder viertgrößte Backsteinkirche sein mit ihren 105,5 m Länge sowie der Breite von 41 m (mit Querschiff 66 m). Im Inneren findet man ein tolles Sternengewölbe und viele Kunstschätze. Über die malerische Gasse ul. Mariacka, vorbei an zahlreichen Cafés, Künstlerateliers sowie Bernsteinläden, kommen wir zum **Frauentor** (Brama Mariacka) und damit zurück zu den Kaianlagen.

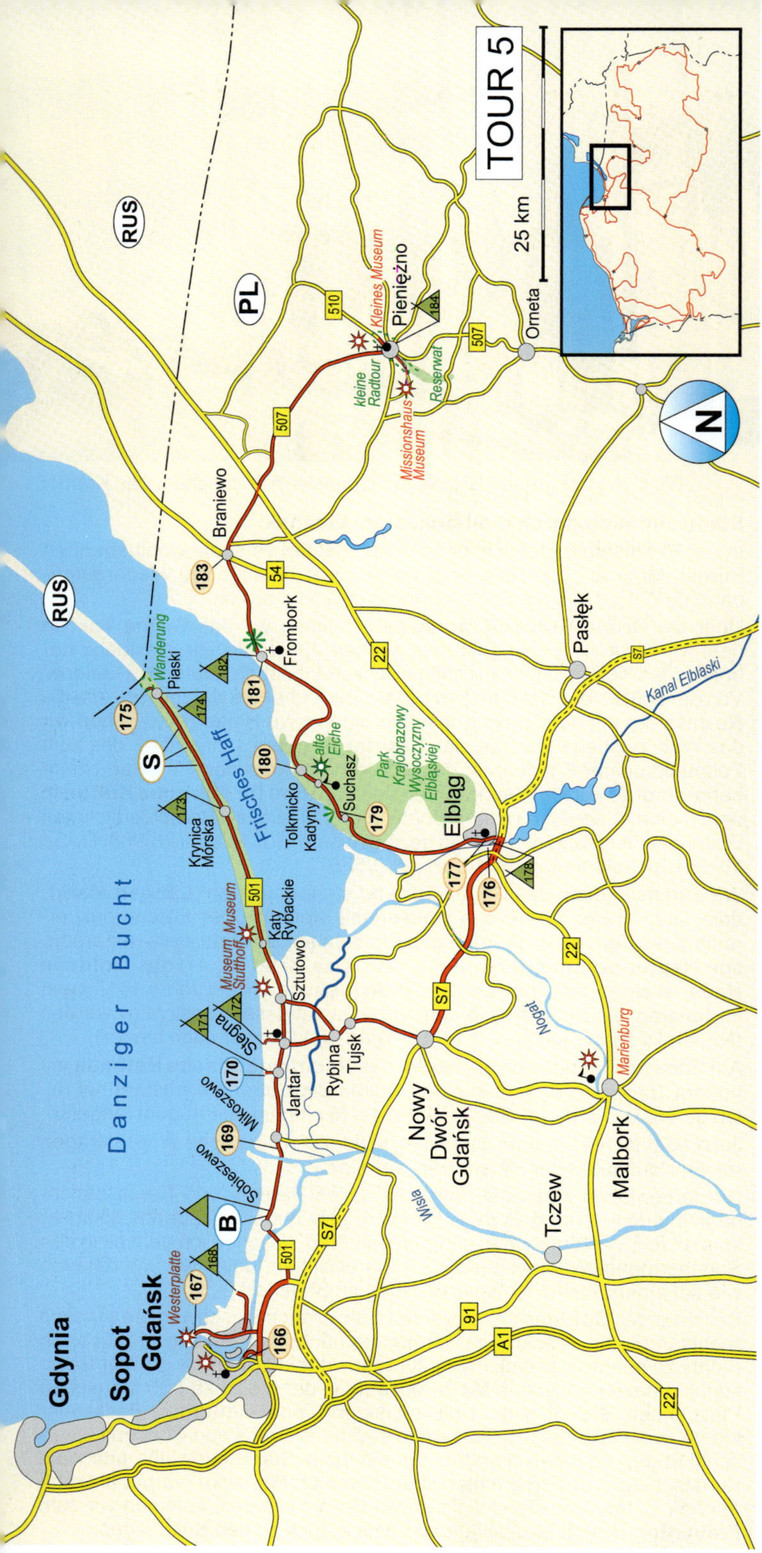
TOUR 5
25 km
RUS
PL
Danziger Bucht
Frisches Haff
Gdynia
Sopot
Gdańsk
Westerplatte
Sobieszewo
Mikoszewo
Jantar
Stegna
Sztutowo
Museum Stutthoff
Kąty Rybackie
Museum
Krynica Morska
Piaski
Wanderung
Tolkmicko
Kadyny
Suchasz
alte Eiche
Park Krajobrazowy Wysoczyzny Elbląskiej
Elbląg
Frombork
Braniewo
Pieniężno
Kleines Museum
kleine Radtour
Missionshaus Museum
Reserwat
Orneta
Pasłęk
Kanal Elblaski
Rybina
Tujsk
Nowy Dwór Gdański
Nogat
Marienburg
Malbork
Tczew
Wisla
S
B
N
166
167
168
169
170
171
172
173
174
175
176
177
178
179
180
181
182
183
184
501
507
510
54
22
S7
91
A1

Tour 5: Von Gdańsk rund ums Frische Haff bis nach Pieniężno (ca. 260 km)

Gdańsk – Westerplatte – Frische Nehrung – Ełblag – Tolkmicko – Frombork – Braniewo – Pieniężno

Stellplätze: Westerplatte, Mikoszewo, Piaski, Ełbląg, Suchacz, Tolkmicko, Frombork, Braniewo.

Campingplätze: Gdańsk/Stogi, Jantar, Stegna, Krynika Morska, Piaski, Elbląg, Kadyny, Frombork, Pieniężno.

Baden: Sobieszewo, Jantar, Stegna, Krynika Morska, Piaski.

Besichtigen: Danziger Werftgelände, Westerplatte, Konzentrationslager Sztutowo, Museum des Frischen Haffs in Kąty Rybackie, Altstadt von Elbląg, Kadyny mit Eiche und Schloss, Kathedralkomplex Fromberg, Museum, Missionshaus und *Reserwat* in Pieniężno.

Aktivitäten: Schiffstour zur Westerplatte, Wanderung zur russischen Grenze, mit dem Rad in und um Pieniężno.

Gdańsk bietet noch einiges mehr als einen Bummel durch die beeindruckende Rechtsstadt. So schließt sich nur wenige Meter nördlich der Altstadt das Gelände der **Danziger Werft** (ehemals Lenin-Werft) an. Seit 1956 traten hier die Werftarbeiter mehrmals in Streik und schrieben Geschichte, indem sie den Grundstein für die Demokratisierung des Ostens legten:

Im Dezember 1970 streikten die Werftarbeiter Gdańsks. Sie protestierten gegen den niedrigen Lebensstandard und die steigenden Lebenshaltungskosten, denn die wirtschaftliche Notlage führte zu einer Lebensmittelverknappung und damit erhöhten Preisen. Bei blutigen Zusammenstößen von Streikenden, der Armee und der Polizei kamen über 40 Menschen zu Tode, über 1.000 wurden verletzt. Bereits 1976 kam es erneut zu Arbeiteraufständen und Untergrundbewegungen schlossen sich zum Komitee für gesellschaftliche Selbstverteidigung zusammen.
Im August 1980 streikten die Arbeiter auf der Danziger Lenin-Werft, aber um die Tragödie von 1970 nicht zu wiederholen, verschanzten sich die Streikenden in der Werft. Sie sangen Lieder, lasen Messen, bald schon strömten Menschen aus dem ganzen Land vor die Tore der Werft. An die Spitze der Streikbewegung stellte sich der Bauernsohn **Lech Wałęsa**, dem es als begnadetem Redner gelang, die Empörung der Menschen in zielgerichtete Bahnen zu lenken. Bereits im Oktober wurde die **Gewerkschaft Solidarność** gegründet, die wenige Wochen später über 10 Millionen Mitglieder zählte und deren Führer Wałęsa wurde. Im Dezember 1980 wurde auf dem Werft-Gelände ein 40 m hohes **Denkmal zum Gedenken an die Aufstände** von 1956, 1970 und 1976 enthüllt. Fast genau ein Jahr nach der Enthüllung des Denkmals verhängte General Jaruzelski das Kriegsrecht und die Solidarność wurde verboten. Es kam zu tausenden Verhaftungen. Erst 1989 gewann die Gewerkschaft bei den Parlamentswahlen Sitze im Parlament, und Lech Wałęsa wurde **erster frei gewählter Präsident** im Land.

Riesige Containerschiffe liegen in der Danziger Werft.

Die **Westerplatte**, die Halbinsel an der Mündung der „Toten Weichsel", ist unser nächstes Ziel. Wir machen einen Ausflug mit einem der **Wikingerboote** von den Kaianlagen der Rechtsstadt aus (Die Schifffahrt zur Westerplatte dauert 30 Minuten, dort haben Sie 2 Std. Zeit für einen Rundgang, ca. 12 €/Person).

Mit dem Schiff zur Westerplatte: Da die Sitzplätze an Deck heiß begehrt sind, sollte man rechtzeitig an Bord gehen. Von oben ist der Blick auf das wuchtige **Krantor** und die Schiffe vor dem **Zentralen Meeresmuseum**, die wir gleich nach dem Ablegen passieren, am besten. Wir gleiten an der **Speicher-** und der **Bleihofinsel** sowie dem **ehemaligen Fischmarkt** vorbei, dann wird der Blick frei auf die Kräne der **Danziger Werft**.
An der Halbinsel Polski Hak mündet die Mottlau in die „Tote Weichsel" (durch Schleusen stillgelegt). Über Kilometer zieht sich zur Linken das **Hafengelände**, während wir zur Rechten die 500 Jahre alte **Festung Weichselmünde** bestaunen. Wenig später erreichen wir den Kai der Westerplatte.

Historischer Lehrpfad Westerplatte: Vom Kai halten wir uns landeinwärts, eine **Open-Air-Ausstellung** zeigt das Leben im deutschem Kurort Westerplatte vor 1918. Mit der militärischen Niederlage Deutschlands im Ersten Weltkrieg endete das Strandvergnügen. Danzig, damals zu 90% von Deutschen bewohnt, war danach zwar „Freie Stadt", jedoch vollkommen vom polnischen Staat umschlossen. Es entstand ein polnisches Militärdepot auf der Westerplatte. Alle diplomatischen Versuche „Danzig wieder ins Reich heim zu holen" scheiterten, und so ließ Hiltler am 1.September 1939 früh um 5.45 Uhr durch den Panzerkreuzer Schleswig Holstein das Munitionsdepot unter Beschuss nehmen. Wider Erwarten leisteten die 182 stationierten Soldaten den 4.000 Deutschen erbitterten Widerstand, aber nach sieben Tagen war Danzig gefallen. Vom ehemaligen Militärgelände ist nur ein Bunker und ein Wachturm sowie ein weiteres Kasernengebäude als Ruine (Foto rechts) zu bestaunen. 1966 wurde das aus 224 Granitplatten bestehende **Denkmal der Verteidiger der Westerplatte** enthüllt und noch heute reisen patriotisch gesonnene Polen hierher, um sich am Fuße des Hügels ablichten zu lassen.

Wer die Westerplatte anfährt, verlässt die Stadt von Stellplatz (166) vorbei an der alten Backsteinruine auf der <7> Richtung **Warszawa** und fährt nach 1,3 km über die rote Hängeseilbrücke.

Das Mahnmal an der Spitze der Westerplatte ist von weitem sichtbar.

(167) WOMO-Stellplatz: Westerplatte
GPS: N 54°24'23.2" E 18°40'42.1", Majorik Henryka Sucharskiego, **max. Womos:** > 5
Ausstattung/Lage: Großer, gebührenpflichtiger Parkplatz, Infotafeln/außerorts.
Zufahrt: Siehe Text.
Sonstiges: Weitere kostenfreie Parkplätze direkt an der Schiffsanlegestelle oder bereits 500 m vorher am Strand.

CampingplatzfreundInnen fahren von der Westerplatte kommend vor der Hängeseilbrücke nach STOGI auf den schönen:

(168) WOMO-Campingplatz: Nr. 218, Stogi, Gdańsk
GPS: N 54°22'10.0" E 18°43'46.2", ul. Wydmy 9 **Tel:** +48583073915
Öffnungszeit: 25. April - 5. Oktober www.camping-gdansk.pl
Ausstattung/Lage: Schattiger Platz im Kiefernwald, Strand, Haustiere erlaubt, Straßenbahn nach Gdańsk (20 Min.), Gaststätte/innerorts.
Zufahrt: Von der Westerplatte kommend vor der Hängebrücke links für 3 km die Wosia Budzysza und die ul. Nowotna ausgeschildert bis zur Küste.

Auf der Westerplatte sind die Ruinen ehemaliger Kasernengebäude zu sehen.

Per Hand wird die Pontonbrücke vor Sobieszewo gedreht.

Jetzt peilen wir die **Frische Nehrung** an. Wir halten uns Richtung **Sobieszewo**. 1,5 km nachdem wir rechts eine Tankstelle und links das Raffineriegelände passiert haben, nehmen wir die <501> nach links. Die neue Kirche von SOBIESZEWO liegt schon deutlich vor uns, da erblicken wir auch die Pontonbrücke. Gerade als wir auffahren möchten, senkt sich die Schranke und wir staunen nicht schlecht: In aufwändiger Handarbeit heben zwei Männer rund 20 Luken an und drehen damit das Mittelteil der Brücke in den Fluss, um einigen Segelbooten Durchlass zu gewähren.
Dann wird die Brücke umständlich wieder zurückgedreht und mit lautem Geschepper passieren wir die Holzplanken. Gut 600 m nach der Querung der *Martwa Wisła* weist uns ein Schild nach links in 900 m zum **Strand** (Plaża: Parkplätze im Kiefernwald, 400 m zum Strand, recht belebt).
Durch dichten Wald ist 2,5 km später der **Camping 69** nach links ausgeschildert. Knapp 5 km später ist Świbno und damit die **Fähre** (30 Zł) über die Wisła erreicht.
Am anderen Ufer entdecken wir einen Platz mit Weitblick.

(169) WOMO-Stellplatz: Mikoszewo
GPS: N 54°20'03.1" E 18°56'45.9"
max. Womos: 2-3
Ausstattung/Lage: Keine Infrastruktur, Wiesenplatz mit Weitblick, Restaurant, holprige Einfahrt/außerorts.
Zufahrt: Nach der Fährüberfahrt der <501> von Swibno nach Mikosewo knapp 300 m bergauf, links an der Straße. Weiterfahrt auf sandigen Wegen möglich.

Entlang der Schienen der Schmalspurbahn ist JANTAR schnell erreicht, wo wir einige typische **Holzhäuser** sehen. Der Cam-

Die kleine Fähre nach Mikoszewo wartete auf uns.

pingplatz Nr. 178 ist auffällig ausgeschildert. Zudem lockt der öffentliche Strand zahlreiche BadefreundInnen an.

(170) WOMO-Badeplatz: Jantar

GPS: N 54°20'11.5" E 19°02'00.0" **max. Womos:** 3-4
Ausstattung/Lage: Großparkplatz 700 m vom Strand, gebührenpflichtig, Mülleimer, laut Leserzuschrift 2016 keine Übernachtung möglich/innerorts.
Zufahrt: Von der <501> in Jantar links der Ausschilderung Plaża folgen, nach 100 m rechts.

Danke für den Lesertipp: **(171) Campingplatz Kalina**, N 54°20'29.6" E 19°02'07.0", eben, unter Bäumen, Ver- und Entsorgung, Strand 300 m, an der Straße zum Strand nach 600 m links.

In STEGNA bewundern wir die schöne, alte **Fachwerkkirche**, die kurz vor dem zweiten Kreisel steht (Parkplatz direkt dahinter). Sie ist aus dem Jahre 1683 und im Sommer finden hier abends sehr hörenswerte Orgelkonzerte statt. Neben alten **Fachwerkhäusern** hat der Ort reichlich Souvenirshops, zwei **Campingplätze** und natürlich einen prächtigen **Badestrand** zu bieten.

(172) WOMO-Campingplatz: Nr.180, Stegna

GPS: N 54°20'45.4" E 19°06'48.7", ul. Morska 15 **Tel:** +48552478294
Öffnungszeit: 25. April-5. Oktober www.mierzeja.pl
Ausstattung/Lage: Schattiger Platz im Kiefernwald in Toplage direkt hinter dem Strand, Haustiere erlaubt, Laden/Gaststätte 100 m, nicht ganz günstig.
Zufahrt: In Stegna am zweiten Kreisel hinter der Fachwerkkirche nach links, ca 2 km zum Meer bis zum "Stranddorf Stegna".
Alternative: Camping Nr.159 rund 300 m vorher rechts an der Straße.

Aber auch enge **Strandparkplätze**, alle im Sommer gebührenpflichtig, stehen zur Verfügung. Und natürlich Imbissstände, Souvenirshops, Spielplätze, Wasserrutschen, Restaurants. Trotz Trubel genießen wir entspannte Tage am schönen Strand.

Die Strände an der Frischen Nehrung sind traumhaft schön...

Durchaus krass ist der Gegensatz vom lustigen Strandleben von Stegna zu unserem nächsten Besichtigungsort **Sztutowo** (gebührenpflichtiger Parkplatz N 54°19'35.6" E 19°09'10.4")

Konzentrationslager Stutthof: In Sztutowo bauten die Nazis 1939, unmittelbar nach dem Überfall auf Polen, das erste Konzentrationslager. Das heutige Gelände der Gedenkstätte umfasst nur einen Teil der ehemaligen Anlage. Zu sehen sind SS-Lagerbereiche, Häftlingsbaracken, die Gaskammer und das Krematorium. Stutthof sollte hauptsächlich zur Ausrottung der polnischen Intelligenz in der freien Stadt Danzig und in Westpreußen dienen, aber ab 1942 kamen auch Transporte aus den übrigen besetzten Gebieten hier an. Im Juni 1944 wurde Stutthof in die Durchführung der „Endlösung der Judenfrage" einbezogen und somit zum Massenvernichtungslager. Die Nazis inhaftierten hier 110.000 Menschen und richteten etwa 65.000 Häftlinge aus 28 Ländern hin. Weitere 20.000 kamen auf dem Todesmarsch zwischen Stutthof und Stettin ums Leben, als ihre Bewacher sie in den Westen trieben.

Muzeum Stutthof, ul. Muzealna 6, www.stutthof.pl, Mai-Sept. 8-18 Uhr, Okt.-April. 8-15 Uhr, tgl. außer Mo. werden etwa alle 30 Minuten Dokumentarfilme gezeigt, der Eintritt ist frei, um Spenden wird gebeten. Kindern unter 13 Jahren ist der Zutritt aus Fürsorgepflicht nicht gestattet.

Wenige Kilometer trennen uns von der **Frischen Nehrung**. „Frisch" vermutlich deshalb, weil hier stets ein kräftiges Windchen weht, das den Sand des zwischen 500 m und 2 km schmalen Landstriches gen Süden treibt. Durch Aufforstung, hauptsächlich mit Kiefern, konnte die Versandung weitestgehend gestoppt werden. Seit 1985 ist der **Landschaftspark „Mierzeja Wiślana"** als Naturschutzgebiet ausgewiesen.

Als ersten Ort auf der Landsichel erreicht man KĄTY RYBACKIE. Auf einer Fläche von 14 ha entstand hier ein **Naturschutzgebiet am Haff für Kormorane und Graureiher**. Im Sommer kann man am Fischerhafen das **Museum des Frischen Haffs** besuchen, in dem man so einiges über das Leben der Fischer erfährt und eine Schiffsbauwerkstatt besichtigen kann (Muzeum Zalewu Wiślanego, N 54°20'28.6" E 19°14'10.4", www.muzeumzalewo.mierzeja.pl, 5 Zł/3 Zł).

...mal mal gut besucht und dann wieder sehr einsam.

Der Hauptferienort der Nehrung KRYNICA MORSKA ist auf holpriger, hügeliger <501> bald erreicht. Verkaufsstände locken mit Souvenirs, Imbisswägen und Restaurants sorgen fürs leibliche Wohl. Am kleinen **Haffhafen** legen **Ausflugsdampfer** aus Elbląg und Frombork an. Nach links gehts zum **Strand** und zum:

(173) WOMO-Campingplatz: Gallus, Krynica Morska
GPS: N 54°22'47.9" E 19°25'29.0", ul. Marynarzy 2 **Tel:** +48552476126
Öffnungszeit: 1. Mai-30. September www.gallus.mierzeja.pl
Ausstattung/Lage: Schönes Gelände im Kiefernwald, 150 m zum Strand, Imbiss, Haustiere erlaubt/innerorts.
Zufahrt: <501> bis Krynica Morska, ca 1 km nach dem Ortsbeginn, direkt vor der Tankstelle links bergauf Richtung Strand, nach 600 m rechts.

Uns zieht es in ruhigere Gefilde. Vorbei an drei **Strandparkplätzen** mit Übernachtungsqualität (N 54°23'48.9" E 19°29'25.2", N 54°24'48.7" E 19°32'41.1", N 54°25'21.3" E 19°34'36.5") erreichen wir 13 km später das verschlafene Örtchen PIASKI.

Abendstimmung am Strand von Piaski.

Malerische Fahnenstangen zur Markierung der Bojen im Hafen von Piaski.

Bunte Fahnen wehen im kleinen Hafen, direkt daneben liegt der:

(174) WOMO-Campingplatz: Nr. 182, Piaski
GPS: N 54°25'44.1" E 19°35'54.9", ul. Słoneczna 4a **Tel:** +48552476113
Öffnungszeit: Anfang Juni-Ende August
Ausstattung/Lage: Tolle Wiese am Haff, 800 m zum Strand, Laden nebenan, einfache Sanitäranlagen (umgebaute Dixis), Haustiere erlaubt/innerorts.
Zufahrt: <501> bis Piaski, direkt am Ortseingang hinter dem Hafen.
Sonstiges: Wildschweine besuchen den Platz. Leinenzwang für Hunde.

Piaski liegt 4 km vor der russischen Grenze, die zugleich auch die EU-Außengrenze bildet. Die Straße endet hier. Wir machen einen Spaziergang durch den Wald zum „Ende unserer Welt". Einen großen **Stellplatz** für alle Freunde freier Übernachtung haben wir dabei auch entdeckt.

(175) WOMO-Stellplatz: Piaski
GPS: N 54°26'18.1" E 19°36'11.0"
max. Womos: 3-4
Ausstattung/Lage: Keine Infrastruktur, Schotterplatz, 50 m zum Strand/außerorts.
Zufahrt: In Piaski direkt gegenüber des Campingplatzes nach links. Nach 400 m erneut (rot gepflastert) nach links und 850 m erst hoch in den Wald, dann bergab zum Strandparkplatz.

Wanderung zur russischen Grenze: Vom Stellplatz (175) geht es 3,5 km gerade auf einem sandigen Waldweg (als Fahrradtour nicht zu empfehlen!) bis zur einfachen Schranke und den Verbotsschildern an der russischen Grenze. Bis zu drei Jahre Haft drohen dem, der die Grenze überschreitet! *Reisehinweis des Auswärtigen Amtes: Die „grüne Grenze" ist an verschiedenen Stellen nur durch weit auseinander liegende Grenzsteine markiert. Wer die Grenze (auch nur für wenige Meter) illegal überschreitet, muss mit der Festnahme durch die russische Grenzpolizei und mehrjähriger Haftstrafe rechnen.* Zurück nehmen wir den Weg über den traumhaft schönen Strand, der nicht nur zum Baden sondern auch zum Bernsteinsuchen einlädt.

4 km hinter Piaski endet Polen und fängt Russland an.

36 km Schlaglochpiste zurück auf dem Bergkamm und wir sind wieder auf dem Festland in **Sztutowo**. Dort halten wir uns links Richtung **Nowy Dwór Dański**. Wir überqueren eine kleine Brücke über die Wisława Królewiecka und erreichen auf einem kleinen Sträßchen nach rund 10 km die <502> in **Rybina**. Auf der größeren, gelb-blauen Brücke queren wir erneut den Flusslauf. Ab **Tujsk** führt die Straße wieder entlang der Bahngleise durch flaches Ackerland. Hoch ragen die Windräder auf. In NOWY DWÓR GDAŃSKI (10.000 Einwohner) halten wir uns am Kreisel Richtung „Centrum". Das Örtchen liegt reizvoll am Fluss Tuga und ist einst als Ansiedlung neben dem Domänengut der Familie Loitz entstanden, aus dem sich dann „ein Marktort für Handwerker, Krämer, Krüger und Gärtner" entwickelte. Des Städtchen liegt am polnischen Jakobsweg, aber das Touristenbüro hat zu, so bekommen wir heute leider keinen „Stempel in den Pilgerpass".
Wer nicht ins Zentrum möchte, fährt Richtung **Warszawa** und nimmt dazu die S7/E77. 2016 finden hier umfangreiche Straßenbauarbeiten statt, es herrscht viel Verkehr. 10 km vor Elbląg überqueren wir den breiten Fluss Nogat.

Blick vom Markttor auf die wieder aufgebaute Altstadt von Elbląg

Durch Tabakanbau, Schiffs- und Lokomotivbau einst weit über die Grenzen Deutschlands hinaus bekannt, entwickelte sich ELBLĄG (127.000 Einwohner) zur zweitgrößten Stadt Ostpreußens. Nach dem Zweiten Weltkrieg war die Stadt allerdings nahezu vollständig zerstört. In den 1980er Jahren hat man die Altstadt wieder aufgebaut, aber nicht originalgetreu wie z.B. in Gdańsk, sondern in einem bunten Retro-Stil. Beurteilen Sie selbst!

(176) WOMO-Stellplatz: Elbląg 1

GPS: N 54°09'30.4" E 19°23'26.4"
max. Womos: 1-2
Ausstattung/Lage: Keine Infrastruktur, direkt an der Straße/innerorts.
Zufahrt: Von der E77 ab Richtung Elbląg, auf gewaltigen Brücken über Gleise, ins Zentrum rechts. Stellplatz gleich links neben der ul. Warszawska mit Blick auf St.Nicolai.

(177) WOMO-Stellplatz: Elbląg 2

GPS: N 54°09'27.8" E 19°23'52.9"
max. Womos: 1-2
Ausstattung/Lage: Gebührenpflichtiger, gepflasterter Parkplatz, Mülleimer, direkt an der Straße, ab 17 Uhr, Sa + So. frei/innerorts.
Zufahrt: Von Platz (176) links über den Kanal und die erste Möglichkeit erneut links. Zahlreiche Parkplätze links an der Straße.

(178) WOMO-Campingplatz: Nr. 61, Elbląg

GPS: N 54°09'13.6" E 19°23'38.3", ul. Panieńska 14, **Tel:** +48556418666
Öffnungszeit: 1. Mai-30. September www.camping61.com.pl
Ausstattung/Lage: Schön schattig am Kanal, Kajakverleih, Haustiere erlaubt, Ver- und Entsorgung, Zentrum 500 m/innerorts.
Zufahrt: In Elbląg über den Kanal, dann rechts und 400 m zurück zum Kanal.

Das Markttor ist Teil der ehemaligen Stadtbefestigung

Stadtbummel durch Elbląg: Wir beginnen unseren Rundgang an der etwas düsteren Kirche **St. Nicolai** aus dem 13.Jh. mit ihrem 96 m hohen Glockenturm. Aus zerstörten Kirchen der Region wurden viele wertvolle Kunstgegenstände hierher zusammengetragen, z.B. ein klappbarer **Schrankaltar** von 1510, der einst die Flößer der Stadt auf ihren weiten Reisen begleitete oder ein **bronzenes Taufbecken**.
Rund um die Kirche wurden auf den freigelegten Originalfundamenten ganze Straßenzüge nach historischen Plänen wiedererrichtet. Giebelhäuser mit Fachwerkfassaden, Türmchen, Erker in historisierendem Stil prägen das Stadtbild. Kleine Pubs, Cafes oder Restaurants laden zum Bummel ein. Wir schlendern die Stary Rynek entlang nach Norden aufs **Markttor** zu. 1950 wurde der Turm als einzige Anlage der Stadtbefestigung renoviert, seit 2006 ist er BesucherInnen zugänglich und bietet eine kleine Ausstellung und tolle Aussicht. Nach dem Abstieg reiben wir die Bronzenase des kleinen **Bäckergesellen**, was Glück bringen soll. Das Denkmal ist ihm gewidmet, weil er am 8. März 1521 die Stadt durch seine Warnung vor dem Einmarsch der Deutschordensritter bewahrte.
Rund 100 m westlich vom Markttor liegt die gewaltige, ehemalige **Dominikanerbacksteinkirche St. Marien,** in der heute die **Galerie EL** untergebracht ist, die zeitgenössische Kunst zeigt. Das **Elbląg-Museum** (Muzeum w Elblągu) finden Sie seit 1954 im Gymnasium, das auf den Fundamenten der **ehemaligen Ordensburg** steht. Stadtgeschichte, historische Möbel sowie archäologische Fundstücke werden hier gezeigt. (Muzeum w Elblągu, bulwar Zygmunta Augusta 11, www.muzeum.elblag.pl, im Sommer Di-So 9-16 Uhr, im Winter 8-16 Uhr).

Elbląg ist zudem **Startpunkt für Dampferfahrten** über die „Rollberge“ auf dem **Elbląg-Ostroda-Kanal**. Dazu mehr in Tour 11 ab Seite 219.
Wir wollen nochmals nach Norden und die Städte **Tolkmicko** und **Frombork** am Haff erkunden. Dazu fahren wir beim großen Kreisel auf die <503> Richtung **Tolkmicko**. Nach Elbląg achten wir 3 km lang auf querende Kröten. Steil geht es bergauf und bergab, aber erst 1 km hinter SUCHACZ entdecken wir eine Möglichkeit auf einer Schotterfläche die Aussicht übers Haff zu genießen [**179:** N 54°17’14.4” E 19°27’34.9”].
Durch den **Naturpark Elbinger Höhen** (Wzniesienie Elbląskie)

Blick auf den Dom

kurven wir kräftig auf und ab durch den Wald. 3 km nach dem Aussichtspunkt haben wir KADYNY erreicht. Gleich am Ortsbeginn begrüßt uns eine über **700 Jahre alte Eiche** mit fast 11 Metern Umfang, genannt Jan Bażyński-Eiche.
Im Ort selbst liegt das ehemalige **Schloss** Kaiser Friedrich Wilhelms II., in dem einst Prinz Louis Ferdinand wohnte. Heute ist dort ein Luxushotel untergebracht, zu dem ein Gestüt gehört, das sich seit 1951 der Pferdezucht widmet. Über 20 Häuser mit Wirtschaftsgebäuden wurden in einheitlichem Stil erbaut und sind noch heute zu bewundern.
Berühmt war „Cadinen“ nicht nur wegen des kaiserlichen Sommersitzes, sondern auch wegen seiner **Majolika-Manufaktur,** die 1903 als soziales Projekt zur Beschäftigung arbeitsloser Töpfer gegründet wurde. Die kleine Keramikwerkstatt kann besucht werden und verkauft Tonwaren.
Surfer lieben den Strand des Ortes, zudem gibt es eine einfache Campingmöglichkeit.
In TOLKMICKO fahren wir zum Port Rybacke. Dort parken wir neben dem Fähranleger „Tramway Wodne“.

(180) WOMO-Stellplatz: Tolkmicko
GPS: N 54°19'28.4" E 19°31'17.0"
max. Womos: 1-2
Ausstattung/Lage: Gepflasterter Parkplatz, Mülleimer, direkt am kleinen Hafen/innerorts.
Zufahrt: Auf der <503> bis Tolkmicko, beim Kreisel am Ortseingang leicht links, weitere 800 m, dann über die Bahngleise nach links, 300 m bis vor zum Hafen.
Alternativplatz: nicht über die Bahngleise, sondern 850 m weiter, rechts an der Straße.

Um nach Frombork zu kommen, verlassen wir jetzt erst mal die Küste. Die Straße ist schmal, aber glatt und wieder achten

Der Blick vom Hafen auf den Kathedralenhügel in Fromberg

wir auf Kröten! POGRODZIE scheint bei Störchen sehr beliebt. Teilweise wird ein Dach sogar von zwei Nestern gekrönt. Bis NARUSA geht es auf der <504> schnurgerade durch den Wald, dann durch tolle Alleen. In FROMBORK (2.600 Einwohner) weist uns ein großes P-Schild gleich nach links.

(181) WOMO-Stellplatz: Frombork
GPS: N 54°21'28.0" E 19°40'38.1"
max. Womos: 1-2
Ausstattung/Lage: Großer, betonierter Parkplatz, Mülleimer, Dixi-Klo, Fischbude nebenan, Spielplatz, Zentrum 300 m/innerorts.
Zufahrt: Auf der <504> bis Frombork, dem P-Schild beim Ortsbeginn nach links in die ul. Dworcowa folgen, nach 200 m rechts.

Für CampingplatzfreundInnen gibt es einen einfachen Platz.

(182) WOMO-Campingplatz: „Copernicus" Fromberg
GPS: N 54°21'31.5" E 19°41'45.1", ul. Braniewska 14, **Tel:** +48506803151
Öffnungszeit: 1. Mai-30. September www.campingfrombork.pl
Ausstattung/Lage: Einfacher Wiesenplatz, Hunde erlaubt, Zentrum 1 km.
Zufahrt: Auf der <504> von Frombork Richtung Braniewo, 1 km nach dem Domhügel kurz vor dem Ortsausgang links.

Frombork: Über dem Dorf thront der von mächtigen Backsteinmauern umzogene **Kathedralkomplex**. **Nikolaus Kopernikus**, der als Astronom mit seinen Thesen das mittelalterliche Weltbild revolutionierte, wirkte hier im 16. Jh. als Domherr. **Kirche**, **Bischofspalast** und **Glockenturm** können besichtigt werden, von letzterem genießt man einen traumhaften Weitblick von der **Aussichtsterrasse** (Mai-August Di-Sa 9.30-17 Uhr). Am Fuße des Doms liegt die kleine Unterstadt. Auf dem Weg zum Hafen entdecken wir einen **Gedenkstein**, der auch auf Deutsch an eine Tragödie im Zweiten Weltkrieg erinnert. 450.000 Menschen versuchten Anfang 1945 vor der anrückenden Roten Armee über das zugeforenen Frische Haff zu fliehen. Unter der Last und duch die Angriffe der Sowjet-Bomber brach das Eis ein und viele Tausend Alte, Frauen und Kinder fanden den Tod.

BRANIEWO (17.000 Einwohner) beeindruckt mit der seit 1983 restaurierten **Pfarrkirche St. Katharinen.** Die Kirche aus dem Jahren 1342 bis 1442 sowie zwei Drittel des Ortes waren nach Ende des Zweiten Weltkriegs zerstört. Neben der Kirche kann man gut parken:

(183) WOMO-Stellplatz: Braniewo
GPS: N 54°22'53.1" E 19°49'28.5"
max. Womos: 1-2
Ausstattung/Lage: Keine Infrastruktur, gepflasterter Parkplatz/innerorts.
Zufahrt: Über die <504> bis Braniewo, am großen Kreisel Richtung Kaliningrad, nach 350 m direkt an der großen Backsteinkirche nach rechts.

Zur Weiterfahrt nehmen wir die <507> Richtung **Dobre Miasto**, um ohne Halt ins fast 30 km südöstlich gelegene **Pieniężno** zu fahren. Entlang der Eisenbahngleise brausen wir durch die Mini-Dörfer **Brobowiec** und **Maciejewo**, bevor wir die S22 überqueren. Danach wird die Straße wieder deutlich schlechter. Riesige Heuballenpyramiden und hohe Heuberge säumen den Weg. Die Landschaft ist wunderbar abwechlungsreich: Getreide, Wald, Büsche, Hügel und tolle Platanenalleen. In **Sawity** entdecken wir viele Pferde auf den Wiesen, aber auch Plattenbauten, die so gar nicht ins Dorfbild passen.
In PIENIĘŻNO (3.000 Einwohner) legen wir einen Stopp ein, denn der private **Campingplatz** gefällt uns ausgesprochen gut.

(184) WOMO-Campingplatz: Wawrowski Camping Pieniężno
GPS: N 54°14'07.4" E 20°08'10.7", <507>, Lidzbarska 17, **Tel:** 552436554
Öffnungszeit: April-Oktober
Ausstattung/Lage: Große Wiese, ruhig, einfache Sanitäranlagen im Haus, Ver- und Entsorgung, Hunde angeleint erlaubt, sehr aufmerksamer Besitzer, deutschsprachig, Tisch & Bank, Tipps für Erkundungen/außerorts.
Zufahrt: <507> von Braniewo bis Pieniężno, im Ort über die Bahngleise, 450 m entlang der Gleise, dann nach links und 750 m geradeaus schon wieder aus dem Ort hinaus. Enge Rechtskurve und nach der Überquerung des Flusslaufes nach links zum Campingplatz.

Der polnische Name des Ortes erinnert an den Journalisten und Herausgeber der "Gazeta Olsztyńska" (siehe Olsztyn, Tour 6 Seite 152) **Seweryn Pieniężny** (1890-1940), der im Konzentrationslager Hohenbruch ermordet wurde. Der deutsche Name der Stadt ist Mehlsack und drei solche Säcke finden sich auch im Stadtwappen.

Noch immer ist viel Brachfläche rund um die katholische Kirche Pieniężnos.

Mit dem Fahrrad in und um Pieniężno: Ein kleines **Freilichtmuseum mit landwirtschaftlichen Geräten** steht als erster Programmpunkt an. Vom Campingplatz fahren wir auf der <507> zurück über den Fluss und nach 200 m geradeaus auf die <510>. 1 km später liegt das kleine Gelände links neben der Straße (Mini-Rasenparkplatz N 54°14'44.4" E 20°08'31.6"). Ein paar landwirtschaftliche Maschinen sind hier auf der Wiese verteilt, in der Hütte (wenn geöffnet) werden Fotos und Landkarten gezeigt. Nach einer kurzen Besichtigung wollen wir genau in die entgegengesetzte Ecke von Pieniężno, um das **Missionshaus St. Adalbert** mit seinem **Religionsethnographischen Museum** (Muzeum Misyjno-Etnograficzne Księży Werbistów w Pieniężnie) zu besuchen. Die ul. Królwiecka geht in die ul Kosciuszki über und nach 2 km sind wir am Ziel. Über 6.000 Gegenstände aus Papua-Neuguinea, China und anderen Ländern sind hier ausgestellt und auch das Priesterseminar ist sehenswert.

Zurück im Städtchen nehmen wir die erste Möglichkeit rechts unterhalb des Burgberges 700 m bis zum Eingang des kleinen **Rezerwat Doliny Rzeki Wałszy**. In einem engen Hohlweg kurven wir durch den Wald, hoch über uns ein **altes Eisenbahnviadukt**. Bald lassen wir die Räder stehen und streifen zu Fuß weiter durch die wilde Natur.

Pieniężno selbst war nach dem Krieg zu 90% zerstört und die Altstadt blieb bis in die 1990er Jahre eine Brachfläche, aus der nur die **katholische Kirche St. Peter und Paul** herausragte. Zu besichtigen sind zudem die **Ruine des Rathauses**, die **Reste der früheren Burg**, der **Turm der evangelischen Kirche** (nach Plänen von Karl Friedrich Schinkel) sowie die Fundamente zahlreicher Häuser auf gitterförmigem Straßennetz. Der geplante Wiederaufbau wichtigster Bauten oder gar ganzer Straßenzüge geht bis heute sehr langsam voran.

507
510
512
Missionshaus Museum
kleines Museum
Pieniężno
Reserwat
184
Nowy Dwór
513
Orneta
528
Miłakowo
185
186
593
Mysłaki Mały
187
Dobre Miasto
188
Morąg
Włodowo
Świątki
51
530
527
Mostkowo
Łukta
189
190
Szeląg
Tabórz
205
Jezioro Długie
206
207
Jezioro Ukiel
Olsztyn
16
Jezioro Szelag Wielki
195
S7
191
Ostróda
Kątno
Stare Jablonki
193
194
192
Jez. Wulpinskie
598
531
204
7
Freilicht-museum
196
312 m
Wysoka Wieś
542
Frygnowo
537
Olsztynek
Klonowo
198
Samin
Stębark
Grunwald
197
201
Jez. Kownatki
202
203
Dąbrówno
200
199
Leszcz
Kalbornia
Kowntki
Jankowice
Rączki
25 km
N
TOUR 6

Tour 6: Kreuz und quer durchs westliche Masuren (ca. 240 km)

Orneta – Ostróda – Park Krajobrazowy Wzgórz - Grunwald – Olsztynek – Olsztyn

Stellplätze: Miłakowo, Ostróda, Wysocka Wieś, Grunwald, Samin, Jankowice, Olsztynek, Olsztyn.

Campingplätze: Camping Stare Jabłonski, Pole Namiotowe Zakątek, Camping Kątno, Camping Ukiel Olsztyn.

Baden: Miłakowo, Jezioro Wukśniki, Morąg, Tabórz, Dąbrowno, Jezioro Dąbrowa Wielka, Kownatki, Szkotowo.

Besichtigen: Altstadt von Orneta, Ostróda, Grunwald-Denkmal, Masurisches Freilichtmuseum Olsztynek, Altstadt von Olsztyn.

Aktivitäten: Radtour um den Jezioro Długie in Olsztyn.

Prächtige Alleen sowie trutzige Backsteinbauten sind die Merkmale unserer nächsten Tour und **Orneta** ist unser erster Stopp. 13,5 km sind es bis dort auf der kleinen <507>. Die Dörfer liegen wunderschön zwischen Äckern und Wiesen, prächtige Lindenalleen führen von Ort zu Ort.

Ein Auto steht mit Warnblinkanlage am Straßenrand. Der Fahrer winkt, bittet uns anzuhalten, radebricht auf englisch und polnisch: „please, Benzin..." Plötzlich zieht er seinen Goldring vom Finger, will ihn mir geben und legt die Hände bittend aneinander. Von wegen Notfall, wir geben Gas. Bereits in Mreżyrno wurde uns auf der Straße erst ein Phillips Rasierapparat angeboten und wenig später eine protzige, goldene Uhr.

Wir bleiben in Richtung **Dobre Miasto**. Die Kinder haben sich aufs Tierezählen spezialisiert und in Nowy Dwór werden ein Storch und 17 Pferde notiert.
4 km später ist ORNETA erreicht. Reichlich alte Bausubstanz hat sich über die Zeiten gerettet und dass der Ort eher wenig renoviert ist, macht für uns gerade den Reiz aus. Wir streifen rund um den **Markt** mit bizarr bebautem **Rathaus** (Foto Seite 140) von 1373. Auch die **Johanniskirche**, die nach dem Dom in Frombork die älteste Kirche des Ermslandes ist, bestaunen wir: Wunderschöne Friese zieren ihre Außenfassade (Foto).

Das Rathaus von Orneta ist „wild“ bebaut.

Parken ist auf dem Markt möglich oder auf einem kleinem Parkplatz im Zentrum (N 54°06’55.2” E 20°07’57.5”, ul. Browarna). Nach einem Eis steht jetzt Schwimmen auf dem Programm. Die schmale <528> führt uns auf glatter Fahrbahn Richtung **Morąg**. Nach 5 km entlocken eine **filigrane Eisenbahnstahlbrücke** und zahlreiche Bienenstöcke dem Beifahrer erstaunte Ausrufe. In MIŁAKOWO finden wir einen **Stellplatz** und eine **Bademöglichkeit**.

(185) WOMO-Stellplatz: Miłakowo
GPS: N 54°00’01.0” E 20°03’51.1”
max. Womos: 1-2
Ausstattung/Lage: Keine Infrastruktur, kleiner Schotterplatz direkt am See, Baden nicht möglich/außerorts.
Zufahrt: In Miłakowo am Kreisel bei der Kirche geradeaus, 1,2 km bergab, vor dem Sportplatz links in einen Sandweg, 100 m zum See.

(186) WOMO-Badeplatz: Miłakowo
GPS: N 53°59’44.2” E 20°04’27.6”
max. Womos: 1-2
Ausstattung/Lage: Freiluftkino, Dixi-Klo, gebührenpfl., eng, **sandige Zufahrt**/außerorts.
Zufahrt: Von Orneta kommend in Miłakowo am Kreisel bei der Kirche nach links, nach 150 m rechts, links halten, 1,6 km bergab am Friedhof vorbei zur Badestelle am Jez. Mildzie.

Eine tolle, gut anzufahrende Bade- und Stellmöglichkeit folgt:

(187) WOMO-Badeplatz: Jezioro Wukśniki (Foto S. 141)
GPS: N 53°58’25.2” E 20°06’15.0” **max. Womos:** 2-3
Ausstattung/Lage: Kostenpfl. Wiese am Strand, Infos zur Region/außerorts.
Zufahrt: Von Miłakowo am Kreisel bei der Kirche auf die <593>, dann 3 km Richtung Świątky, 300 m nach Mysłaki Małe rechts, steil und schmal 1 km auf Asphalt bergab zur großen Wiese am See.

Der Badeplatz am Jezioro Wukśniki bietet viel Parkfläche.

Wer übrigens von **Miłakowo** Richtung **Morąg** auf der <528> weiterfährt, findet dort am Ortseingang einen Picknickplatz mit Badestelle links am See [**188:** N 53°55'49.8" E 19°56'00.9"]. Wir folgen, nach zwei gemütlichen Tagen am See, der kleinen Straße weiter Richtung **Świątki** durch eine wunderschöne Hügellandschaft mit Wiesen, Seen und Alleen. Knapp 3 km hinter **Włodowo** biegen wir nach rechts ab auf die <530>, **Ostróda** ist mit 35 km ausgeschildert. Falls die große Holzscheune in **Mostkowo** inzwischen umgefallen ist, schreiben Sie uns eine E-Mail. Bei unserem letzten Besuch hing sie schon sehr schief! Und Storchennester gibt es hier auch hier wieder gewaltig viele.

Jeder vierte Storch ist ein Pole:
Im April, bei warmem Wetter auch schon im März, kommen die ersten Weißstörche aus dem Süden zurück. Zuerst tauchen die Männchen auf, die den Standort sichern und dann folgen die Weibchen. Jahr für Jahr kehren sie auf ihr wagenradgroßes Nest in ihrem Heimatdorf zurück. Dort legt die Storchendame bis zu vier Eier ins Nest, die etwa doppelt so groß sind wie Hühnereier. Nach 30-35 Tagen, an denen die Eltern abwechselnd brüten, schlüpfen die jungen Störche und verlassen nach weiteren 60 Tagen das Nest.
Bis zu 400 g Futter vertilgt ein junger Storch bis dahin täglich, also ca. 15 Mäuse oder 60 Regenwürmer. Störche sind auf Kulturlandschaften angewiesen, denn auf ungemähten Wiesen mit hohem Gras suchen Sie vergeblich nach ihrer Nahrung. Auf frisch gepflügten Äckern und gemähten Weiden hingegen finden sie reichlich Mäuse, Frösche, Maden, Käfer oder Ratten für sich und ihre Nachkommenschaft. Ausgewachsene Weißstörche sind zwischen 80 und 100 cm lang, ihre Flügelspannweite beträgt rund zwei Meter und sie wiegen zwischen zweieinhalb und viereinhalb Kilo. Nur bei erwachsenen, geschlechtsreifen Störchen sind Schnabel und Beine rot, bei Jungstörchen sind sie schwarz.
Polens Störche folgen Ende August auf ihrem Zug in den sonnigen Süden der Ostroute über den Balkan und die Türkei. Sie überqueren den Bosporus, fliegen über die Sinaihalbinsel nach Ägypten. Von dort nehmen sie die Route entlang des Nils südwärts bis zum Winterquartier in Südafrika. Sie legen dabei bis zu 500 Kilometer täglich zurück.
Aber Storch und Mensch haben ein Problem: moderne Landwirtschaft mit

Monokultur, Einsatz von Pestiziden und Trockenlegung von Feuchtgebieten bedrohen Lebens- und Nahrungsgrundlagen von Kleinbauern und Großvögeln. Zudem ist das Leben für die Störche gefährlich: Von 100 ausgebrüteten Eiern erreichen nur 15 Störche das Fortpflanzungsalter. Dennoch gibt es Dörfer in Polen, in denen mehr Störche als Menschen leben.

In ŁUKTA bleiben wir am Kreisel auf der <530>, dann fahren wir auf der Vorfahrtstraße rechts und gleich wieder links. **Tabórz** liegt malerisch am See, eine Badestelle entdecken wir am Ortsende.

(189) WOMO-Badeplatz: Tabórz
GPS: N 53°46'44.2" E 20°02'00.0"
max. Womos: 1-2
Ausstattung/Lage: Wiese am kl. Strand, Steg, Dixi-Klo, Spielplatz, Parken entlang der Straße/innerorts.
Zufahrt: Von Lukta die <530> Richtung Ostróda, am Ortsende von Tabórz, rechts.

Durch den Wald geht es 5 km bis SZELĄG. 50 m hinter dem Stopp-Schild liegt links ein kleiner Campingplatz am See.

(190) WOMO-Campingplatz: Pole Namiotowe Zakątek
GPS: N 53°46'12.2" E 19°57'16.4", ul. Czarnieckiego 38A/51, **Tel:** +48603579691
Öffnungszeit: 1. Mai-15. September www.zakatek.jccc.pl
Ausstattung/Lage: Kleiner Platz oberhalb des westlichen Endes des Szeląg-Sees, Haustiere erlaubt, Kiosk, ruhig, einfache Sanitäranlagen/außerorts.
Zufahrt: An der <530> Richtung Ostróda 5 km nach Tabórz in Szeląg.

Wenig später ist trotz zahlreicher Baustellen die Kleinstadt OSTRÓDA erreicht. Ein guter Stellplatz für einen Stadtbummel bietet sich direkt an der Uferpromenade.

(191) WOMO-Stellplatz: Ostróda 1
GPS: N 53°42'24.2" E 19°57'29.7"
max. Womos: 2-3, Adama Mickiewiecza
Ausstattung/Lage: Keine Infrastruktur, gepflasterter Parkplatz am See, Strand 800 m rechts, Zentrum nach links/innerorts.
Zufahrt: Von der <7> aus Norden nach rechts Richtung Zentrum, nach 1,3 km rechts an der Straße vor einem Hotel.

Eine ruhigere Alternative finden wir nicht weit entfernt:

Die Uferpromenade von Ostróda lockt mit Restaurants und Wasserski.

(192) WOMO-Stellplatz: Ostróda 2
GPS: N 53°42'04.7" E 19°57'08.1"
max. Womos: 1-2, ul. Sowińskiego
Ausstattung/Lage: Keine Infrastruktur, Sand-/Wiesenfläche am See, Strand, 1,5 km, Zentrum 500 m, ruhiger als (191)/innerorts.
Zufahrt: Vom Stellplatz (191) nach Süden Richtung Toruń, bevor die Bahngleise gequert werden, nach rechts, 500 m auf der ul. J.Słowckiego, dann rechts 100 m bis zum See.

Bummel durch Ostróda: Vom Stellplatz (191) sind es nur wenige Meter zur **Uferpromenade** des Jezioro Drwęckie. 2012 wurde hier ein **Amphitheater** mit glitzernder Überdachung, modernster Bühnentechnik und toller Atmosphäre für 1.500 Besucher gebaut, das einen weiten Blick über den See ermöglicht. Ein Reihe von Biergärten und Restaurants laden entlang des Seeufers zur Einkehr ein und wir können kühne **Wasserskifahrer** von den Tribünen aus bewundern. Im Sommer trällern hier Livebands und die Anlegestelle für die **Weiße Flotte** ist ebenfalls an der Seepromenade zu finden. Eine **Deutschordensburg** aus der Mitte des 14. Jh. ist noch erwähnenswert, in der heute das **Regionalmuseum, die Stadtbibliothek** und eine **Kunstgalerie** untergebracht sind und deren berühmtester „Gast" Napoleon war. Während seines Russland-Feldzuges 1807 nahm er für fünf Wochen in der Burg Quartier. Zudem besichtigen wir die drei Kirchen, die wir anhand ihrer Türme leicht entdecken. Der Aufstieg über 105 Stufen auf den **Turm der Evangelischen Kirche** (Kościół Ewangelicko-Metodystyczne, ul. Herdera) lohnt der prächtigen Aussicht wegen ganz besonders.

Wer von Ostróda direkt nach **Olsztyn** möchte verlässt unsere Tour und nimmt die gut ausgebaute <16> nach Osten. Dort ist 7 km später ein **Picknickplatz** direkt an der <16> [**193:** N 53°41'25.1" E 20°04'42.0", Dixi-Klo. Bar, Steg, Mülleimer]. Direkt danach liegt zwischen dem kleinen und großen **Szeląg-See** STARE JABŁONSKI. Warum das Dörfchen „Alte Apfelbäume" heißt, konnten wir zwar nicht klären, dafür haben wir ein schönes, aber für Womos enges Campinggelände entdeckt [**194:** N 53°41'19.0" E 20°04'57.9", Kajakverleih, Tel +48603639405].

Deutlich großflächiger und mit Weitsicht oberhalb eines Sees gelegen ist der Campingplatz in Kątno, der in Stare Jabłonski links von der <16 > schnell erreicht ist.

(195) WOMO-Campingplatz: Camping Kątno

GPS: N 53°42'15.0" E 20°04'40.1", Kątno 30 b
Tel: +48888903801, www.campingkatno.pl
Öffnungszeit: Mai-Oktober
Ausstattung/Lage: Sonniges Gelände oberhalb eines Sees, Restaurant, ruhig, Haustiere erlaubt, /innerorts.
Zufahrt: Von der <16> gut 7 km östlich von Ostróda in Stare Jabłonski nach links Richtung Kątno. Nach 1,2 km links, 300 m Holperweg zum Campingplatz.

Unsere Tour führt uns von Ostróda auf der <15> Richtung **Toruń**. Unterhalb der Straße liegt dunkel glitzernd der Jezioro Moriny. Mais- und Getreidefelder rahmen die schnurgerade Straße ein. „Das ist ja wie in Namibia!" entfährt es meinem Beifahrer. Unser nächstes Ziel ist der mit 312 m **höchste Berg Nord- und Mittelpolens**, der **Dylewska Góra**, der mitten im **Nationalpark Wzgórz** liegt. 10 km später biegen wir hinter **Smykówko** nach links. Richtung **Klonowo** durchfahren wir phantastische Alleen und am Ortsende des Dörfchens **Pietrzwald** steigt die Straße an. Hinter **Wysoka Wieś** schlängeln wir uns erneut steil bergauf, den hohen **Holzbeobachtungsturm** sehen wir schon von weitem.

(196) WOMO-Stellplatz: Wysoka Wieś

GPS: N 53°33'04.0" E 19°56'29.0" **max. Womos:** 1-2

Ausstattung/Lage: Kl. Parkplatz im Wald, Beobachtungsturm, Infotafeln/außerorts.
Zufahrt: Von Ostróda auf der <15> Richtung Torun, 800 m nach Smykówko nach links. Über Naprom, Pietrzwald nach Wysoka Wieś, im Ort nach 500 m nach rechts, 600 m bis zum kleinen Parkplatz.
Sonstiges: Unterhalb des Parkplatzes liegt ein schöner **Picknickplatz**, der zu Fuß zu erreichen ist.

In **Wysoka Wieś** liegt auch das Fünf-Sterne-Luxushotel der polnischen Kosmetik-Königin Irena Eris mit Pools, Saunen und einem vom Slow Food Polska empfohlenen Restaurant. Den Besuch dieses Luxustempels verschieben wir bis auf weiteres, wir fühlen uns heute nicht angemessen gekleidet.
Durch dichten Wald kurven wir bergab, in KLONOWO liegt links ein hübsches Schlösschen am Hang.
Grunwald ist bereits seit einiger Zeit angeschrieben, jetzt sind es noch 14 km. Einerseits ist Grunwald ein winziges Dorf, andererseits ein **polnisches Nationalheiligtum.**

In Grunwald erinnert ein Denkmal in Form eines Dreimastes an den Kampf von 1410.

Das Grunwald-Denkmal: Am 15.Juli 1410 wurde die 60.000 Mann starke Armee des Deutschen Ordens durch die vereinten polnisch-litauischen Truppen unter König Władisław II. Jagiełło auf einem Feld bei Grunwald vernichtend geschlagen. Diese Niederlage leitete den Untergang des Ordensstaates ein. Jener großen Schlacht ist seit 1960 das **Museums-Freigelände** und das **Museum der Schlacht von Grunwald** gewidmet (Muzeum Pole Bitwy Grunwaldem. Das Freigelände ist ganzjährig geöffnet, das Museum von Mitte April-Ende September 9.30-18.30 Uhr).
In die deutsche Geschichtsschreibung ging der Kampf als „Schlacht bei Tannenberg" ein, benannt nach dem Nachbardorf Stębark (Tannenberg). Und auch die Kampfhandlungen gut 500 Jahre später im 1. Weltkrieg zwischen dem 24. und 30. August 1914 bekamen den selben Namen. Damals gelang es Generalfeldmarschall Paul von Hindenburg, über 90.000 russische Soldaten der Narew-Armee gefangen zu nehmen. Ein Sieg war damit allerdings noch nicht herbeigeführt, der letzte Kampf gegen die russischen Truppen fand 1915 statt. 1927 wurde dort ein monumentales Denkmal errichtet, 1934 fand in Stębark die Beisetzung Hindenburgs statt. 1945 sprengten deutsche Truppen Teile des Denkmalkomplexes auf dem Rückzug und 1952/53 trugen polnische Soldaten ihn vollends ab.
Ein 30 m hohes Denkmal in Form dreier Masten, die Nachstellung der Schlacht sowie Fahnen und Waffen sind im Museum zu sehen. Um den 15. Juli werden jährlich Ritterspiele und -turniere zum Gedenken an 1410 veranstaltet. An diesem Wochenende ist der Stellplatz nicht zu empfehlen.

(197) WOMO-Stellplatz: Grunwald

GPS: N 53°29'24.1" E 20°07'09.2"
max. Womos: > 5
Ausstattung/Lage: Gepflasterter Parkplatz, gebührenpflichtig/außerorts.
Zufahrt: Das Museumsgelände liegt zwischen Grunwald und Stębark. Auf der <542> von Norden kommend über Frygnowo ausgeschildert bis Grunwald.

Fischerboote am kleinen Strand von Kownatki.

Am nächsten Morgen geht es die <537> Richtung Südwesten bis SAMIN. Dort gibt es einen einfachen Platz am See im Dorf.

(198) WOMO-Stellplatz: Samin
GPS: N 53°28'17.8" E 20°03'08.0"
max. Womos: 1-2
Ausstattung/Lage: Sandiger Platz mitten im Ort, am kleinen See/innerorts.
Zufahrt: Von Grunwald kommend in Samin direkt gegenüber der Kreuzung mit der <542>.
Badestelle: Rechts am See 230 m nach Norden, dann links und 450 m bis zum See.

Die <542> führt uns weiter gen Süden Richtung **Mława**. Das verschlafene Dörfchen DĄBRÓWNO mit seiner schönen Lage zwischen zwei Seen ist wenig später erreicht. Eine große Badestelle sichten wir links am Jezioro Dąbrowa Wielka, aber mit dem Parken ist es hier nicht so einfach. Zum Glück gibt es noch eine weitere, sehr gute Möglichkeit zum entspannten Baden am Ende des Dorfes.

(199) WOMO-Badeplatz: Dąbrowno
GPS: N 53°25'39.1" E 20°02'12.8"
max. Womos: 2 - 3
Ausstattung/Lage: Wiese am Strand, Feuerstelle, Tisch & Bank, Mülleimer, Volleyballfeld, WC/außerorts.
Zufahrt: Auf der <542> in Dąbrówno zum Ortsende, rechts Richtung Tuczki, 100 m weiter rechts bergab (Pole Namiotowe).

Schön ist es hier und montagmorgens mitten im August teilen wir das Gelände nur mit einem Schwan und einer kleinen Katze. Nach ausgiebiger Rast geht es weiter zum nächsten Badestopp.

Blick auf den Jezioro Dąbrowa Wielka vom Stellplatz (200).

Wir folgen der <542> weiter Richtung Süden und sind 3 km später in **Kalbornia**. Dort biegen wir links Richtung **Rączki** ab und haben bereits nach 300 m die nächsten Plätze erreicht.

(200) WOMO-Badeplatz: Jezioro Dąbrowa Wielka

GPS: N 53°24'40.0" E 20°04'03.4"
max. Womos: 2-3
Ausstattung/Lage: Keine Infrastruktur, Wiesen-/Sandfläche, Sandweg am See/außerorts.
Zufahrt: Von der <542> aus Norden kommend 3 km hinter Dąbrówno links Richtung Rączki, nach 300 m links.

Wir bleiben auf dem Sträßchen Richtung **Rączki**. Vor **Leszcz** verlässt unsere Route den See und wir durchfahren dichte Alleen. In JANKOWICE ist ein netter **Picknickplatz** am See mitten im Ort angelegt.

(201) WOMO-Picknickplatz: Jankowice

GPS: N 53°25'01.2" E 20°07'32.9"
max. Womos: 1-2
Ausstattung/Lage: Wiesenfläche, Bänke, kein Badesee, kleine Picknickhütte/innerorts.
Zufahrt: Von der <542> aus Norden kommend 3 km hinter Dąbrówno links Richtung Rączki, 3,7 km hinter Leszcz. **Achtung**: Ausfahrt und Wenden nicht ganz einfach!

Bevor wir uns im **Freilichtmuseum in Olsztynek** ausgiebig der Kultur widmen, möchten wir nochmals dem Badeleben frönen. Und da bieten sich ganz in der Nähe zwei weitere schöne Plätze an. Aber zuerst taucht eine riesige „Sanddüne" am Hori-

Die Badestelle am See von Kownatki hatten wir ganz für uns allein.

zont auf und hinter dem Dörfchen **Gardyny** gibt es Sand und Kies in rauhen Mengen. Nach 5 km ist KOWNATKI erreicht und bald sichten wir die weitläufige Badestelle am See.

(202) WOMO-Badeplatz: Kownatki
GPS: N 53°25'06.8" E 20°16'14.5"
max. Womos: > 5
Ausstattung/Lage: Riesige, sonnige Schotterparkfläche, eingezäunt/außerorts.
Zufahrt: Von Dąbrówno links Richtung Rączki, rund 14 km bis Kownatki. Am Ortsende nach links entlang des Sees 700 m bis zum Strand.

Der kleine **Campingplatz** ist im August 2016 geschlossen. Aber nur 1,5 km später in SZKOTOWO entdecken wir einen weiteren Badeplatz mit der Möglichkeit sich kostenlos direkt am Strand einzurichten.

(203) WOMO-Badeplatz: Szkotowo
GPS: N 53°24'21.6" E 20°17'00.0"
max. Womos: 3-4
Ausstattung/Lage: Sand-Wiesenfläche am Strand, teils schattig, Imbiss mit köstlichem Schokoeis, Dixi-Klos/außerorts.
Zufahrt: Von Platz (202) 1,5 km weiter nach Szkotowo, dort links halten, nach 250 m erneut links in einen Schotterweg bis zum See.

Wenig später ist **Rączki** erreicht und damit auch die autobahnähnliche, neue S7, die uns flott bis OLSZTYNEK bringt. An den prächtigen Backsteinbauten im Ortszentrum fahren wir vorbei. Wer hierher kommt, möchte in der Regel zum **Masurischen Freilichtmuseum** (Muzeum Budownictwa Ludowego), dem touristischen Highlight der Region.

Auch am Jezioro Szkotowskie ist genügend Platz zum Schwimmen und Paddeln.

Masurisches Freilichtmuseum in Olsztynek:

Die Ursprünge des Museums gehen bis ins Jahr 1909 zurück. Damals hatte die Regierung in Königsberg ein Museum volkstümlicher Baukunst mit 22 Kopien alter Holzbauten aus dem 18. und 19. Jh. errichtet. 1937 beschloss sie, die Gebäude in Königsberg ab- und in Olsztynek neu aufzubauen, was bis 1942 dauerte.

Heute steht dem Museum ein fast 100 ha großes Gelände zur Verfügung, das Platz für 74 unterschiedlich große Gebäude in verschiedenen architektonischen Stilen bietet. Die Ausstellungsmacher präsentieren somit die regionalen Bauweisen von Ermland, Masuren, Weichselland und Litauen.

Wohnhäuser, ein Gasthaus, einen Schulraum, Lagerhäuser, Wirtschaftsräume, sakrale Bauten sowie verschiedene „Handwerksgebäude", wie eine Wasser- und eine Ölmühle oder eine Schmiede, wurden überführt oder sind originalgetreue Rekonstruktionen. Die Ausstattung der Gebäude zeigt die traditionellen Arbeits- und Lebensweisen auf dem Lande während des 19. und 20. Jahrhunderts. Interessant ist der Vergleich sonst weit voneinander entfernt liegender Bauten: Einerseits die großen, in Fachwerk und Stein errichteten Häuser mit üppigen Vorlauben aus dem fruchtbaren Weichselland und daneben die einfachen bis ärmlichen Holzhäuser der Bauern aus dem kargen Masuren.

Das Gelände ist liebevoll ausgestattet mit Holzgattern, alten Kreuzen am Wegesrand, Scheunen, Brunnen, Bienenkörben sowie Ställen, in denen

Ein „Womo“ aus dem 19. Jh. und eine evangelische Kirche

sogar alte Hühner- oder Kaninchenrassen nicht fehlen. Nachdem wir auch noch Ziegen, einen Truthahn und die kleinen polnischen Konik-Pferde entdecken, die vermutlich von der im 19.Jh. ausgestorbenen Wildpferderasse der Tarpane abstammen, fühlen wir uns vollends in alte Zeiten zurückversetzt. Einen halben Tag sollten Sie für die Besichtigung einplanen. Auch das Restaurant am Eingang können wir empfehlen.

Öffnungszeiten: 15.-30. April Di-So 9-17 Uhr, Mai/Juni täglich 9-17 Uhr, Juli/August täglich 9-18 Uhr, Sept. Di-So 9-17 Uhr, Okt. Di-So 9-16 Uhr, Eintritt 12 Zł/6 Zł, ul. Leśna 23, www.muzeumolsztynek.com.pl. Der Parkplatz direkt vor dem Museum bietet reichlich Platz zum Übernachten.

(204) WOMO-Stellplatz: Olszynek

GPS: N 53°35'23.5" E 20°17'20.6"
max. Womos: 2-3
Ausstattung/Lage: gepflasterter Großparkplatz, gebührenpflichtig/innerorts.
Zufahrt: Von der S7 aus Süden kommend bis nach Olsztynek, nach 1 km links den braunen Schildern “Skansen Park” folgen, nach einigen hundert Meter links.

Strandleben an der wunderschönen Badestelle des Campingplatzes Ukiel.

Bis zum 30 km entfernten Olsztyn haben wir keinen weiteren Platz entdeckt, denn der Jezioro Wulpinskie ist dicht mit Ferienhäuschen bebaut. Dafür bietet OLSZTYN (175.000 Einwohner) mehrere gute Möglichkeiten. Naturfreunden empfehlen wir den recht weit außerhalb des Zentrums gelegenen Campingplatz:

(205) WOMO-Campingplatz: Ukiel, Nr. 16, Olsztyn

GPS: N 53°47'13.0" E 20°23'55.6", ul. Poronna 6, **Tel:** +48895222766
Öffnungszeit: 15. April-15. Oktober www.camping.mazury.pl
Ausstattung/Lage: Schönes Gelände hoch oberhalb des Ukiel-Sees, kleine Bäumchen, steiler Abstieg zum Strand, sehr einfache Sanitäranlagen, Haustiere erlaubt, Ver- und Entsorgung, Olsztyn ca. 8 km/außerorts.
Zufahrt: Von der <16> vor den Gleisen ins Zentrum, beim Kreisel links, die Bałtyka 4,8 km, in Gutkowo 300 m nach dem See links, 2 km Schotterweg.

Wer nicht so weit außerhalb bleiben möchte, kann den zentrumsnahen Stellplatz direkt am Jezioro Długie anfahren.

(206) WOMO-Stellplatz: Jezioro Długie, Olsztyn

GPS: N 53°46'48.8" E 20°27'53.0"
max. Womos: 1-2
Ausstattung/Lage: Schotterparkplatz am See, Dixi-Klos/außerorts.
Zufahrt: Von der <16> vor der Eisenbahn Richtung Zentrum, beim Kreisel geradeaus. Bei der 1. Möglichkeit wenden, zurück und vor dem Kreisel rechts, nach 200 m links.

Als weitere Alternative für die Stadtbesichtigung können wir einen bewachten Parkplatz im Zentrum anbieten [**207:** N 53°46'43.3" E 20°28'35.5", gebührenpflichtig, für kleinere Womos].

Hier befinden wir uns direkt unterhalb des **Hohen Tores**, einem Rest der Stadtbefestigung aus dem 14. Jahrhundert, durch das wir schreiten, um die Stadtbesichtigung Olsztyns zu beginnen.

Stadtbummel durch Olsztyn:
Vom Stellplatz (206) gelangen wir über ein paar Stufen bergauf zum **Hohen Tor** (Foto links). Dieses schöne, gotische Backsteintor ist das letzte von einst drei Torhäusern der ehemaligen Stadtmauer und wurde in preußischer Zeit auch als Gefängnis genutzt.
Wenige Schritte nach rechts und man hat den Targ Rybny, den Fischmarkt, erreicht, an dem das wieder aufgebaute **Haus der „Gazeta Olsztyńska“** liegt. Heute ist hier ein **Museum** eingerichtet, das an den Journalisten und Herausgeber Seweryn Pieniężny erinnert, den wir ja bereits in Pieniężno (S. 136) kennengelernt haben. Die Zeitung erschien erstmals 1886 und war als einzige polnischsprachige Publikation das wichtigste Blatt für die große nichtdeutsche Bevölkerungsgruppe (Dom Gazety Olsztyńskiej, Juni-Aug., Mi-Mo 9-17 Uhr, Di 10-18 Uhr, außerhalb der Saison Di-So 9-16 Uhr).
Über die Fußgängerzone der **ul. Staromiejska** bummeln wir an hübschen Giebelhäusern, Cafes und Restaurants vorbei bis zum Markt. Alles wurde nach dem Krieg neu aufgebaut, nicht immer ganz originalgetreu, sondern z.B. zum Teil ein Stockwerk höher als zuvor. Am Haus Ecke ul.Staromiejska/Św. Barbary wird an den berühmten Sohn der Stadt, den Architekten Erich Mendelsohn, mit einer Gedenktafel erinnert. Das **Alte Rathaus** aus der zweiten Hälfte des 14. Jh., in dem sich heute die Woiwodschaftsbibliothek befindet, ist der Mittelpunkt des großen **Markts**. Zu erwähnen ist noch die **Kirche St. Jakob** aus dem Jahre 1370, die 1868 modernisiert wurde. Seit 1973 ist sie Diözesansitz, 2003 erhob der Papst sie zur „Basilika Minor“. Vom Stare Miasto abwärts führt uns die ul. Zamkowa vorbei am sitzenden **Bronze-Kopernikus** zum Schloss des ermländischen Domkapitels. Den zweiten Weltkrieg überstand die trutzige Burg beinahe unversehrt, so wie sie auch viele Jahrhunderte vorher dem Ansturm der Deutschritter widerstand. Heute beherbergt sie das **Museum von Ermland und Masuren**, in dem auch eine **Kopernikusausstellung** gezeigt wird. Der Astronom war von 1516 bis ca. 1521 hier als Verwalter des Domkapitels tätig. Seine ehemaligen Wohnräume und die Astronomische Tafel sind zu besichtigen. Im Südosten der Stadt ist das **Kopernik-Planetarium** eingerichtet, das den BesucherInnen den Eindruck vermittelt, sie befänden sich mitten im Weltall.

Auch in Olsztyn hat Kopernikus als Verwalter gewirkt.

Radtour rund um den Jezioro Długie:
Wer auf dem Campingplatz Ukiel (205) übernachtet, kann kann die Besichtigung von Olsztyn gut mit einer Radtour um den Jezioro Długie verbinden. Aber auch vom Stellplatz (206) bietet sich die Tour an, da der Parkplatz direkt am See liegt. Vom Campingplatz fahren wir die Holperstrecke zurück bis zur Bałtycka und dort Richtung Olsztyn nach rechts. Bei Lidl kreuzen wir die Straße und biegen bei der Tankstelle in die kleine Wohnstraße ul. Rybaki. Wir folgen nicht der Vorfahrtsstraße, sondern halten uns leicht links, vorbei an gepflegten, fast deutsch anmutenden Einfamilienhäusern. Beim Haus Przedszkole Miejskie Nr. 2 führt ein kleiner Fußweg steil links bergab zum Jezioro Długie. Am Seeufer brausen wir auf breitem Feinkiesweg nach links entlang des Ufers. Nach rund 2 km erreichen wir Infotafeln am nördlichen Ende des Sees und genießen den schönen Blick aufs Wasser. Weiter gehts am schattigen Ufer auf einem Trimm-Dich-Pfad, dazwischen locken gemütliche Bänke zur Entspannung. Wenig später ist eine Brücke über den See erreicht, direkt davor liegt eine **Badestelle**. Jetzt geht es gepflastert weiter und je näher wir dem Städtchen kommen, desto mehr Spielplätze und Bars säumen den Uferweg. Kurz darauf erreichen wir den Stellplatz (206).
Zur Stadtbesichtigung: Wir nehmen den Fußgängertunnel ins Zentrum, biegen links in die ul. Konopnickiej ein, um kurz darauf unterhalb des Schlosses zu stehen.

Die Badestelle am Jezioro Długie erreicht man zu Fuß oder mit dem Rad.

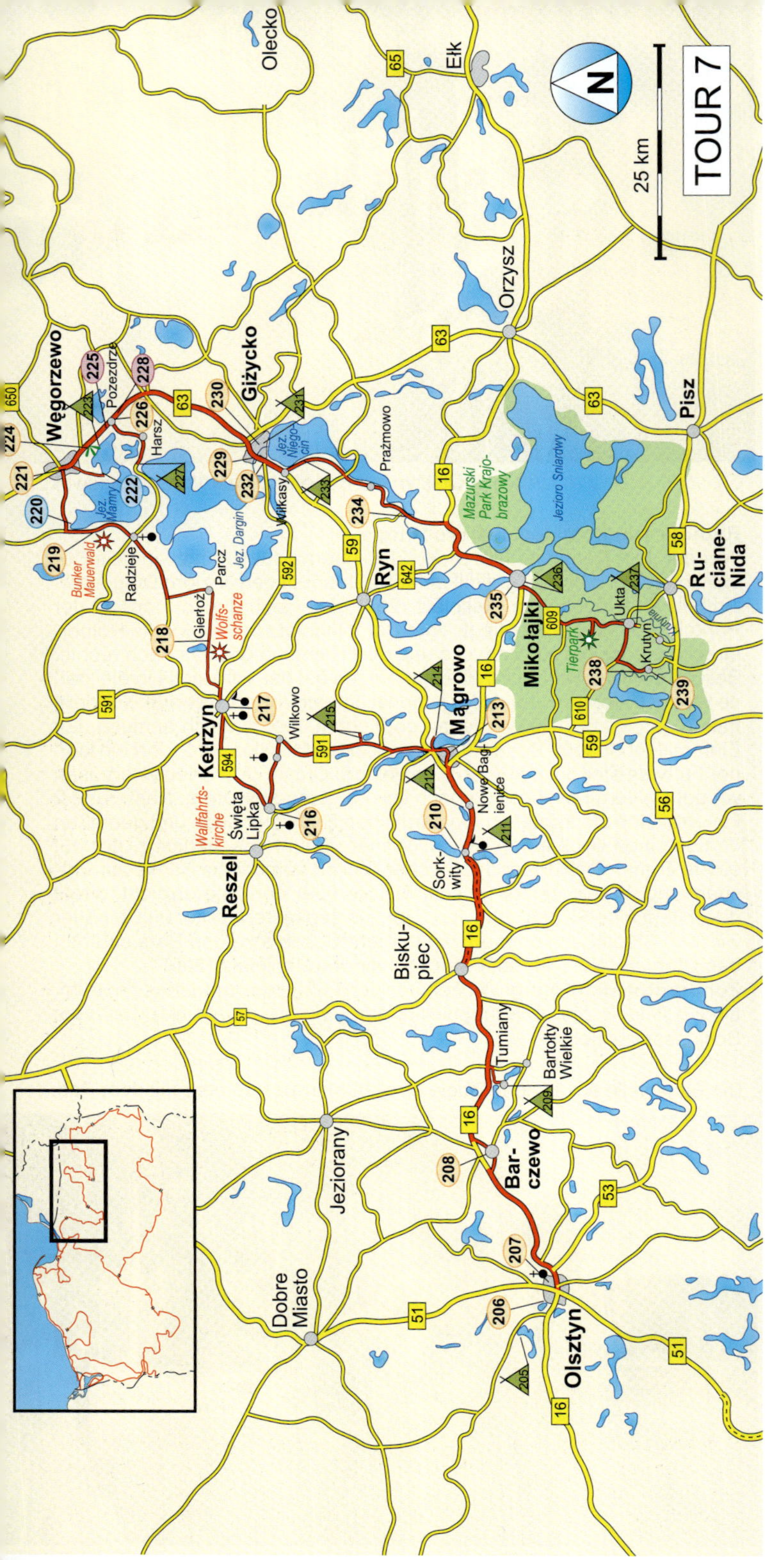
TOUR 7
N
25 km
Olecko
Ełk
Orzysz
Pisz
Węgorzewo
Pozezdrze
Harsz
Giżycko
Jez. Mamry
Jez. Niegocin
Jez. Dargin
Wilkasy
Prażmowo
Bunker Mauerwald
Radzieje
Parcz
Gierłoż
Wolfsschanze
Ryn
Mazurski Park Krajobrazowy
Jezioro Śniardwy
Mikołajki
Ukta
Krutyń
Krutynia
Tierpark
Ruciane-Nida
Kętrzyn
Wilkowo
Mrągowo
Nowe Bagienice
Wallfahrtskirche
Święta Lipka
Reszel
Sorkwity
Biskupiec
Tumiany
Bartołty Wielkie
Barczewo
Jeziorany
Dobre Miasto
Olsztyn
650
224
221
220
219
225
223
222
226
227
228
63
230
229
232
231
233
234
235
236
237
238
239
218
217
216
215
214
213
212
211
210
209
208
207
206
205
16
59
58
56
57
51
53
65
591
592
594
609
610
642

Tour 7: Erkundungen rund um die großen Seen der Masuren (ca. 180 km)

Olsztyn – Barczewo – Mrągowo – Święta Lipka – Ketrzyn – Gierlóz – Węgorzewo – Giżycko – Mikołajki – Krutyń

Stellplätze: Barczewo, Sorkwity, Mągrowo, Święta Lipka, Kętrzyn, Gierloż, Mamerki, Węgorzewo, Pozezdrze, Giżycko, Szymonka, Mikołajki, Krutyn.

Campingplätze: Tumiany, Sorkwity, Bagienice, Mągrowo, Ruska Wieś, Węgorzewo, Harsz, Giżycko, Strzelce, Mikołajki, Ukta

Baden: Jezioro Mamry, Halbinsel Kal.

Besichtigen: Mągrowo, Wallfahrtskirche Święta Lipka, ehemaliges Führerhauptquartier Wolfsschanze/ Gierloż , Bunkeranlagen Mamerki, Węgorzewo, Kriegsgräberstelle Jägerhöhe, Giżycko, Mikołajki

Aktivitäten: Paddeltour auf der Sapina oder auch der Krutynia, geführte Tour im Tierpark hinter Mikołajki.

Als nächstes peilen wir **Mrągowo** an. Dazu nehmen wir vom Zentrum Olsztyns aus die <16> Richtung **Augustinów**, die südlich um die Stadt herumführt. Etwas chaotisch werden wir links und rechts geführt, bevor wir wieder auf einer gut ausgebauten Schnellstraße nach Osten düsen. Am Ortsausgang entdecken wir links eine auffallende, moderne Backsteinkirche mit interessant gefaltetem Dach. Im Industriegebiet wird die Schnellstraße plötzlich wieder zur holprigen und sogar einspurigen Piste. Erst als wir Olsztyn dann endgültig verlassen, wird auch die <16> wieder breiter und vor allem gut asphaltiert.
Die Polizei winkt uns von der Straße, Straßensperrung: Nur deshalb machen wir einen Abstecher nach BARCZEWO (7.400 Einwohner), in dessen Stadtzentrum wir dann aber einen Platz für die Nacht entdecken.

(208) WOMO-Stellplatz: Barczewo
GPS: N 53°49'40.3" E 20°41'27.0"
max. Womos: 1-2
Ausstattung/Lage: Keine Infrastruktur, gepflasterte Parkfläche direkt neben dem Markt, Ausgrabungen, sonnig/innerorts.
Zufahrt: Von Olstyn Richtung Mrągowo auf der <16>, in Barczewo abfahren, Richtung Zentrum zum ausgeschilderten, großen Parkplatz.

Barczeweo: Bei strahlendem Sonnenschein machen wir einen Spaziergang rund um den kleinen See zum *amfiteatr*. Den gewaltigen Springbrunnen finden wir für den kleinen Ort erstaunlich. Nebenan liegen Reste des ehemaligen Klosters, das heute als Gefängnis genutzt wird. Hier war der

Blick auf den Dorfteich und St. Anna-Kirche in Barczewo

ehemalige Gauleiter von Ostpreußen und Chef der deutschen Zivilverwaltung im polnischen Bezirk Białystok, Erich Koch, von 1959 bis zu seinem Tod 1986 in Haft. Er war in Polen nach langen Gerichtsverhandlungen 1959 für seine Kriegsverbrechen in Polen zum Tode verurteilt worden, später wurde das Urteil in eine lebenslange Freiheitsstrafe umgewandelt. Die dreischiffige **St. Anna-Kirche** aus dem 14. Jh. mit ihren vielen Altären ist 2003 aufwändig renoviert worden, dort findet jährlich das Feliks-Nowowiejski-Chormusik-Festival statt. In der ul. Mickiewicza, auf der Suche nach einem Bäcker, entdecken wir auch das Geburtshaus des Komponisten, Dirigenten, Organisten, Musiklehrers sowie päpstlichen Kammerherrn Nowowiejski (1877-1946), in dem auch ein kleines **Museum** untergebracht ist.

Kaum zurück auf der <16>, finden wir wenig später bereits wieder einen schönen Campingplatz am **Jezioro Pisz**.

(209) WOMO-Campingplatz: Tumiany, Jezioro Pisz

GPS: N 53°48'47.5" E 20°47'44.2", Tumiany 1A **Tel:** +48602757481
Öffnungszeit: 1. Mai - 30. September www.camping-tumiany.pl
Ausstattung/Lage: Schönes, teils schattiges Wiesengelände am Strand, Kajak- und Tretbootverleih, Steg, Bar/Restaurant, neue Sanitäranlagen.
Zufahrt: Von der <16> Richtung Mrągorow, 8 km hinter der nördlichen Ausfahrt von Barczewo Richtung Bartołdy Wielkie abbiegen. Gleich wieder rechts Richtung Tumiany, ausgeschildert 3 km (2 km Schotter) bis zum Platz.

Hinter **Biskupiec** bleibt die <16>fast bis SORKWITY zweispurig. Das Örtchen ist ein beliebter Einstieg in die **Krutynia-Tour**, eine der schönsten und meistbefahrenen Kanurouten in Masuren. Direkt nach der Überquerung des Flüsschens fahren wir links.

(210) WOMO-Stellplatz: Sorkwity

GPS: N 53°50'47.6" E 21°08'37.2" **max. Womos:** 1-2
Ausstattung/Lage: Keine Infrastruktur, Wiese oberhalb des Sees/innerorts.
Zufahrt: Die <16> von Olsztyn nach Mrągowo in Sorkwity nach der Krutyna-Querung links Richtung Gązwa. 300 m später direkt hinter der Kirche. Alternativparkplatz gleich an der <16> (N 53°50'43.0" E 21°08'36.0").

Strand von Sorkwity, eine ideale Einstiegstelle für Kanuten

Wer in SORKWITY nicht links, sondern rechts abbiegt, passiert zunächst das neogotische **Backsteinschloss** mit Türmchen und Zinnen, das in tiefem Dornröschenschlaf schlummert, bevor er auf die PTTK-Wasserstation trifft.

(211) WOMO-Campingplatz: PTTK-Station, Sorkwity
GPS: N 53°50'25.5" E 21°08'30.6", Zamkowa 13 **Tel:** +48606627503
Öffnungszeit: 20. April - 20. September
Ausstattung/Lage: Teils schattig, Wiesenplatz direkt am See, Taverna, Kajakeinstiegstelle/außerorts.
Zufahrt: Die <16> von Olsztyn nach Mrągowo in Sorkwity nach der Krutyna-Querung nach rechts verlassen, links am Schloss vorbei.

Ein weiterer wunderschöner Platz kommt nur 3,5 km später.

(212) WOMO-Campingplatz: Campargo Lorsby, Bagienice
GPS: N 53°50'23.7" E 21°12'27.7", Nowe Bagienice 16, **Tel:** +48897428263
Öffnungszeit: Ganzjährig, www.lorsby.pl
Ausstattung/Lage: Hügeliger Wiesenplatz am See, Ruderboote, Stege, saubere Sanitäranlagen, Ver- und Entsorgung, WiFi, deutschsprachig, Bar/Rest.
Zufahrt: Auf der <16> Richtung Mrągowo 3,5, km hinter Sorkwity in Nowe Bagienice ausgeschildert nach links, 200 m Rezeption, 600 m bis zum See.

Papst Johannes-Paul II grüßt auf dem Weg zur Mole.

Um MRĄGOWO (23.000 Einwohner) mit seiner gepflegten **Uferpromenade**, dem **Rathaus mit Heimat**- und **Ernst-Wichert-Museum** zu erkunden, stellen wir unseren fahrbaren Untersatz auf den großen **Stadtparkplatz**. Eine Alternative ist der **Campingplatz**, der in der Nähe der **Badestelle** und des **Amphitheaters** liegt.

(213) WOMO-Stellplatz: Mrągowo
GPS: N 53°52'18.7" E 21°18'18.4"
max. Womos: 2-3
Ausstattung/Lage: Keine Infrastruktur, eher für kleinere Womos/innerorts.
Zufahrt: Von der <16> in Mrągowo Richtung Zentrum, nach 750 m Ausschilderung "P 30 m".
Alternative: Großer Parkplatz beim Kulturzentrum gleich am Ortseingang an der Abzweigung der <59>, recht laut.

(214) WOMO-Campingplatz: Cezar, Nr. 3, Mrągowo
GPS: N 53°52'33.1" E 21°18'59.8", ul. Jaszczurcza Góra, **Tel:** +48897412533
Öffnungszeit: Mai-September www.mazury.info.pl/ceza
Ausstattung/Lage: Wiesenplatz, Bar, Ver- und Entsorgung, durch kleine Straße vom See/Strand getrennt, Zentrum 800 m/innerorts.
Zufahrt: Vom Platz (213) noch 500 m nach Norden, beim Kreisel die ul. Giżycka rechts, 800 m am See entlang, dann rechts in die ul. Jaszczurcza Góra.

Die prunkvolle **Wallfahrtskirche Święta Lipka** ist unser nächstes Ziel. So folgen wir der <591> Richtung **Ketrzyn/Rhyn**, aber nach 8 km lockt uns ein toller Campingplatz nach rechts.

(215) WOMO-Campingplatz: Seeblick, Nr. 85, Ruska Wieś
GPS: N 53°56'34.2" E 21°19'11.2" **Tel:** +48897413155
Öffnungszeit: Ganzjährig www.campingpension.de
Ausstattung/Lage: Terrassierter Wiesenplatz am See, sonnig, Waschmaschine, Hunde erlaubt, Tennisplatz, deutschsprachig/innerorts.
Zufahrt: Von Mrągowo die <591> Richtung Ketrzyn/Rhyn, nach 8 km rechts ausgeschildert nach Ruska Wieś und dort rechts zum Jezioro Salet.

Überall werden Heidelbeeren und Pilze an der Straße verkauft.

Alternative: An einem neu angelegten, künstlichen See bietet das "Salent"-*Pensjonat* eine große Wiese rund um ein Hotel. Ruska Wieś 10A, N 53°56'46.5" E 21°19'25.5", **Tel:** +48698094761.

Zurück auf der <591> biegen wir in **Wilkowo** nach links Richtung **Święta Lipka** ab. Nach gut 3 km erreichen wir BEZŁAKI mit seiner auf einem Hügel gelegenen **Johannes-der-Täufer-Kirche**.

Das heutige Kirchlein war einst ein Schloss und zwar die kleinste, noch teilweise erhaltene Schutzanlage des Deutschen Ordens. Der Wachturm wurde Ende des 14. Jh. erbaut. Zu dieser Zeit versuchte der Deutsche Orden Litauen einzunehmen. Der jüngste Bruder von Władysław Jagiełłos, Fürst Swidrygiello, hielt sich längere Zeit in Bezławki auf, um sich mit den Kreuzrittern zu verbünden. Nach dem großen Krieg zwischen dem Deutschen Orden und Polen (1409-11) verlor die Festung ihre Verteidigungsfunktion.

Protestantische Gläubige haben im Jahre 1583 das Schloss zu einem Gotteshaus umgebaut. So entstand eine Hallenkirche und die Anordnung der Fenster wurde geändert. Um 1726-1730 wurde der Turm in Fachwerkkonstruktion angebaut. Während der Modernisierung im Jahre 1884 wurde der Bau um eine Vorhalle und eine Sakristei erweitert. Nach dem Zweiten Weltkrieg nutzte die evangelische Gemeinde die Kirche bis in die 70er Jahre. Im Jahr 1984 wurde sie von der römisch-katholischen Gemeinde in Wilkowo übernommen.

Wenig später ist ŚWIĘTA LIPKA, ein bedeutender Wallfahrtsort, erreicht. Am Abend können wir uns auf den Busparkplatz direkt vor der Klosterkirche stellen oder:

(216) WOMO-Stellplatz: Święta Lipka
GPS: N 54°01'39.3" E 21°13'10.6"
max. Womos: 2-3
Ausstattung/Lage: Gepflasterter Parkplatz, Dixi-Klo, Mülleimer/innerorts.
Zufahrt: Von Mrągowo die <591> Richtung Ketzyn/Rhyn, in Wilkowo nach Święta Lipka abbiegen. Am Ortseingang nach rechts, nach 200 m Platz oberhalb der <594>.

Święta Lipka: Wir kommen genau richtig. Kaum haben wir das prächtige Gotteshaus betreten, das 1983 von Papst Johannes Paul II zur Basilika Minor ernannt wurde, geht das Spektakel auch schon los: 4.965 Pfeifen erklingen, Engelchen winken, nicken und wackeln – je nach gezogenen Registern. Und die gewaltige Orgel aus dem Jahr 1719-1721 erklingt, dass es nur so eine Freude ist. Ein wahrer Augen- und Ohrenschmaus! (Wochentags stündlich zwischen 9.30 und 11.30 Uhr sowie zwischen 13.30 und 17.30 Uhr, an Sonn- und Feiertagen um 10.30, 12.30, 15.30 und 16.30 Uhr)
Und was hat das Ganze mit einer Linde (*lipka*) zu tun? Unter einer Linde mit einer Muttergottes-Statue sollen sich seit dem 13. Jh. zahlreiche Wunder ereignet haben. So konnten Blinde angeblich wieder sehen, Taube hören und Kranke wurden gesund. Das zog natürlich reichlich Pilger an. Die jetzige Basilika wurde 1687 erbaut und da der Pilgerstrom immer größer wurde, umgab man die Kirche zusätzlich mit Kreuzgängen und Kapellen. Ein gewaltiger Hochaltar, den der Königsberger Christoph Peuker 1712-1714 erschuf, zeigt im Zentrum die „Muttergottes von der Heiligen Linde“. Auf der linken Seite steht das wichtigste Heiligtum, eine Nachbildung der berühmten Linde, mit der von schmiedeeisernen Blättern umgebenen Madonna mit Kind.

Weiter geht die Reise: Hinter BIEDASKI entdecken wir ein gewaltiges Storchennest auf einem stumpigen Gewächshauskamin.
Wir kommen an weiten Äckern und Feldern vorbei ins 14 km entfernte KĘTZYN (30.000 Einwohner). Die Gegend hier gehört zu den fruchtbarsten Anbaugebieten Nordpolens.

(217) WOMO-Stellplatz: Kętrzyn
GPS: N 54°04'33.5" E 21°22'31.2"
max. Womos: 1-2
Ausstattung/Lage: Keine Infrastruktur, asphaltierter Parkplatz, laut/innerorts.
Zufahrt: Die <591> in Kętrzyn bis zum Kreisel, dann links auf die <592> Richtung Bartoszyce, nach 250 m auf der linken Seite.
Alternative: Parkplatz beim Friedhof an der >591>, N 54°04'36.6" E 21°22'50.1".

Besichtigung von Kętrzyn: Während die Stadt den Ersten Weltkrieg weitgehend unbeschadet überstand, die russische Armee hatte die Stadt zwar besetzt, richtete jedoch keine erheblichen Schäden an, waren nach dem Zweiten Weltkrieg gewaltige Zerstörungen zu beklagen. Die Wurzeln Ketrzyns/Rastenburgs gehen auf eine, mit Stadtmauern gesicherte, Festung zurück, die der Deutsche Orden 1329 errichten ließ. Im 16. Jh. wurde das Haupthaus erweitert und um einen runden Turm ergänzt. Vom Stellplatz erreichen wir das **Heimatmuseum**, das nach aufwändigen Restaurierungsarbeiten in jener Burg untergebracht wurde, indem wir nach Süden durch die Öffnungen der niedrigen Stadtmauer gehen (Pl. Zamkowy 1, www.muzeum.ketrzyn.pl, Öffnungszeiten: Mitte Juni-Ende Sept. Di-Fr 9-18 Uhr, Sa/So 9-17 Uhr, sonst Di-Fr 9-16 Uhr, Sa/So 9-15 Uhr, Mo geschl., 8 Zł/5 Zł).
Sehenswert ist zudem die nahe, von einer Ringmauer umgebene, **Wehrkirche St. Georg** (Kościół św. Jerzego), die ebenfalls zur Zeit des Deutschen Ordens errichtet wurde. Durch ihre Wuchtigkeit ist sie einmalig in Masuren. Im Inneren ist ein schönes Gewölbe zu bewundern, aber ob der 1500 angefügte Altarraum sich wirklich deutlich sichtbar nach links neigt, können wir nicht gut beurteilen, da bei unserem Besuch ein Gottesdienst stattfand, den wir nicht stören wollten.

Unser nächstes Ziel ist kein leicht verdauliches: Kaum vorstellbar ist heute, dass in den inzwischen überwucherten Betonbauten der „Wolfsschanze" das Führerhauptquartier war, in dem Hitler die längste Zeit des Zweiten Weltkrieges verbrachte.
Wir nehmen die <592> Richtung **Giżycko** und biegen hinter KRUSZEWIEC Richtung **Gierłoż** ab.

(218) WOMO-Stellplatz: Gierłoż
GPS: N 54°04'46.7" E 21°29'39.4"
max. Womos: >5
Ausstattung/Lage: Gebührenpflichtig, schattig, WC, Strom, Mülleimer/außerorts.
Zufahrt: Von Kętrzyn auf der <592> Richtung Giżycko, in Kruszewiec links ausgeschildert bis Gierłoż.
Achtung: laut Leserhinweis stechwütige Bremsen!

Meterdicke Betonverstecke nach deren Sprengung

Besuch des ehemaligen Führerhauptquartiers (Kwatera Hitlera), genannt Wolfsschanze: In kürzester Zeit stampften die Nazis 1940 zahlreiche Betonbunker und Sicherheitsanlagen aus Wald und Moor. Dieses frontnahe Führerhauptquartier diente als Befehlsbasis für die Operation „Barbarossa“, den Überfall auf die Sowjetunion. Das Gelände wurde frühzeitig hermetisch von der Außenwelt abgeschirmt, in verschiedenen Sperrkreisen wurden Einzelbunker für Hitler, Göring, Keitel und weitere wichtige Nazis errichtet. Man spannte feuerfeste Tarnnetze über die gesamte Anlage, versah die Wände mit „Tarnbäumen“, bepflanzte Bunkerdächer mit Gräsern und Sträuchern. Ab 1942 kamen Verwaltung und Büroräume sowie Gästehäuser, ein Kasino und ein Teehaus dazu. Drei Jahre lebte Hitler hier, fällte wichtige Entscheidungen wie den Angriff auf Stalingrad oder die Zerstörung Warschaus. Er fühlte sich in der geheimgehaltenen Festung sicher, bis ihm Widerstand aus den eigenen Reihen entgegen schlug: Am 20. Juli 1944, der Krieg war bereits nicht mehr zu gewinnen, versuchten einige Offiziere unter Leitung von Graf Schenk von Stauffenberg einen Putsch gegen den Führer. Da das Attentat jedoch nicht gelang, wurde Stauffenberg und zahlreiche andere Beteiligte später hingerichtet.
Alle unterschiedlich langen Besichtigungsrouten führen zu Beginn an einem Gedenkstein vorbei. Er wurde in Form eines aufgeschlagenen Buches an der einstigen Lagerbaracke errichtet, in der der Attentatversuch auf Hitler scheiterte. Beim weiteren Rundgang können wir zahlreiche zerstörte Betonfestungen besichtigen. Der ehemalige Führerbunker (Nr. 13) ist mit 10 m Wanddicke der Gewaltigste, heute wuchern dort Moose und Pilze. Rund 80 Gebäude bildeten die mit Minengürteln und Drahthindernissen abgeschirmte Einrichtung. Im Januar 1945 sprengte die Wehrmacht bei ihrem Abzug die meisten der Bunker. Das Gelände wurde später in mühevoller Kleinarbeit entmint, aber bis heute warnen Schilder vor dem Verlassen der Wege. (Wilczy Szaniec, Tel. 897524429, www.wolfsschanze.pl, Öffnungszeiten: tgl. ab 9 Uhr-Sonnenuntergang, Rundgang rund 2 Stunden).

Die ehemaligen Bunker der Wolfsschanze sind heute vermoost

Auf dem Gelände treffen wir eine Familie, die uns erzählt, dass im rund 20 km entfernten **Mamerki** weitere **Bunkeranlagen des ehemaligen Hauptquartiers des deutschen Oberkommandos des Heeres** (OHK) noch deutlich besser erhalten sind als die Wolfsschanze. Eigentlich finden wir Gierłoż gruselig genug, aber um ein noch genaueres Bild vom Leben der Wehrmacht zwischen 1940 und 1944 zu bekommen, machen wir uns auf zum „**Mauerwald**".

Nur 300 m weiter durch den Wald, noch vor PARCZ, liegt links der Straße ein großes Miltärmuseum. Gleich danach biegen wir links ab, die Landschaft ist wunderschön. Kleine Dörfer, Kühe, Felder und immer wieder Alleen. Es duftet nach Kuhdung und gemähtem Gras. 1,5 km nach **Mażany** halten wir uns rechts bis RADZIEJE, auf deutsch Rosengarten. Das **Dorfkirchlein**, ein achteckiger, neu verputzter Bau mit flachem Zeltdach und einem hölzernen Türmchen, hat beide Weltkriege überstanden. Die Straße ist neu asphaltiert, aber den Birken geht es nicht gut hier in der Gegend. Nach KAMIONEK WIELKI ist das Gelände des Mauerparks ausgeschildert und wenig später haben wir auch schon den ersten Parkplatz links im Wald erreicht.

(219) WOMO-Stellplatz: Mamerki, Hauptquartier der Wehrmacht

GPS: N 54°10'58.4" E 21°39'00.1"

max. Womos: 3-4

Ausstattung/Lage: Geschotterter, gebührenpflichtiger Parkplatz beim Tunnel, Aussichtsturm und kleines *Muzeum*, Mülleimer/außerorts.

Zufahrt: Von der Wolfsschanze 20 km nördlich, siehe Text, 100 m weiter rechts an der Straße ein zweiter Parkplatz zu den Bunkern, N 54°11'06.83" E 21°39'00.57".

Eine stacheldrahtumzogene, mit Moosen und Meergras getarnte Bunkerstadt mit Kino, Post und Krankenhaus für 40 Generäle sowie 1.500 Offiziere und Wehrmachtssoldaten war hier zwischen 1940 und 1944 eingerichtet. Die Nazis bauten etwa 250 Objekte, rund 30 Bunker sind heute noch erhalten. Der größte ist 25 m lang und hat 7 m dicke Mauern. Ein Blick vom Aussichtsturm ist nicht sehr erleuchtend: Die Gebäude sind so gut getarnt, dass sie von hier oben kaum auszumachen sind. Die Deutschen räumten 1945 Mauerwald kampflos, ohne die Anlage zu zerstören. Zwar zählt Mamerky daher zu den **am besten erhaltenen deutschen Bunkerkomplexen des Zweiten Weltkriegs,** wir fanden die Präsentation aber etwas dürftig. Das Gelände ist dreigeteilt: Tunnel mit Mini-Ausstellung, Aussichtsturm und kleines Museum sowie die Bunkeranlagen (zweiter Parkplatz). Mai-Oktober, tgl. 8-20 Uhr, 20 Zł.

Für heute haben wir genug in der grausamen Geschichte gewühlt. Ein Badestopp wäre jetzt genau das Richtige. Wenige Kilometer in Richtung **Węgorzewo** werden wir fündig:

(220) WOMO-Badeplatz: Jezioro Mamry

GPS: N 54°12'47.6" E 21°38'59.5"
max. Womos: 2-3
Ausstattung/Lage: Gebührenpfl., Dixi-Klo, Wiese am Strand, nahe der Straße/außerorts.
Zufahrt: Vom Mamerki nach Norden Richtung Węgorzewo. 1 km hinter Przystań, nach der Kreuzung mit der <650> rechts an der Straße.

5 km auf der <650> später ist WĘGORZEWO (12.000 Einwohner) erreicht. Das Womo stellen wir für eine Stadtbesichtigung hier ab:

(221) WOMO-Stellplatz: Węgorzewo

GPS: N 54°12'40.1" E 21°44'23.7", Plac Wolnosci
max. Womos: 2-3
Ausstattung/Lage: Parkplätze an der Straße, Schatten, nicht leise/innerorts.
Zufahrt: Am Kreisel Richtung Gyzcko, 75 m später rechts Richtung Port, nach 500 m links.
Alternative: Am Hafen/*Port*, Bulwar Loir et Cher, N 54°12'41.7" E 21°44'04.8".

Um 1335 war **Węgorzewo** eine hölzerne Wehranlage unter dem Hochmeister des Deutschen Ordens Dietrich von Altenburg. Heute ist die ehemalige Burg als solche kaum erkennbar und in Privatbesitz. Der zentrale Platz ist der **Plac Wolniści** mit Springbrunnen. Nahebei thront auf einer kleinen Anhöhe die **Kirche St. Peter und Paul** (Kościół św. Piotra i Pawła) mit der ältesten Orgel Masurens. Am Stadthafen interessiert uns das **Volkskulturmuseum** mit angeschlossenem **kleinen Freilichtmuseum** (Muzeum Kultury Ludowej, ul. Portowa 1, Öffnungszeiten: Juni-Sept., Mo-Fr. 8-18 Uhr, Sa/So 10-18 Uhr, sonst Mo-Fr. 8-16 Uhr).

Zum Genießen des **Jezioro Swięcajty** gibt es viele Möglichkeiten. Zum Beispiel: Besuch eines **Badeplatzes** oder **Campingplatzes** am Wasser, den phantastischem Blick von der **Jägerhöhe mit Kriegsgräberstätte** oder eine **Dampferfahrt** (Juni-Sept., ab Hafen: +48694459460, tgl. 13 Uhr oder 15 Uhr).

Zahlreiche Boote liegen im Stadthafen Węgorzewos.

(222) WOMO-Badeplatz: Halbinsel Kal, Jezioro Swięcajty

GPS: N 54°11'30.8" E 21°44'37.2"
max. Womos: 1-2
Ausstattung/Lage: Parkplatz nahe der Straße, Mülleimer, WC/außerorts.
Zufahrt: In Węgorzewo von der <63> gegenüber Biedronka in die ul. Jasna Richtung Kal, nach 2 km Badebucht links.

(223) WOMO-Campingplatz: Rusałka, Nr. 175, Węgorzewo

GPS: N 54°11'11.5" E 21°46'13.0", ul. Leśna **Tel:** +4887427219
Öffnungszeit: Mai-September www.cmazur.pl
Ausstattung/Lage: Wiesenstrand, teils schattig, Feuerstellen, ruhig, Laden, Gaststätte, Hunde erlaubt, Windsurfing, Zentrum 3 km.
Zufahrt: <63> Richtung Giżycko, 500 m nach dem Ortsausgangsschild von Węgorzewo rechts, nach 450 m im Wald schräg links, noch 300 m.

Kriegsgräberstelle Jägerhöhe:
Wir fahren auf der <63> Richtung Giżycko, 400 m nach der Ortsausfahrt beim offiziellen Schild für eine Kriegsgräberstätte (Schale mit Schwert und Flamme) nach rechts auf einen Sandweg einbiegen, ca. 900 Meter bis zum Friedhof oberhalb des Sees. [**224:** N 54°11'29.5" E 21°45'28.7"].
Die kreisförmige Anlage unter Kiefern ist mit Findlingsmauern eingefasst, in deren Mittelpunkt ein großes Holzkreuz steht. 234 russische und 344 deutsche Soldaten, die 1914/15 starben, sind hier begraben. Aber die meisten BesucherInnen kommen weniger der Gräber wegen, sondern um die wunderbare Aussicht auf die Seenlandschaft von oben zu genießen (Foto).

Der Campingplatz Sonata bietet Campern und Seglern einen Platz für die Nacht.

Wir fahren weiter Richtung **Giżycko**. 3,5 km hinter **Ogonki** weist ein Schild auf einen Picknickplatz im Wald hin, der durchaus übernachtungstauglich ist.

(225) WOMO-Picknickplatz: Pozezdrze

GPS: N 54°09'00.8" E 21°50'21.5"
max. Womos: 1-2
Ausstattung/Lage: Waldparkplatz, Schatten, Tisch & Bank überdacht/außerorts.
Zufahrt: Von Węgorzewo die <63> Richtung Giżycko, 3,5 km nach Ogonki, 1 km vor Pozezdrze ausgeschildert rechts, noch 500 m vor Haus Hubertowka.

1 km später ist POZEZDRZE erreicht und dort finden wir am Ortseingang links einen kleinen **Parkplatz** [**226:** N 54°08'39.2" E 21°51'20.2"], von dem ganz „bunkerhungrige" eine **Wanderung zu den Überresten von Himmlers Hauptquartier**, der Schwarzschanze, machen können. Wir haben genug Beton gesehen und machen lieber noch einen Abstecher nach Westen. HARSZ ist nur 4 km entfernt und weitere 3,5 km später haben wir den schön gelegenen Campingplatz Sonata erreicht.

(227) WOMO-Campingplatz: Sonata, Harsz

GPS: N 54°08'49.4" E 21°44'53.2", Harsz 40 **Tel:** +48874279509
Öffnungszeit: 15. April-15. Oktober www.masuren-campingplatz.de
Ausstattung/Lage: Sehr weitläufiges Wiesengelände am Strand, Steg, Feuerstellen, ruhig, gute Gaststätte, Hunde erlaubt, deutschsprachig, Rezeption 8-10 und 17-22 Uhr besetzt/innerorts.
Zufahrt: In Pozezdrze Richtung Sztynort/Harsz nach Westen abbiegen, nach 7,5 km.
Sonstiges: Kanuverleih und die Möglichkeit, zahlreiche Paddeltouren auf der Sapina vom Camp aus zu starten. Zum Beispiel:10 Uhr Start Sonata-15.30 Uhr Tourende in Ogonki. Kajak 12 €/Tag, Kanu 16 €/Tag, Rücktransport 5 €/Boot. Tour findet statt, wenn 2-4 Leute mitmachen.

Paddeltour auf der Sapina (Leserzuschrift): Das kleine Flüsschen Sapina schlängelt sich durch eine urwüchsige, atemberaubend schöne Landschaft und ist ab dem Ort **Kruklanki am Jezioro Gołdopiwo** befahrbar. Nur wenige Anzeichen menschlicher Besiedlung stören hier die Natur. Nach dem Einsetzen des Bootes kann man je nach Windrichtung dem Ost- (landschaftlich schöner) oder dem Westufer folgen. Nach 9 bzw. 4 km ist der Abfluss der Sapina erreicht und man folgt dem Fluss bis zu einer kleinen Schleuse. Hier heißt es ein paar Meter umtragen. Gleichzeitig ist hier der Einsatzort für die kürzere Sapinatour. Durch alten Baumbestand hindurch folgt man dem Fluss und erreicht die kleinen, verschlungenen Wilkus/Brzas Seen. Der schmale Fluss schlängelt sich dicht am Naturschutzgebiet der Borkener Heide mit ihren freilebenden Wisenten vorbei. Die Beobachtung von Seeadlern, Schwarzstörchen, Elchen und Kranichen, die Geräusche von Bibern im Schilf, das unheimliche Schlagen der Rohrdommel begleiten uns. Die Sapina führt uns durch ein sumpfiges, menschenleeres Brachland, ideal für NaturfreundInnen, bis wir den Jezioro Pozezdrze erreichen. Dem Ostufer folgend kommen wir an den Abfluss der Sapina und paddeln auf dem Fluss durch eine abwechslungsreiche Landschaft. Links von uns verbergen sich in den Wäldern die Reste der Bunkeranlagen von Himmler. Nach einigen Kilometern mündet die Sapina in den Jezioro Stregiel. Links am Ufer entlang durchfahren wir den Durchbruch zum Jezioro Święcajty und können linkerhand im Ort **Ogonki** anlegen.

Wir fahren zurück nach **Pozezdrze**, dort Richtung **Giżycko** und sehen beim Ortsausgang einen weiteren großen **Picknickplatz** an der Straße [**228:** N 54°08'08.7" E 21°51'23.3"]. Weiter brausen wir 12 km auf der <63> und der <59> bis GIŻYCKO (30.000 Einwohner). Dort gibt es mehrere Abstellmöglichkeiten.

(229) WOMO-Stellplatz: Giżycko, Kanal

GPS: N 54°02'31.8" E 21°45'25.0"
max. Womos: 2-3
Ausstattung/Lage: Wiese am Kanal, nicht leise, Mülleimer/innerorts.
Zufahrt: In Giżycko von Norden kommend am ersten Kreisel rechts (nicht Zentrum), nach fast 2 km (300 m nach Abzweigung Port) nach rechts in einen Sandweg zum Kanal.

(230) Giżycko, Stadtzentrum

GPS: N 54°02'01.4" E 21°46'10.5"
Ul. Kolejowa, **max. Womos:** 3-4
Ausstattung/Lage: Staubiger Schotterplatz, WC/innerorts.
Zufahrt: Die <59> von Norden kommend, am Kreisel Richtung Zentrum, beim 2. Kreisel geradeaus. Dann links Richtung „Port", großer Parkplatz auf der linken Seite.

(231) WOMO-Campingplatz: Zamek, Giżycko

GPS: N 54°02'05.9" E 21°45'34.2", ul. Moniuszki 1 **Tel:** +48874283410
Öffnungszeit: Ganzjährig www.cmazur.pl
Ausstattung/Lage: Am Kanal, schattig, zu Hotel gehörend, zentral /innerorts.
Zufahrt: Auf der <59< am 1. Kreisel rechts, über den Kanal, beim 2. Kreisel, dann nach links, dann rechts und geradeaus bis hinter das Hotel Bruno.

Der Brückenführer braucht fünf Minuten, um die Brücke per Hand zu öffnen.

Giżycko liegt auf einer Landzunge zwischen zwei großen Seen, die durch einen Kanal miteinander verbunden sind. Das Städtchen ist ein Sommerferienort, dessen Leben sich am **Jezioro Niegocin** in der Nähe der 2011 eröffneten Eko-Marina, einem der größten Freizeithäfen Masurens, abspielt. Über 1.400 Liegeplätze stehen in **Giżycko** und Umgebung zur Verfügung. Spaziermole, Restaurants, Cafés und Promenaden finden wir natürlich ebenfalls.

Auch die Ursprünge von **Giżycko** reichen in die Deutschordenszeit zurück. Damals wurde das alte Kastell zerstört und eine neue Burg errichtet, von der heute nur noch ein Originalflügel erhalten ist. Ein Hotel und der Campingplatz sind dort untergebracht. Ganz in der Nähe, am Kanal, befindet sich eine der inzwischen seltenen, von **Hand betriebenen Schwenkbrücken**.

Die intensive Nutzung der Kanäle durch Dampfschiffe um 1850 führte zum Bau einer ersten Drehbrücke, die allerdings 1859 einstürzte.

In den folgenden Jahren wurde nach einer anderen technischen Lösung gesucht und 1889 entstand eine neue Brücke, die aus einem 20 m langen und 8 m breiten beweglichen Brückenjoch bestand. Das mehr als 100 t schwere Element konnte von einem Brückenführer manuell auf eine Seite des Kanals gedreht werden, was durch ausgetüftelte Hebeltechnik ermöglicht wurde.

1960 bis 1970 wurde die Brücke modernisiert und mit einer elektrischen Anlage ausgestattet. Allerdings war die Folge dieser Modernisierung, dass der Kai stark beschädigt wurde. Daraufhin errichtete man eine feste Brücke, erst 1993 wurde die Drehbrücke wieder eröffnet und seitdem wird sie tagsüber an festgesetzten Zeiten von einem Brückenführer per Hand bedient. Die Öffnung braucht etwa fünf Minuten, dann können Boote eine halbe Stunde lang abwechselnd in beiden Richtungen den Kanal passieren (siehe Foto).

Eine weitere Sehenswürdigkeit ist die **Festung Boyen**, die rund 500 m westlich liegt. Ein Spaziergang auf den trutzigen Wällen ist möglich (Twierdza Boyen, ul. Turystyczna 1, April - September tgl. 9-18 Uhr), [**232:** N 54°02'04.6" E 21°45'15.0", Schotterparkplatz, Dixi-Klo, nahe des Badestrandes].

Rund 30 km trennen uns von unserem nächsten Ziel, dem touristisch ebenfalls sehr gut erschlossenen **Mikołajki**. Wir nehmen die <59> Richtung **Olsztyn**. Nach knapp 4 km biegen wir in **Wilkasy** links ab und sehen direkt am großen Kreisel einen einfachen Campingplatz am See.

Aber nur 3 km Kilometer später entdecken wir einen weiteren, deutlich ruhigeren Platz.

Einkaufen auf Märkten birgt Überraschungen: Käse, der aussieht wie Backwaren.

(233) WOMO-Campingplatz: Szekla, Nr. 276, Strzelce
GPS: N 53°59'12.9" E 21°45'40.1" **Tel:** +48874280177
Öffnungszeit: 1. Mai-30. September, www.campingszekla.e-gizycko.pl
Ausstattung/Lage: Wiese direkt am See, einfache Sanitäreinrichtungen.
Zufahrt: siehe Text.

Nach **Bogaczewo** gondeln wir weiter wunderschön am See entlang bis nach **Kozin**, aber alle Seegrundstücke sind Privatgelände.

Durch eine tolle tunnelartige Linden-Allee erreichen wir **Prażmowo** und queren gute 3 km später den Kanal Szymonski. Direkt an der Brücke finden wir einen kleinen Stellplatz.

(234) WOMO-Stellplatz: Szymonka, Kanal
GPS: N 53°54'08.9" E 21°39'37.7"
max. Womos: 1-2
Ausstattung/Lage: Tisch & Bank, Wiese direkt am Kanal, Schatten/außerorts.
Zufahrt: Die <643> von Gyżcko Richtung Mikołajki 16 km hinter Wilkasy, direkt bei der Abbiegung nach Ryn (10 km), rechts bergab zum Kanal.

Wenig später stoßen wir auf die <16>, auf der MIKOŁAJKI (3.800 Einwohner) schnell erreicht ist. Gleich bei der riesigen Backsteinscheune mit den Bullaugen-Fenstern fahren wir links.

(235) WOMO-Stellplatz: Camperpark Mikołajki
GPS: N 53°48'10.6" E 21°34'26.1" **max. Womos:** >5
Ausstattung/Lage: Offizieller Stellplatz, Schotterparzellen, WiFi, Strom, Entsorgung, Zentrum 200 m/innerorts.
Zufahrt: Von Giżycko kommend am Ortseingang von Mikołajki gegenüber der Backsteinscheune links, nach 200 m rechts beim Hotel Caligula.
Alternative: Parkplatz an der Straße gegenüber, N 53°48'14.2" E 21°34'25.0".

Neben der evangelischen Kirche liegt das Museum der polnischen Reformation.

Rundgang durch Mikołajki: Vom Stellplatz aus queren wir die ul. Szkolna und gehen auf einem Sandweg entlang des Camperparks Richtung Apotheke. Ein neuer Grünzug mit Fitness- und Spielgeräten ist hier angelegt worden. Auf dem kleinen Markt decken wir uns mit Obst sowie frischen Haselnüssen ein und bewundern die reiche Auswahl an Gemüse und Schaffellen. Über die 3-Maja nach links erreichen wir wenig später die Fußgängerbrücke zwischen **Jezioro Tałty** und dem **Jezioro Mikołajskie**. Hier essen wir das größte Eis, das wir bisher in Polen gegessen haben und das waren nicht gerade wenige. Von der Brücke haben wir einen schönen Blick auf das Treiben im Hafen (Verleih von Motorbooten, die ohne Führerschein gefahren werden dürfen, ca 600-800 Zł/ Tag), die evangelische Kirche sowie das Wahrzeichen der Stadt, den an den Brückenpfeiler geketteten **Stint**.

Dieser Fisch, so erzählt die Sage, war einst ein mächtiger Herrscher über die Seen. Die Fischer fürchteten ihn sehr. Über die Jahre wurden aber die Schiffe größer, die Netze besser und so konnten sie den Stint fangen. Um dem Tod zu entrinnen versprach der "König der Fische" ihnen immer volle Netze. Die Nikolaiker ließen sich darauf ein und töteten ihn nicht. Dafür banden Sie ihn aber, da sie sehr misstrauisch waren, am Brückenpfeiler fest, wo er heute noch in den Sommermonaten schwimmt.

Weiter geht es über die "Stint-Brücke" Richtung **Olsztyn**, dann auf die <609> Richtung **Ukta**. Nach der Abzweigung ist der Camping Wagabonda nach links mit 300 m ausgeschildert.

(236) WOMO-Campingplatz: Wagabonda, Mikołajki

GPS: N 53°47'44.1" E 21°33'54.0", ul. Leszna 2 **Tel:** +48874216018
Öffnungszeit: Ganzjährig www.wagabunda-mikolajki.pl
Ausstattung/Lage: Wiese, Laden, Ver- und Entsorgung /innerorts.
Zufahrt: siehe Text.

Richtung **Ukta** führt die <609> durch ein Waldgebiet. 2,8 km hinter dem Örtchen **Bobrówko**, biegt ein guter Sandweg zum **Tierpark Dzikich Zwierzat Kadziłowo**.

Große Gehege mit Hirschen und Rehen können hier auf geführten Touren erkundet werden (1,5 Std., 18 Zł/ Kinder bis 16 Jahre 9 Zł, N 53°42'41.9" E 21°29'20.7", keine Übernachtung auf dem großen Parkplatz erlaubt).

Was gibt es schöneres als eine Paddeltour? In **Ukta** können wir nahe des Campingplatzes starten.

(237) WOMO-Campingplatz: Nad Rzeka, Ukta
GPS: N 53°41'11.9" E 21°29'59.8", Ukta 47 **Tel:** +48874257071
Öffnungszeit: Mai-September www.ukta.webd.pl
Ausstattung/Lage: Terrassierte Wiese direkt am Fluss, einfache Sanitäreinrichtung, Familienbetrieb, Sauna, Volleyball, Kanustationen 200 m/innerorts.
Zufahrt: In Ukta nach links über die Krutynia, rechts Richtung Wojnowo, nach 100 m rechts.

Wir fahren weiter Richtung **Mrągowo** und biegen rund 4,5 km später links nach **Rosocha/Krutyn** ab.

(238+239) WOMO-Stellplätze: Krutyn
GPS 1: N 53°42'08.4" E 21°26'21.0" **max. Womos:** 1-2
GPS 2: N 53°41'24.3" E 21°26'08.0", **max. Womos:** 2-3, **Tel:** +48874257107
Ausstattung/Lage: 1: Keine Infrastruktur, Sandparkplatz im Wald, Kanuverleih/außerorts oder **2:** Gepflasterter Parkplatz des Kanuverleihs von Olga und Dariusz Sakowscy, WC, Tisch & Bank/innerorts.
Zufahrt: 1: Die <610> von Ukta Richtung Mrągowo nach 4,5 km links Richtung Rosocha, nach 400 m rechts oder **2:** 1,5 km weiter am Ortseingang von Krutyn, der erste Kanuverleih auf der linken Seite.
Alternative: Schotterparkplatz im Ort, zahlreiche weitere Kanuverleiher.

Der **Fluss Krutynia** zählt zu den schönsten Paddelrevieren Polens. In den Örtchen **Ukta** und **Krutyn** bieten zahlreiche Kanu- oder Kajakverleiher die Möglichkeit, ein Boot zu mieten (Voranmeldung in der Hochsaison empfehlenswert), um den Fluss in verschiedenen Etappen zu erkunden. Wunderschön ist die Strecke, die Flussufer sind wild, der Fluss hingegen fließt sanft und ruhig dahin. Wir genießen die Tour vorbei an umgestürzten Bäumen und durch saftige, grüne Natur. Es gibt mehrere Möglichkeiten für eine Rast auf der Strecke, so kommen wir keineswegs ausgehungert in Ukta an. Nach einem Anruf beim Vermieter, werden wir wenig später von einem Kleinbus mit Anhänger abgeholt. (Kosten inklusive Rücktransport: für 2-4 Std. ca 50 Zł/pro Boot).
Wer übrigens keine Lust hat selbst zu paddeln, der kann sich ab Krutyn oder Ukta von einem Bootsmann über das seichte Gewässer staken lassen, eine Tradition die seit 1920 besteht.

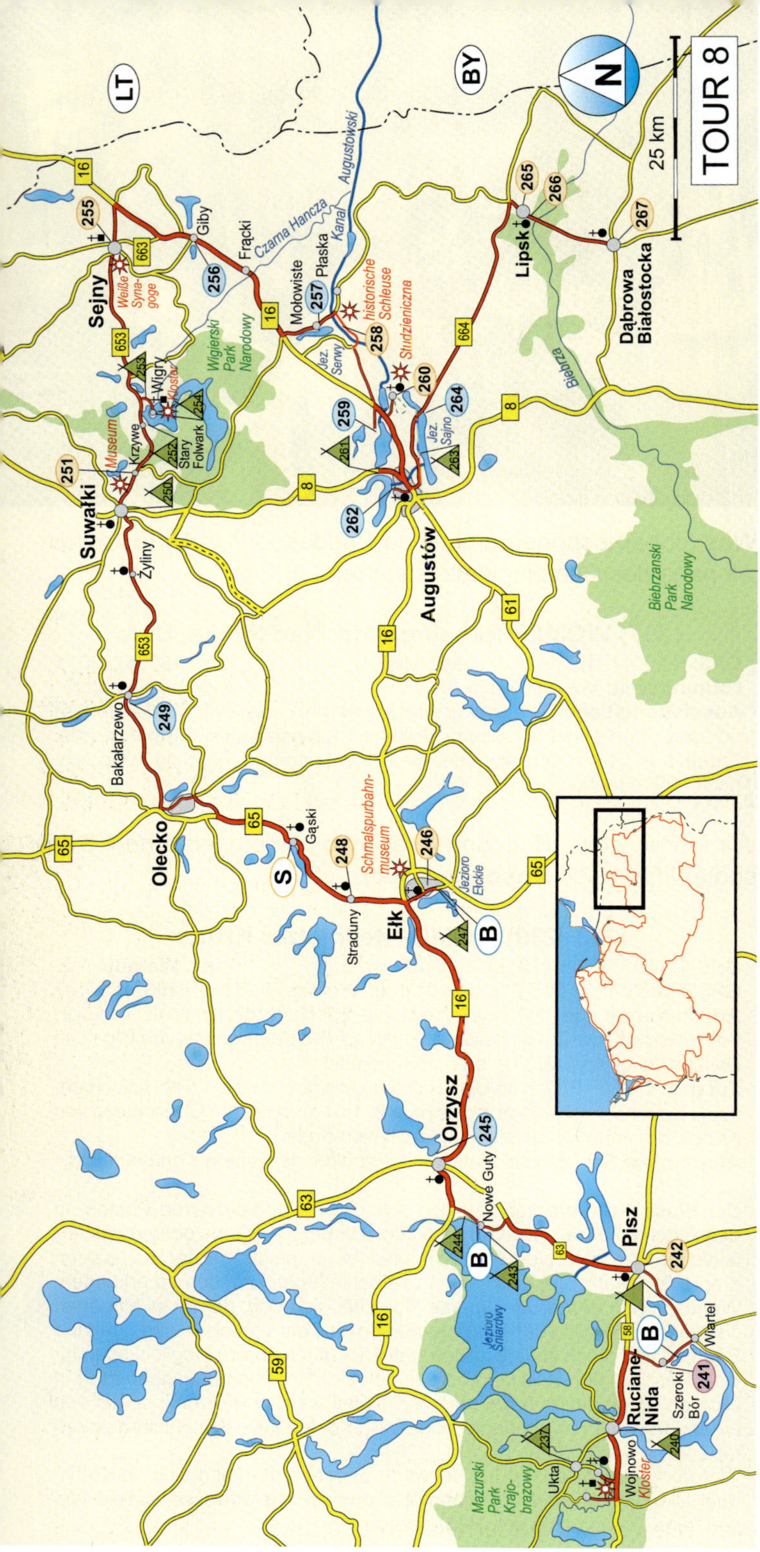
TOUR 8
25 km
N
LT
BY
Sejny
Weiße Synagoge
Giby
Frącki
Czarna Hancza
Augustowski Kanal
Płaska
Mołowiste
historische Schleuse
Studzieniczna
Jez. Serwy
Wigry
Kloster
Wigierski Park Narodowy
Krzywe
Museum
Stary Folwark
Suwałki
Żyliny
Bakałarzewo
Olecko
Gąski
Straduny
Schmalspurbahn-museum
Jezioro Ełckie
Ełk
Jez. Sajno
Augustów
Lipsk
Dąbrowa Białostocka
Biebrza
Biebrzanski Park Narodowy
Orzysz
Nowe Guty
Pisz
Jezioro Śniardwy
Wiartel
Szeroki Bór
Ruciane-Nida
Wojnowo
Kloster
Ukta
Mazurski Park Krajobrazowy
S
B
16
663
653
8
664
61
65
63
58
59
241
242
243
244
245
246
247
248
249
250
251
252
253
254
255
256
257
258
259
260
261
262
263
264
265
266
267
237
240

Tour 8: Von Masuren nach Podlachien (ca. 340 km)

Ruciane-Nida – Pisz – Ełk – Suwałki – Halbinsel Wigry – Augustów – Lipsk – Dąbrowa Białostocka

Stellplätze: Szeroko Bór, Pisz, Ełk, Straduny, Bakałarzewo, Krzywe, Stare Folwark, Magdalenowo, Wigry, Sejny, Giby, Czarny Bród, Studzienicna, Augustów, Lipsk, Dąbrowa Białostocka.

Campingplätze: Ruciane-Nida, Nowe Guty, Okartowo Tartak, Ełk, Suwałki, Augustów, Królowa.

Baden: Szeroko Bór, Nowy Guty, Orzysz, Ełk, Giby, Mołowiste, Pzewież, Augustów, Jezioro Sajno.

Besichtigen: Kloster der Altgläubigen, Altstadt Pisz, Museum Krzywe, Kloster Wigry, Augustów-Kanal.

Aktivitäten: Schmalspurbahnfahrt ab Ełk, Paddeln auf der Czarna Hańcza.

5 km nach Krutyn ist die <58> erreicht, auf die wir in Richtung **Ruciane-Nida** schwenken. Aber bereits nach 2 km biegen wir für einen Abstecher Richtung **Wojnowo** ab, um uns das wunderschön am Jezioro Duś gelegene **Kloster der russischen Altgläubigen** mit kleinem Friedhof und Café anzuschauen.

Die Altgläubigen: Im 17. Jh. wurden mit Unterstützung des Moskauer Patriarchen Nikon Reformen in der russisch-orthodoxen Kirche durchgeführt, die ein Teil der Gläubigen ablehnte. Dazu zählten zum Beispiel die Bekreuzigung mit drei Fingern und das Tragen von griechischen Kirchengewändern. Die Gegner der Reformen wurden verfolgt und flüchteten deshalb in Scharen aus Russland. Am Flüsschen Krutynia bekamen sie durch den preußischen König Friedrich Wilhelm III die Genehmigung zu siedeln.
Inzwischen leben in dieser Gegend nur noch rund 10 Familien, im Osten Polens allerdings noch heute ca. 500.000 russisch-orthodoxe Christen. Davon gehen nur noch 2.000-2.500 den Altgläubigengebräuchen nach.

Auch die malerische, **russisch-orthodoxe Holzkirche** von 1840 mit Zwiebelturmdach in **Wojnowo** (Foto) nur rund 3 km nördlich lohnt einen Besuch (Besichtigung Mo-Sa 9-14 Uhr und 15-17 Uhr, So/Feiertag 15-17 Uhr).
Wir kehren nach Süden zurück zur <58>, um nach RUCIANE-NIDA (4.500 Einwohner) zu brausen. Der Ort, der erst 1966 aus zwei Örtchen zusammengelegt wurde, ist ein **Wassersport- und Touristenzentrum**. Attraktiv finden wir hier allerdings nur einen schön gelegenen **Campingplatz** zwischen den Orten, etwas außerhalb, oberhalb des **Jezioro Nidzkie**.

Die kleine Badestelle kurz hinter dem Örtchen Szeroki Bór ist wunderschön.

(240) WOMO-Campingplatz: PTTK, Ruciane-Nida
GPS: N 53°38'25.0" E 21°32'40.6", Aleja Wczasów 17 **Tel:** +48690344747
Öffnungszeit: Mai-Mitte September www.pttkruciane-nida.pl
Ausstattung/Lage: Schönes Gelände unter Kiefern oberhalb des Sees, kleiner Hafen, Cafeteria, einfache Sanitäranlagen, Zentrum 1,5 km.
Zufahrt: Die <58> Richtung *Centrum* Nida, durch Nida hindurch, bergab und 200 m nach der Querung des Flüsschens rechts ausgeschildert (PTTK).

Auf der <58> verlassen wir Ruciane-Nida Richtung **Pisz**. Nur 4 km später entspannen wir uns bei einer Rast am Rande des netten Dörfchen **Szeroki Bór**.

(241) WOMO-Picknickplatz: Szeroki Bór
GPS: N 53°36'56.7" E 21°38'29.5"
max. Womos: 2-3
Ausstattung/Lage: Wald- und Wiesenparkplatz, Mülleimer, Mini-Badestelle nach rund 300 m durch den Wald/innerorts.
Zufahrt: Die <58> von Ruciane-Nida nach Osten, nach 4 km Richtung Szeroki Bór, im Ort links, dann der Beschilderung "P" folgen.

Wir bleiben auf dem schmalen Sträßchen Richtung **Wiartel**. 500 m nach Szeroki Bór entdecken wir nochmals einen kleinen Parkplatz und eine nette **Badestelle** (Foto oben).

Das Städtchen PISZ (19.000 Einwohner) ist unser nächstes Ziel, das wir über **Wiartel** und das am Jezioro Brzozolasek gelegene **Jabloń** erreichen.

Direkt vor dem modänen *Lake Resort* liegt der sehr einfache **Campingplatz Walter**, dessen Bungalow-Wiese am Strand von April-September auch Platz für 1-2 Womos bietet.

Das neugotische Rathaus und Bürgerhäuser am großen Marktplatz von Pisz.

In PISZ stellen wir unseren fahrbaren Untersatz auf einen zentralen Parkplatz am Flussufer.

(242) WOMO-Stellplatz: Pisz
GPS: N 53°37'37.9" E 21°48'29.2", Jozefa Pilsudskiego **max. Womos:** 2-3
Ausstattung/Lage: Gepflasterter Parkplatz am Fluss, gebührenpflichtig/innerorts.
Zufahrt: Am 1. Kreisel geradeaus (Gizycko), am 2. Kreisel rechts Richtung Zentrum, nach 350 m (noch vor der Brücke) rechts. Hinter dem Rathaus links, gleich wieder rechts.

Pisz: Vom Stellplatz sind wir schnell am Marktplatz mit seinem schicken **Rathaus**, teils renovierten Bürgerhäusern und dem obligatorischen Eisladen. Von hier aus sehen wir bereits die **größte Fachwerkkirche** der Region, die **Johanniskirche** von 1843 mit ihrem 35 m hohen Kirchturm, der wir für eine kurze Besichtigung einen Besuch abstatten.

Uns steht der Sinn nach Baden, so machen wir auf der Weiterfahrt nach **Orzysz** nochmals einen Abstecher an den großen **Jezioro Śniardwy**. Die <63> führt uns Richtung **Giżycko** und gut 2 km nach **Maldanin** queren wir den **Jegliński-Kanal**. 1,3 km nach der Abzweigung nach Kwik nehmen wir auf kleiner Piste nach links Kurs auf **Nowe Guty**. Dort entdecken wir einen tollen Strand (Foto unten) mit einfachem **Campingplatz**.

(243) WOMO-Campingplatz: Nowe Guty

GPS: N 53°45'58.8" E 21°50'54.6" **Öffnungszeit:** April-September
Ausstattung/Lage: Wiesenplatz direkt am See, Volleyball, einfachste Sanitäranlagen.
Zufahrt: Von Pisz auf der <63> Richtung Orzysz, nach 15 km links Richtung Nowe Guty abzweigen, direkt am Ortsbeginn zum Strand.

Bei der Weiterfahrt streifen wir in **Nowe Guty** einen Sandstrand. Parken ist an der Straße möglich und bevor wir hinter **Okartowo Tartak** auf die <16> treffen, fällt uns links ein weiterer einfacher Campingplatz auf [**244:** N 53°47'52.0" E 21°52'32.2"]. Die <16>, auf die wir wenig später stoßen, nehmen wir nach rechts und erreichen kurz darauf ORZYSZ. Architektonisch ist hier für uns, bis auf die **Marienkirche** aus dem 16. Jh., nicht viel zu entdecken. Aber baden können wir natürlich auch hier.

(245) WOMO-Badeplatz: Orzysz

GPS: N 53°48'17.3" E 21°58'04.5", ul. Leśna **max. Womos:** 1-2
Ausstattung/Lage: Asphaltierter Parkplatz am Strandbad, großer Sandstrand, Stege, Volleyballfeld, Kiosk, Kanuverleih/außerorts.
Zufahrt: In Orzysz Richtung Ełk, 500 m nach der kleinen Kirche/dem Polo-Supermarkt direkt nach großem Ełk-Schild links, 800 m zum Strandbad.

EŁK, die Geburtsstadt des Schriftstellers Siegfried Lenz, liegt nur noch 13 km entfernt. Sie ist die größte Stadt Masurens mit rund 55.000 Einwohnern und ihre Lage am **Jezioro Ełckie** macht den Reiz des Städtchens aus. Parken können wir im Zentrum [**246:** N 53°49'20.7" E 22°21'03.6", Armii Krajowej] oder auf dem Campingplatz, der nahe der Badestelle liegt.

(247) WOMO-Campingplatz: Plaża Miejska, Nr. 62, Ełk

GPS: N 53°48'59.6" E 22°21'11.9", ul. Parkowa 9 **Tel:** +48876109700
Öffnungszeit: Juni-Mitte Oktober www.mosir.elk.com.pl
Ausstattung/Lage: Betonierte Flächen und Wiese, einfache Ausstattung, Ver- und Entsorgung, Hunde erlaubt, teils schattig, Sandstrand 300 m.
Zufahrt: Von der <16> aus Westen kommend, beim Kreisel Richtung Zentrum, die Wojska Polskiego 1,6 km immer geradeaus, nach der Querung des Flüsschens Ełk, rechts in die Sackgasse ul Parkowa, nach 200 m links.

Wer nur baden möchte, fährt die ul.Parkowa noch 250 m weiter zum **Parkplatz des großen Sandstrandes** mit Volleyballfeld und Steg (N 53°48'58.9" E 22°21'09.6").

Spaziergang durch Ełk: Vom Camping schlendern wir entlang der Promenade, auf der große Holzfiguren stehen, die Herrscher und Herrscherinnen der vergangenen Jahrhunderte darstellen. Auf einer kleinen Insel mitten im Jezioro Ełckie erinnern die Grundmauern an die ehemalige Ordensburg von 1398. Über die Hauptstraße Wojska Polskiego kommen wir zur prächtigen **Herz-Jesu-Kirche**, die nach dem Ersten Weltkrieg 1920-25 im Stil der Neogotik wieder aufgebaut wurde. Wer die Armii Krajowej bis zum Bahnhof läuft, kann von dort in den Sommermonaten eine **Fahrt mit der Schmalspureisenbahn** unternehmen. Die Fahrt geht von

Polen ist ein wunderbares Kiosk- und Tante-Emma-Laden-Land.

Ełk südwestlich nach Zawardy Tworki oder nach Nordosten bis Turowo. Hinter dem Bahnhof findet man zudem ein **Schmalspurbahn-Museum.** Wer in Ełk architektonische Highlights erwartet, wird enttäuscht sein. Aber diejenigen, die Augen für die kleinen „Fremdheiten" haben, werden auch hier so einiges an „Sehenswürdigkeiten" entdecken.

5 km brausen wir auf der <65> Richtung **Gołdap**. In STRADUNY ermöglicht ein Schotterplatz bei der kleinen, grob verputzten **Feldsteinkirche** einen Stopp.

(248) WOMO-Stellplatz: Straduny

GPS: N 53°53'24.2" E 22°20'52.2"
max. Womos: 1-2
Ausstattung/Lage: Keine Infrastruktur, große Schotterfläche/innerorts.
Zufahrt: Von Ełk auf der <65> Richtung Gołdap/Olecko, nach 5 km rechts an der Straße.

Schilder warnen vor querenden Elchen, aber wir sehen nur Kühe auf hügeligen Weiden. In **Gąski** könnten wir gegenüber der Kirche auf einer Schotterfläche rasten, aber nachdem wir in OLECKO auf die <653> nach **Suwałki** wechseln, finden wir nur 12 km später ein viel attraktiveres Picknick- und Badeplätzchen.

(249) WOMO-Badeplatz: Bakałarzewo

GPS: N 54°05'30.6" E 22°38'41.1"
max. Womos: 1-2
Ausstattung/Lage: Kleine Parkfläche direkt am See, Steg, Picknickhütten, Feuerstelle, Mülleimer, Dixi-Klo/außerorts.
Zufahrt: Von Olecko auf der <653> Richtung Suwałki, nach 12 km, direkt bevor es bergauf nach Bakałarzewo zur Kirche geht, nach rechts, 300 m zum See.

Bei der Weiterfahrt Richtung **Suwałki** fällt uns ein großer Schotterplatz hinter dem Fachwerkkirchlein in **Szczecinki** auf und natürlich wenige Kilometer später die braungestrichene **Holzkirche** (N 54°04'15.7" E 22°47'18.6") in **Żyliny**. Die Zahl der Storchennester unterschiedlichster Höhe und Breite hat in den letzten Tagen unserer Reise auch wieder zugenommen.

In SUWAŁKI (69.000 Einwohner) parken wir mitten im Zentrum am **Plac Piłsudskiego** (N 54°05'57.7" E 22°55'34.8", 600 m nach dem 2. Kreisel) direkt bei der **Herz-Jesu-Kirche**.

Das Zentrum von Suwałki: Der Plac Piłsudskiego ist das historische Zentrum des Städtchens. Hier sticht die weiße **Kirche St. Alexander** (Kościół św. Aleksandra) ins Auge, die von 1820 bis 1829 erbaut wurde. An der Südseite des Platzes steht die **Herz-Jesu-Kirche**, die bis 1915 der orthodoxen Gemeinde als Kirche diente. Gegenüber bestaunen wir das schön restaurierte **Rathaus** mit Uhrenturm und das, ebenfalls im klassizistischen Stil erbaute, **Gymnasium**. Wer touristische Infos sucht, findet sie an der westlichen Seite des liebevoll begrünten Platzes (Foto).

Einen **Campingplatz** wollen wir noch erwähnen, obwohl wir ihn selbst nicht getestet haben. Wir freuen uns über Rückmeldungen.

(250) **Camping Suwałki:** Von der linken, südlichen Ecke des Plac Piłsudskiego in Suwałki die <655> Richtung Augustów (ul. Tadeusza Kościuszki), nach 600 m direkt nach der Brücke über die Czarna Hańcza links, ausgeschildert.

Die <653> führt uns weiter nach Osten. Bereits 2,6 km nach dem Ortsende von Suwałki legen wir schon wieder einen Stopp ein. In KRZYWE steht das Gebäude der *Parkdirektion des Wigierski Park Narodowy*, des **Wigry Nationalparks**. Hier bietet ein **naturwissenschaftliches und ethnografisches Museum** gut aufbereitete Informationen über den Park und seine Fauna und Flora (Krzywe 82, Tel. +48876432883, im Sommer Mo-Fr 7-15 Uhr, Sa/So 9-16 Uhr, gute deutschsprachige Audio-Guides, auch für Kinder sehr ansprechend).

(251) WOMO-Stellplatz: Krzywe
GPS: N 54°05'04.0" E 23°00'38.3"
Ausstattung/Lage: Gebührenpflichtiger Parkplatz beim tollen Museum, Picknickhütte, WC-Container, kleiner Lehrpfad, 800 m Fußweg zum See/außerorts
Zufahrt: <653> von Suwałki Richtung Sejny. 2,6 km hinter Suwałki links.

Das tolle, kleine Museum in Krzywe bringt uns die Natur anschaulich näher.

Der Wigry-Nationalpark: Der rund 15.000 Hektar große Nationalpark Wigry, der 1989 eingerichtet wurde, ist besonders für seine glasklaren Seen bekannt. Die 25 größten Seen des Parks sind alle durch Wasserwege miteinander verbunden, das Zentrum ist der **Jezioro Wigry**. Hauptzufluss des Wigry-Sees ist der Fluss Czarna Hańcza, der ein guter Paddelfluss ist. Der Nationalpark mit seinen Torfmoor- und Wiesengebieten sowie seinen ausgedehnten Kiefern- und Fichtenwäldern bietet mehr als 750 Pflanzen- und 1.500 Tierarten eine Heimat, darunter Elchen, Wölfen, Bibern und vielen Wasservögeln. Der **Radweg „Green Velo“**, der Polen für Radwanderer erschließt, führt durch Suwałki und am Wigry See entlang durch den Nationalpark. Im Infogebäude des Nationalparkgeländes in Krzywe kann man sich mit detailierten Vorschlägen für Rad-oder Wandertouren versorgen.

In STARY FOLWARK entdecken wir einen einfachen Campingplatz, auf dem wir wunderbar ruhig stehen. 300 m entfernt befindet sich eine schöne Badestelle.

(252) WOMO-Campingplatz: Stary Folwark, Jezioro Wigry
GPS: N 54°04'36.5" E 23°04'32.3", Stare Folwark 44, **Tel:** +48875637789
Öffnungszeit: Juni-Ende August www.wigry.info.pl
Ausstattung/Lage: Wiesenplatz, schattig, ruhig, einfache Sanitäreinrichtungen, Hunde erlaubt, Sandstrand 300 m, Museum 100 m/innerorts.
Zufahrt: <653> von Suwałki nach Sejny, in Stary Folwark rechts ausgeschildert im Wohngebiet, nach 450 m rechts.

Vom **Kloster Wigry** wurde uns schon viel vorgeschwärmt, wir möchten uns selbst einen Eindruck verschaffen. In **Tartak** können wir einen ersten Fernblick auf die malerisch gelegene Anlage werfen. **Wigry** ist nach rechts ausgeschildert, in **Magdalenowo** entdecken wir eine Übernachtungsmöglichkeit. Weitere folgen im Ort kurz vor und am Fuße des Klosters.

Vom Campingplatz U Haliny hat man einen schönen Blick auf das Kloster Wigry.

(253) WOMO-Campingplatz: Camping Magdalenowo
GPS: N 54°04'24.6" E 23°06'11.4", Madgalenowo
Öffnungszeit: Mai-September
Ausstattung/Lage: Badewiese, wenig Schatten, Strom, Wasser, Kanuverleih, Ver- und Entsorgung, Kloster 1,5 km/innerorts.
Zufahrt: Von der <653> Richtung Wigry abbiegen, nach 1,1 km rechts am Sträßchen in Magdalenowo.

Direkt beim Kloster gibt es natürlich auch Übernachtungsmöglichkeiten für Camper, zum Beispiel:

(254) WOMO-Campingplatz: Agro-Turystyka „U Haliny", Wigry
GPS: N 54°04'10.1" E 23°05'02.9", Wigry 12 **Tel:** +48875637042
Öffnungszeit: April-Oktober, www.suwalszczyzna.com.pl/uhaliny/
Ausstattung/Lage: Badewiese, malerisch, kleine Gaststätte/innerorts.
Zufahrt: Am Fuße des Klosters, am Ende der Straße, rechts bergauf.

Auf einer Halbinsel inmitten des wunderschönen Jezioro Wigry thront auf einer Anhöhe das **Kamaldulenserkloster Wigry** (Klasztor Kameldulów). 1604 übersiedelte der Orden aus Italien in das Gebäude, das der polnische König Johann Kasimir 1667 gestiftet hatte. Das weithin sichtbare Kloster wurde zwar bereits 1795 säkularisiert, die Kirche, der Papst Johannes Paul II 1999 einen Besuch abstattete, dient jedoch noch immer als Gotteshaus. Die unveränderten Räume, die der Papst einst für drei Tage bewohnte, sind heute ein kleines **Johannes-Paul II-Museum**.

Die Anlage war nach dem Zweiten Weltkrieg zerstört, wurde aber wieder originalgetreu hergerichtet und kann besichtigt werden. Die einstigen Mönchsklausen stehen heute Gästen offen und der Uhrturm bietet eine tolle Rundumsicht (8 Zł, Öffnungszeiten: Museum, Sommer täglich 8-18 Uhr, Katakomben Mo-Sa 9-18 Uhr, So 13-18 Uhr, nicht während der Gottesdienste, Parkgebühr am Kloster 10 Zł, sonst günstiger).

Weiter geht es auf der <653> Richtung **Sejny**. Bevor wir uns geeinigt haben wie man das Dörfchen **Stabieńszczyzna** richtig ausspricht, haben wir es schon wieder hinter uns gelassen.

In SEJNY, dem 6.000 Seelen-Städtchen inmitten der Sudauen-Seenplatte am Fluss Marycha, parken wir beim **ehemaligen Dominikanerkloster**, das 1602-1632 erbaut wurde.

(255) WOMO-Stellplatz: Sejny, Kloster

GPS: N 53°06'34.2" E 23°20'46.8"
max. Womos: 1-2
Ausstattung/Lage: Gebührenpflichtiger Parkplatz, WC-Haus/innerorts.
Zufahrt: In Sejny 400 m nach dem zweiten Kreisel links hinter der Kirche.

Bei der Weiterfahrt Richtung Augustów liegt die **Weiße Synagoge** Sejnys am Weg. Die „Stiftung Grenzland" (Fundacja Pogranicze) restaurierte das Gebäude und richtete dort ein kleines Museum ein, das den kulturellen Reichtum der Region zeigen und laut Auszug aus der Satzung „Brücken zwischen Menschen verschiedener Religion, Volkszugehörigkeit und Kultur" bauen möchte. Daher finden dort Klezmer Konzerte oder Veranstaltungen mit orthodoxer Musik statt, wird litauische Gegenwartskunst gezeigt oder ukrainische Folklore vorgeführt.

Gut 4 km später, die <663> oder die <653> führen uns dorthin, ist die <16> erreicht. **Augustów** ist unser Ziel, aber in GIBY, nach nur 3 km, stoppen wir erst mal zum Baden.

(256) WOMO-Badeplatz: Giby

GPS: N 54°02'11.8" E 23°21'23.2"
max. Womos: 1-2
Ausstattung/Lage: Direkt an der <16>, kleine Wiese, Mülleimer, Einfahrt holprig/innerorts.
Zufahrt: Von Sejny Richtung Augustów, in Giby an der <16>, 250 m nach der schönen Holzkirche, rechts bergab an den Strand.

Direkt nach **Frącki** queren wir das schön mäandernde Flüsschen **Czarna Hańza**. Hier könnten Sie Ihr Kajak ins Wasser lassen. Hinter **Marcharce** verlassen wir die <16> Richtung **Płaska**, um am Ostufer des **Jezioro Serwy** über kleine Dörfer von **Podmacharce** nach **Mołowiste** zu zockeln.

(257) WOMO-Badeplatz: Mołowiste

GPS: N 53°55'26.3" E 23°13'20.6" **max. Womos:** 3-4
Ausstattung/Lage: Wiese am See, Tisch & Bank/innerorts.
Zufahrt: Die <16> von Sejny Richtung Augustów, 6 km nach der Überquerung der Carna Hańcza nach links, am Ende von Mołowiste rechts zum See.

Die großen Tore der Schleuse in Płaska werden per Hand betrieben.

Wenig später ist **Płaska** erreicht und damit eine der 18 Schleusen des Augustów Kanals.

Augustów Kanal: Bereits 1839 eingeweiht, verbindet der Kanal den in Weißrussland gelegenen Fluss Niemen und den polnischen Fluss Biebrza. 18 historische, handbetriebe Schleusen gleichen über 102 km einen Höhenunterschied von 54 m aus. Nutzten einst Holzfäller den Kanal zum Transport von Baumstämmen, so ist er heute für Kanuten interessant. Denn er führt durch 26 Seen und vor allem durch reichlich unberührte Natur.

Auf der linken Seite des Kanals fahren wir gen Süden Richtung **Czarny Bród**. Ungefährt 1,5 km nach dem Ort öffnet sich der Wald für eine Wiese am Wasserlauf, auf der auch schon wild einige Zelte stehen [**258:** N 53°53'27.6" E 23°13'30.0"].
Weitere 1,5 km später führt eine hölzerne Brücke über den Kanal, dann ist **Sucha Rzeczka** erreicht. Wir bleiben geradeaus und brausen anschließend 7 km auf kerzengerader Piste durch den Wald bis wir die <16> wieder erreichen.
Bevor wir uns **Studzieniczna** ansehen, queren wir die Hauptstraße, denn dort ist ein Campingplatz ausgeschildert. Nach 500 m erreichen wir den **Badeplatz Przewięź**. Was es mit dem „Kemping Binduga" auf sich hat, wird uns nicht so klar, der Strand ist zumindest durch seine sandige Hanglage zum Baden sehr interessant.

(259) WOMO-Badeplatz: Przewięź

GPS: N 53°52'21.8" E 23°05'18.9"
max. Womos: 2-3
Ausstattung/Lage: Parkplatz oberhalb des steil abfallenden Sandstrandes, Tisch & Bank/ außerorts.
Zufahrt: Von Sucha Rzeczka geradeaus über die <16>, 500 m bis zum Strand.

Mitten in einem Park liegt die Kapelle der Jungfrau Maria aus dem Jahr 1872.

Zurück auf der <16> überqueren wir Richtung **Augustów** nochmals den Kanal und biegen 700 m später nach links ab. STUDZIENICZNA hat einiges zu bieten. Vom großen Stellplatz mit Grillhütte lässt sich alles in Ruhe erkunden.

(260) WOMO-Stellplatz: Studzieniczna

GPS: N 53°51'37.2" E 23°05'29.9"
max. Womos: 4-5
Ausstattung/Lage: Tisch & Bank, Grillhütte, Mülleimer, Lehrpfad/innerorts.
Zufahrt: Auf der <16> von Sejny gen Süden, ca 8 km vor Augustów oder 10 km nach Serski Las, ausgeschildert nach links, 250 m rechts.

Spaziergang durch den Urwald von Augustów (rund 20 Minuten): Direkt am Parkplatz liegt das **Waldbildungszentrum** der Oberförsterei Augustów (Centrum Edukacji Lesnij), das Infos zum Natur- und Landschaftsraum bietet. Es war bei unserem Besuch zwar geschlossen, über den Parkplatz (südliche Ecke) ist jedoch das Außengelände zugänglich. Im Westen des Parkplatzes beginnt ein **Lehrpfad**, der ebenfalls auf Besonderheiten der **Puszcza Augustowska** hinweist, einem der größten zusammenhängenden Waldgebieten Polens.

Wir streifen über Holzstege durch ein Sumpfgebiet und genießen den Blick in den verwunschenen Wald. Wer weiterläuft, erreicht einen Aussichtsturm, später einen Picknickplatz im Wald und ein Kriegerdenkmal bevor er wieder zurück zum WOMO kommt.

Nahe beim Parkplatz können wir noch eine schöne **Holzkirche** aus dem Jahr 1847 bewundern. Die Ablasskirche ist dunkel, das helle Holz und die Elch- und Tiergeweihe im Inneren verleihen dem Kirchlein etwas gemütliches. Hinter dem Gebäude befindet sich auf einer großen Wiese ein schöner **Pavillon für Freiluftgottesdienste** sowie etwas entfernt die **Kapelle der Jungfrau Maria** (Foto). Daneben entdecken wir einen kleinen Holzpavillon über einer Quelle, aus der mit einem Eimer Wasser geschöpft wird, das angeblich Wunder bewirkt. Auch hier ist uns Johannes Paul II bereits zuvor gekommen: Auf seiner Pilgerreise 1999 durch das Suwałki-Land hat er auch Studzieniczna besucht. Ein **Denkmal**, das den Papst mit Stock zeigt, weist am Seeufer darauf hin.

AUGUSTÓW (30.000 Einwohner) liegt zwischen drei Seen, am Flüsschen Netta sowie am Rande der **Puszcza Augustowska**, die wir ja schon ein wenig erkundet haben. Bis auf ein kleines **Heimatmuseum**, das Fischer-, Landwirtschafts- und Handwerksgeräte zeigt (ul. Hoza 7, Mai-September Di-So 9-16 Uhr), das **Augustów-Kanal-Museum** in der ul. Listopada 5a sowie die weiße **Herz-Jesu-Kirche** besitzt das lebendige Städtchen kaum Sehenwürdigkeiten. Aber WassersportlerInnen kommen hier voll auf ihre Kosten: Wasserski, Schwimmen, Paddeln,...

(261) WOMO-Campingplatz: Necko, Augustów
GPS: N 53°51'42.4" E 23° 00'04.6", Sportova 1 **Tel:** +48603378 903
Öffnungszeit: Mai-Ende August www.necko.pl
Ausstattung/Lage: Wiesenplatz, teils schattig, Ver- und Entsorgung, Zentrum 2 km, Bootsverleih, eigener Badestrand/innerorts.
Zufahrt: Am Ortseingang von Augustów von der <16> nach rechts Richtung Suwałki auf die <8> nach ca. 1,8 km links ab.

Für eine Stadtbesichtigung bieten sich im Zentrum die Parkmöglichkeiten rund um den großen, begrünten Marktplatz an, oder für kleinere Mobile der Platz am Strand:

(262) WOMO-Badeplatz: Augustów, Jezioro Necko
GPS: N 53°51'13.6" E 22°59'00.6", Zarzscze
max. Womos: 1-2
Ausstattung/Lage: Pflasterfläche, Strand 200 m, Zentrum 500 m, nachts gerne Besuche zum Autoradio-Soundcheck/innerorts.
Zufahrt: Von der <16>, links Richtung Zentrum, nach 75 m wieder rechts, 750 m geradeaus, dann vor der Brücke rechts, 700 m bis zum Strand am Jezioro Necko.
Alternative: N 53°51'10.7" E 22°59'18.2"

Auf der <664> Richtung **Lipsk** verlassen wir Augustów nach einer nicht ganz so ruhigen Nacht (siehe (262)). Rund 2 km nach dem Kreisel, kurz nach der Überquerung eines Kanals, machen wir einen Abstecher zu einer weiteren Campingmöglichkeit.

(263) WOMO-Campingplatz: Królowa, Augustów
GPS: N 53°49'27.2" E 22° 58'46.8" **Tel:** +48876445485
Öffnungszeit: Mai-Ende August www.krolowa-woda-augustow.pl
Ausstattung/Lage: Großer Platz unter Kiefern, Bootsverleih, eigener Badestrand, Zentrum Augustów 4 km/innerorts.
Zufahrt: Die <664> von Augustów Richtung Lipsk, rund 2 km nach dem Kreisel, 130 m nach der Überquerung des Kanals rechts, 2,3 km Schotterweg.

Weiter geht es kerzengerade durch den Wald in Richtung **Lipsk**. 5,5 km weiter bietet sich am **Jezioro Sajno** eine kleine Badestelle zur Erfrischung an, die direkt von der Straße zu erreichen ist.

Die erstaunlich große neogotische Kirche von Lipsk wurde 1906 erbaut.

(264) WOMO-Badeplatz: Jezioro Sajno

GPS: N 53°49'45.3" E 23°05'17.6"
max. Womos: 2-3
Ausstattung/Lage: Wiesenstrand, Mülleimer, wegen Bahn und naher Straße etwas laut/außerorts.
Zufahrt: Von Augustów die <664> Richtung Lipsk nach rund 6,5 km rechts an der Straße.

Nach 13 km durch den Wald biegen wir am Kreisel Richtung **Sokółka** ab, wenig später ist LISPK (2.400 Einwohner) erreicht. Das kleine Örtchen besitzt eine gewaltige Backsteinkirche abseits der Hauptstraße mit stellplatztauglichem Parkplatz [**265:** N 53°44'06.1" E 23°23'54.4"].

Am Ortsende von **Lipsk** liegt etwas unterhalb der Straße ein weiterer Parkplatz [**266:** N 53°43'58.3" E 23°23'17.0"]. Bei der Weiterfahrt streifen wir den **Biebrzański Nationalpark**.

Mit 60.000 ha ist der erst 1993 eingerichtete **Biebrzański Park Narodowy** (auch "polnischer Amazonas" genannt) der größte Nationalpark Polens. Ca. 600 Elche, einige Wolfsrudel, Luchse, rund 1.000 Biber und Fischotter sowie 280 Vogelarten leben hier. Auch hier ist das Wasserwandern möglich.

In DĄBROWA BIAŁOSTOCKA sticht die gelbe Backsteinkirche ins Auge und direkt dahinter finden wir eine riesige Parkfläche.

(267) WOMO-Stellplatz: Dąbrowa Białostocka

GPS: N 53°39'06.9" E 23°20'54.3"
max. Womos: 2-3
Ausstattung/Lage: Keine Infrastruktur, Asphaltparkplatz, leicht uneben/innerorts.
Zufahrt: In Dąbrowa Białostocka nach der Kirche den Berg aufwärts, nach 300 m links.

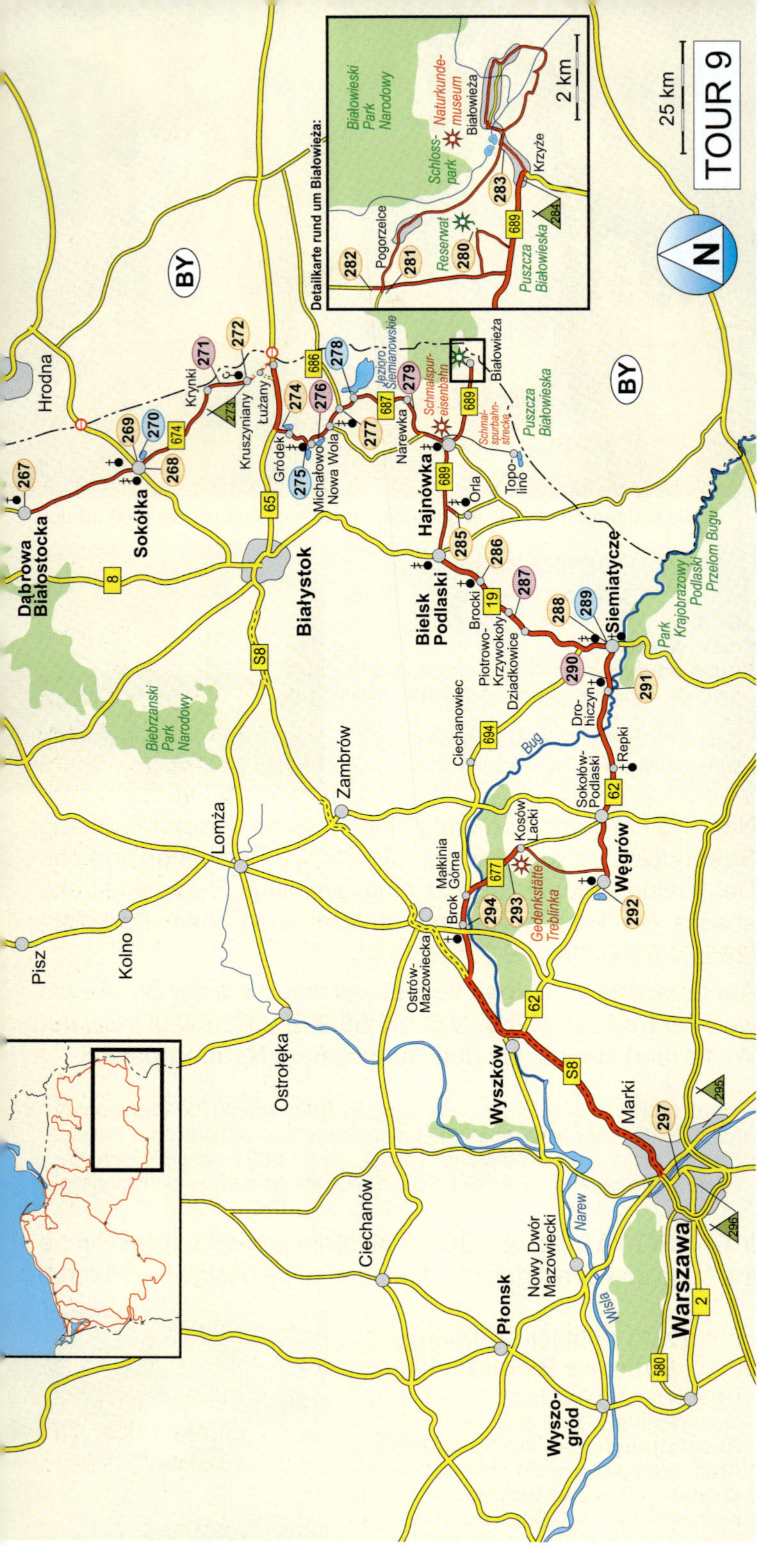
TOUR 9
25 km
N
BY
Detailkarte rund um Białowieża:
Białowieski Park Narodowy
Naturkunde-museum
Schloss-park
Białowieża
Krzyże
Pogorzelce
Reserwat
Puszcza Białowieska
2 km
282
281
280
283
284
689
Hrodna
Dąbrowa Białostocka
Sokółka
Kruszyniany
Krynki
Łużany
Gródek
Michałowo
Nowa Wola
Białystok
Jezioro Siemianowskie
Narewka
Schmalspur-eisenbahn
Hajnówka
Białowieża
Schmal-spurbahn-strecke
Topo-lino
Orla
Bielsk Podlaski
Brocki
Piotrowo-Krzywokoły
Dziadkowice
Siemiatycze
Park Krajobrazowy Podlaski Przełom Bugu
Dro-hiczyn
Repki
Sokołów-Podlaski
Bug
Węgrów
Kosów Lacki
Gedenkstätte Treblinka
Małkinia Górna
Brok
Ostrów-Mazowiecka
Ciechanowiec
Zambrów
Łomża
Biebrzański Park Narodowy
Kolno
Pisz
Ostrołęka
Wyszków
Marki
Warszawa
Narew
Wisła
Nowy Dwór Mazowiecki
Ciechanów
Płonsk
Wyszo-gród
267
268
269
270
271
272
273
274
275
276
277
278
279
285
286
287
288
289
290
291
292
293
294
295
296
297
8
65
S8
674
686
687
19
694
62
677
2
580

Tour 9: Von den Urwäldern Ostpolens in die Hauptstadt (ca. 500 km)

Dąbrowa Białostocka – Hajnówka – Białowieza – Bielsk Podlaski – Drohhiczyn – Węgrów – Treblinka – Warszawa

Stellplätze: Sokółka, Kruszyniany, Gródek, Michałowo, Juszkowy Gród, Narewka, Białowieża, Szczyty-Dzięciołowo, Brocki, Piotrowo-Krzywokoły, Platz am Bug, Drohiczyn, Węgrów, Treblinka, Brok.

Campingplätze: Kruszyniany, Białowieża.

Baden: Sokółka, Gródek, Rybaki, Siemiatycze, Węgrów.

Besichtigen: Białowieża-Nationalpark, Basilika Węgrów, Gedenkstätte Treblinka.

Aktivitäten: Wanderungen oder Radtour im Białowieża-Nationalpark, Fahrt mit der Waldschmalspurbahn in Hajnówka.

33 km nach **Dąbrowa Białostocka,** durch zahlreiche Dörfer mit alten, dunklen Holzhäusern, bunten Blumen und großen Holzstapeln, erreichen wir SOKÓŁKA (26.000 Einwohner). Gleich am Ortsbeginn sehen wir einen Schrottplatz mit VWs aus allen Zeiten sowie einen grün gestrichenen, steinernen Soldatenfriedhof. **Sokółka** ist eng mit der Kultur der Tataren verbunden.

Muslime in Polen: Rund 30.000 Muslime leben im stark katholisch geprägten Polen. Davon sind rund 5.000 **Lipka-Tataren**, die seit rund 600 Jahren im Osten Polens leben. Sie kamen im 14. Jahrhundert in die Region und kämpften in mehreren Kriegen an der Seite der Polen. Mit König Jan III. Sobieski besiegten sie die Türken vor Wien. Im Gegenzug bekamen sie Land und Privilegien. Die meisten Tataren sehen sich heute als Polen und haben viel von der Kultur ihres einstigen Gastlandes angenommen.

Im städtischen Kulturzentrum ist das **Touristenbüro** und ein **Museum** eingerichtet, in dem sich eine Abteilung mit der **Tatarentradition und dem Islam** beschäftigt (Muzeum Ziemi Sokółskiej, Mo-Fr, 8-16 Uhr, Sa/So 10-15 Uhr, kompetente, englischsprechende Mitarbeiterin, Parkplatz bei der orthodoxen Kirche gegenüber [**268:** N 53°24'18.7" E 23°29'47.0"].

Und auch Wunder scheinen sich hier in Ostpolen zuzutragen. Am 6. Oktober 2011 war auf Kath.net zu lesen, dass in Sokółka im Jahr 2008 ein Priester während der Kommunionspendung eine verwandelte Hostie versehentlich zu Boden fallen ließ. Für einen solchen Fall sieht die katholische Kirche vor, die Hostie in einem mit Wasser gefüllten liturgischen Gefäß zu verschließen und abzuwarten, bis sie sich gänzlich auflöst. Von einer Gestalt Jesu könne dann nicht mehr die Rede sein. Genau so ging man auch in Sokólka vor. Als jedoch nach wenigen Tagen das Gefäß geöffnet wurde, stellte sich heraus, dass sich das Wasser rot gefärbt hatte. Der Inhalt des Gefäßes wurde ausgegossen, die Flüssigkeit verdunstete und es kam ein Stück Gewebe zum Vorschein. Zwei voneinander unabhängige Spezialisten der Medizinischen Universität von Białystok kamen zu dem Ergebnis, dass es sich dabei um ein Stück eines menschlichen Herzens handelt.

Dieses Gewebestück ist noch heute in der Muttergottes-Kapelle vorne links in der fünfschiffigen **Kirche St. Anton von Padua** (Parafia p.w. sw. Antoniego Padewskiego) zu sehen. Der Ort scheint sich zu einem Wallfahrtsort entwickelt zu haben. Die Bilder und Prospekte, die wir im Devotionalien-Laden bekommen, zeigen Gottesdienste, auf denen der leicht schräge **Parkplatz** [**269:** N 53°24'25.5" E 23°30'10.6"] voller betender Menschen ist.

(270) WOMO-Badeplatz: Sokółka

GPS: N 53°24'11.1" E 23°31'09.8" **max. Womos:** 2-3
Ausstattung/Lage: Gepflasterter Parkplatz beim Schwimmbad am Strand, nicht sehr stimmungsvoll/Ortsrand.
Zufahrt: In Sokółka die <674> Richtung Krynki, 250 m nach der Überquerung der Bahngleise links, 300 m bis zum Parkplatz.

25 km sind es auf der <674> bis **Krynki**. Viel ist hier nicht zu sehen, außer Feldern und ein paar Gehöften. Am Ortsende von **Szudziałowo** bietet ein **Parkplatz** auf der linken Seite die Möglichkeit für eine kurze Rast. In **Krynki** ist **Kruszyniany** am Kreisel angeschrieben und diese Richtung sollten Sie auch auf jeden Fall einschlagen, um Ärger zu vermeiden.

Grenzerfahrung: Schon die ganze Reise über sprechen die Kinder von dem Wunsch, ihre Arme nach Weißrussland zu strecken. Wenn nicht hier, wo dann, dachten wir, denn Krynki ist nur noch 2 km von der weißrussischen Grenze entfernt. Wir nehmen also im Ort am Kreisel die <676> nach dem Leviathan-Supermarkt, aber bereits nach nur 250 m ist die Weiterfahrt per Schild verboten. „Nur zum Wenden" fahren wir trotzdem bis zu einem Feldweg, von dem der Grenzzaun schon zu sehen ist, und lassen das Auto dort stehen. Munter marschiert die ganze Familie auf die Grenze zu, alle strecken dort die Arme ins „Fremdland" und wir photographieren uns ausgiebig vor dem Stacheldraht, den Kameras und dem breiten Sandstreifen. Kaum haben wir allerdings den Rückweg angetreten, braust ein dunkler Geländewagen mit der Aufschrift „straż graniza" heran. Natürlich hält er bei uns. Zwei schwerbewaffnete Grenzer streigen aus und auf polnisch werden die *documenty* verlangt. Pässe von uns, den Kindern, Autopapiere, wir ahnen ein *„Was wollen Sie hier?"* und *„Waren Sie im Sandstreifen hinter dem Stacheldraht unterwegs? Haben Sie Bilder gemacht?"* Wir verneinen alles und stehen dann für etwa eine halbe Stunde gut bewacht von einem der beiden auf der verlassenen Straße, während der Zweite erst den Sandstreifen genaustens kontrolliert und dann alle unsere Daten per Funk weitergibt. Name, Geburtsdatum, Geburtsort, ... Die Stimmung ist angespannt, wir sind verunsichert. Um etwas zu sagen, stammel ich „Jestem z Berlina (ich komme aus Berlin)" worauf plötzlich ein breites Grinsen über das Gesicht unserers Bewachers geht. „Hertha" ruft er und dann *„Łukasz Piszczek, Artur Wichniarek, Bartosz Karwan!"*. Dann wird der Kreis erweitert und gemeinsam zählen wir auf: *„Lewandowski, Trochowski und Błaszczykowski"*.
Das Eis ist gebrochen. Nachdem wir alle polnischen Fußballspieler aufgezählt haben, können wir sogar das Thema wechseln. Polen ist schön, rund 100 freilebende Wisente gibt es hier im Grenzgebiet und *„yoooooooh?"*. Ja, Wölfe gibt es hier auch. Nach einer weiteren Viertelstunde sind wir wieder frei und verabschieden uns mit großem Hallo!

Wer das in Krynki liest, ist viel zu nahe dran an der Grenze zu Weißrussland.

Das Dorf KRUSZYNIANY ist unser nächstes Ziel, ein Örtchen in dem Nachfahren der moslemischen Tataren leben, die sich vor über 300 Jahren hier ansiedelten. Kurz vor dem Ort entdecken wir noch einen Picknickplatz mit Feuerstelle und Tisch & Bank. [**271:** N 53°12'19.2" E 23°47'50.3", 6,5 km hinter Krynki]

Auf den beiden Türmchen der grün gestrichenen Holzmoschee leuchten die Halbmonde im Abendlicht. Den mit Teppichen ausgelegten Hauptraum betreten wir ohne Schuhe, für Frauen gibt es einen abgetrennten Raum, Kinder nutzen den Balkon. Die Minbar, eine Art Kanzel, weist Richtung Mekka und ist rechts von der Gebetsnische, der Mihrab platziert.

(272) WOMO-Stellplatz: Kruszyniany
GPS: N 53°10'40.7" E 23°48'46.7"
max. Womos: 1-2
Ausstattung/Lage: Keine Infrastruktur, Schotterparkplatz/innerorts.
Zufahrt: In Kruszyniany zur Moschee
Sonstiges: 200 m zum kleinen moslemischen Friedhof.

(273) WOMO-Campingplatz: Dworek Pod Lipami, Kruszyniany
GPS: N 53°10'44.4" E 23°48'46.6", Kruszyniany 51, **Tel:** +48857227554
Öffnungszeit: Juni-September www.dworekpodlipami.pl
Ausstattung/Lage: Campingfläche hinter neu renoviertem Hotel/innerorts.
Zufahrt: in Kruszyniany 200 m nördlich der Moschee auf der rechten Seite.

Heute bleibt die Campingküche kalt. Im benachbarten, gut ausgebauten Agroturystika bei Familie Bogdanowicz könnte man essen, wir speisen lieber etwas einfacher in der Zajazd tatarski, Kruszyniany 32, Tel. 857228511. *Czebureki* (gefüllte Teigtaschen, die Ravioli ähneln) und *kołduny tatarskie* (Teigtaschen mit Rind- oder Lammfleisch) schmecken lecker. Dazu wird ein großer Krug „Gras"-Tee (Minztee) gereicht.

Der moslemische Friedhof von Kruszyniany liegt auf einem Hügel im Wald.

Wir verlassen Kruszyniany nach dem Besuch des Friedhofs nach Südosten Richtung **Bobrowniki**, erst mal auf Asphalt. Aber es wundert uns nicht, dass hier, am Ende der europäischen Union, wenig später auch die Straßenverhältnisse zu wünschen übrig lassen. Eine Schotterpiste führt uns ins rund 4 km entfernte **Łużany**. Dort entscheiden wir, weiter links auf der Schotterstrecke zu bleiben (die Alternative beginnt mit Kopfsteinpflaster). Denn die Strecke ist, bis auf den Staub, gut zu befahren. Und 5 km später ist es auch schon geschafft und wir haben die <65> und damit eine gute Schnellstraße, den Ort **Bobrowniki** und den nahen offiziellen weißrussischen Grenzübergang erreicht. Wir lenken nach rechts, keiner von uns hat Lust auf eine weitere Grenzerfahrung. Auf den nächsten 10 km Richtung **Białystok** kommen uns ausschließlich weißrussische LKWs entgegen und zwar nicht gerade wenige.
Die **Urwälder rund um Białowieża** sind unser nächstes Ziel. Daher verlassen wir die gute Piste bald wieder Richtung **Gródek** nach Süden. Der **Jezioro Zalew** lockt zur Abkühlung.

(274) WOMO-Stellplatz: Gródek
GPS: N 53°06'08.1" E 23°41'01.9"
max. Womos: 2-3
Ausstattung/Lage: Pflasterparkplatz, Badesee, Grillhütte, Spielplatz/innerorts.
Zufahrt: Auf der <65> von der Grenze Richtung Westen, 10 km hinter Bobrowniki links Richtung Gródek, nach 1 km links.
Sonstiges: 400 m später ein weiterer P.

In **Gródek** halten wir uns rechts, Schilder gibt es erst mal keine. Aber bald ist **Michałowo** nach links angezeigt und wir erreichen das Örtchen 9 km später. Hier entdecken wir eine **Badestelle** [**275:** N 53°02'07.2" E 23°35'56.8"], eine wun-

Auch in Nowa Wola steht eine wunderschöne russisch-orthodoxe Holzkirche.

derschöne **russisch-orthodoxe Holzkirche** und bereits 1 km nach dem Ort eine weitere Möglichkeit, nahe der Straße an einem See zu halten. So richtig romantisch ist es durch die Nähe zur Straße allerdings nicht.

(276) WOMO-Picknickplatz: Michałowo
GPS: N 53°01'11.8" E 23°37'18.5"
max. Womos: 1-2
Ausstattung/Lage: Wiesenfläche am See, nahe der Straße/außerorts.
Zufahrt: Von Michałowo Richtung Nowa Wola/Hajnówka, 1 km südlich des Ortes.

Vor **Kobylanka** wenden wir uns links nach NOWA WOLA und bestaunen erneut eine beeindruckende **russisch-orthodoxe Holzkirche** (Foto, N 53°00'06.8" E 23°37'37.2", Parken nur an der Straße)
Vor der Kirche geht es nach links, **Jałowka** und der **Jezioro Siemianowskie**, unser nächstes Ziel, sind angeschrieben. In **Juszkowy Gród** verlassen wir die <686> und wechseln auf die <687> Richtung **Hajnówka** (36 km). Wir können nicht anders, als auch hier wieder eine schöne, alte **Holzkirche** an der Strecke zu erwähnen [**277:** N 52°58'17.9" E 23°42'42.8", leicht unebener Wiesenschotterplatz, innerorts].
Nur 4,5 km später macht uns ein *plaża*-Schild neugierig.

(278) WOMO-Badeplatz: Rybaki
GPS: N 52°56'58.5" E 23°46'03.4"
max. Womos: 2-3
Ausstattung/Lage: Gepflegter, großer Strand, Stege, Turm, Camping/außerorts.
Zufahrt: <687> von Norden kommend Richtung Hajnówka am Ortsende von Bondary links 1,6 km dem Schild *plaża* folgen.

Hajnówkas orthodoxe Kirche: ein originelles Bauwerk in moderner Architektur.

In **Narewka** ist **Białowieża** mit 19 km nach links angeschrieben. 2016 wird hier allerdings gebaut, die Strecke ist gesperrt. (Berichten Sie uns bitte gerne vom Baufortschritt). Wir müssen also einen „Umweg" über **Hajnówka** machen. Dafür entdecken wir 1,4 km nach der modernen Kirche von **Narewka** einen schönen **Picknickplatz** links an der Straße.

(279) WOMO-Picknickplatz: Narewka

GPS: N 52°49'29.6" E 23°44'04.3" **max. Womos:** 2-3

Ausstattung/Lage: Wiesenplatz am Waldrand, Tisch & Bank überdacht, Mülleimer/Ortsrand.

Zufahrt: <687> von Narewka Richtung Hajnówka links an der Straße.

HAJNÓWKA (21.300 Einwohner) ist nicht gerade eine schöne Stadt, aber drei Attraktionen lohnen durchaus einen Stopp. Schon bei der Einfahrt sehen wir rechts die **ungewöhnliche orthodoxe Dreifaltigkeits-Kirche** aus dem Jahre 1983.

Hajnówka: Das Dach der **Dreifaltigkeits-Kirche** wurde in Form von ineinander verflochtenen, faltigen Betonschalen entworfen, die ein Meer darstellen sollen. Einer Arche gleich ragen daraus zwei Zwiebeltürme auf. Im Inneren schaffen Wandmalereien, farbenprächtige Ikonen und Buntglasfenster eine geheimnisvolle Atmosphäre. Bei unserem Besuch wird das Gotteshaus gerade für eine Besichtigung aufgeschlossen, der wir uns anschließen können. (Sobór św. Trójcy, ul. Antoniego Dziewaloskiego, Schlüssel in der Kancelaria Mo-Sa 10-17 Uhr, N 52°44'45.8" E 23°34'46.9", am ersten Kreisel rechts).

Auf der Weiterfahrt nach Białowieża kommen wir am großen **Aquapark** vorbei, der mit einem Sport- und Freizeitbad, einer 132 m langen Wasserrutsche, dem Unterwassergeysir und der Gegenstromanlage auch an kühleren Tagen für Schwimmvergnügen sorgt (ul.3 Maja 50, Tel +48858767863, www.parkwodny.hajnowka.pl).

Hajnówka ist der Startpunkt der **Waldschmalspurbahn** durch den Bialowieza-Nationalpark. Einst für die Holzwirtschaft genutzt, ist die Bahn heute eine Touristenattraktion. Zwei rund 3-stündige Touren werden im Sommer angeboten: Hajnówka-Postolowo und Hajnówka-Topilo. (ul Kolejki Leśne 12, Tel. +48693337290, Abfahrt immer 10 Uhr, Mai-Juni: Sa, Juli-Aug.: Di, Do, Sa+So, Sept.: Do+Sa, N 52°44'08.3" E 23°36'20.8").

In Hajnówka zeigt uns am Kreisel ein zotteliges Wisent den Weg Richtung **Białowieza**. Am **Spaßbad** und an der Abzweigung zum Bahnhof der **Waldschmalspurbahn** vorbei folgen wir der schmalen, kurvenlosen Straße 20 km bis zum Ziel.

Im und um das 2.500-Seelendorf BIAŁOWIEŻA gibt es verschiedene Stellplatzmöglichkeiten. Wir nächtigten auf dem Campingplatz Michała, dessen Besitzerin uns reichlich mit Tipps zum Erkunden des Urwaldes eindeckt.

Alternativ gibt es mehrere freie Stellplätze, auf denen man teilweise gebührenpflichtig, teilweise sehr einsam, stehen kann. Wir nennen die Plätze hier en bloc und erwähnen Sie nochmals bei unseren Erkundungsvorschlägen auf den nächsten Seiten.

(280-283) WOMO-Stellplätze: Białowieża

(280) GPS: N 52°42'15.6" E 23°47'41.4" (Foto 1)
max. Womos: 3-4
Ausstattung/Lage: Parkplatz *Reserwat*, 500 m Fußweg zum Zoo mit Wisenten, Elchen, Wölfen, Wanderwege/außerorts.
Zufahrt: Vom Campingplatz U Michała/ Białowieża auf der <689> zurück Richtung Hajnówka, 2,5 km später nach rechts Richtung „*Reserwat*", noch 1 km Schotterstraße.

(281) GPS: N 52°43'38.8" E 23°47'19.7" (Foto 2)
max. Womos: 2-3
Ausstattung/Lage: Schotterplatz, große Wiese, Bänke, Unterstand, sonnig/außerorts.
Zufahrt: Vom Platz (280) noch 3 km auf Schotter weiter nördlich durch den Wald.

(282) GPS: N 52°43'51.0" E 23°47'23.1"
Ausstattung/Lage: Weiterer sehr schöner Platz am Königsweg, von Platz (281) noch 500 m Richtung Narewka/außerorts.

(283) GPS: N 52°41'59.3" E 23°50'40.4" (Foto 3)
max. Womos: 3-4
Ausstattung/Lage: Asphaltierter Parkplatz, Schlosspark, 15 Zł, Naturkundemuseum, Touristeninformation/innerorts.
Zufahrt: Von (282) zurück 5 km bis nach Białowieża, dort im Zentrum direkt vor dem Schlosspark beim Informationszentrum.

Der Wisent, hier im Tierpark, ist das Symbol des Białowieża-Nationalparks.

(284) WOMO-Campingplatz: U Michała, Nr. 124, Białowieża

GPS: N 52°41'38.6" E 23°49'50.9", Krzyże 11 **Tel:** +48856812703
Öffnungszeit: 1. Mai-15. Oktober
Ausstattung/Lage: Kleines Wiesengelände, einfache Sanitäranlagen, Hunde erlaubt, Ver- und Entsorgung, Tisch & Bank überdacht/innerorts.
Zufahrt: An der <689> von Hajnówka nach Białowieża, in Krzyże, 250 m nach dem Ortsbeginn.
Alternative: Campingplatz Karzcma, Krzyże 7, Tel. +48511484245

Der **Białowieża-Urwald** ist der größte in sich geschlossene Waldkomplex im mitteleuropäischen Tiefland. Er erstreckt sich zu beiden Seiten der polnisch-weißrussischen Grenze. Die Gesamtfläche beträgt über 150.000 ha, davon 65.000 ha in Polen. Das 1947 eingerichtete Nationalparkgelände hat 10.500 ha, das ist 1/6 der polnischen Waldfläche.
Jahrhundertelang war der Urwald ein exklusives Jagdrevier für Könige, Fürsten oder Zaren. Inzwischen ist er durch die UNESCO zum Welterbe und Bioshären-Reservat ernannt und heute wieder jedermann zugänglich. Der Park teilt sich in drei Zonen: Ein streng geschützter, ein geschützter (Hwożna) und der normale Bereich. Ersterer darf nur mit Führer und in kleinen Gruppen betreten werden, hier wurden seit 1921 keine Forstarbeiten mehr durchgeführt.
Das Gelände ist gut mit dem Fahrrad zu erkunden, es ist aber auch möglich mit dem Auto die einzelnen Parkplätze anzufahren und von dort auf Lehrpfaden, die Natur zu erforschen. Im Dorf Białowieża liegt das **Informationszentrum**, der **Schlosspark** mit dem **Naturkundemuseum** und der ehemaligen **Jagdhütte des Zaren** (Foto).

Zu viert können wir den Eichenstamm am Stellplatz (282) gerade umfassen.

Exkursionen durch den Białowieża-Nationalpark: Zuerst schauen wir uns das ***Reserwat*** (9-17 Uhr, 10 Zł/5 Zł) an, in dem Wisente, Elche, Wölfe und das Zubron, ein Hybrid aus Hausrind und Wisent, zu sehen sind. (Stellplatz (280)). Vom Stellplatz (281), 3,5 km nördlich, starten wir zur „Route der königlichen Eichen", die durch einen Wald mit bis zu 500 Jahre alten Bäumen führt. Auf einem Lehrpfad werden Geschichten zu den Jagdgewohnheiten verschiedener polnischer oder litauischer Könige oder Herrscherinnen auch auf Englisch erläutert. Anschließend kehren wir die 5 km zurück nach Białowieża, um dort vom Stellplatz (283) aus den **Schlosspark** mit **Jagdhütte des Zaren** und das moderne **Naturkundemuseum** zu besichtigen. Vom ehemaligen Schloss des Zaren Alexander III sind nur noch wenige Gebäude erhalten. Obwohl es im Zweiten Weltkrieg nicht ganz zerstört war, wurde es 1958 abgerissen.

Unseren Besuch beenden wir mit einer gut 6 km langen Rundfahrt durch das Straßendorf Białowieża mit seinem stillgelegten Bahnhof, den vielen Holzhäusern und der Kirche mit burgähnlichem Turm. Am Ende des Ortes entdecken wir nochmals einen Parkplatz und kehren über die Brücke, vorbei am Aussichtsturm, zurück ins Zentrum.

Auch im Osten Polens findet man zweisprachige Ortsschilder.

Vom östlichsten Punkt unserer Reise fahren wir über **Hajnówka** auf der <689> zurück Richtung **Bielsk Podlaskie**. Wir sausen über die gerade Straße, und dass wir bei Tempo 80, des Straßenzustands wegen, ab und an etwas Bodenhaftung verlieren, sind wir schon gewöhnt. 5 km später biegen alle nach links Richtung **Orla** ab, die sich ein entzückendes hellblaues Holzkirchlein mit Schindeldach nicht entgehen lassen möchten.

(285) WOMO-Stellplatz: Szczyty-Dzięciołowo

GPS: N 52°44'34.1" E 23°21'20.5"
max. Womos: 2-3
Ausstattung/Lage: Keine Infrastruktur, Wiese neben orthodoxer Kirche/innerorts.
Zufahrt: Die <689> von Hajnówka Richtung Bielsk Podlaskie nach 15 km links Richtung Orla, nach 1 km.

Bis Bielsk Podlaskie sind es jetzt noch 10 km. Holody ist ein kleines Dorf voller Holzhäuser, auch wenn sich hier schon das ein oder andere moderne Einfamilienhaus dazwischen mogelt. In BIELSK PODLASKIE (26.500 Einwohner) halten wir uns am großen Kreisel links Richtung **Lublin** auf der <19>. Rechts ginge es hier zur einer weiteren hellblauen russisch-orthodoxen Holzkirche im Ortszentrum (350 m).
Vorbei an einem großen Friedhof fahren wir zwischen dem Neubau der orthodoxen Kirche und der modernen katholischen Kirche hindurch. **Siemiatycze** ist mit 45 km ausgeschildert. Trotz Spätsommer sind die Wiesen saftig grün und wir zählen viele Kühe auf den Weiden, ansonsten reichlich Mais und Getreidefelder.
In BROĆKI bietet ein Parkplatz am Sanktuarium Św. Antoniego Podlaskiego Rast-Möglichkeit [**286:** N 52°39'13.3"

Blick von der Terrasse der Karzcma auf den Stellplatz Drohiczyn.

E 23°02'58.3"]. 15 km sind es bis **Dziadkowice**. Auf der Strecke sind viele LKWs unterwegs. Da wir nur zwischen 70 und 80 km/h fahren, werden wir waghalsig überholt. 1 km hinter **Piotrowo-Krzywokoły** liegt ein großer Parkplatz an der Straße [**287:** N 52°35'37.7" E 22°57'12.1", Imbiss].
Nach Dziadkowice sind es noch 17 km auf der „Rennstrecke" bis SIEMIATYCZE (15.000 Einwohner). Am riesigen, zweispurigen Kreisel lenken wir nach links und parken zwischen der großen, weißen Barockkirche aus dem 17./18. Jh. und der orthodoxen Kirche [**288:** N 52°25'45.7" E 22°51'51.3", eher für kleinere Mobile]. Auch hier gibt es eine Bademöglichkeit, die einfach anzufahren ist.

(289) WOMO-Badeplatz: Siemiatycze

GPS: N 52°26'09.9" E 22°52'16.9", Sportowa **max. Womos:** 2-3
Ausstattung/Lage: Parkplatz an der Straße, Bar, Sandstrand, Steg/innerorts.
Zufahrt: Am großen Kreisel links, die 3 Maja nach Norden zur orthodoxen Kirche, rechts in die Głowackiego, nach 450 m rechts in die Spacerowa, 500 m am See entlang bis zum Parkplatz rechts.
Sonstiges: Weitere Plätze nach der Brücke links und rechts.

Zurück auf der <19> fahren wir weiter Richtung **Lublin**, aber beim Kreisel nach dem Ort biegen wir rechts auf die <62> nach **Drohiczyn** ab. Wir brausen vorbei an Storchennestern und goldenen Kuppeln, Körbe stehen zum Verkauf am Straßenrand. Gut 4 km hinter Klekotowo bietet ein Picknickplatz die Möglichkeit den Fluss Bug zu erkunden [**290:** N 52°23'34.1" E 22°42'29.5", Grillhütte, Fußweg zur Flussbadestelle]. Viel schöner ist es aber hier:

(291) WOMO-Stellplatz: Drohiczyn (Foto oben)

GPS: N 52°23'36.4" E 22°39'40.9" **max. Womos:** > 5
Ausstattung/Lage: Sonnige Wiese am Fluss, Karczma/Restaurant mit leckerem Essen, Dixi-Klo/innerorts.
Zufahrt: Im Ort links, direkt nach der Kirche bergab zum Fluss.

Die Basilika am Marktplatz von Węgrów ist für ihre schönen Fresken bekannt.

Węgrów ist unser nächstes Ziel, das wir übers 29 km entfernte **Sokolów Podlaski** erreichen. Plötzlich begleiten uns Binnen-Sanddünen zur Rechten, dann queren wir den behäbig dahinfließenden Bug. Mit seinen 772 Kilometern ist er der längste Fluss Podlachiens. Er entspringt in der westlichen Ukraine und fließt als Grenzfluss zwischen Polen und Weißrussland. In REPKI sieht die katholische fast wie eine russisch-orthodoxe Kirche aus und am Ortsende fühlen wir uns wegen der Sumpflandschaft, nochmals in die Urwälder Białowieżas zurückversetzt. Das Umland von **Sokolów Podlaski** ist wenig reizvoll, doch im Ortskern entdecken wir uralte Holzkaten.
Von **Węgrów** trennen uns jetzt noch 13 km. Bereits vor dem Ort geht es mit 32 km ausgeschildert nach **Treblinka**. Bevor wir uns jedoch diesem düsteren Kapitel der Geschichte widmen, besuchen wir das Städtchen WĘGRÓW (12.600 Einwohner). Der einfacheren Wegeführung nach Treblinka wegen, empfehlen wir, später zu dieser Kreuzung zurückzukehren.
Am Marktplatz liegt die ursprünglich im 15. Jh. erbaute Basilika, die bekannt für ihre Fresken und Twardowski-Spiegel ist. Während unseres Besuches fand ein Gottesdienst statt, so konnten wir die Kirche nicht so ausführlich besichtigen. Der Platz davor ist schön angelegt, ein Springbrunnen sprudelt und es gibt Infos auf Englisch über die Stadt. Parken kann man ebenfalls rundherum, für die Nacht empfiehlt sich aber eher:

(292) WOMO-Stellplätze: Węgrów
GPS: N 52°23'55.4" E 22°00'22.1", **max. Womos:** 3-4
Ausstattung/Lage: Parkplatz am Park oder 400 m weiter hinter einem Damm (Foto) nahe des Badesees/innerorts.
Zufahrt: In Węgrów beim 1. Kreisel geradeaus, nach 500 m links, nach 50 m wieder rechts an der Basilika vorbei, geradeaus die ul Zeromskiego nach 700 m rechts oder noch 400 m weiter über die Brücke, dann links.

17.000 Gedenksteine erinnern an die durch die Nazis Ermordeten in Treblinka.

Über die Dörfchen **Poszewka**, **Tchorzowa** geht es auf kleiner Piste bis **Kosów Lacki**. Dort stoßen wir auf die gut ausgebaute <677> und sind gute 8 km später an der **Gedenkstätte Treblinka**.

Treblinka war eines der größten Vernichtungslager, das die Nationalsozialisten errichteten. 1941 zunächst als Arbeitslager eröffnet (Treblinka I) wurde es ab 1942 zum Vernichtungslager umgebaut (Treblinka II), in dem mindestens 800.000 Menschen vergast oder erschossen wurden. In Treblinka gelang es den Nazis, fast alle Spuren zu beseitigen. Die Gedenkstätte ist daher nicht mit Auschwitz oder Dachau zu vergleichen. 1964 errichtete man ein Mahnmal an der Stelle, an der einst die Gaskammern standen. 17.000 Granitsteine mit Inschriften von Städten, Ländern oder Menschen erinnern sehr eindrucksvoll an die Tragödie. Das Gelände ist weitläufig und frei zugänglich, das Museum von 9-19 Uhr geöffnet.
Janusz Korczak (1878-1942) ist ein großer Gedenkstein gewidmet. Er war ein polnischer Arzt, Schriftsteller und Erzieher, der 1942 in Treblinka ermordet wurde. 1911 gründete er ein jüdisches Waisenhaus und leitete es nach seinen Vorstellungen. 1940 wurde es ins Warschauer Ghetto verlegt, zwei Jahre später wurden er und die Kinder abtransportiert und umgebracht. Bis heute haben seine Erkenntnisse große Bedeutung in der Pädagogik. Er hielt es für essentiell, Kinder ernst zu nehmen, auf sie einzugehen und sie zu lieben.

(293) WOMO-Stellplatz: Treblinka

GPS: N 52°38'06.1" E 22°03'09.1" **max. Womos:** 5
Ausstattung/Lage: Gepflasterter Parkplatz, Dixi-Klo, Museum/außerorts.
Zufahrt: Von der <677> südlich kommend, 8,5 km hinter Kosów Lacki links.

Über **Małkinia-Górna** auf der <677>, dann auf der <694> ist flott BROK erreicht und damit ein Traum-Stellplatz am Fluss Bug.

(294) WOMO-Stellplatz: Brok

GPS: N 52°41'48.7" E 21°51'20.9"
max. Womos: 5
Ausstattung/Lage: Toller Wiesenplatz am Fluss, etwas sandig/innerorts.
Zufahrt: In Brok 300 m nach der Kirche links, 150 m bis zum Ufer des Bug.

Bis Warschau sind es jetzt noch 75 km Schnellstraße (2016 Baustelle).

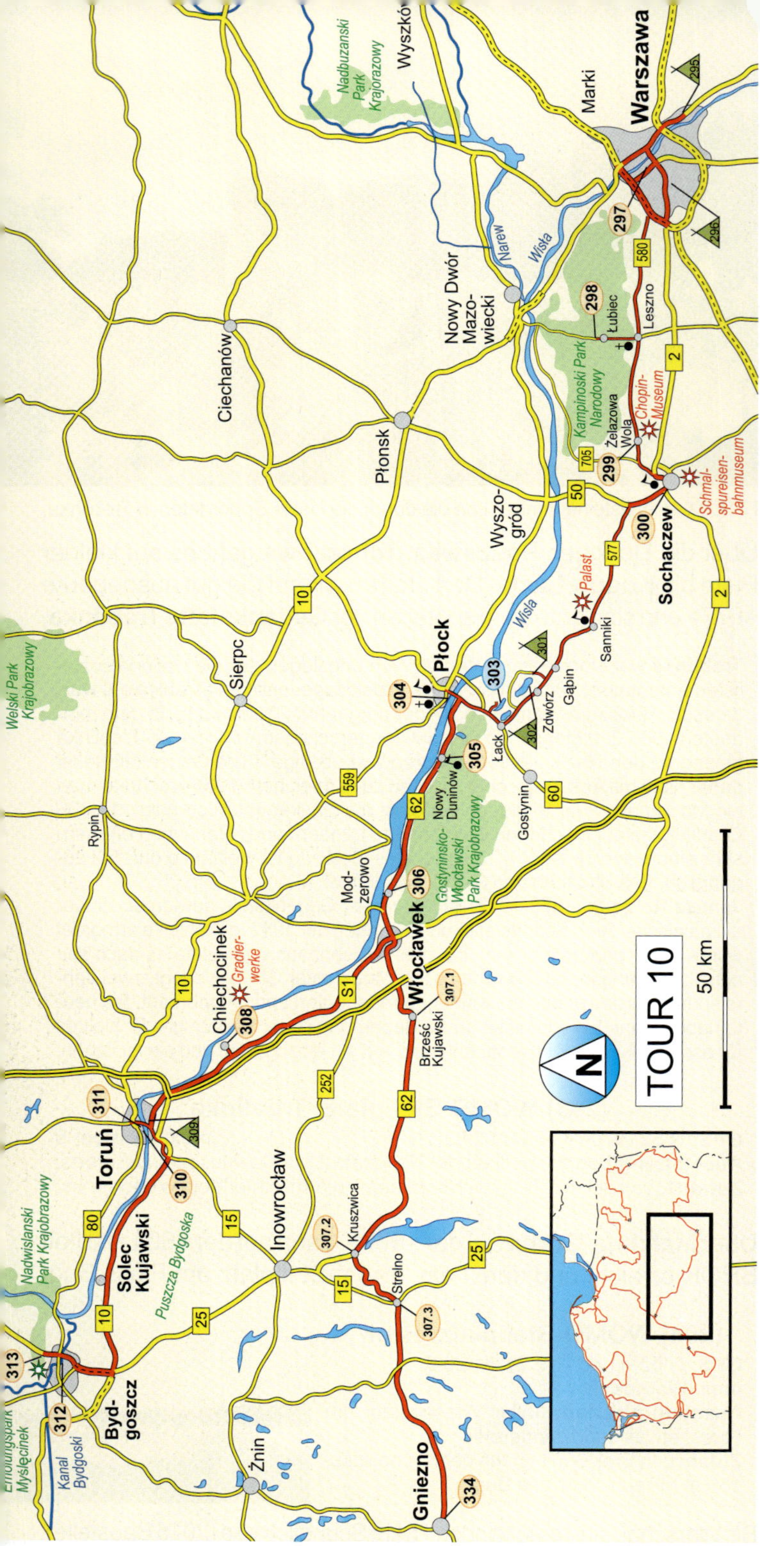
Warszawa
Marki
Wyszków
Nadbuzanski Park Krajorazowy
Narew
Wisła
Nowy Dwór Mazowiecki
Ciechanów
Płonsk
Wyszogród
Kampinoski Park Narodowy
Łubiec
Leszno
Żelazowa Wola
Chopin-Museum
Schmalspureisenbahnmuseum
Sochaczew
Palast
Sanniki
Gąbin
Zdwórz
Łack
Gostynin
Płock
Sierpc
Welski Park Krajobrazowy
Rypin
Nowy Duninów
Gostyninsko-Włocławski Park Krajobrazowy
Modzerowo
Włocławek
Chiechocinek
Gradierwerke
Brześć Kujawski
Toruń
Inowrocław
Kruszwica
Strelno
Solec Kujawski
Puszcza Bydgoska
Nadwislanski Park Krajobrazowy
Bydgoszcz
Kanal Bydgoski
Erholungspark Myślęcinek
Żnin
Gniezno
TOUR 10
50 km
N
295
296
297
298
299
300
301
302
303
304
305
306
307.1
307.2
307.3
308
309
310
311
312
313
334
2
10
15
25
50
60
62
80
252
559
577
580
705
S1

Tour 10: Von Warszawa nach Bydgoszcz - eine Reise durch Masowien (ca. 300 km)

Warszawa – Sochaczew – Płock – Włocławek – Toruń – Bydgoszcz

Stellplätze: Warszawa, Łubiec, Żelazowa Wola, Sochaczew, Płock, Modzerowo, Nowy Duninów, Ciechocinek, Toruń, Bydgoszcz.

Campingplätze: 2x Warszawa, Koszelówka, Zdwórz, Toruń.

Baden: Jezioro Zdworskie, Plaża Patelnia.

Besichtigen: Warszawa, Chopin-Muzeum, Schmalspureisenbahn-Museum, Płock, Gradierwerke, Altstadt Toruń, Altstadt Bydgoszcz.

Aktivitäten: Radtour um Bydgoszcz.

Wir haben WARSZAWA (über 1,7 Mio. Einwohner) erreicht. Die polnische Hauptstadt hat rund 60 Museen, über 30 Theater, zahlreiche Sommer-Festivals und rund 240.000 StudentInnen an insgesamt 53 Hochschulen. Schön ist die Stadt nicht immer, spannend auf jeden Fall. Die Gegensätze reizen, das Nebeneinander von hip und altmodisch, alt und neu. Die „Küche“ ist vielfältig, wir finden einfache Milchbars oder Sushi am Weichselufer. Hippe Strandbars auf der rechten „wilden“ Uferseite und zahlreiche Möglichkeiten in schöner Atmosphäre zu entspannen. Obwohl über Jahre als eine der größten Baustelle Europas bekannt, gefällt uns die Stadt im Sommer auch als Fahrradstadt.

(295) WOMO-Campingplatz-Tipp: WOK, Nr. 90, Warszawa

GPS: N52°10'38' E21°08'50", Ul. Odrębna 16
Tel: +48226127951, www.campingwok.warszawa.pl
Öffnungszeiten: Ganzjährig
Ausstattung/Lage: Kleiner, gepflegter Platz, Gaststätte, WIFI, Ver- und Entsorgung, Bus ins ca. 12 km entfernte Zentrum.
Zufahrt: Von der S8 vor der Querung der Wisła am östlichen Ufer rund 15 km nach Süden auf der <801>, wenden, 600 m zurück, rechts in die ul. Odrębna, nach 260 m rechts, Ausschilderung beachten.

(296) WOMO-Campingplatz-Tipp: Majawa, Nr. 123, Warszawa

GPS: N 52°12'53.2" E 20°57'56.4", ul. Bitwy Warszawskiej 1920 r. 15/17
Tel: +48228229121, www.majawa.pl.
Öffnungszeiten: Ganzjährig
Ausstattung/Lage: Schmaler Wiesenplatz, WIFI, recht ruhig, schräg gegenüber des Bahnhofs Zachodnia, 4 km vom Zentrum.
Zufahrt: Von S8, 4,5 km nach Wisła-Querung auf S7, nach 4,7 km, geradeaus 350 m rechts.

Blick von der Śląsko-Dąbrowski-Brücke auf Königsschloss und Altstadt.

Wer nicht auf den Campingplatz möchte, steuert die altstadtnahen, bewachten Parkplätze an.

(297) WOMO-Stellplätze 1 und 2: Warszawa, Altstadt

GPS: N 52°15'03.4" E 21°00'54.2"
GPS: N 52°15'05.2" E 21°00'52.0"
Ausstattung/Lage: Keine Infrastruktur, bewacht, eingezäunt, gebührenpflichtig (4 Zł/Std., 80 Zł/24 h), Mülleimer, Dixi-Klo, laut/innerorts.
Zufahrt: Von der S8 nach der Wisla-Querung 4 km am rechten Wisła-Ufer aus Norden kommend, direkt unterhalb der historischen Altstadt an der Uferstr. Wybrezeże Gdańskie.
Alternativen: Große, bewachte Parkplätze gibt es ebenfalls in der ul. Furmanska ganz in der Nähe [N 52°14'38.7" E 21°01'10.3"], ul. Chłodnia/Ecke Okopowa [N 52°14'9.0" E 20°58'53.6"], ul.Pańska/parallel zur ul. Prosta [N 52°13'53.3" E 20°59'33.3"] oder beim Stadion Narodowy [N 52°14'19.5" E 21°03'01.4"] auf der linken Uferseite.

Tour 1: Altstadt, Neustadt und auf jüdischen Spuren

Vor dem roten **Königsschloss** beginnen wir unsere Runde und betrachten die 22 m hohe **Sigismundsäule** (Kolumna Zygmunta), die 1644 auf dem Pl. Zamkovy zu Ehren König Zygmunt III Wasa errichtet wurde, der Warszawa 1596 zur Hauptstadt ernannte. Von hier sieht man das 2012 zur Fußball-EM errichtete **Nationalstadion** (Stadion Narodowy) am anderen Ufer der Weichsel. Als die „großartigste Fälschung der Welt" wurde Warschau bezeichnet, das 1944 durch deutsche Truppen zu 90 % zerstört wurde, da nichts an den Glanz der ehemaligen Hauptstadt erinnern sollte. Von 1949 bis 1953 wurde die Altstadt weitgehend originalgetreu nach zeitgenössischen Skizzen, Fotos und Stichen wiederaufgebaut. Das stimmungsvolle Viertel **Stare Miasto** zählt seit 1980 zum UNESCO-Weltkulturerbe. Wer das erst in den 70-iger und 80-iger Jahren renovierte Schloss besichtigt, kann schon im „Großen Hof" die wechselhafte Geschichte des gewaltigen Baus ablesen. Im Obergeschoss geben zahlreiche Wandbilder in den repräsentativen Räumen einen Eindruck von Warszawas Verwandlungen in den letzten 230 Jahren. Die Gemälde des Venezianers Bernado Bellotto, die zwischen 1768 und 1780 entstanden, dienten als Vorlage für

Buntes Treiben am Marktplatz in der Altstadt.

den Wiederaufbau der Stadt (www.zamek-krolewski.pl).
Im Erdgeschoss zeigt eine **Gemäldegalerie** europäische Meisterwerke, unter anderem auch Rembrandts „Junge Frau“. Große Teile der Sammlung gehen auf eine Schenkung der Widerstandskämpferin Gräfin Karolina Lanckorońska zurück, die das Erbe ihres Vaters nach der politischen Wende der polnischen Nation vermachte (Mo-Sa, 10-18 Uhr).
Über die ul. Świętojańska gelangen wir zur **Johanniskathedrale** (Katedra Św. Jana), dem ältesten Kirchenbau der Stadt. In der Krypta der schlichten Backsteinkirche sind bedeutende polnische Schriftsteller und Nationalhelden beigesetzt.
Der **Marktplatz** (Rynek Starego Miasta) beeindruckt durch reich verzierte Patrizierhäuser. Im Sommer beleben Cafés und Musikanten den Platz, im Winter wird die Meerjungfrau, die seit Jahrhunderten das Wahrzeichen Warschaus ist, auf Schlittschuhen umrundet. Die **Touristeninformation** im Haus 19/21 hält zahlreiche Prospekte bereit (9-18 Uhr, im Sommer bis 20 Uhr). Empfehlenswert ist ein Schlenker nach Süden in das unterhalb des Marktes liegende Museum **Centrum Interpretacji Zabytku**. Zahlreiche Modelle und Bilder zum Wiederaufbau der Stadt nach dem Zweiten Weltkrieg werden dort gezeigt (ul. Brzozowa 11/13, Di-So 10-19 Uhr). Zurück am Markt verlassen wir diesen durch die ul. Nowomiesjska, links vorbei am **Warschau-Museum** (Muzeum Warszawy), in dem Exponate aus 700 Jahren Stadtgeschichte gezeigt werden (10-18 Uhr, www.muzeumwarszawy.pl). Wir durchqueren Teile der mittelalterlichen **Barbakane**, einer Backsteinbastion, die als Befestigung einst rings um die Altstadt führte. Jenseits der dicken Mauern beginnt die **Neustadt** (Nowe Miasto), die allerdings bereits im 15.Jh. entstand und neu nur im Verhältnis zur 100 Jahre früher gegründeten Altstadt ist. Nach rechts führen Treppen hinab zum Weichselufer und zu den WOMO-Stellplätzen (297).
Im Haus Nr. 16 der ul. Freta, die vor dem Zweiten Weltkrieg eine wichtige Einkaufsstraße war, wurde 1887 Maria Sklodowska geboren, bekannt unter dem Namen **Marie Curie**. Die zweifache Nobelpreisträgerin entdeckte die natürliche Radioaktivität. Das kleine **Museum** über die Physikerin ist wegen Bauarbeiten im Sommer 2016 im Haus gegenüber untergebracht. Über den Marktplatz der Neustadt steuern wir auf die weiße **Kuppelkirche St. Kazimierz** zu und wenden uns zum Aussichtspunkt über die neu gestalteten Weichselufer und die **multimedialen Wasserspiele**. Im Sommer sprudeln hier aus 367 Düsen 30.000 Liter Wasser pro Minute in die Höhe (Laser-Laut-Show Mai-August, Fr, Sa 21.30 Uhr, Sept.-Oktober, 21 Uhr,).
Wir gehen die ul. Kościelna zurück Richtung Westen und stoßen gegenüber

Die ul. Freta führt durch die Neustadt.

der **Franziskanerkirche** bei der ul. Zakroczymska auf die östlichste Ecke des einstigen **Warschauer Ghettos**, die durch einen Streifen im Boden und Infotafeln an der Hauswand markiert ist.

Dieses jüdische Viertel erstreckte sich zwischen Ogród Saski und jüdischem Friedhof. Hier ist nichts rekonstruiert, gleichförmige Wohnblocks säumen heute die Straßen. Im Herbst 1940 wurde das Gebiet von deutschen Soldaten abgeriegelt. Rund 360.000 Juden lebten damals in Warschau, so viele, wie in sonst keiner europäischen Stadt. Auf knapp 5 km² drängten sich 500.000 Menschen, da auch Juden aus anderen Orten hierher verfrachtet wurden. Allein 100.000 Menschen verhungerten oder starben an Erschöpfung, da die Lebensmittelsituation verheerend war. Ab 1941 wurde der Versuch, das Ghetto zu verlassen, mit dem Tod bestraft. Ab 1942 setzten die Nazis die auf der Wannseekonferenz beschlossene „Endlösung der Judenfrage" um und ab dem 22.7.1942 fuhr täglich ein Zug mit 5.000 Juden von Warschau nach Treblinka ins Vernichtungslager. Nur wenigen Menschen gelang die Flucht. Im Dezember 1942 gründeten sozialistische und zionistische Ghettobewohner die Kampforganisation ŻOB. Diese leistete der SS am 19.4.1943 gegen die Deportation der verbleibenden 60.000 Bewohner rund vier Wochen heftigsten Widerstand. Nach dem Scheitern des **Warschauer Aufstandes** zerstörten die Nazis das Ghetto komplett.

Wir nehmen die ul. Zakroczymska bis zu ihrem Ende, biegen nach links in die ul. Konwitorska, die nach 400 m zur ul. Muranowska wird. Dort steht auf der Fläche zwischen den Fahrbahnen das **Denkmal der im Osten gefallenen und Ermordeten**. In Form eines offenen Eisenbahnwagons wird seit 1995 an alle nach 1939 durch die Rote Armee Russlands nach Sibirien verschleppten und ermordeten Polen sowie an die Opfer von Katyń erinnert. Dort wurden bei einem Massaker mehr als 20.000 Menschen ermordet. Bis zur Wende 1989 waren solche Themen tabu.

Die ul. Stawki führt uns nach 600 m zum **„Umschlagplatz"**, einem weiteren **Denkmal**, das an die nach Treblinka ins Konzentrationslager verschleppten Juden erinnert.

Unser nächstes Ziel ist das im Herbst 2014 eröffnete **Museum der Geschichte der polnischen Juden** (Muzeum Historii Zydow Polskich). Dafür nehmen wir die ul. Karmelicka nach Süden, die ul. Miła nach links bis zur ul. Zamenhofa. Nach Süden wird auf 16 Granitblöcken und auf einem ehemaligen Bunker, in dem sich Widerstandskämpfer dem Tod durch die NS durch Selbstmord entzogen, an den „Weg des jüdischen Martyriums und Kampfes" erinnert. Auf polnisch und hebräisch wird bekannter, gefallener Juden gedacht. Beim **Denkmal der Ghettohelden** (Zamenhofa) hat Willy Brandt 1970 als

Das höchste Gebäude Warszawas, der Palast der Kultur und Wissenschaft.

erster deutscher Bundeskanzler Polen und Juden um Verzeihung gebeten. Dieser Platz wird heute Skwer Willy'ego Brandta genannt und eine Skulptur in der nordwestlichen Ecke erinnert an den symbolischen Kniefall. Wenn das Monument der Ghettohelden an die Verstorbenen erinnern soll, zeigt das Museum daneben anschaulich das Leben der polnischen Juden. Es ist ein beeindruckendes Museum, vom finnischen Architekturbüro Lahdelma&Mahlamäki erbaut, das einem in acht Hauptthemen das jüdische Leben näher bringt. Eine Synagoge, die Kneipe, das Schulzimmer,... auf sehr praktische Weise erhält man Einblicke in den jüdischen Alltag seit 1.000 Jahren (Mi-Mo 10-18 Uhr, Sa 10-20 Uhr, Di geschl.,www.polin.pl). Zum Abschluss des heutigen Tages möchten wir uns noch den **Palast für Kultur und Wissenschaft** ansehen und dafür nehmen wir die ul. Zamenhofa zur Metro-Station Ratusz Arsenal. Zwei Stationen mit der U-Bahn und bereits beim Ausstieg aus dem Untergrund (Station Centrum) ragt der Palast vor uns empor. Im stalinistischen Zuckerbäckerstil erbaut, wurde er als „Geschenk der sowjetischen Völker" zum Symbol der sowjetischen Dominanz und ist daher durchaus umstritten. Von überall in der Stadt kann man das von 3.500 russischen Bauarbeitern errichtete, 231 m hohe Gebäude sehen. 3.200 Räume, drei große Theater, Kino, Schwimmbad, Technikmuseum, Touisteninformation und im 30. Stock eine **Aussichtsterrasse,** von der man einen phantastischen Rundumblick hat (20 Zł, von acht Aufzügen gingen bei unserem Besuch allerdings nur zwei!). Die **Milchbar** gegenüber des Sala Kongressowa liegt ideal und bietet Leckeres und Günstiges auf polnische Art (ul. Emilii Plater 47, Mo-Fr 9-20 Uhr, Sa/So 11-19 Uhr).
Wer nicht zum Kulturpalast möchte, sondern noch Kraft für ein weiteres Museum hat, dem empfehlen wir das rund 2 km entfernte **Museum des Warschauer Aufstands**, das mit Dokumentarfilmen und multimedialen Präsentationen an den grausamen 63-tägigen Kampf im August 1944 mit 200.000 Toten erinnert. Dafür nehmen wir die ul. Karmelicka weiter gen Süden immer auf den Kulturpalast zu. Bei der kleinen ul. Nomolipie schwenken wir nach rechts, die al. Jana Pawła II nach links. Die al. Solidarności überqueren wir, in der ul. Elektoralna Nr. 24 stärken wir uns. Der Blick in die äußerlich verheißungsvollen Mirow-Markthallen ist etwas enttäuschend. Die Elektoralna geht in die ul. Chłodna über und nachdem wir die große ul. Towarowa überquert haben, nehmen wir die ul. Jaktorowska nach rechts und stehen wenig später vor dem ehemaligen **Waisenhaus Dom Sierot** (siehe Kasten Treblinka/Korczak Seite 199). Von dort geht es über die ul. Karolkowa nach links und die ul. Grzybowska nach rechts zum **Museum des Warschauer Aufstands** (Mi-Mo 10-18 Uhr, Do bis 20 Uhr, Di geschl.).

Geplante Kraterlandschaft auf dem Dach des Wissenschaftszentrums.

Tour 2: Krakauer Vorstadt und „Neue Welt“

Der **Königsweg** führt kilometerlang gen Süden durch die Vorstadt, die nach der einstigen Hauptstadt benannt wurde. Er verbindet mehrere ehemalige Königsresidenzen miteinander. Das **Königsschloss** haben wir ja schon gesehen und so folgen wir der am Wochenende autofreien Krakowskie Przedmiejsce zur **St.-Anna-Kirche** (Kościół św. Anny, Nr. 68). Auf seiner ersten Pilgerreise 1979 nach Polen hat Papst Johannes Paul II hier vor jugendlichen Menschen zum erstenmal sein vorbereitetes Skript verlassen und ist mit den Jugendlichen ins Gespräch gekommen. Übrigens gibt es in der Touristenzentrale einen extra Flyer, der sich den Spuren des Papstes widmet. Vom freistehenden **Turm der Kirche** haben wir eine tolle Aussicht auf die Altstadt (Mo-Fr 10-18 Uhr, Sa/So 11 Uhr).

Nach dem **Denkmal für Adam Mickiewicz**, einem der größten polnischen Dichter der Romantik, passieren wir den **Präsidentenpalast** und machen einen kleinen Schwenk nach rechts zum **Theaterplatz** mit dem **Großen Theater**, das die größte Opernbühne der Welt bietet. Am benachbarten **Plac Marsz. Piłsudskiego** finden wichtige Staatsfeiern statt, zum Beispiel die Feiern zum Tag der Unabhängigkeit am 11. November. Er war einst ein öffentlich zugänglicher Platz des **Sächsischen Palais**, das ebenfalls im Zweiten Weltkrieg zerstört wurde und nach und nach wieder rekonstruiert werden soll. Am Platz befindet sich das **Grab des unbekannten Soldaten**.

Wir kehren zurück zur **Krakowskie Przedmiejsce** vor die Nr. 42/44. Es ist das berühmte **Hotel Bristol**, eines der ältesten und luxuriösesten Hotels in Warschau. Vor der **St.-Josef-Kirche**, in der Chopin als Schüler die Orgel spielte, steht ein **Denkmal für den Kardinal Stefan Wyszyński**, der als Symbolgestalt des geistigen Widerstands gegen das kommunistisch-atheistische Regime Polens gilt.

Nachdem wir das **Universitätsgelände** passiert haben, schwenken wir nach links in die ul. Oboźna, da wir die **Unibibliothek** und das **Kopernikus Wissenschaftszentrum** besuchen möchten.

Im Café Kafka, Nr. 3, einem netten Studentencafe, lassen wir uns köstlichen Kakao und Kuchen schmecken. Von April bis Oktober ist der **Dachgarten** der Unibibliothek geöffnet (ul. Dobra 56/66). Er ist einer der größten Dachgärten, der Besuch lohnt auf jeden Fall. Aber auch das Dach des **Wissenschaftszentrums Kopernikus** ist begrünt und bietet Blicke über die Stadt (Foto oben). Das Museum selbst lockt mit interaktiven Ausstellungen (Di-So 9-19 Uhr, Reservierung empfohlen, www.kopernik.org.pl, Dachgarten frei zugänglich). Weiter geht es auf dem Weichseltunnel bis wir hinter der **Schrägseilbrücke** das **Denkmal der Sirenen** erreichen. Über die ul. Zajęcza keh-

Chopinmusik beim sonntäglichen Konzert im Łazienski-Królewskie-Park.

ren wir zurück Richtung Innenstadt. Nach 450 m nehmen wir die ul. Topiel nach links, dann rechts in die steil ansteigende ul. Tamka. Beim Brunnen mit Entenskulptur steigen wir die Stufen hoch zum **Chopin-Museum**, das in einem alten Schloss untergebracht ist. Auch hier ist Lernen über viel Interaktion möglich und das Eintauchen in das Leben und die Musik des von den Polen heißgeliebten Komponisten wird ermöglicht. (Di-So 11-20 Uhr, ul. Okólnik 1, www.chopin.museum). Über die ul. Ordynacka treffen wir auf die Nowy Świat, auf der sich Cafés, Bars, edle Geschäfte sowie zahlreiche Paläste aneinanderreihen. Am Rondo de Gaulle bestaunen wir **die Palme** der Künstlerin Joanna Rajkowska, die ursprünglich die ganze Stadt für ein Jahr mit Palmen schmücken wollte. Aber das Geld reichte nur für eine Pflanze, diese blieb dafür stehen und ist heute eine Art Wahrzeichen Warschaus. Wer noch Kraft hat, geht einen guten Kilometer weiter Richtung Süden und erreicht nach dem **Park Ujazdowski** den sehenswerten **Łazienski-Królewskie-Park**, die einstigen „Königlichen Bäder". Einstige Badepavillons wurden zu Wasserschlösschen umgebaut und es entstand eine Landschaft voller Teiche, Blumenbeete und klassizistischer Gebäude. Heutzutage finden hier Chopin-Konzerte statt (Mitte Mai-September, Sonntag 12 und 16 Uhr, kostenlos). Zahlreiche Besucher lustwandeln, bestaunen Pfauen oder rufen „Baschi, baschi", um Eichhörnchen anzulocken.

Tour 3: Praga, das „andere Warschau"

Als ursprünglich eigenständige Siedlung am rechten Weichselufer wird Praga 1432 erstmals urkundlich erwähnt. Bereits im 16. Jh. entstand hier eine der längsten Brücken Europas, die der Siedlung großen Aufschwung brachte. Aber die meist hölzernen Häuser überlebten die zahlreichen Kriege, wie das „Gemetzel" von Praga 1794 oder den Novemberaufstand von 1830, nicht. Während des Zweiten Weltkrieges jedoch rückte die Rote Armee 1944 zwar schnell bis Praga vor, die Zerstörung während des Warschauer Aufstandes hielten sich aber auf der rechten Weichselseite in Grenzen. Zahlreiche verfallene, unrenovierte Häuser, Hinterhöfe mit Marienaltären, ein unbegradigtes Flussufer und dazwischen mehrere Luxusappartementhäuser oder coole Kneipen: Eine eigenartige Mischung, die Lust aufs Entdecken macht.

Wir starten unsere Tour an der markanten **St. Florian-Kathedrale**, die die Skyline von Praga dominiert und die nahe der **Brücke Śląsko Dąbrowski** liegt. Wir überqueren die al. Śolidarności und werfen einen Blick auf das trostlose **Bärengehege**, das 1952 direkt an die Straße ausgelagert wurde, um den Zoo zu bewerben, der nach nur wenigen hundert Metern durch den **Park Praski** zu erreichen ist. Vor der russisch-orthodoxen **Kirche Maria-**

Die ul. Mała ist eine typische Straße im Stadtteil Praga.

Magdalena queren wir erneut die al. Ṡolidarności und erreichen nach rund 200 m in der ul. Jagiellonska das **Theatr Baj**, Polens ältestes Puppen-Theater, das in der Vorkriegszeit auch als Synagoge genutzt wurde. Schräg gegenüber befindet sich das **Denkmal der Kapelle von Praga**. Wenn Sie sich auf der Trommel unter den 100 Musikstücken eines aussuchen, eine SMS mit „kapela“ und der Nummer des Stückes an 00487141 schicken, können Sie zwischen 7 und 22 Uhr für 35 ct der Musik lauschen.

Wer sicher sein möchte, dass seine SMS auch bestimmt ankommt, schickt sie vielleicht doch besser an die Lieben Zuhause! Wir nehmen die ul. Kłopotowskiego bis zur ul. Tragowa und queren diese per Unterführung. Wir biegen in die ul. Ząbkowska ein und entdecken in Nr. 2 eine der **alten Milchbars**. Wenig später schlendern wir über den **Bazar Rozyckiego**, auf dem aus baufälligen Holzbuden Kleider, Schuhe oder Waffen zum Verkauf angeboten werden. Die großen Shopping-Malls in der Nähe scheinen diesem alten Bazar die Kundschaft abspenstig gemacht zu haben und auch wir fragen uns, wer wohl hier sein Brautkleid oder die Perücke kaufen möchte. Von Gedränge keine Rede. Wir verlassen das Gelände wieder auf die ul. Ząbkowska, deren zahlreiche Bars und Cafés zur Pause locken. Nach wenigen 100 Metern ist die ehemalige **Wiskeyfabrik Koneser** erreicht. Luxuswohnungen neben denkmalgeschützten Gebäuden, so recht will dieses Konzept noch nicht aufgehen. Wir werfen Blicke in verschiedene Hinterhöfe mit ihren liebevoll gestalteten Marienaltären. Über die ul. Korsaka erreichen wir bald den Bahnhof Warszawa Wschodnia, den wir durchqueren. Die ul. Bliska führt uns auf die ul. Mińska. Nr. 25 ist das **Soho-Gelände**, ebenfalls ein ehemaliges Fabrikgebäude, in dem sich Designläden, Luxusrestaurants und ganz rechts hinten das **Neon-Museum** (Halle 5) befinden. Zurück auf der ul. Mińsk halten wir uns auf der ul. Zamoyskiego rechts bis zur ul. Lubelska, die uns direkt zum **Park Skaryszewski** führt. Ein Park mit wilden Ecken und Seecafé, in dem es sich schön entspannen lässt. Nach der Seeumrundung steuern wir geradeaus auf das **Nationalstadion** zu. Das große 2012 erbaute Stadion ist in den Nationalfarben rot-weiß gehalten, kann tags besichtigt werden (5-23 Uhr) und funkelt nachts. Wir machen es uns unterhalb des Stadions am Wisła-Sandstrand gemütlich und lassen den Abend mit einem Cocktail und dem Blick auf das linke Weichselufer ausklingen.

Überraschungen und Kontraste begleiten einen in Warszawa

Kontrastreich, laut, überraschend ... wir wünschen uns jetzt erst mal wieder etwas mehr Ruhe! Auf der al. Solidarności gen Westen verlassen wir die Hauptstadt und fahren auf der <580> Richtung **Sochaczew** (wer von der S8 aus Norden kommt, nimmt am Kreuz Bemowo die <580> nach rechts Richtung Sochaczew). Bevor wir in **Żelazowa Wola** noch einmal den Spuren des in Polen so verehrten Chopins folgen, machen wir nördlich von **Leszno** noch eine Stellplatz-Entdeckung im **Kampinoski-Nationalpark**.

(298) WOMO-Stellplatz: Łubiec

GPS: N 52°18'26.1" E 20°36'38.7"
max. Womos: 3-4
Ausstattung/Lage: Großer, gebührenpfl. Parkplatz mit Picknickgelände, Grillhütten, Imbiss/außerorts.
Zufahrt: <580> von Osten bis Leszno, nach der Backsteinkirche Richtung Łubiec, 6 km rechts.
Sonstiges: Der 400 km² große **Kampinoski-Nationalpark** (Kampinoski Park Narodowy) ist Biosphären-Reservat und „Grüne Lunge" Warszawas. Er bietet Dünen- und Sumpfgebiete sowie weitläufige Wälder, die am besten per Rad oder zu Fuß erkundet werden. Biber, Luchse und Wisente sollen hier leben, sogar Elche werden ab und an gesichtet.

In ŻELAZOWA WOLA lockt uns ein modernes **Museum** in einen wunderschönen Park rund ums Geburtshaus Chopins. Parken kann man auf dem Großparkplatz direkt an der <580> gegenüber des Museums [**299:** N 52°15'30.9" E 20°18'39.7", 10 Zł].

Am 1. März 1810 erblickte **Fryderyk Franciszek Szopen** im Dörfchen Żelazowa Wola das Licht der Welt. Bereits mit sieben Jahren komponierte der begabte Junge erste Stücke und auch als Pianist machte Chopin bald von sich hören. Damals lebte die Familie bereits in Warschau. 1818 wurde ein österreichischer Hofkomponist auf das Talent aufmerksam und führte ihn in die Kreise des österreichischen und polnischen Adels

ein. 1818 gab der Achtjährige anlässlich einer Wohltätigkeitsveranstaltung ein Konzert, ab dann trat er in den Salons des polnischen Hochadels auf. Im Juli 1829 beendete Chopin sein Studium am *Königlich-Preußischen-Lyzäum zu Warschau*. Zwischen 1829 und 1831 lebte er abwechselnd in Warschau, Wien und Paris. Mitte 1831 entschied er sich zur endgültigen Übersiedlung nach Paris, wo er bereits zu großem Ansehen gekommen war. Zehn Jahre lang, bis 1947, lebte er in einer Beziehung mit der Schriftstellerin George Sand. Im Alter von 39 Jahren starb Chopin in seiner Wohnung in Paris, wahrscheinlich an Tuberkulose. Im Geburtshaus (Foto) in Żelazowa Wola wird die Atmosphäre des 19. Jh. heraufbeschworen, im Garten entführen einen die Klänge des Klaviers aus Lautsprechern, die im Gebüsch versteckt sind, in die Welt des Musikers und Komponisten (Muzeum Chopina, www.nifc.pl, Di-So 10-16 Uhr, im Sommer länger, sonntags Klavierkonzerte um 11 und 15 Uhr).

Bevor wir unser nächstes größeres Ziel **Toruń** ansteuern, wollen wir uns ein **Schmalspureisenbahn-Museum** anschauen, das 1986 als Filiale des PKP-Eisenbahnmuseums Warschau in der Nähe des Bahnhofs SOCHACZEW (37.000 Einwohner) errichtet wurde. Die größte Sammlung von Schmalspureisenbahnfahrzeugen in Polen und sogar Europa steht hier – darunter Dampflokomotiven, Wagen und Reparaturwagen (Muzeum Kolei Wąskotorowej, in Sochaczew die <705> Richtung Zentrum, 500 m später links, nach 850 m leicht links, beim Kreisel nach 350 m rechts, in die ul.Tamarowa, Nr. 7, Di-So 9-17 Uhr, Mo geschl., N 52°13'02.1" E 20°14'16.2"). Wer Burgruine oder Stadt besichtigen möchte, steht besser hier:

(300) WOMO-Stellplatz: Sochaczew
GPS: N 52°13'45.4" E 20°14'12.4"
max. Womos: 2-3
Ausstattung/Lage: Keine Infrastruktur, gebührenpfl. Parkplätze nahe der Straße/innerorts.
Zufahrt: Die <705> aus Norden kommend, Richtung Zentrum. Nach 600 m auf der Warszawska links, vorbei am gr. Plac Kościuszki links, gegenüber der orangefarbigen Kirche.

1928 verbrachte Chopin zwei Monate hier zum Komponieren und Klavierspielen.

Vom Eisenbahnmuseum fahren wir weiter Richtung Süden und düsen auf der <92>/<50> Richtung **Płońsk**. Die Schnellstraße verlassen wir nach rund 6 km schon wieder, um auf der <577> Richtung **Łack** zu gondeln. Ringsherum wachsen Kohl, riesige orangene Kürbisse, Johannisbeeren, Äpfel.
Dass wir uns auf der **Chopin-Route** befinden, erfahren wir in **Sanniki**. Im riesigen, weißen **Palast**, der in einem schönen Park liegt, lesen wir, dass der 18-jährige Chopin hier einen entspannten Sommer verbrachte (Infotafeln auf Deutsch). Einmal im Jahr, am ersten Sonntag im Juni, findet hier ein Folklorefestival statt.
Hinter **Gąbin**, dessen Kirchturm im oberen Teil doch sehr an einen Feuerwehrturm erinnert, entdecken wir das Schild *Jezioro 2 km*. Nichts wie hin, gebadet haben wir schon lange nicht mehr. Und dass wir auch noch einen Campingplatz entdecken in dieser „campingplatzarmen“ Region, ist natürlich um so schöner.

(301) WOMO-Campingplatz: Jezioro Zdworskie, Koszelówka
GPS: N 52°25'35.8" E 19°42'26.2", **Tel**: +48572127771 oder +48242771081
Öffnungszeit: Ganzjährig www.zaciszebis.pl
Ausstattung/Lage: Einfacher Campingplatz bei einem Hotel (dort Rezeption, in Zukunft Altersheim), nahe tollem Strand, Wasserrutsche, Bar.
Zufahrt: <577> von Sochaczew Richtung Łack, 2 km hinter Gąbin beim Kreisel rechts 1,8 km zum See und Hotel.

Zurück auf der <577> kommt gleich der nächste Campingplatz.

(302) WOMO-Campingplatz: Relax, Nr. 187, Zdwórz
GPS: N 52°26'14.1" E 19°40'00.5", **Tel:** +48242614088
Öffnungszeit: Ganzjährig www.relaxzdworz.pl
Ausstattung/Lage: Großes Wiesengelände am See, Ver- und Entsorgung
Zufahrt: <577> von Sochaczew Richtung Łack, in Zdwórz rechts und 500 m bis zum See kurven.

Bevor wir uns ins Stadtgetümmel **Płocks** stürzen, steht erneut

Baden an. Am Ende von Łack nehmen wir die <60> Richtung **Płock**, vorbei an einem riesigen Gestüt. 2,7 km später verlassen wir die <60> nach rechts Richtung **Gabina** und erreichen den:

(303) WOMO-Badeplatz: Plaża Patelnia

GPS: N 52°28'53.8" E 19°39'13.9", **max. Womos:** 2-3
Ausstattung/Lage: Großer Parkplatz oberhalb des Strandes, Bar/außerorts.
Zufahrt: Von Łack Richtung Płock, 2,7 km nach dem Gestüt in Łack rechts, 900 m durch den Wald, dann 150 m rechts.

Für die lohnenswerte Erkundung von **Płock** empfehlen wir, am nach 1 km folgenden Kreisel links in Richtung Radziwie (Firma Dr. Oetker) zu fahren, da Sie ansonsten weit um die Altstadt herum geleitet werden. Nach 6 km ist die Wisła erreicht und die Kulisse der Altstadt oberhalb des Flusses zu erkennen.

(304) WOMO-Stellplatz: Płock

GPS: N 52°32'20.8" E 19°41'21.8", Rybacki **max. Womos:** 2-3
Ausstattung/Lage: Parkplätze an der Uferstraße/innerorts.
Zufahrt: Die <60> aus Süden kommend 3,5 km hinter Łack am Kreisel links Richtung Radziwie, nach der Überquerung der Wisła links, in großen Kehren hinunter zum Fluss. Parkfläche an der *Mola* und 700 m weiter am Strand.

Die Erkundung von Płock: Steile Treppenstufen führen hinauf zur Promenade entlang der Kante zum Fluss, ein idealer Sonnenuntergangsplatz. Wer sich nach rechts wendet kommt zur **Burg**, **Kathedrale** sowie dem **Benediktinerkloster**. Im Letzteren ist das **Mosowische Museum mit einer Jugendstilsammlung** untergebracht. Wir finden Designermöbel, Kunsthandwerk oder Gemälde (Muzeum Moazowieckie, ul. Turska 2, Di-So 10-17 Uhr).
Zum Marktplatz sind es nur fünf Minuten geradeaus nach Norden. Zahlreiche Cafés und Restaurants laden zum entspannten Flanieren und Einkehren ein.

Zur Weiterfahrt kehren wir zurück über die Wisła und nehmen die <62> entlang des linken Flussufers in Richtung **Włocławek**. Vorbei am wuchtigen Backsteinspeicher führt die Straße lange nahe der sich zum **Jezioro Włocławskie** verbreiternden Wisła entlang. In Nowy Duninów liegt links ein Schlösschen am See [**305:** N 52°34'54.9" E 19°28'40.7"] und rechts der Hafen.

(306) WOMO-Stellplatz: Modzerowo

GPS: N 52°39'07.2" E 19°08'47.5"
max. Womos: 1-2
Ausstattung/Lage: Keine Infrastruktur, Parkplatz hinter dem Damm/außerorts.
Zufahrt: An der <62> in Modzerowo vor der Orlen-Tankstelle (links) mit Anker-Schild nach rechts ausgeschildert, 200 m bis zum Damm.
Sonstiges: Kleiner Hafen, Ausflugsboote.

Wer ab WŁOCŁAWEK Richtung **Poznán** möchte, bleibt auf der <62>. Hier nur eine Aufzählung von drei Stellplätzen an der Strecke: **Brześć Kujawski** [**307.1:** N 52°36'36.1" E 18°54'10.5"], Parkplatz oberhalb eines kleinen Sees am Busbahnhof], in **Kruszwica** [**307.2:** N 52°40'24.2" E 18°19'31.0"], Parkplatz unterhalb der Burg am Jezioro Gopło. Weiter auf der *Piasten-Route* finden wir in **Strzelno** eine große Parkmöglichkeit beim Friedhof [**307.3:** N 52°37'39.5" E 18°10'12.5"] 40 km später ist Gniezno und damit Tour 11 erreicht.
Wir bleiben auf der <S1> Richtung **Toruń**. Wer bisher um alle **Gradierwerke** einen Bogen gemacht hat, dem bietet sich im Kurort CIECHOCINEK (10.700 Einwohner) 26 km hinter Włocławek nochmals eine Chance.

Hauptattraktion des Ortes CIECHOCINEK sind drei 16 m hohe **Gradierwerke** mit gewaltigen 1.730 m Gesamtlänge. Hier wird Salz gewonnen, indem Sole durch Reisigbündel geleitet wird und somit auf natürliche Weise Wasser verdunstet. Durch die herabrieselnde Salzlösung wird die Luft in der Nähe des Gradierwerks mit Soletröpfchen angereichert, die Partikel in der Luft binden. Dies wirkt sich, ähnlich wie bei Seeluft, bei Pollenallergikern und Asthmatikern positiv aus. Durch das Einatmen salzhaltiger Luft werden die Atemwege befeuchtet und zudem besitzen die feinen Salzkristalle eine sekretlösende Wirkung. Sie reinigen die Atemwege von Bakterien und lassen Schleimhäute abschwellen. Wir wandeln tief und gleichmäßig atmend durch den gut besuchten 19 ha großen **Gesundheitspark** bis zur schönen **hölzernen Mineralwassertrinkhalle**. Stellplatz [**308:** N 52°52'47.5" E 18°46'55.8"], von der <S1> auf der <266> nach Ciechocinek, nach 2 km auf der linken Seite oder 450 m.

Auch TORUŃ (300.000 Einwohner) ist seit 1997 mit seinen **Speichern, Bürgerhäusern, Kirchen und Wehrmauern** auf der UNESCO-Weltkulturerbe-Liste zu finden. Zudem dreht sich hier alles um **Kopernikus**, der in der Stadt geboren wurde. Zu empfehlen ist der angenehme Campingplatz am südlichen Ufer:

Blick von der Weichselbrücke auf die sehenswerte Altstadt von Toruń.

Reich verzierte Bürgerhäuser stehen am Markt von Toruń.

(309) WOMO-Campingplatz: Tramp, Toruń

GPS: N 53°00'01.3" E 18°36'31.0" , ul. Kujawska **Tel**:+48566547187
Öffnungszeit: Ganzjährig, www.kempingtramp.noclegiw.pl
Ausstattung/Lage: Schön, schattig, Laden, Spielplatz, am Weichselufer, Ver- und Entsorgung, Hunde erlaubt, nicht sehr leise, Altstadt 2,5 km.
Zufahrt: Von Süden kommend beim ersten Kreisel geradeaus, 1,3 km später nach rechts, nach weiteren 1,3 km links entlang der Bahngleise. 100 m später die Gleise unterqueren (3,30 m!), 500 m später nach rechts zum Campingplatz.

Wer nur für eine kurze Besichtigung der Stadt einen Platz für sein Womo braucht, wird hier fündig:

(310) WOMO-Stellplatz: Toruń 1

GPS: N 53°00'27.1" E 18°35'56.9", Bulvar Filadelfiski, **max. Womos:** >5
Ausstattung/Lage: Keine Infrastruktur, kostenpflichtiger Parkplatz/innerorts
Zufahrt: Von Süden kommend über die Weichselbrücke, dann gleich rechts und nochmals rechts. Parkplatz vor dem Hotel Kopernikus.
Leserhinweis: Im Sommer teilweise komplett von Reisebussen belegt.

(311) WOMO-Stellplatz: Toruń 2

GPS: N 53°00'50.3" E 18°36'29.0", Wały Gen. W. Sikorskiego, **max. Womos:** 2-3
Ausstattung/Lage: 24 h bewachter Asphaltplatz, kostenpflichtig/innerorts.
Zufahrt: Von der Brücke geradeaus weiter. Beim Kreisverkehr nach 1,9 km rechts auf die ul. Odrodzenia abbiegen, nach 500 m auf die ul. Uniwersytecka, dann die nächste Straße links, nach 150 m auf der linken Seite.
Alternative: Parkplatz an der Kirche N 53°00'49.0" E 18°36'49.4", ul. Piastowska.

Stadtrundgang durch Toruń: Mittig auf dem Rynek Staromiejski, dem **Altstädtischen Markt**, steht das prächtige Rathaus, dessen Größe das Selbstbewußtsein der Thorner Kaufleute widerspiegelt. 200 Jahre, von der Gotik bis zur Renaissance, wurde daran gebaut und heute ist hier das **Regionalmuseum** untergebracht. Der 40 m hohe Turm kann bestiegen werden (Muzeum Ogręgowe, Rynek Staromiejski 1, www.muzeum.torun.pl, Di-So 10-16 Uhr). Vor dem Rathaus, an der Ecke mit dem Turm, steht das 1853 errichtete **Denkmal für Nikolaus Kopernikus** (1473-1543, Foto S. 215 rechts), das ihn mit wehendem Umhang zeigt. Der Astronom entwickelte das heliozentrische Weltbild, nach dem sich die Erde um die

eigene Achse dreht und sich zudem wie die anderen Planeten um die Sonne bewegt. Kopernikus revolutionierte damit die bisher geltenden geozentrischen Vorstellungen.
Der Markt ist von üppig geschmückten Bürgerhäusern eingefasst, zudem sind hier die prachtvolle **Heilig-Geist-Kirche** und die **Marienkirche** zu finden. Etwas südlicher, in der ul. Kopernika 15/7, steht das Geburtshaus Kopernikus, das heute ein **Museum** ist und Dokumente sowie von ihm benutzte astronomische Geräte zeigt. Auch ein Modell des mittelalterlichen Thorn um das Jahr 1500 kann man hier bewundern (Muzeum Kopernika, ul. Kopernika 15-17, Di-So 10-16 Uhr). In direkter Nachbarschaft liegt die **Johanniskirche** mit der zweitgrößten Glocke Polens. In der anderen Richtung der ul. Kopernika, entlang der Reste der Stadtmauer, kommt man zum **Schiefen Turm von Thorn** (Foto oben). Ob sich die zwei Brüder beim Bau wirklich so gestritten haben, dass sie sich nie ansahen, einfach vor sich hinmauerten und damit ein richtig schiefes Bauwerk schufen, können wir uns kaum vorstellen. Aber krumm ist der Turm auf jeden Fall.

Nachdem wir entlang der Uferpromenade nach Osten bis zur **Ordensburg** geschlendert sind, möchten wir noch einen Abstecher nach Norden empfehlen: Das **Ethnographische Museum mit Freilichtmuseum** in der Wały Gen. W. Sikorskiego 19, in dem mitten in der Stadt das ländliche Leben mit Häusern, Höfen, Kapellen und Feldblumen gezeigt wird (Di-So 10-16 Uhr). Direkt daneben wartet das **Zentrum für zeitgenössische Kunst** auf Besucher, das in einem modernen Bau die Werke junger polnischer Künstler zeigt (Zentrum Sztuki Współczesnej, Wały Gen. W. Sikorskiego 13, So-Mi 10-18 Uhr, Do-Sa 10-20 Uhr).

Die 40 km bis BYDGOSZCZ (350.000 Einwohner) sind auf der <15> und der S10 zügig zurückgelegt. Über die <25>gelangen wir flott ins Zentrum und zu einem superzentralen Stellplatz.

(312) WOMO-Stellplatz: Bygdoszcz, Stadtmitte/Oper

GPS: N 53°07'27.8" E 17°59'55.7", Marsz. Focha,
max. Womos: 3-4
Ausstattung/Lage: Keine Infrastruktur, kostenpflichtiger Parkplatz, Zentrum 300 m/innerorts.
Zufahrt: Von Süden immer Richtung Zentrum, Ausschilderung *opera* folgen.

Seit 2004 balanciert die Skulptur des Seiltänzer über der Brda.

Bummel durch Bygdoszcz: Vorbei an „Nebelduschen" (Tore aus Wasserleitungen, aus denen aus feinsten Düsen Wasser zur Erfrischung spritzt) gehen wir nur wenige Meter bis zur **Brücke über die Brda**. Links fällt der Blick auf das Wahrzeichen der Stadt, einen **Seiltänzer**, der seit dem EU-Beitritt Polens über dem Fluss balanciert. Die gewaltigen **Fachwerkspeicher** direkt dahinter sind die einzig erhaltenen Lagergebäude aus der Zeit um 1900. Sie sind heute im „jungen" Logo der Stadt verewigt und beherbergen das **Leon-Wyczółkowski-Bezirksmuseum**, das Stadtgeschichte präsentiert (ul. Grodzka 7-11, April-September Di, Mi, Fr 10-18 Uhr, Do bis 19 Uhr, Sa/So 11-18 Uhr, Mo geschl).
Auf der anderen Seite der Brücke liegt die sechs Hektar große, grüne **Mühleninsel**, die ebenfalls mit gewaltigen Museums-Speichern, Parkflächen und einem ganz modernen Hafengebäude lockt. Wer stattdessen geradeaus schlendert, kommt zum **Alten Markt,** auf dem seit 1969 das **Denkmal des Kampfes und Martyriums** steht. Es erinnert an die 20.000 Opfer des Naziterrors, die hier in den ersten Tagen des Zweiten Weltkrieges ermordet wurden. Die **Touristen-Information** am Platz hat zahlreiche, auch deutschsprachige, Broschüren anzubieten. Bevor wir zur Brda hinunterschlendern, schauen wir uns noch die **alte Pfarrkirche St. Martin-und-St.Nikolaus** an, die im Inneren in ungewöhnlich bunten Farben ausgemalt ist. Beeindruckender als das am Ufer der Brda gelegene, als „**Bromberger Venedig**" bezeichnete Viertel, sind für uns die gewaltigen **Speichergebäude einer ehemaligen Dampfmühle**. Falls Sie im Juni (*czerwca*) hier sind, haben Sie die Chance das Fest der Buskers mit Happenings, Konzerten und Aufführungen in Brombergs Straßen (www.buskerfest.pl) zu erleben. Wer im Juli in der Stadt ist, kann beim Bromberger Wasserfestival dabei sein, das *die Welt der Segler, Künstler und Weltenbummler zusammenbringt* (Ster na Bydgoszcz 53°N, 18°E).

Radtour um Bygdoszcz, 26 km, ca. 4 Stunden:
Wir starten am **Alten Markt** an der Touristeninformation. Die ul. Niedźwiedzia bringt uns auf die **Mühleninsel** und dort links vorbei am gewaltigen **Roten Speicher** aus dem Jahre 1861. Wir verlassen die Insel, nehmen die Swietej-Trojcy vorbei an der **Dreifaltigkeitskirche** bis zum Ende. Am Grunwaldzkie-Kreisel überqueren wir die Straße und biegen nach links ab, um an einem kleinen Bach, dem Überbleibsel eines Abschnitts des Kanals, der 1971 zugeschüttet wurde, entlang zu fahren. Wir radeln entspannt weiter, zwischen der 4. und 5. Schleuse liegt das **Museum des Bromberger Kanals** (Besichtigung nur nach tel. Absprache möglich, Tel. +48 693 765 075, ul. Nowogrodzka 3). Wir unterqueren die Bahngleise und biegen vor dem

Auf solarbetriebenen Wassertaxis lässt sich die Mühleninsel erkundigen.

Sportgelände des Sportvereins „Gwiazda“ nach rechts in die Jozefa Bronikowskiego, der wir bis zur breiten Grunwaldzka folgen. Diese Straße zu überqueren erfordert Mut und Zeit, aber endlich können wir die Nad Torem nach Norden radeln. Fast 4 km folgen wir einem Fahrradweg, dann einem kombinierten Fuß- und Radweg bis zur Kreuzung mit der ul. Opławiec, die wir nach rechts nehmen. Gute 3,5 km später biegen wir nach rechts in die ul. Biwakowa ein und bestaunen dort ein ungewöhnliches **Papst-Denkmal**: Der Priester Karol Woityła, der spätere Papst Johannes Paul II, hatte hier 1953 und 1966 an Paddeltouren auf der Brda teilgenommen. Von der Brücke über den **Stausee Smukała** geht der Blick auf ein **Wasserkraftwerk** und die reizvolle Landschaft. Die ul. Smukalska führt uns nach Süden durch den Wald, nach 2,5 km biegen wir links ab in den Brandschutzweg Nr. 16 zum **Kultur- und Erholungspark „Myślęcinek“** (Stellplätze siehe unten). Auf schmalem Steg queren wir die Bahngleise, nehmen wenig später den Waldweg nach rechts bis zu einem Beobachtungsturm. Nach rechts gelangen wir durch eine Schlucht zu mehreren Teichen. Wir halten uns in Richtung **Kujawisch-Pommersches-Zentrum für ökologische Bildung.** Auf der ul. Hipiczna erreichen wir die ul. Gdańska, der wir nach Süden Richtung Zentrum folgen. Nach den Bahngleisen sehen wir das große **Zdzisław-Kryszkowiak-Stadion**. Die nächsten 3 km folgen wir immer geradeaus dem Fahrradweg an der ul. Gdańska zurück bis zum Markt und zu unserem Stellplatz.

(313) WOMO-Stellplatz: Bygdoszcz, Erholungspark Myślęcinek

GPS: N 53°09'42.8" E 18°02'21.8" **max. Womos:** >5
Ausstattung/Lage: Großer, kostenpflichtiger Parkplatz, nicht leise/außerorts.
Zufahrt: Vom Zentrum kommend die ul. Gdańska rund 5 km Richtung Norden bis zur Straßenbahnendhaltestelle oder zum Zoo.
Von Norden kommend von der S5 abbiegen Richtung Myślęcinek, nach 1,5 km rechts.
Sonstiges: Im Park gibt es einen **Zoo** mit Aquarium, Terrarium und Mini-Zoo, Gdańska 173, www.zoo.bydgoszcz.com. Außerdem kann man sich in einem **Kletter-Park** vergnügen, ul. Gdańska 173-175, www.parklinowy.bydgoszcz.pl oder im **Vergnügungspark** Zeit und Geld lassen (Verlorene Welt, Makrowelt, Museum für Paläntologie, ebenfalls ul. Gdańska 173-175, www.myslecinek.pl.

Danziger Bucht
Gdańsk
RUS
Elbląg
Malbork
Marienburg
Nogat
Paślek
Jelonki
Rychliki
Dzier-
zgon
Śliwice
Katy
Rollberge
Buczyniec
Lepno
Sztum
Mątki
Wisla
Gniew
Kwidzyn
Iława
Zespół
Nadwiślańskich
Parków
Krajobrazowych
Geotermia
Grudziadz
Brda
Kanustation
Świecie
Władowo
Koronowo
Chełmno
Chelminski
Park
Krajobrazowych
Bydgoszcz
Kanal
Bydgoski
Toruń
Szubin
Wąsosz
Żnin
Lednicki
Park
Krajo-
brazowy
Rogowo
Dino-
Museum
Freilicht-
Museum
Gniezno
Strzelno
Krusz-
wica
Brzesz-
Kujawski
Włocławek
oznań
Warta
TOUR 11
N
50 km

Tour 11: Von Elbląg nach Poznań - Entlang der Wisła nach Süden (ca. 370 km)

Elbląg – Malbork – Kwidzyn – Grudziądz – Chełmno Świecie – Żnin – Gniezno – Poznań

Stellplätze: Rollberg Jelonki + Katy, Malbork, Sztum, Kwidzyn, Grudziadz, Chełmno, Rogowo, Jelonki, Katy, Buczyniec, Gniezno, 2x Ostrów Lednicki.

Campingplätze: 2x Malbork, Grudziadz-Rudnik, Świecie, Znin.

Baden: Brachlewo, Dragadz, Wałdowo, Jezioro Dobrcz, Jezioro Wąsoskie, Jezioro Lednica, Jezioro Biezdruchowo.

Besichtigen: Elbląg-Ostroda-Kanals, Malbork, Chełmno und Gniezno

Aktivitäten: Bootstour auf dem Oberländer Kanal.

In Tour 5 auf Seite 133 haben wir Ihnen bei der Beschreibung von Elbląg mehr Infos über den Besuch der **Rollberge des Elbląg-Ostroda-Kanals** versprochen. Das wollen wir jetzt liefern:

Bootsfahrten auf dem Oberländischen Kanal: Die Ausflugsschiffe starten in Elbląg um 8.30/9.20/13.20/13.50 Uhr, die Fahrt bis Buczyniec dauert rund 5 Stunden. Von Buczyniec gibt es die Möglichkeit, mit dem Bus nach Elbląg zurückzukehren. Buchen oder reservieren kann man die Fahrt in der Elbląg-Ostroda-Reederei, ul. Wodna 1b, Tel. 552324307, www.zeluga.com.pl.

Wer das Schauspiel nicht vom Boot aus beobachten möchte, folgt uns zu drei Stellplätzen an den "geneigten Ebenen". Auf der S7 fahren wir Richtung **Warzawa/Olstyn** 16 km bis **Paslęk**. Dort nehmen wir die <527> Richtung **Dzierzgoń**, wo bereits der Elbląg-Kanal ausgeschildert ist. Durch **Krosno** kommen wir nach **Nowe Kusy** und 1,5 km später sind wir am Kanal.

(314) WOMO-Stellplatz: Rollberg, Jelonki
GPS: N 54°02'14.3" E 19°34'28.6"
max. Womos: 1-2
Ausstattung/Lage: Keine Infrastruktur, direkt an der kleinen Straße/außerorts.
Zufahrt: B7 von Elbląg Richtung Warzawa bis Paslęk, auf die <527> Richtung Dzierzgoń, nach 5,2 km vor der Brücke.

Und hier können wir beobachten, wie ein Ausflugsschiff nach dem anderen von hölzernen Gestellen aufgenommen und in Schrittgeschwindigkeit über die Wiese gezogen wird. Wir sind fasziniert. Wer das Spektakel von einem schönen Stellplatz aus beobachten möchte, kommt mit uns. In **Jelonki** geht es nach rechts 4 km auf Schotter nach **Śliwice**, dort links und 300 m später rechts auf die <526>. Bereits nach 1,6 km ist ein wei-

terer Rollberg erreicht. Katy [**315:** N 53°59'40.8" E 19°36'51.1", kleiner Parkplatz, Dixi-Klo]. Aber weiter gehts:

(316) WOMO-Stellplatz: Rollberg, Buczyniec

GPS: N 53°58'49.3" E 19°37'21.5"
max. Womos: >5
Ausstattung/Lage: Große, gebührenpflichtige Wiese, Grillhütten, Dixi-Klo, Wasserhahn, eben, ruhig/außerorts.
Zufahrt: Von der S7 in Pasłek/Południe über Nowa Wieś, Rydzów bis Buczyniec. Oder von (215) weitere 2,3 km auf der <526> bis Buczyniec. 650 m weiter liegt ein Parkplatz beim kleinen Museum (6 Zł), der im Sommer aber oft völlig überfüllt ist (N 53°58'37.6" E 19°37'15.4").

Schiefe Ebenen/Rollberge am Oberländischen Kanal: Um Holz aus den oberländischen Wäldern in die Ostseehäfen zu bringen, gab es bereits im 18. Jh. Pläne für einen Wasserweg von Ostróda bis Elbląg. Allerdings waren sieben Seen mit 80 km Länge und 104 Höhenmeter zu absolvieren, wozu 32 Schleusen nötig gewesen wären. Das war zu teuer!
Erst die Idee des Königberger Ingenieurs Georg Steenke, Boote auf Rollen über die Wiesen zu ziehen, brachte Schwung in das Vorhaben und 1844 den ersten Spatenstich für den Kanalbau. Nach 16 Jahren Bauzeit konnten Schiffe auf fünf "Schiefen Ebenen" über eine Distanz von 10 km einen Höhenunterschied von ca. 100 m überwinden. Über Tragegestelle werden die Schiffe bis heute auf Schienen mithilfe von Seilzügen bergauf- bzw. bergab transportiert. Wasser treibt ein Schaufelrad an, das wiederum eine achträdrige Lore mit einem Stahlseil bewegt. Während diese Lore nun beladen mit einem Schiff bergabrollt, zieht sie mit ihrer Kraft gleichzeitig einen anderen Wagen bergauf. Größere Renovierungsarbeiten fanden in den Jahren 2014/15 statt, so dass die unter Denkmalschutz stehende Anlage noch wie vor 150 Jahren funktioniert.

Ein technisches Meisterwerk: Schiffe fahren über Land...

Das weltweit größte Backsteinschloss ist unser nächtes Ziel: **Die Marienburg in Malbork**. Dazu nehmen wir die schlimme Holperpiste <527> Richtung **Dzierzgoń**. Wer von **Buczyniec** (216) kommt, folgt der <526> weiter bis **Lepno**, dort leicht links und nach 1 km rechts Richtung **Rychliki** zur <527> (Strecke von **Śliwice** nach **Rychliki** über **Barzyna** ist kürzer, aber Kopfsteinpflaster!). 5 km weiter in **Kwietniewo** bestaunen wir die Kirche mit **Holzturm**. Auf der <515> ist 30 km weiter MALBORK (38.900 Einwohner) erreicht.

(317) WOMO-Campingplatz-Tipp: Osir/Nogat, Nr. 197, Malbork
GPS: N 54°02'48.9" E 19°02'21.5", ul. Parkowa 3 **Tel:** +48552722413
Öffnungszeiten: 1. April-30. Oktober www.caw.malbork.pl
Ausstattung/Lage: Gepflegter Wiesenplatz, Gaststätte, Ver- und Entsorgung, Hunde erlaubt, Burg/Zentrum 600 m, WiFi, sehr ruhig, aber eher teuer.
Zufahrt: Von Osten kommend die <22> an der Ampel Richtung Zentrum, geradeaus über zwei Kreisel, dann in die ul. Parkowa abbiegen, unter der Eisenbahnbrücke hindurch, nach 600 m auf der rechten Seite ausgeschildert Richtung Hotel Parkowy.

(318) WOMO-Campingplatz-Tipp: Nad Stewem, Malbork
GPS: N 54°02'36.5" E 19°01'31.8", ul.Wałowa 10 **Tel:** +48501406740
Öffnungszeiten: 1. April-30. Oktober
Ausstattung/Lage: Schattenlose, unparzellierte Wiese an kleinem künstlichen See, WIFI, Tisch & Bank, Burgsicht, laut (Straße/Bahn), Zentrum/Burg 300 m.
Zufahrt: <22> über den Fluss, rechts in die ul. Wałowa, nach 800 m rechts.
Alternativer Leser-Tipp: Camping Nad Nogatem, ul. Wałowa 12

Tagesbesucher stehen am besten burgnah (N 54°02'14.7" E 19°01'46.7") oder etwas abseits [**319:** N 54°02'33.5" E 19°02'37.0", Parkplatz des Dinoparks, Burg 2 km]
Die bombastische Burg des Deutschen Ordens (siehe Seite 223) ist die Hauptattraktion von Malbork und seit 1997 UNESCO- Weltkulturerbe: Türme, Tore, Ringmauern, da gibt es so einiges zu entdecken.

Der drittgrößte Burgkomplex in Europa: Die Marienburg in Malbork.

Die Marienburg: Die mittelalterliche, am Fluss Nogat gelegene Burg gliedert sich in drei Komplexe: Die **Vorburg,** durch die wir heute die Anlage betreten, die **Mittelburg** sowie den ältesten Teil, das **Hochschloss**. Alle Teile sind miteinander durch ein Verteidigungssystem zu einer ca 20 ha großen Wehranlage zusammen gefasst.
1270 begannen die Bauarbeiten mit der wuchtigen Hochburg, von der aus der Hochmeister mit seinen "zwölf Getreuen" über das gesamte Land herrschte. Vier Gebäudeteile umschließen hier einen fast quadratischen Innenhof mit Kreuzgängen. Durch ein gewaltiges Tor gelangt man von der Vorburg in die Mittelburg, in der Vorräte gelagert und Handwerkszeug aufbewahrt wurden sowie die Bediensteten wohnten. Die Mittelburg umschließt mit ihren drei 75 m langen Seitenflügeln einen großen Innenhof. Im östlichen Flügel ist eine interessante **Bernsteinsammlung** untergebracht. Gegenüber, im zum Fluss orientierten Flügel, befinden sich die ehemaligen Ritter- und Speisesäle. Die Burgherren feierten hier glanzvolle Bankette mit bis zu 400 Gästen unter kunstvollem Sternengewölbe.
In den letzten Jahrzehnten des 14. Jh. entstand der prunkvollste Bauteil der Marienburg, der **Hochmeisterpalast**. Hier befanden sich die reich verzierten Gemächer des Hochmeisters, zudem der **Sommer- und der Winterremter,** in denen fürstlich gespeist und die im Winter geheizt wurden. Nach der verlorenen Schlacht um Grunewald 1410 war die Macht des Deutschen Orden gebrochen. Die Burg wurde polnisch und drei Jahrhunderte lang Sitz von Amtsträgern und Residenz der polnischen Könige. Trotz zahlreicher Veränderungen blieb sie Festung. Schwere Zerstörung erlebte sie während der Schwedeneinfälle im 17. Jh. sowie durch einen Brand im Jahre 1644. Die Preußen nutzten die Marienburg als große Kaserne und später als Armeelager. Bereits vor dem Zweiten Weltkrieg begann man mit der Restaurierung. Nach dem Krieg war die Burg allerdings erneut stark beschädigt, so dass ab 1960 noch einmal renoviert wurde. Bis heute ist die **Schlosskirche St. Marien** noch nicht vollständig rekonstruiert.
Öffnungszeit: 25. April-30. Sept. 9-19 Uhr, 1. Okt.-24. April 10-15 Uhr. Führungen (2h), teilweise auch auf englisch oder deutsch, Tel. +48556470800.

Bomben zerstörten die Stadt Malbork in den letzten Kriegstagen zu 80%. So sind heute nur noch das um 1380 erbaute **Rathaus**, das **Töpfertor** (15. Jh.) sowie die **Kirche des hl. Johannes** (Kościoł św. Jana Chrzciciela) aus dem späten 13. Jh. zu sehen. Diese Gebäude liegen alle südlich der Burg in der der **Altstadt**.

20 ha umfasst das gewaltige Gelände der Marienburg.

Der Deutsche Orden: Es erstaunt gehörig, aber der Deutsche Orden existiert immer noch: Von Wien aus, dem Sitz des heutigen 65. Ordenshochmeisters, betreibt er in Deutschland und mitteleuropäischen Ländern eine Reihe von Senioren- und Pflegeheimen und engagiert sich in der Jugend- und Antidrogenarbeit. Im ehemaligen Deutschordensschloss Bad Mergentheim beleuchtet eine 2009 eingerichtete Museumsabteilung die Entwicklung des Ordens im 19. und 20. Jahrhundert.
Die Ursprünge des Ordens reichen ins **Jahr 1190** zurück. Kaufleute rüsteten sich zum Dritten Kreuzzug der Christenheit gegen die muslimische Welt. In Akkon, einer Stadt im heutigen Israel, waren Ordensbruderschaften für die Pflege verletzter und kranker Ritter zuständig. Acht Jahre später wurde die Krankenpfleger-Bruderschaft in einen **geistlichen Ritterorden** umgewandelt, der sich in den kommenden 200 Jahren zu einer der bedeutendsten Militärmächte Europas entwickelte. Die Ritter-Brüder, die kämpfenden Mönche, waren adelig, ihnen stand ein **Ordenshochmeister mit fünf Großgebietern** vor. Die alltäglichen Arbeiten verrichteten Laien-Brüder, auch „Halbbrüder" genannt, aus niedrigen Ständen.
Bereits 1211 wurden die Ritter durch den König von Ungarn zur Unterstützung gerufen, um die Grenze nach Österreich zu sichern. Da der Deutsche Orden jedoch eine eigene Stadt gründete und seine Herrschaft etablierte, wurde er 1225 vom verärgerten König aus Ungarn vertrieben. Wie passend, dass 1226 Konrad I, Herzog von Masowien, bei den Rittern um Hilfe bei der Unterwerfung der heidnischen Pruzzen bat. Hochmeister Hermann von Salza hatte aus dem Ungarndebakel gelernt und ließ sich vom Papst vorab das zu erobernde Kulmer Land (siehe Seite 228, Chełmno) übereignen und zudem „alles Land, das er mit Gottes Zutun in Preußen erobern kann" durch Kaiser Friedrich II vertraglich absichern.
Ab 1230 missionierten die Ritter mit „Feuer und Schwert", stießen bis Livland vor, eroberten das bis dahin dänische Estland und das schwedische Gotland. Ab 1309 gehörte auch Danzig mit Pomerellen zum Deutschen Orden und indem die Ritter deutsche Bauern und Handwerker ins Land holten, konnten sie sich weiter ausbreiten. Sie gründeten 93 Städte und über 1.000 Dörfer, alles war straff-zentralistisch verwaltet. Rund 3.000 Ritter gehörten zu dieser Blütezeit zum Orden.
Inzwischen war durch die Heirat Jagillos von Litauen und Jadwiga von Polen ein riesiges Doppelreich entstanden, das den Rittern Paroli bieten konnte. 1409 kam es zum Krieg, 1410 wurde das bis dahin als unschlagbar geltende Heer des Deutschen Ordens in der Schlacht von Grunwald durch das polnisch-litauische Heer besiegt. Die Reparaturzahlungen, die im **Thorner Frieden** vereinbart wurden, ruinierten den Deutschen Orden.

Zudem schlossen sich ab 1440 zahlreiche Städte zum Preußischen Bund zusammen. Im Dreizehnjährigen Krieg ab 1453 wurde er endgültig in den Bankrott getrieben. Der Hochmeister zog sich nach Königsberg zurück und verwandelte das Herrschaftsgebiet in das weltliche Herzogtum Preußen. Damit war die Herrschaft des Deutschen Ordens im preußischen und baltischen Raum beendet. Der Papst und Teile der Ritter deuteten dies als Staatsstreich und gründeten eine konkurrierende, eben bis heute existierende Institution.

Auf der **Straße der gotischen Burgen**, der <55>, erreichen wir nur 15 km später SZTUM.

(320) WOMO-Stellplatz: Sztum

GPS: N 53°54'56.8" E 19°02'06.2"
max. Womos: 2-3
Ausstattung/Lage: Leicht schräger Parkplatz am See, Mülleimer, Bank&Tisch, Dixi-Klo/innerorts.
Zufahrt: Von Malbork die <55> Richtung Kwidzyn nach Süden nach 15 km. Direkt vor der kleinen, beigen Kirche rechts bis zum See, rechts.

Sztum: Auf einer Landzunge zwischen zwei Seen liegt auch hier eine **Ordensburg**, die heute als solche jedoch kaum noch zu erkennen ist. Bis 1466 als Sommerresidenz für den Ordenshochmeister genutzt, diente sie anschließend als Sitz des polnischen Starosten, ab 1772 als Finanzamt, später als Gerichtsgebäude. Heute befinden sich in der ehemaligen Burg ein Kulturzentrum, mehrere Firmen sowie der Sztumer Ritterverein.

Einen einfachen Stopp ermöglicht 11 km später an der <55> der:

(321) WOMO-Picknickplatz: Mątki

GPS: N 53°49'29.0" E 18°59'15.3"
max. Womos: 1-2
Ausstattung/Lage: Rastplatz im Wald, Mülleimer, Tisch&Bank, auf beiden Straßenseiten, nahe der Straße/außerorts.
Zufahrt: Von Sztum die <55> 11 km Richtung Grudziądz, 3,2 km nach Mątki.

Wir steuern über hügelige Wiesen und Felder auf KWIDZYN zu. Von weitem schon sind die gewaltige **Kathedrale** und die **Burg** zu sehen.

(322) WOMO-Stellplatz: Kwidzyn

GPS: N 53°44'09.5" E 18°55'19.9", Na Skarpie
max. Womos: 1-2
Ausstattung/Lage: Gepflasterter Parkplatz, kostenfrei, Mülleimer/innerorts.
Zufahrt: In Kwidzyn Richtung Zentrum abbiegen, entlang der schwarz-rot-goldenen Fuß- und Fahrradwege immer auf die Kathedrale zu. Der Ausschilderung *katedra* folgen.

Während in der Marienburg die Ordensritter lebten, wohnten in Kwidzyn seit 1254 die Bischöfe. Sie bauten ab 1322 eine **gewaltige Burg mit angeschlossener Kathedrale** und massigem **Wehrkirchturm**. Im Schlosskeller sind heute Ausstellungen untergebracht, die Historisches wie Gemälde, Arbeitsgeräte oder Mobiliar zeigen. (Muzeum Zamkowe, ul. Katedralna 1, Di-So 9-16 Uhr, außerhalb der Saison 9-15 Uhr). Besonders beeindruckend ist der gewaltige **Dansker**, die mittelalterliche Toilette. Eine auf Arkaden ruhende Brücke führt vom Westflügel hinaus zum inzwischen versiegten Fluss, wo sich eine Latrine in Form einer Bastion befindet. Die „Geschäfte" der Bischöfe wurden so gleich im Fluss entsorgt.

30 km trennen uns von **Grudziądz** an der Wisła, aber bereits 2 km hinter Kwidzyn können wir Ihnen noch einen **Picknickplatz** nennen.

(323) WOMO-Picknickplatz: Kwidzyn

GPS: N 53°42'10.7" E 18°57'36.5"
max. Womos: 1-2
Ausstattung/Lage: Parkplatz bei großer Wiese, Mülleimer, nahe der Straße/außerorts.
Zufahrt: Von Kwidzyn die <55> Richtung Grudziądz, ca. 2 km nach Kwitzyn auf der linken Seite.

Tabakfelder liegen zu beiden Seiten der Straße und auch die Schober zum Trocknen der Blätter entdecken wir. Es ist spät geworden, da passt es gut, dass wir nur 30 km von GRUDZIĄDZ (96.800 Einwohner) entfernt sind.

(324) WOMO-Stellplatz: Grudziądz

GPS: N 53°29'28.8" E 18°44'47.4"
Aleja Królowej Jadwigi **max. Womos:** 1-2
Ausstattung/Lage: Kopfsteinpflaster-Parkplatz an der Wisła, teilweise gebührenpflichtig, Mülleimer, nicht ganz leise/innerorts.
Zufahrt: Von der <55> Richtung Zentrum Grudziądz, auf der M.J. Piłsudskiego gegenüber Statoil Tankstelle/Kaufland rechts, 700 m zum Fluss, dann rechts.

Stadtbesichtigung von Grudziądz: Die über 700-jährige Geschichte der Stadt Grudziądz lässt sich vielleicht am besten durch einen Blick auf die Reste der **mittelalterlichen Stadt- und Verteidigungsmauern** mit ihren bis zu sechsgeschossigen, massiven **Backsteinspeichern** nachvollziehen. Holz, Getreide und Tuch wurden hier hoch über der Wisla gelagert, heute befinden sich hier vor allem Wohnungen. Wir steigen die Rampe nach oben, durchschreiten das **Wassertor** aus dem 14. Jh. und sehen rechter Hand das **Muzeum im. ks. dr. Władyława Łęgi**, das alte Fundstücke aus dem Bereich Geschichte, Ethnographie und Handwerk zeigt sowie eine moderne Galerie beherbergt (Öffnungszeiten sind: Mai-Okt.10-16/18 Uhr, Sa/So 10-15 Uhr, Mo geschl., Di kostenlos, außerhalb der Saison 10-15 Uhr, www.muzeum.grudiadz.pl).
Entlang der Speichermauern schlendern wir bis zur schmalen Gasse ul. Mikolaja Reja an deren Ecke wir eine Pause im netten **Fado-Café** machen. Weiter gehen wir zum quadratischen **Marktplatz**, der von schönen Bürgerhäusern eingefasst ist und auf dem zahlreiche Restaurants zur Einkehr locken. Bevor wir die gotische **Bachsteinpfarrkirche St. Nikolaus** besuchen, werfen wir einen Blick in die direkt daneben liegende **Jesuiten-Filialkirche des heiligen Franz Xaver**, deren Bau Ende des 17. Jh. begonnen und im 18. Jh. vollendet wurde. Das Innere der barocken, einschiffigen Kirche ist einheitlich in den Jahren 1715-1740 gestaltet worden. Vorbei am Denkmal des Generals Bolesław Wieniawa-Długoszowski, einem polnischen Arzt, General, Diplomat und Politiker, steigen wir die steilen Treppen hinab und sind wenig später wieder am Auto.

Wen das Sommerwetter nicht in den See lockt, der hat vielleicht Lust auf einen Besuch in der „**Erholungsanlage Geotermia Grudziądz**“. Solequellen mit Temperaturen bis zu 36 °C und einem Salzgehalt bis zu 7,5 % sowie eine "Pyramide mit Gradierwerk und Vogelgezwitscher" sorgen für Wohlempfinden und Stärkung des Immunsystems. Auf der Webseite wird versprochen, dass eine in der Pyramide verbrachte Viertelstunde einem ganzen Tag Entspannung am Meer gleichzusetzen sei! (Geotermia, ul. Warszawska 36 (<534>), Tel. +48 56 464 45 84, Mo-Fr 8-21 Uhr, Sa+So 10-21 Uhr, N 53°27’16.9” E 18°47’25.3”, www.geotermiagrudziadz.pl)
Nicht weit entfernt, im Süden von Grudziądz, liegt ein einfacher **Campingplatz** nahe bei der groß angelegten städtischen **Badestelle am Jezioro Rudnickie**.

(325) WOMO-Campingplatz: Nr. 134, Grudziądz-Rudnik,
GPS: N 53°26’28.0” E 18°45’14.0” , ul. Zaleśna 1 **Tel**:+48564622581
Öffnungszeit: 1. Mai-30. September www.moriw.pl
Ausstattung/Lage: Einfacher Platz unter großen Kiefern, Tisch & Bank, Tischtennisplatte, Ver- und Entsorgung, 300 m zum Badestrand, Zentrum 6 km.
Zufahrt: Von der Geotermia: <534> zurück Richtung Zentrum bis zum 2. Kreisel, dort die 3. Abzeigung (nach links, Rudnik), 2 km nach Süden, dann rechts in die ul. Południowa geradeaus 1,5 km bis zum Campingplatz. Vom Stadtzentrum: Ul. Chełmińska (die Str. nach Chełmno) 3,6 km in südlicher Richtung, beim großen Kreisel Rondo Dmowskiego links (3. Abzweigung) in die ul. Południowa 2 km bis zum Campingplatz.

Das Rathaus von Chełmno beherbergt das historische Museum.

Auf der <55> und der <91> ist 26 km später CHEŁMNO erreicht (20.300 Einwohner). Ein **Marktplatz** mit beeindruckendem **Rathaus**, zahlreiche **klassizistische Bürgerhäuser**, eine gut erhaltene **mittelalterliche Stadtmauer**... Für eine Stadtbesichtigung steht man gut am Rande dieser Befestigung.

(326) WOMO-Stellplatz: Chełmno

GPS: N 53°20'51.9" E 18°25'02.7", ul. Biskupia
max. Womos: 1-2
Ausstattung/Lage: Betonplatten-Stellplatz nahe dem Kloster, kostenfrei/innerorts.
Zufahrt: Von der <55> auf die <91>, dann die <550> nach links, beim Kreisel rechts (Torunska), nach 1,8 km nach links in die Ignacego D.
Alternative: ul. Wałowa, N 53°20'49.8" E 18°25'34.3"

Chełmno: Seit etwa dem 7. Jh. sind menschliche Siedlungen auf dem Lorenzberg, einer Anhöhe über der Wisła, belegt. Im 9. Jh. kam die Region zusammen mit ganz Pomerellen unter polnische Oberherrschaft, im Jahr 1065 wurde der Ort erstmals urkundlich erwähnt. Seit 1215 war er Sitz des ersten Bischofs von Preußen, 1232 wurde Culm vom Ordenshochmeister Hermann von Balk als Stadt gegründet. Der Deutsche Orden plante die Stadt wegen ihrer günstigen geographischen Lage zum Bildungszentrum Preußens auszubauen, gründete dort eine Universität und stiftete ein Gymnasium. Aber 1440 wurde Culm Gründungsmitglied des Preußischen Bundes, der sich gegen den Deutschen Ordensstaat zusammenschloss. 1453 unterstellte sich der Preußische Bund freiwillig der Schirmherrschaft der Krone Polens, um im Dreizehnjährigen Krieg gegen den Deutschordensstaat anzukämpfen. Mit dem Zweiten Thorner Frieden im Jahr 1466 kam die Stadt als Teil der autonomen Provinz Preußen unter die Oberhoheit der polnischen Krone. Die Stadt verfiel jedoch, was erst 1773 wieder gestoppt wurde, da sich Friedrich der Große persönlich um sie kümmerte.
Chełmno ist schachbrettartig angelegt und von einer gut erhaltenen **Wehrmauer** umgeben. Zahlreiche Gebäude innerhalb der Stadtmauer vermitteln durchaus Mittelalter-Flair. Das Zentrum des Städtchens ist auch hier der **Marktplatz** mit reich verziertem **Rathaus** von 1572, das eine elegante Attika hat. In seinen Räumen ist das **historische Museum** untergebracht (Ratusz, Stary Rynek 28, www. muzeumchelmno.pl, Di-Fr 10-16 Uhr, Sa 10-15 Uhr, So 11-14 Uhr).

Direkt hinter dem Campingplatz in Świecie liegt eine gewaltige Burg.

Bevor wir die Wisła auf der <91> überqueren, wollen wir Ihnen noch einen schönen Platz am Fluss zeigen:

(327) WOMO-Stellplatz: Chełmno, Ufer
GPS: N 53°21'53.1" E 18°25'11.3"
max. Womos: 3-4
Ausstattung/Lage: Keine Infrastruktur, Wiese/Betonplatten am Fluss/außerorts.
Zufahrt: <91> Richtung Weichselbrücke, letzte Straße vor der Brücke links nach Chełmno/<245>, nach 1 km rechts, 1,4 km, teilweise auf Kopfsteinpflaster, bis zum Fluss.

ŚWIECIE ist gleich nach der Überquerung der Wisła erreicht. Wir besichtigen den quadratischen **Marktplatz**, das **Sanktuarium** (Stara Fara, Parkplatz) und das **Deutschordensschloss** aus dem 14. Jh. Direkt davor kann man parken oder sich, viel netter, auf dem gepflegten, kleinen Campingplatz einrichten.

(328) WOMO-Campingplatz: Camping-Zamek, Nr. 54, Świecie
GPS: N 53°24'15.5" E 18°27'27.6", ul. Zamkowa 10 **Tel:**+48523311726
Öffnungszeit: 1. Mai-30. September www.camping-zamek.pl
Ausstattung/Lage: Nette kleine Wiese oberhalb des Flusses Wda, direkt am Schloss, Hunde erlaubt, Kanuverleih, WiFi, Zentrum 1,5 km, Off-Road-Touren.
Zufahrt: In Świecie rechts, 500 m nach dem Biedronka rechts in die ul. Mickiewicza abbiegen, nach 600 m über die Brücke, die nächste Straße links, der Ausschilderung Camping folgen, nach 500 m geradeaus.
Sonstiges: Startpunkt für **Kanutouren** bis Stara Rzeka auf der Wda.

Die Weiterfahrt erfolgt auf der gut ausgebauten S5 Richtung **Bydgoszcz** (40 km). Wer in **Niewieścin** die Straße rechts nach **Waldowo** nimmt, kann dort nach 350 m in den See springen. Parkmöglichkeit gibt es auf der kleinen Wiese **[329:** N 53°17'41.8" E 18°13'07.5"]. Ein weiterer Platz für kleine Mobile folgt wenig später.

(330) WOMO-Badeplatz: Jezioro Dobrcz
GPS: N 53°15'11.3" E 18°09'32.8"
max. Womos: 1-2, für kleine Mobile
Ausstattung/Lage: Wiese am See, schattenlos, Sandstrand, Angler/nahe Häusern.
Zufahrt: Von Świecie die S5 Richtung Bydgoszcz, 950 m hinter Trzeciewiec rechts Richtung Koronowo auf die <56>, 800 m später links in einen kleinen Schotterweg. Nach 1,3 km rechts bergab zum See.

In **Osielsko** haben wir bereits das Einzugsgebiet von **Bydgoszcz** erreicht. Wir nehmen die ul. Gdańska nach **Myślęcinek**, wo wir auf unseren Stellplatz (313) aus Tour 10, S. 217 stoßen. Entweder Sie schließen hier die Stadtbesichtigung von Bydgoszcz an, die ebenfalls in Tour 10 ab S. 216 beschrieben ist, oder Sie folgen uns nach Süden auf der S5 bis **Żnin**. Aber vorher gibt es nochmals eine tolle Möglichkeit zum Baden oder Campen.

(331) WOMO-Badeplatz: Jezioro Wąsoskie
GPS: N 52°56'55.8" E 17°45'13.12"
max. Womos: 2-3
Ausstattung/Lage: Wiese am See, schattenlos, Sandstrand, Camping beim Hotel Albatros möglich/außerorts.
Zufahrt: S5 Richtung Żnin, 1,5 km hinter Kowalewo, links nach Wąsosz abbiegen. Im Ort links um den See 1,5 km bis zur Badestelle.

Der große Parkplatz (N 52°50'47.5" E 17°43'09.2") in ŻNIN (14.000 Einwohner) ist nicht zu übersehen. Wir bevorzugen der Ruhe wegen den einfachen Campingplatz am **Jezioro Male Żninski**.

(332) WOMO-Campingplatz: Camping PTTK, Żnin
GPS: N 52°50'28.5" E 17°43'28.0", Szkolna 16 **Tel:**+48523020113
Öffnungszeit: 1. Mai-30. September
Ausstattung/Lage: Schattige Wiese unter Pappeln, Imbiss, Sandstrand, einfache Sanitäranlagen, Zentrum 600 m, an der Strandpromenade.
Zufahrt: In Żnin 650 m nach dem Wasserturm gegenüber des Szpitals links Richtung Marktplatz abbiegen, 250 m nach dem Marktplatz rechts in die ul. Szkolna, nach 500 m rechts.

Bei der Besichtigung des eckigen **Rathausturms** auf dem Marktplatz und der **Kirche** aus dem 15. Jh. halten wir uns nicht allzu lange auf, denn die nächste Attraktion wartet schon: Der **Rogowo Dinozaurów Park**.

(333) WOMO-Stellplatz: Rogowo Dinozaurów Park
GPS: N 52°44'37.2" E 17°39'04.4" **max. Womos:** 2-3
Ausstattung/Lage: Großer, asphaltierter Parkplatz, nicht leise/außerorts.
Zufahrt: S5 von Żnin Richtung Gniezno, ca. 12 km hinter Żnin, rechts.

Eine erstaunliche Reise in die Vergangenheit erlaubt der Besuch des großen Dinosaurierparks. Zwischen Bäumen lauern Ungetüme, wie der 5 m lange Kentrozaur mit seinen langen Stacheln oder Insekten mit 75 cm Flügelspannweite. Zum Glück klingen sie hohl, wenn man an sie klopft! (Rodzinny Park Rozrywki Zaurolandia, Öffnungszeiten in der Hauptsaison Mo-Fr 9-18 Uhr, Sa/So 9-19 Uhr, 17 Zł/15 Zł, www.zaurolandia.pl, Tel +48523024563).

Eine quirlige Kleinstadt mit großem Marktplatz und gut restaurierten Bürgerhäusern ist GNIEZNO (70.000 Einwohner). Ganz besonders erwähnenswert ist hier die **doppeltürmige Kathedrale** aus dem 14. Jh. mit Bronzetüre von 1170. Sehr detailgetreu sind Szenen aus dem Leben eines Märtyrers, dem Hl. Adalbert, dargestellt. Seine Reliquien findet man im prächtigen Grabmal am Hochaltar.

(334) WOMO-Stellplatz: Gniezno

GPS: N 52°32'05.5" E 17°35'34.4"
max. Womos: 2-3
Ausstattung/Lage: Keine Infrastruktur, kleine Mobile/innerorts.
Zufahrt: Von der S5 links ins Zentrum, bei der Kreuzung mit der <190> links, dann gut 500 m Beschilderung P Kathedralna folgen.
Alternativen: Brachfläche noch 100 m weiter entlang des Sees (N 52°32'01.9" E 17°35'28.7") oder Großparkplatz nahe der S5: (N 52°32'17.1" E 17°35'21.5").

Die ul. Tumska führt vom Marktplatz vorbei an netten Läden zur Kathedrale.

Stadtbesichtigung Gniezno: Vom Parkplatz aus streben wir auf die alles überragende Kathedrale zu. Sie ist der dritte Nachfolgebau der ursprünglich errichteten Kirche. Nach deren Besichtigung nehmen wir die ul. Tomska aufwärts Richtung Marktplatz. Zahlreiche Restaurants bieten die Möglichkeit zur Einkehr entlang der Straße und auf dem quadratischen Platz, der von schön renovierten Häusern umgeben ist.

Auch hier hätten wir uns noch etwas länger aufhalten können, aber **Poznań** ruft und vorher möchten wir noch ein sehr sehenswertes **Freilichtmuseum** besuchen. Wir verlassen also die Stadt auf der <5> und biegen nicht Richtung A2 ab. Nach 10 km werfen wir in **Łubowo** direkt nach dem Kreisel einen Blick auf eine schöne **Holzkirche** (N 52°30'40.3" E 17°27'09.3"). 5 km später lenken wir rechts Richtung **Komorowo**. Das **Freilichtmuseum** (Ostrów Lednicki Skansen) ist ausgeschildert.

(335) WOMO-Stellplatz: Skansen Ostrów Lednicki

GPS: N 52°30'45.7" E 17°23'03.8"
max. Womos: 2-3
Ausstattung/Lage: Gepflasterter Parkplatz, gebührenpfl., Mülleimer/innerorts.
Zufahrt: S5 von Gniezno nach Poznań, nach 15 km rechts Richtung Komorowo, nach 450 m rechts.

Freilichtmuseum Ostrów Lednicki: Auf einer Fläche von 20 ha kann man ein ganzes Dorf aus dem 18./19. Jh. mit rund 70 Gebäuden bestaunen. Die Kirche, das Wirtshaus, die Schule – alle Gebäude sind auch von innen zu betrachten und somit erhält man einen guten Einblick in die damaligen Lebensbedingungen. Brunnen, wunderschöne Zäune, Gärten voller Stockrosen, Hopfenfelder, drei Windmühlen, Bienenstöcke oder Schafe ... alles ist liebevoll nachgebaut (Öffnungszeiten: 9-17 Uhr, 14 Zł/7 Zł).

Prächtige Gärten umgeben die alten Holzhäuser im Freilichtmuseum.

Bevor wir uns den zweiten Teil des Museums ansehen, legen wir einen Badestopp am Jezioro Lednica ein.

(336) WOMO-Badeplatz: Jezioro Lednica

GPS: N 52°31'28.2" E 17°23'08.1"
max. Womos: 1-2, am Straßenrand
Ausstattung/Lage: Sandstrand, Volleyballfeld/außerorts.
Zufahrt: Von der B5 Gniezno-Poznan am rechten Ufer des Jezioro Lednica 2 km nach Norden fahren, 500 m nach (335).

Einen weiteren bemerkenswerten Fund gilt es ganz in der Nähe zu bestaunen: Einen **slawischen Burgwall** und die Reste einer **uralten Steinburg aus dem 10. Jh.** Eine Mini-Fähre tuckert auf eine kleine Insel mitten im See. Die Ausgrabungen sind zum Schutz vor Regen überdacht, im Sommer ist das Dach ein hervorragender Sonnenschutz (Öffnungszeiten Mai-Ende August 10-18 Uhr, ansonsten 9-15/17 Uhr, Mo geschl.).

(337) WOMO-Stellplatz: Ostrów Lednicki Mały Skansen

GPS: N 52°31'42.2" E 17°23'06.2"
max. Womos: 2-3
Ausstattung/Lage: Gepflasterter Parkplatz, teilweise gebührenpfl., Mülleimer/innerorts.
Zufahrt: Von Stellplatz (335) noch 2 km nach Norden, links.
Sonstiges: Kleine Fähre zur Insel.

Natürlich springen wir auch auf dem Rückweg nochmals in die kühlen Fluten. Jetzt sind wir erfrischt für den Besuch des nur noch 30 km entfernten POZNAŃ, das wir auf der <5> schnell erreichen.

TOUR 12
N
50 km
D
Poznań
Kórnik
Arboretum
Zaniemyśl
Warta
Śrem
Puszczykowo
Museum
Rogalin
Mosina
Rogalinski Park Narodowy
Wielkopolski Park Narodowy
Stęszew
Buk
Park Krajobrazowy im. Gen. D. Chłapowskiego
Jerka
Krzywiń
Jezioro Łoniewskie
Osieczna
Leszno
Koscian
Śmigiel
Przemet
Przemecki Park Krajobrazowy
Lgiń
Hetmanice
Wschowa
Nowe Tomśyl
Museum der Korbmacherei und des Hopfenanbaus
Kuźnica Zbąska
Pniewy
Zbąszyń
Jezioro Błędno
Wolsztyn
Mochy
Brenno
Wijewo
Sława
Babimost
Freilichtmuseum
Sulechow
Zielona Góra
Skwierzyna
Międzyrzecz
Stare Polchino
Świebodzin
Christus König-Statue
Wysoka
Ostwall
Łagow
Łagowski Park Krajobrazowy
Rzepin
Ownice
Krajobrazowy Ujście Warty
Wielkopolski
Kostrzyn nad Odrą
Stare Miasto
Odra
Oder
Słubice
Świecko
Frankfurt/Oder
5
11
A2
A12
B1
3
22
24
31
92
132
134
137
278
302
303
304
305
306
316
338
339
340
341
342
343
344
345
346
347
348
349
350
351
352
353
354
355
356
357
358
359
014
430
431
432
434
12

Tour 12: Von Poznań nach Kostrzyn nad Odra (ca. 420 km)

Poznań – Śrem – Leszno – Nowe Tomśyl – Świebodzien – Łagów – Międzyrzecz – Kostrzyn

Stellplätze: Poznań, Puszczykowo, Mosina, Rogalin, Kórnik, Śrem, Leszno, Wschowa, Przemęt, Nowe Tomśyl, Zbąszyń, Świebodzien, Łagów, Boroszyn, Międzyrzecz.

Campingplätze: Poznań, Zbąszyń, Łagów, Wysoka.

Baden: Osieczna, Lgiń, Nowe Tuchorza, Kużnica Zbąska, Zbąszyń.

Besichtigen: Altstadt von Poznań, Muzeum Fidlera, Schloss Rogalin, Schloss Kornik mit Arboretum, Altstadt von Leszno, Christus-Statue Świebodzien, Altstadt von Łagów, Tunnelsystem des Ostwalls, Besichtigung von Międzyrzecz.

Aktivitäten: Radtour bei Mosina, Spaziergang Arboretum Kórnik.

POZNAŃ (550.000 Einwohner) gefällt uns wegen der abwechslungsreichen Mischung: Einerseits entdecken wir alternativ angehauchtes Kunst-, Kultur- und Studentenleben, andererseits interessante Altertümer wie das herrliche **Renaissance-Rathaus** oder den **ältesten Dom Polens**.
Im Osten der Stadt befindet sich das Sport- und Erholungszentrum Malta mit großer **Therme** und internationaler Regattastrecke. Auch der **Campingplatz** ist dort zu finden.

(338) WOMO-Campingplatz Malta Nr. 155, Poznań
GPS: N 52°24'11.9" E 16°59'03.0", ul. Krańcowa 98 **Tel:** +48618766203
Öffnungszeit: Ganzjährig
Ausstattung/Lage: Parzellierter Platz am See, kein Seezugang, Altstadt 3 km, 500 m zur Straßenbahn, Ver- und Entsorgung, Hunde erlaubt, Fahrradverleih, Waschmaschine, Holzbungalows, Gaststätte.
Zufahrt: Die <92> aus Osten kommend, nach links 1 km zum Campingplatz (Beschilderung Nowe Zoo, Malta Termy).

Wer nur für ein paar Stunden in die Stadt möchte, findet hinter der **Kathedrale** auf der Dominsel oder auf einem bewachten Parkplatz hinter der Wartabrücke Raum, das Auto zu parken.

(339+340) WOMO-Plätze: Poznań
GPS (339): N 52°24'41.7" E 16°56'58.8"
GPS (340): N 52°24'33.4" E 16°56'24.4" (Foto)
max. Womos: 2-3
Ausstattung/Lage: Keine Infrastruktur, (340) gebührenpfl. Parkplatz, 3 Zł/h/innerorts.
Zufahrt: (339) Von der <92> direkt vor der Wartabrücke nach rechts zur Kathedrale, gleich wieder rechts. **(340)** 500 m nach der Brücke links, 300 m erneut links, nach 100 m rechts.

Bunt ist das Leben auf dem Rynek rund um das Rathaus in Poznań.

Spaziergang durch die Altstadt von Poznań: Vom Parkplatz aus führt uns die ul. Wielka schnurgerade in rund 500 m bis zum **Marktplatz**. Alle Gebäude auf und um den Markt wurden gegen Ende des Zweiten Weltkriegs fast vollständig zerstört, sind heute aber wieder detailgetreu aufgebaut. Zahlreiche Straßencafés und bunte Bürgerhäuser säumen den quadratischen Platz, auf dem es quirlig zugeht. In der Mitte des Platzes steht das beeindruckende **Renaissance-Rathaus**, in dem heute das **Historische Museum** untergebracht ist und dessen Fassade dreistöckige Loggias, Arkaden und schlanke Türme aufweist. Zahlreiche Museen befinden sich direkt hier am Markt. So zum Beispiel das **Museum für Musikinstrumente**, das mehr als 2000 Exponate aus der ganzen Welt und allen Epochen zeigt (Stary Rynek 45, www.mnp.art.pl, Di-Do 9-15 Uhr, Fr 12-21 Uhr, Sa und So 11-18 Uhr). Auch Frédéric Chopin (Infos über Chopin Seite 209) ist ein Raum gewidmet.

In direkter Nachbarschaft sind noch das **Großpolnische Militärmuseum** sowie der **Górka-Palast**, in dem archäologische Fundstücke von der Steinzeit bis zum Mittelalter gezeigt werden. Im Haus Nr. 59 finden wir die **Touristeninformation**, die viel Wissenswertes über Veranstaltungen, Museen oder Sehenwürdigkeiten bereit hält.

Wer den Marktplatz südöstlich verlässt und die ul. Świętosławska entlangschlendert, kommt bald zur leuchtend roten **Pfarrkirche Maria Magdalena**. Durch nette Gässchen bummeln wir Richtung Westen und stoßen dort auf die **Franziskaner Kirche**.

Auch einen Abstecher zur **Dominsel** über die Brücke Most Chrobrego sollten Sie noch machen, falls Sie nicht sowieso schon dort geparkt haben. Hier begann die Geschichte Poznańs, denn Fürst Miesko I. ließ dort um 968 die erste **Kathedrale** bauen. Was wir heute bestaunen, ist ein Stilmix aus strenger Backsteingotik mit barocken und klassizistischen Formen. Die kleine benachbarte **Marienkirche** von 1438 ist bei unserem Besuch geschlossen, soll aber im Inneren durch ein schönes Sterngewölbe und gotische Schnitzereien beeindrucken.

Auf der Weiterfahrt nach Süden kommen wir fast zwangsläufig am Backsteingebäude des **Einkaufstempels Stary Browar** vorbei, einer ehemaligen Brauerei von 1876. Der Kunst-Mix aus alten und neuen Mauern gefällt uns gut (Parken über ul. Kościuszki, GPS: N 52°24'6.1" E 16°55'30.5").

Zur Weiterfahrt nehmen wir die ul. Garbary Richtung Süden. <5>/<1>/ **Wrocław** ist ausgeschildert, später **Mosina** auf der <430>. 8 km hinter Poznań haben wir PUSZCZYKOWO (9.800 Einwohner) erreicht. Das **Museum Fiedlera** macht uns neugierig.

Der älteste Dom Polens steht in Poznań auf der Dominsel.

(341) WOMO-Stellplatz: Puszczykowo

GPS: N 52°16'36.2" E 16°52'23.0"
max. Womos: 1-2 ul. Wczasowa
Ausstattung/Lage: Tisch & Bank überdacht, an der Warta, 500 m zum Museum/innerorts
Zufahrt: <430> von Poznań bis Puszczykowo, vor dem Ort links Richtung Bahnhof, die Gleise queren, gleich wieder rechts, 2 km durch den Wald, links an der Straße.

Arkady Fiedler war ein polnischer Biologe, Journalist und Schriftsteller. Zwischen 1927 und 1981 unternahm er zahlreiche Reisen durch Europa, Asien, Afrika sowie Nord- und Südamerika, auf denen er meist zoologische und ethnografische Studien betrieb. Von 1931-1936 reiste er alleine 40.000 km zu Fuß, per Rad, Kanu, auf dem Kamel oder Pferd durch Afrika. Er schrieb 32 Bücher, vor allem Reiseberichte und Abenteuerromane, die in zahlreiche Sprachen übersetzt wurden. Im kleinen Museum wird eine abwechslungsreiche Mischung zahlreicher Fundstücke gezeigt. (Weg zum Museum vom Stellplatz (341): Zu Fuß die ul.Cyryla Ratajskiego 300 m bis zur ul.Spokojna, diese nach rechts bis zur Juliusza Słowackiego 1, dann geradeaus. Öffnungszeiten: April-Sept. 9-18 Uhr, Okt.-März 10-15 Uhr, Mo geschl.).

Noch vor dem Ort MOSINA (12.000 Einwohner) schwenken wir zum **Jezioro Góreckie** im **Wielkopolksi Park Narodowy**.

(342) WOMO-Stellplatz: Mosina
GPS: N 52°16'09.1" E 16°48'15.2"
max. Womos: 3-4
Ausstattung/Lage: Großer Wiesenplatz unter Bäumen, Tisch & Bank teilweise überdacht, Dixi-Klos/außerorts.
Zufahrt: Von der <430> 1,3 km nach Puszczykowo rechts oder von Platz (341) in Puszczykowo nach 400 m 2x rechts, Gleise queren, links Richtung Mosina bis zur <430>, geradeaus noch 3 km durch den Wald, rechts.

Radtour oder Spaziergang am Jezioro Góreckie:
Vom Stellplatz aus queren wir die Straße und gehen auf einem Plattenweg, dann Waldweg bis zum Unigebäude oberhalb des Sees. Rechts bergab erreichen wir den See, an dem entlang ein schöner Wander- oder Radweg zu netten Badebuchten und Picknickstellen führt.

Das **Schloss Rogalin** ist nur 6,7 km auf der <431> vom Jezioro Góreckie entfernt. Weil wenig los ist, stellen wir das Womo am Straßenrand ab, man kann aber auch direkt nach dem Schloss die schmale Kopfsteinpflasterstraße bergab zum schönen, gebührenpflichtigen Parkplatz unter Bäumen fahren. [**343:** N 52°13'59.9" E 16°56'01.6", Öffnungszeiten des Schlosses: Mi-So 10-15 Uhr, Eintrittsgebühr, Garten frei]. Wir besichtigen die ehemalige Adelsresidenz der Familie Raczynski und zudem den beindruckenden **Park mit bis zu 1000-jährigen Eichen**.
Die <431> führt uns weiter Richtung KÓRNIK (7.600 Einwohner). Auch hier locken ein neugotisches **Schloss** und vor allem ein 40 ha **großer Park (Arboretum)** im Stil englischer Gärten mit rund 3.000 verschiedenen Bäumen und Sträuchern. Es ist eine der größten Anlagen dieser Art in Polen.

(344) WOMO-Stellplatz: Kórnik
GPS: N 52°14'26.6" E 17°05'22.9", Zamkowa **max. Womos:** 2-3
Ausstattung/Lage: Parkplatz, WC/innerorts.
Zufahrt: Von der <431> aus Westen kommend an der Vorfahrt-Achten-Straße rechts, am Palais vorbei weiterfahren, nach 450 m rechts.

Die <434> führt uns ins südlich gelegene ŚREM (30.000 Einwohner). Dort folgen wir der Ausschilderung ins Zentrum. Auf dem **Marktplatz** (N 52°05'42.2" E 17°01'17.7") können wir parken, Eis essen und ganz entspannt sitzen. Wir machen eine kleine Runde vorbei am Gefängnis bis zur Kirche, wer mehr sehen möchte, folgt dem Besichtigungsvorschlag, der auf einer Tafel mitten auf dem Marktplatz beschrieben ist.
Über die Warta verlassen wir Śrem in Richtung **Leszno** (43 km) auf der schmalen <432> durch zahlreiche Obstplantagen.

Das Schloss Rogalin ist von einem prächtigen Garten umgeben

Wir gondeln durch **die Dörfchen Wyrzeka** und **Jerka** und entdecken immer wieder alte Windmühlen. In **Krzywiń** lockt ein Strand am Ortsbeginn links. Parken ist hier jedoch schlecht möglich. Aber bereits 13 km später bietet sich die Möglichkeit zur Erfrischung an einer großen Badestelle am Jezioro Łoniewskie.

(345) WOMO-Badeplatz: Osieczna
GPS: N 51°54'13.7" E 16°41'15.2"
max. Womos: 3-4
Ausstattung/Lage: Großer asphaltierter, leicht unebener Parkplatz, Stege, Wiese, Buden, Spielplatz/innerorts.
Zufahrt:<462> von Śrem nach Leszno, in Osieczna links ab, rund 600 m bis zum See, links und am See entlang bis zum Parkplatz.

Die Hauptattraktion von LESZNO (64.600 Einwohner) ist natürlich ein **Marktplatz mit Rathaus** dessen Ursprung im Jahr 1639 liegt sowie ringsherum renovierte **Bürgerhäuser** aus den Jahren 1870-1914. Wir genießen das trubelige Geschehen auf dem zentralen Platz.

(346) WOMO-Stellplatz: Leszno, Nowy Rynek
GPS: N 51°50'27.8" E 16°34'06.2"
Ausstattung/Lage: Parkbuchten/innerorts
Zufahrt: In Leszno an der modernen Kirche links (Aleji Konstytucji 3 Maja), nach 500 m rechts auf die <12>. Nach 1,6 km rechts (Aleji Zygmunta K.), 250 m später links (Rozana), erneut links bis zum P.

Stadtrundgang Leszno: Vom Parkplatz am *Nowe Rynek* gehen wir über die Aleje Zygmunta Krasińskiego zur **Kreuzkirche** aus dem 18. Jh., in deren Pfarrhaus das **Kreismuseum** untergebracht ist. Gemälde, Volkskultur der Region sowie die Geschichte der Stadt sind hier dargestellt (Öffnungszeiten: Di 9-17 Uhr, Mi-Fr 9-14 Uhr, Sa/So 10-14 Uhr, Mo geschl.). Durch die Parkanlage des Plac J. Metziga stoßen wir auf die Waska, der wir bis zur prächtigen, zweitürmigen Fassade der **Nikolaj-Kirche** folgen. Sie ist das Familienmausoleum der Familie Leszczyńskis, eines polnischen Hochadelsgeschlechts. Zum Marktplatz sind es nur noch wenige Schritte über die ul. Kościelna. Dort bestaunen wir die schönen, gut erhaltenen Häuser aus der Barockzeit, die teilweise den großen Brand von 1790 überstanden haben, und das prächtige Rathaus, das auch hier mittig auf dem Platz steht. Zum Abschluss unserer Besichtigung kehren wir im lauschigen Innenhof des Restaurants Zielona Andresola ein und essen köstliche Piroggen (Zielona 14, Tel. +48608805410, nahe des Marktplatzes).

Auf der gut ausgebauten <12> brausen wir Richtung **Wschowa**. Bei der Ausfahrt aus Leszno bestaunen wir noch das **größte Segelflughafengelände Europas** (Lotnisko Centralnej Szkoły Szybowcowej). Mehrmals wurden hier bereits die Weltmeisterschaften im Segelfliegen ausgetragen. (N 51°49'54.6" E 16°32'02.1").
Keine 20 km später ist WSCHOWA (14.500 Einwohner) erreicht.

(347) WOMO-Stellplatz: Wschowa
GPS: N 51°48'23.5" E 16°18'59.7"
max. Womos: 1-2
Ausstattung/Lage: Gebührenpflichtiger Stadtparkplatz, Mülleimer, schattig/innerorts
Zufahrt: Von Leszno <12> bis Wschowa, ins Zentrum, <305> Richtung Wolsztyn, nach 180 m links, P ausgeschildert.
Alternative: Parkplatz hinter der Kathedrale N 51°48'15.7" E 16°18'54.2".

Rundgang Wschowa: Wir steuern den Turm der **Pfarrkirche des Heiligen Bischofs und Märtyrers Stanislaus** an. Eine Infotafel informiert auch auf Deutsch über die Ursprünge der Kirche und deren Sehenswürdigkeiten. Wir schlendern weiter zum großen **Rathaus** aus dem 16. Jh., das 1860 umgebaut wurde. Auf dem Weg zum Parkplatz kommen wir noch an der ehemaligen evangelischen **Kirche Kripplein Christi** (Foto) von 1604 vorbei.

Bei der Weiterfahrt auf der <305> passieren wir am Ortsende von Wschowa noch einen schönen **Wasserturm**. Jetzt steht uns der Sinn nach Baden und um attraktive Badestellen zu finden, muss man in Polen ja meist nicht sehr lange suchen. 1,5 km hinter **Hetmanice** biegen wir ab nach LGIŃ.

(348) WOMO-Badeplatz: Lgiń

GPS: N 51°52'46.4" E 16°14'42.7"
max. Womos: 1-2
Ausstattung/Lage: Nicht sehr stimmungsvoller, asphaltierter Parkplatz, 300 m zur tollen Badestelle, WC, Imbiss/innerorts.
Zufahrt: Von Wschowa Richtung Wolsztyn, 1,5 km hinter Lgiń rechts ab zum Plaża (1,4 km). Vor der Kirche links, P links an der Straße.

Zurück auf der <305> biegen wir in **Wijewo** nach rechts ab Richtung BRENNO. Die **Badestelle** [**349:** N 51°56'15.8" E 16°12'55.8"] des Ortes liegt ausgeschildert 2 km nördlich, aber heute findet hier ein großes Fest statt und uns ist es zu trubelig. Wir fahren zurück zur Dorfstraße, dort links Richtung **Miastko** (3,5 km) und über **Górsko** bis **Olejnica**. Auch hier finden wir eine schöne **Badestelle**, aber auch viele, viele Bungalows. Geparkt wird vor allem am Straßenrand. Der **Przemęcki Park Krajobrazowy** ist das günstig gelegene Naherholungsgebiet von Leszno. Nach unserem Geschmack ist der Trubel nicht. Da legen wir unsere längere Mittagspause doch lieber auf dem großen, schattigen Parkplatz der **ehemaligen Zisterzienserabtei** in PRZEMĘT ein, deren barock ausgeschmückte, zweitürmige Kirche sehenswert ist.

(350) WOMO-Stellplatz: Przemęt

GPS: N 52°00'35.2" E 16°17'29.6" **max. Womos:** 2-3
Ausstattung/Lage: Keine Infrastruktur, Schotter-/Wiesenparkplatz, schattig, WC an der Kirche/innerorts.
Zufahrt: In Przemęt Richtung Mochy/Wolsztyn ganz am Ortsende links.
Sonstiges: Kleine Kajakeinstiegsstelle an der Straße.

Eine traumhafte Badestelle auf dem Weg nach Nowa Tuchorza.

Über **Perkowo** und **Nowa Wieś** ist in **Mochy** rund 9 km später die <305> wieder erreicht, auf der uns ein verblichenes Schild nach **Wolsztyn** weist. Zahlreiche Storchennester lenken von der Holperpiste ab, Spargel- und Rapsfelder säumen den Weg. In **Wroniawy** streift unser Blick Arbeitersiedlungen und eine ganz moderne Kirche. WOLSZTYN liegt zwischen zwei Seen, wir besichtigen das kleine Stadtzentrum mit Marktplatz und Strandpromenade.
Das „**Museum der Korbmacherei und des Hopfenanbaus**" möchten wir uns ansehen und fahren daher auf der <305> weiter gen Norden Richtung **Nowy Tomyśl**. Vorher wird aber nochmals ausführlich gebadet:

(351) WOMO-Badeplatz: Nowa Tuchorza (Foto oben)
GPS: N 52°12'56.4" E 16°05'52.6" **max. Womos:** 2-3
Ausstattung/Lage: Staubiger Sandweg oberhalb des Strandes am Waldrand, uneben, Grillplatz, Tisch & Bank, Mülleimer/innerorts.
Zufahrt: Von Wolsztyn die <305> Richtung Nowe Tomśyl, 200 m hinter Kuźnica Zbąska kleiner Schotterweg nach links, 600 m Richtung Nowa Tuchorza.

NOWY TOMYŚL hat 14.900 Einwohner und so einiges an Attraktionen zu bieten: Das Museum für Korbmacherei und Hopfenanbau und eine der weltweit höchsten Windkraftanlagen.

Höher, größer, weiter: Im **Windpark Nowy Tomyśl** sind seit 2012 zwei Windkraftanlagen installiert, die mit 210 m zu den wenigen Anlagen gehören, die die 200 m-Höhengrenze überschreiten. Die dort zum Einsatz kommenden Windräder vom Typ Fuhrländer FL-2500 haben einen Rotordurchmesser von 100 m. Die Maschinenhäuser ruhen auf einem Stahlfachwerkturm mit einer Nabenhöhe von 160 m.
Im Zentrum des Ortes begegnen wir einer anderen Attraktion: Im August 2000 trafen sich 50 Flechter aus den umliegenden Flechtbetrieben, um in 55-stündiger Arbeit aus 8 Tonnen Weiden den heute bepflanzten, **weltweit größten Weidenkorb** mit über 17 m Länge und 7,70 m Höhe zu flechten.

Ein beeindruckender Weidentunnel direkt vor dem Museum der Korbmacherei.

Seit dem 19. Jh. wird in der Gegend rund um Nowy Tomśyl der Weiden- und Hopfenanbau intensiv gepflegt. Von daher wundert es nicht, dass hier das einzige **Museum der Korbmacherei und des Hopfenanbaus** Polens steht. An zwei Standorten wird ausführlich über die Geschichte der Korbmacherei und des Flechtgewerbes, die Materialvielfalt beim Flechten sowie die Geschichte des Hopfenanbaus informiert (Öffnungszeiten: April-September Di-Sa 9-17 Uhr, So 13-18 Uhr, Okt.-März Di-Fr 9-15 Uhr, Sa/So 11-15 Uhr, 5 Zł/3 Zł).

(352) WOMO-Stellplatz: Nowy Tomśyl

GPS: N 52°18'45.0" E 16°08'17.5", Olchowa **max. Womos:** 1-2
Ausstattung/Lage: Keine Infrastrutur, ebener Parkplatz oder Wiese vor dem Museum/innerorts.
Zufahrt: Vom Ortszentrum die ul. Tysialecia südlich bis zum Kreisel, dort links in die ul. Witosa bis zum Ende, dann rechts, die nächste links, den weißen Schildern Museum folgen. Zum Parken nach links in die Sackgasse oder direkt vor dem Stadtpark. Das Museum und ein kleiner Zoo sind rechts.

Zbąszyń ist unser nächstes Ziel. Dafür nehmen wir die <302> Richtung Südwesten. Das Städtchen liegt am **Jeziora Blędno**,

(353) WOMO-Stellplatz: Zbąszyń

GPS: N 52°14'54.7" E 15°55'08.2"
max. Womos: 2-3
Ausstattung/Lage: Keine Infrastrutur, ebener, gepflasterer Parkplatz am Ortsrand/innerorts.
Zufahrt: <302> von Nowy Tomśyl Richtung Zbąszyń Zentrum, vor dem weißen Hotel nach rechts, nach der Kirche links an der Straße.

Vom Stellplatz aus erkunden wir das Örtchen, werfen einen Blick in die Kirche und schlendern dann nach Süden Richtung Sportplatz. Am Rande eines Parks entdecken wir den Hexenturm und dann den wunderschönen **Campingplatz** mit großer Badestelle, den wir im Mai ganz für uns alleine haben.

(354) WOMO-Campingplatz: Przy Baszcie, Zbąszyń

GPS: N 52°14'46.4" E 15°54'56.3" **Tel:**+48683868050
Öffnungszeit: Mai-September www. centrumsportu-zbaszyn.pl
Ausstattung/Lage: Wiese am See, Badestelle, Volleyballfeld, Hunde erlaubt.
Zufahrt: Vom Parkplatz (353) Richtung Stadion, dann 200 m nach rechts.

Wir folgen weiter der <302>. In CHLASTAWA entdecken wir ein Holzkirchlein. Nach **Kosieczyn** nehmen wir die <304> für einen Abstecher Richtung **Babimost** (Flughafen) nach **Podmokłe Małe**. Klein Posemuckel – eben ein Nest ganz ganz weit hinten, ein kleiner, unbedeutender, abgelegener Ort! In Deutschland steht der Name des Fleckens seit dem späten 19. Jh. für Rückständigkeit und Verschlafenheit. Dabei hat das Örtchen so einiges zu bieten.

Einst Slawensiedlung, wechselte die Zugehörigkeit von **Podmokłe Małe** mehrmals zwischen Polen und Brandenburg, bzw. Preußen. Die Bevölkerung blieb jedoch meist polnisch und zur Nazizeit kam es zur Verhaftung von polnischen Widerstandskämpfern, die in deutsche Konzentrationslager deportiert wurden. In der heutigen Schule ist ein kleines **Gedenkmuseum** eingerichtet, das auch an den jungen Lehrer Franciszek Sarnowski erinnert, der 1940 in Sachsenhausen starb. Direkt daneben gibt es ein frei zugängliches **Freilichtmuseum**, in dem Arbeitsgeräte sowie eine Windmühle aus dem 19. Jh. zu besichtigen sind. Zufahrt: 500 m nach der modernen Kirche in den kleinen Weg nach links. Parkplatz hinter der Schule (N 52°11'29.6" E 15°48'28.7").

Die Johanniterburg in Łagów ist von gewaltigen Buchen umgeben.

Bis nach ŚWIEBODZIN (22.000 Einwohner) sind es noch 22 km auf schmaler Holperstrecke <302>, dann auf der <303>. Die gewaltige **Christus-Statue** „winkt" von fern über die Felder.

Bei ihrer Erbauung galt die **Christus König-Statue** mit einer Höhe von 36 m als weltweit größte Jesusfigur. Sie ist in fünfjähriger Bauzeit 2010 auf einem Hügel errichtet worden und ragt somit 52 m in die Luft. Alleine die Krone misst, je nach Quelle, 2-3 m. Die restlichen 33 m sollen das Alter Jesus symbolisieren. Die Figur ist 440 Tonnen schwer, innen hohl und die Baukosten, ausschließlich durch Privat- oder Firmenspenden finanziert, beliefen sich zwischen 1 Mio und 3,5 Mio Euro. Das ungewöhnliche Denkmal, initiiert durch einen Pfarrer, stößt nicht überall auf Zustimmung. Vor allem nachdem bekannt wurde, dass für das Bauwerk nie eine Baugenehmigung erteilt wurde. Inzwischen ist der Bau genehmigt oder zumindest geduldet und bringt der Stadt reichlich Touristen. [**355:** N 52°14'13.2" E 15°32'35.1"]. Zufahrt: Richtung S3 raus aus der Stadt.

Zurück im Zentrum von Świebodzin, nehmen wir die <92> Richtung **Świecko**, den Grenzort bei Frankfurt/Oder (Achtung: Bei „spitzer" Einfahrt auf die <92> ist die Hilfe des Beifahrers sinnvoll). Gleich nach der Überquerung der Autobahn biegen wir rechts ab nach ŁAGÓW (5.000 Einwohner). Durch den **Naturpark Łagówski Park Krajobrazowy** mit seinen prächtigen Buchenwäldern erreichen wir nach 2 km das schön zwischen zwei Seen gelegene, beliebte Ausflugsziel. Versuchen Sie gar nicht erst ins Zentrum von Łagow zu fahren, die Durchfahrt ist für Fahrzeuge über 2,5 t gesperrt.

Wir nutzen die Kopfsteinpflasterstraße Richtung Ostwall zum Fotoshooting...

(356) WOMO-Stellplatz: Łagów

GPS: N 52°19'58.0" E 15°17'49.4" **max. Womos:** 2-3
Ausstattung/Lage: Keine Infrastruktur, Schotterparkplatz, direkt an der Durchgangsstraße, vor allem am Wochenende voll/innerorts.
Zufahrt: Von Süden nach Łagów kommend an der großen Kreuzung im Ortszentrum rechts an der Straße.
Alternative: Weiter den Berg hinauf fahren, Parkplatz oben am Friedhof oder in den Wohnstraßen. Mini-**Campingplatz** im Ort, 100 m Richtung Zentrum, enge Einfahrt, besser vorab zu Fuß erkunden. N 52°19'58.4" E 15°17'39.1".

Łagów: Wegen seiner schönen Lage wird Łagów die „Perle der Sternburger Schweiz" genannt. Im Zweiten Weltkrieg kaum zerstört, konnte sich die Stadt ihr mittelalterliches Aussehen bewahren. Ihr Wahrzeichen ist die **Johanniterburg** (Zamek Johannitów), in der heute ein Hotel untergebracht ist. Seit Beginn des 20. Jh. war der Ort ein beliebtes Ausflugsziel für Besucher aus Frankfurt oder Berlin. Maler, Filmschaffende und Musiker trafen sich auch nach 1945 in der Burg. Jährlich findet hier der Lebuser Filmsommer (Lubuskie Lato Filmowe), das älteste polnische Spielfilmfestival, statt.
An einem der ältesten Häuser unterhalb der Burg weist eine Tafel auf den Medizin-Nobelpreisträger, Pathologen und Bakteriologen Prof. Dr. Gerhard Domagk (1895-1964) hin, der hier geboren wurde. Für die Entdeckung der antibakteriellen Wirkung von Prontosil, einem Sulfonamid-Farbstoff, bekam er 1939 den Preis, den er allerdings nach einer Anordnung von 1937 für „Reichsdeutsche" nicht annehmen durfte. 1947 erhielt er den Preis dann doch, allerdings ohne das Preisgeld.

Über Holperwege machen wir uns auf zu einer Attraktion für alle FreundInnen der Militärgeschichte: dem ehemaligen **Ostwall** im Meseritzer Befestigungsgebiet. Es gibt hier zwei Einstiegsstellen in unterirdische Wehranlagen, die erste in BOROSZYN, das wir Richtung **Żarzyn** anpeilen. Ab **Sieniawa** führen uns 3,5 km **Kopfsteinpflaster** Richtung **Staropole** zum Ziel.

Die **unterirdische Welt des Ostwalls:** Ab 1920 begannen die Deutschen zum Schutz der Hauptstadt Berlin gegen eine Bedrohung aus dem Osten ein gewaltiges Bauwerk. Auf einer Strecke von über 100 km bauten sie eine Kette von Geschütztürmen, die mit Granatwerfern, Maschinenpistolen, Panzersperren und Flammenwerfern bestückt waren. Verbunden waren die Vertei-

...und können uns an den grellen Rapsfeldern gar nicht sattsehen.

digungseinrichtungen untereinander durch ein Netz unterirdischer Gänge, in denen sogar elektrisch betriebene Züge zum Munition- und Warentransport verkehrten. Es gab Trafostationen, Pumpwerke, Elektro- und Wasserinstallationen, Quartier- und Befehlsräume. In der NS-Zeit wurde das gesamte Befestigungskonzept etwas halblebig vollendet, zudem wurden zahlreiche Einbauten mühevoll an den West- und Atlantikwall verlegt, allerdings ohne dort noch viel ausrichten zu können. Als am Ende des Krieges die Ostfront brökelte, war hier nicht genug Munition, Material, Waffen und Besatzung vorhanden, um die Befestigungsanlagen noch wirkungsvoll einsetzen zu können.
Heute sind über 30 km des Gängesystems für Besucher erschlossen, der Rest ist für Menschen gesperrt. Hier halten im Winter rund 12 Fledermausarten ihren Winterschlaf, scheinbar über 30.000 Tiere. Wir empfehlen festes Schuhwerk, warme Kleidung (die Temperatur beträgt ganzjährig 10-12 Grad) sowie eine kräftige Taschenlampe (Öffnungszeiten: ab 15. April täglich von 10:00 bis 18:00 Uhr, für Führungen in deutscher oder englischer Sprache wird vorherige Anmeldung empfohlen. Tourenlänge 1,5 Std. oder 2,5 Std, nur begleitete Touren möglich. Anmeldung: www.ostwall.team, Tel. +493020169720, 18 €/27 €).

(357) WOMO-Stellplatz: Boroszyn

GPS: N 52°21'19.3" E 15°27'57.7"
max. Womos: 2-3
Ausstattung/Lage: Großer, gebührenpflichtiger Parkplatz, Toiletten, Müll/außerorts.
Zufahrt: Łagów Richtung Żarzyn verlassen. In Sieniawa zuerst Richtung Żarzyn, dann Staropole, 3,5 km Kopfsteinpflaster. In Boryszyn rechts ausgeschildert, noch 1,5 km.

Nach der Dunkelheit, der Kälte und dem Erinnern an das grausame Kriegsgeschehen erfreuen wir uns am Tageslicht. In WYSOKA lockt ein See zum Baden und ein kleiner, privater Stellplatz für die, die gerne etwas länger hier bleiben möchten.

(358) WOMO-Stellplatz: Wysoka

GPS: N 52°22'22.3" E 15°27'10.9" **max. Womos:** 4-5
Ausstattung/Lage: Gebührenpflichtiger Mini-Wiesenplatz, Ver- und Entsorgung, Angel- und Bademöglichkeit, Kajakverleih, deutschsprachig/innerorts.
Zufahrt: Von Boroszyn kommend in Wysoka nach links in die Sackgasse abbiegen, nach 400 m am Ende links.

Und immer liegt ein Fischerboot im Schilf.

Nur 3,5 km sind es von Wysoka bis **Pniewo**, der zweiten Einstiegsstelle für den **Ostwall**. Der Parkplatz liegt direkt an der Straße (N 52°22'19.9" E 15°30'21.7").

Nach 1,5 km sind wir in KAŁAWA und gondeln dann 10 km Richtung **Gorzów Wielkopolski** gen Norden bis nach MIĘDZYRZECZ mit seinen 18.400 Einwohnern.

Hier besichtigen wir die Reste des **Schlosses,** in dem heute das **Regionalmuseum** untergebracht ist und das in einem schönen Park liegt. Anschließend werfen wir einen Blick aufs **Rathaus** und die **Heilig-Adalbert-Kirche**, die wir bei der Anfahrt ja schon gesehen haben.

(359) WOMO-Stellplatz: Międzyrzecz

GPS: N 52°26'37.7" E 15°34'27.5" , ul. Mlynska
max. Womos: 2-3
Ausstattung/Lage: Keine Infrastruktur, großer Asphaltparkplatz, Mülleimer, nicht ganz leise/innerorts.
Zufahrt: Von Süden ins Zentrum von Międzyrzecz, bei der Ampel nach links Richtung <137> Sulęcin, nach 350 m auf der linken Seite.

Międzyrzecz – Ort grausamer Verbrechen: Im östlichen Stadteil Obbrzyce längs der Bahnlinie liegt ein großer Krankenhauskomplex. 1904 wurde er als Provinzial-Irrenanstalt Obrawalde genutzt, ab 1920 als Krankenhaus. Mit Beginn des Zweiten Weltkrieges wurden hier systematisch geistig und körperlich behinderte Menschen getötet. Bereits 1939 waren an diesem Ort 2.000 Patienten untergebracht, um die sich nur drei Ärzte kümmerten. Zuerst in Gaswagen, später mit Gift-Injektionen wurden skrupellos Menschen aus Deutschland, Polen oder Russland ermordet. Zwischen 1942 und 1945 vergifteten Ärzte und Pfleger tausende Patienten meist durch die Verabreichung überdosierter Schmerzmittel. Auch Erschöpfung und Unterernährung führten zum Tod einiger zur Arbeit gezwungener PatientInnen. Als nicht »arbeitsfähig« eingestufte wurden innerhalb weniger Tage umgebracht und in Massengräbern auf dem Friedhof der Anstalt begraben oder in einem Krematorium in Frankfurt (Oder) eingeäschert. Ein Denkmal erinnert seit 1966 an die Opfer, eine Ausstellung informiert über ihr Schicksal.

Blick vom Auto aus in den Park Krajobrazowy Ujście Warty.

Die <3> führt uns nach Norden und nach 20 km ist Skwierzyna und damit die <24> erreicht. Kostrzyn ist hier bereits angeschrieben und wir sausen auf die **Grenze** zu. Die <24> wird zur <22> und führt uns bis **Kostrzyn**.

Den Campingplatz Fisch Camp hier an der Strecke wollen wir noch erwähnen. Berichten Sie uns gerne, falls Sie in **Ownice** Station machen (N 52°32'06.7" E 14°53'33.4").

Entlang des **Park Krajobrazowy Ujście Warty** (Nationalpark „Warthemündung"), den wir ja schon in unserer Tour 1 kennengelernt haben (Infos Seite 24), legen wir flott die letzten 20 km zurück. Und sogar vom Auto aus lassen sich zahlreiche Graureiher, Schwäne und andere Vögel beobachten.

KOSTRZYN und damit der Endpunkt unserer Polenreise ist erreicht. Die Besichtigung der **Befestigungsanlagen der „Stare Miasto"** können Sie ebenfalls in Tour 1 (Seite 27) nachlesen. Wer sich noch nicht von Polen verabschieden möchte, fährt jetzt einfach noch für eine Nacht auf unseren Stellplatz (014) direkt an der Warta. Dann, nach einem letzten Blick auf den behäbig dahinfließenden Grenzfluss Oder, ist Deutschland wieder erreicht. Wir kommen wieder!

Tipps von A–Z

Polen ist auf jeden Fall eine Reise wert. Die Tipps von A-Z sollen Ihnen helfen Ihren Urlaub gut vorzubereiten. Wie sieht das polnische Verkehrsnetz aus? Wo kann man welchen Sport am besten betreiben? Was hat man von den Campingplätzen zu erwarten, wie sieht es mit freien Stellplätzen aus? Wie sage ich „Danke!“?

Alle unsere Angaben beziehen sich hier auf Polen und sind zum Zeitpunkt der Drucklegung aktuell, können sich aber natürlich ändern.

Adressen

Polnische Fremdenverkehrsämter:

- 14199 Berlin, Hohenzollerndamm 151, Tel. +49 302100920, Fax +49 3021009214, www.polen.travel.de
- 1130 Wien, Fleschgasse 34, Tel. +43 152471910

Polnische Botschaften in Deutschland, Österreich, der Schweiz:

- 14193 Berlin, Lassenstr. 19-21, Tel. +49 30223130, Fax +49 3022313155, www.berlin.polemb.net
- 1130 Wien, Hietzinger Hauptstr. 42C, Tel. +43 187015100, Fax +43 187015222, www.wien.polemb.net
  Notruf in dringenden Fällen: +43 187015220
- 3006 Bern, Elfenstraße 20a, Tel. +41 313580202, Fax +41 31358 0216, www.berno.msz.gov.pl

Generalkonsulate in Deutschland:

- 14193 Berlin-Grunewald, Richard-Strauss Str. 11
  Tel. +49 30223130, mail: berlin.amb.sekretariat@msz.gov.pl.
  Notruf in dringenden Fällen: +49 1637887676
  50670 Köln, Im Mediapark 5, Tel. +49 221937300
  Fax: +41 313580216 mail: kolonia.kg.sekretariat@msz.gov.pl
  Notruf in dringenden Fällen: +49 1773727164
  04435 Leipzig, Terminalring 11, Tel: +49 3415623301
  Fax: +49 3415623310, mail: honorarkonsulat-polen-sachsen@mdf-ag.com
- 81679 München, Röntgenstraße 5, Tel: +49 894186080, Fax: +49 89471318, mail: monachiumkg@msz.gov.pl
  Notruf in dringenden Fällen: +49-1733705828
- 60325 Frankfurt am Main, Beethovenstr. 5, Tel: +49 6997554304, Fax: +49 6997554100, mail: info@honorarkonsulat.frankfurt.de
- 22309 Hamburg, Gründgensstr. 20, Tel: +49 40611870, Fax: +49 406325030, mail: hamburg.kg.sekretariat@msz.gov.pl
  Notruf in dringenden Fällen: +49 1788000327

Botschaften in Polen:

- Deutsche Botschaft/Ambasada Republiki Federalnej Niemiec, 00467 Warszawa, ul. Jazdów 12, Tel. +48 225841700, Fax +48 225841739, www.warschau.diplo.de, mail: info@warschau.diplo.de
- Österreichische Botschaft: 00-748 Warszawa/Warschau, ul. Gagarina 34, Tel.: +48 228410081, Fax: +48 228410085
- Schweizer Botschaft, 00-540 Warszawa, Aleje Ujazdowskie 27, Tel +48 226280481 / 82, Fax +48 226210548, www.eda.admin.ch/warsaw

Deutsches Generalkonsulat in Polen:

- 80219 Gdańsk, Aleja Zwyciestwa 23, Tel. +48 583406500, Fax +48 583406538, mail: info@danzig.diplo.de
- 61834 Poznań, ul.Golebia 3/1, Tel: +48 668134395, Fax +48 61616468750, mail: posen@hk-diplo.de

Viele Hinweise zu Reise- und Sicherheitsfragen gibt es beim: Auswärtigen Amt: Tel. +49 3018170, www.auswaertiges-amt.de

Touristische Informationen für Reisen nach Polen sind erhältlich beim Polnischen Informationszentrum für Touristik, Kurfürstendamm 71, 10709 Berlin, Tel. +49 302100920.

In den größeren Orten Polens gibt es **Touristeninformationen/It** (***informacja turystyczna***), die zahlreiche Materialien, wie zum Beispiel kostenlose Stadtpläne, Infos über Veranstaltungen und Wander-, Radfahr- oder Kajakrouten bereithalten. Die fremdsprachenkundigen Angestellten sind in der Regel sehr freundlich und versuchen gerne zu helfen.

Polen im Internet:

Größtenteils sind polnische Orte auch im Internet unter www.ORTSNAME.pl vertreten (Sie brauchen keine Sonderzeichen einzugeben).

- www.campingpolska.com (gut aufgemachte Seite für CamperInnen, aber auch Hinweise zum Essen/Sprache/Literatur)
- www.polen.travel.de (Polens offizielles Tourismusportal mit vielen Hinweisen zu Sehenswürdigkeiten, Naturparks, aktuellen Wechselkursen)
- www.masuren-online.de
- www.szlaki.mazury.pl (viele Hinweise zu Rad-oder Kanutouren sowie Wanderungen oder Spaziergängen vor allem in Masuren)

Ärztliche Hilfe / Gesundheit

Polizei (Policia): 155 **Verkehrspolizei: 997**
ADAC-Notrufnummer: +49 89 222222 **Taxi-Ruf: 919**

Der Notarztwagen heißt „***pogotowie ratunkowe***", der Arzt „***lekarz***". Die Notrufnummer kann kostenlos von allen öffentlichen Telefonzellen angerufen werden. Achtung: Hier wird häufig nur polnisch gesprochen!

Für kleinere Fälle genügt oft der Besuch einer Apotheke (***apteka***), die Arzneimittel aus polnischer und internationaler Produktion anbieten. Sollten Sie ernsthaft krank werden, finden sie in den Großstädten Krankenhäuser (***szpital***) oder die Ambulanzen der Krankenhäuser (***prezchodnia***).

Das Versorgungsniveau im Gesundheitsbereich in Polen ist gut bis sehr gut. Für EU-Bürger, die sich nur für kurze Zeit in Polen aufhalten, reicht im Normalfall die **europäische Krankenversicherungskarte**. Diese berechtigt Sie, Leistungen im Fall von plötzlichen Erkrankungen oder Notfällen in Anspruch zu nehmen. Die Krankenkasse in Ihrem Heimatland rechnet dann die Behandlungskosten mit den polnischen Ärzten ab.

Dennoch ist es sinnvoll, vor der Reise eine **private, zusätzliche Auslandskrankenversicherung** abzuschließen, die medizinisch notwendigen Rücktransport umfasst (beachten Sie deren Gültigkeitsdauer bei langen Reisen!). Anhand der Quittungen wird dann am Ende der Reise abgerechnet, nachdem man vorab den Arzt bar bezahlt hat.

Botschaft und Konsulat erteilen Auskunft über deutschsprachige Ärzte. Und wenn nichts mehr hilft: Wer einen Auslandsschutzbrief hat, wird im Ernstfall mit Familie und Womo kostenlos nach Hause transportiert.

Besondere **Impfungen** benötigen Sie nicht für Polen, der „normale“ Impfschutz sollte jedoch auf dem Laufenden sein, bzw. Sie sollten sich vom Arzt hinsichtlich einer Schutzimpfung gegen Zeckenbisse (FSME) vor allem in der warmen Jahreszeit beraten lassen. Medizinische Tipps im Internet: www.fit-for-travel.de

Zudem: **Anti-Mücken-Mittel** nicht vergessen!

Je nach Gegend und Jahreszeit können **Wespen** fürchterlich nerven. Falls Sie stark allergisch auf Bienen- oder Wespenstiche reagieren, sollten Sie unbedingt ein Gegenmittel dabei haben.

Aktiv im Urlaub/Sport

Angeln: Ins Land der tausend Seen reist man natürlich mit Angel! Sie benötigen einen Angelschein, den der polnische Anglerverband (PZW) ausstellt oder den man teilweise auch bei den örtlichen Touristeninformationen (IT), in Hotels, Geschäften für Angelbedarf oder auf Campingplätzen bekommt. Der Preis bewegt sich zwischen 15 und 60 €, je nach Gewässer und Gültigkeitsdauer. Das Angeln ist in Polen vom 1.4. - 31.12. tagsüber erlaubt, nachts nur in Ausnahmefällen. Eisangeln gehört zu den Ausnahmeregelungen. Vom Boot aus darf man vom 1.6. - 31.10. angeln, Leihboote dafür müssen registriert sein. Im Meer ist das Angeln in Polen kostenfrei und ohne Genehmigung möglich. Mit lebenden Köderfischen zu angeln ist nicht erlaubt. Weitere Infos erteilt der polnische Anglerverband, ul. Twarda 42, 00-831 Warszawa, Tel. 0022/6208966.

Baden: Kilometerlange, weiße Sandstrände sind an der Ostsee zu entdecken. Die Badesaison dauert von Juli bis Ende September, das Wasser hat sich dann bis zu 20° erwärmt. Gut bewährt hat sich für einen längeren Strandaufenthalt ein Windschutz. An bewachten Stränden bedeuten grüne Fahnen keine Gefahr, bei Gelb ist Vorsicht angesagt und bei Rot ist das Baden verboten. Natürlich bieten sich auch die herrlichen Seen im Landesinneren zum Baden an, vor allem in Kaschuben und Masuren. Die Wasserqualität ist meist sehr gut.

Die schönsten Ostsee-Strände: Nationalpark Międzyzdroje (Wolin), Kołobrzeg, Ustka, Łeba, Halbinsel Hel, Frische Nehrung.

FKK ist im eher konservativen Polen generell nicht erlaubt. Wenige Strände sind für *naturyzm* reserviert (siehe Nacktbaden Seite 271).

Kanufahren/Wasserwandern/Paddeln: In Seebädern an der Ostsee, aber auch an vielen Seen in Masuren oder Kaschuben kann man Tretboote leihen oder auf Banana Boats, Wasser- und Jetskiern übers Wasser sausen. Aber vor allem NaturfreundInnen, die mit dem Kanu oder dem Kajak unterwegs sind, kommen in Polen auf Ihre Kosten. Wochenlang könnte man sich über hunderte von Kilometern auf miteinander verbundenen Gewässern fortbewegen. Entlang der Routen sind Zeltplätze und Bootsverleihe vorhanden. Die meisten Paddelstrecken sind auch für Anfänger gut zu bewältigen, dennoch können auch sanfte Flüsschen oder größere Seen bei Wetterumschwung zur Gefahr werden. Infos über die Wasserwege und Wasserstationen gibt es bei der Polnischen Gesellschaft für Touristik und Landeskunde (PTTK, www.pttk.pl, nur englisch). Einige der schönsten Routen sind die Erkundung der Krutynia (S. 171), der Drawa (S. 71), der Czarna-Hańza im Wigry Nationalpark (S. 179) oder des Augustów Kanals (S. 182). Hinweise auf weitere Möglichkeiten im Text z.B. Seite 156, 166, 229.

Kur/Wellness: Schon am Namen erkennt man die Kurorte: *zdrój* bedeutet so viel wie Quelle. Meist liegen diese Orte sehr schön, so dass der Besuch auch ohne Herz-, Atem- oder sonstige Beschwerden lohnt. Empfehlenswerte Ziele sind: Kołobrzeg, Międzyzdroje, Połczyn-Zdrój, um nur einige zu nennen.

Radfahren: Radfahren ist in Polen im Kommen. In den letzten Jahren wurden zahlreiche Strecken markiert, Bahndämme zu Fahrradwegen umgebaut und es gibt reichlich Möglichkeiten, die Natur entspannt mit dem Rad zu erkunden. Dennoch darf man kein perfekt ausgebautes Radwegenetz erwarten. Immer wieder sind „Durststrecken" auf stark befahrenen Straßen, Holperpisten oder sandigen Wegen zu überbrücken – auch auf den ausgewiesenen Radstrecken.
Der *R10* führt von Deutschland entlang der Ostseeküste über Wolin, Koszalin, Słupsk, Gdańsk, Frombork nach Kaliningrad.
Auf fast 2.000 km führt der Radweg *Green Velo* durch den Osten Polens. Die Trasse durchquert fünf National- und 15 Landschaftsparks sowie zahlreiche weitere Tier- und Naturschutzgebiete.
Infos unter www.greenvelo.pl mit interaktiven Karten.
Weitere Radwege sind der Eurovelo *R2, R9*, der *Piastische Fernradweg* oder der *Oderweg*.
Das Leihen von Fahrrädern ist inzwischen vielerorts möglich. Auch in Städten wie Warszawa kann man ganz gut mit dem Fahrrad unterwegs sein. Reparaturläden sind in Polen allerdings nach wie vor Mangelware, nehmen Sie auf jeden Fall Flick- und Werkzeug mit. Radeln in der Dunkelheit ist nicht empfehlenswert.

Reiten: Polnische Gestüte sind noch heute weltberühmt. Ehemalige Gutshöfe oder restaurierte Schlösser dienen häufig als deren Sitz. Dort werden Ausritte, Kutschfahrten oder Reitkurse angeboten. Für Interessenten an organisierten Touren: www.pferdreiter.de.

Segeln/Motorboote: Polen ist ein Seglerparadies: Von Häfen am Stettiner Haff, der Ostsee, der Danziger Bucht kann man zu Fahrten auf Hoher See starten. Wunderschön sind jedoch auch die Masurischen Seen mit Wassersportzentren zum Beispiel in Giżycko, Mikołajki, Ruciane-Nida oder Augustów (Motorbootverleih z.B. S. 170).

Tauchen: Wir sind nicht getaucht, können nur berichten, was wir gelesen haben: Im Jezioro Mamry soll in 44 m ein überflutetes Dorf zu erforschen sein, im Jezioro Czarna Höhlen und Steilwände. Bei ruhiger See sind in Hel alte Schiffwracks zu erkunden.

Wandern: In Nationalparks laden markierte Wege zur Erkundung ein. 2005 wurde der erste *Jakobspilgerweg* (Droga św. Jakuba) in Polen wiederbelebt und bis heute weiter ausgebaut. Dieser verläuft von Zgorzelec über Posnań, Olsztyn bis zur litauischen Grenze. Ganz neu ausgeschildert ist die längste Etappe von Gniezno bis Wigry. Wir beschreiben mehrere, kleinere Spaziergänge in den Nationalparks entlang der Ostseeküste (S. 46, 95).

Wind- und Kitesurfen: Auch hier hat Polen so einiges zu bieten: Top-Plätze sind die Halbinsel Hel (Pucker- und Danziger Bucht) und die Frische Nehrung. Aber es wird auch in Międzyzdroje, Rowy oder Łeba „mit dem Wind getanzt". Ein entspannter Platz ist auch das Surf Camp am Jezioro Gardno (S. 92), dort haben unsere Kinder ein paar Surfstunden auf englisch bekommen.

Autohilfsdienste/Unfall/Fahrzeugunterlagen

Verkehrspolizei: 997 **Polizei-Notruf/Unfall-Rettung: 999**

Pannenhilfe über den **ADAC-Auslandnotruf** rund um die Uhr: +49-89-22 22 22 (für Mitglieder).

Pannenhilfe des **polnischen Automobilclubs PZM** unter: Tel. 022-259 734 und 022-259 539.

Touristen-Notruf (Juni-September): Landesweite Festnetz-Rufnummer 0800/200300 (gebührenfrei), Handy-Rufnummer +48 608599999 (gebührenpflichtig).

Grundsätzlich gibt es in jeder größeren Stadt **Fachwerkstätten** der gängigen Automarken. Auf Nummer Sicher gehen Sie, wenn Sie bereits vor dem Urlaub ein Verzeichnis der Fachwerkstätten Ihrer Automarke angefordert haben. Wir mussten bei den Touren mit unserem alten Mobil mehrfach eine Werkstatt aufsuchen und haben, nach überstandenen Sprachschwierigkeiten, immer gute Erfahrungen gemacht. Bei **Reifenpannen** hilft ihnen einen *serwis opon*-Betrieb. Gönnen Sie sich trotzdem das gute Gefühl, vor dem Urlaub alles getan zu haben, damit ihr Fahrzeug eine große Tour übersteht. Denken Sie an den Kundendienst, an sinnvolle Ersatzteile und kontrollieren

Sie die Pannenausrüstung.
Fahrzeugunterlagen: Die Mitnahme der **grünen Versicherungskarte** ist nicht mehr nötig, wird aber empfohlen, da sie z.B. bei einem Unfall als Versicherungsnachweis dient. Erkundigen Sie sich bei Ihrem Autoversicherer rechtzeitig vor Reiseantritt über ausreichenden Versicherungsschutz.
Im Falle eines Unfalls muss die Polizei geholt werden. Weitere Infos siehe auch Rubrik Einreise/Ausreise/Reisedokumente Seite 258.

Campingplätze, freie Stellplätze und alles andere für die Nacht

Der polnische Wohnmobiltourismus ist im Aufbau. **Eingerichtete Womo-Stellplätze** in Städten sind noch selten, aber gebührenpflichtige **Stadtparkplätze**, meist rund um die Uhr bewacht, eignen sich durch ihre zentrale Lage für den Stadtbummel oder auch eine Übernachtung (Bsp. Gdańsk, Warszawa).
Campingplätze gibt es zahlreiche, sie sind jedoch häufig, gemessen an europäischen Standards, eher einfach. Die Einteilung erfolgt in drei Kategorien *, ** oder *** (von sehr einfach bis voll ausgestattet). Viele Plätze liegen landschaftlich sehr schön, bieten gut ausgebaute Sanitäreinrichtungen, Gaststätten oder einen kleinen Laden. Daneben gibt es Plätze, die sehr bescheiden ausgestattet sind.

Die meisten Campingplätze haben eine Homepage, auf der man sich über Öffnungszeiten/Lage/Ausstattung informieren kann. Die meisten Plätze haben vom Anfang Mai bis Ende September geöffnet, einige sind aber auch ganzjährig in Betrieb (häufig in Städten wie Szczecin, Puck, Giżycko, Mikołajki, Warszawa, Toruń, Poznań, aber auch in Ustronie Morskie, Chałupy auf Hel, Chmielno, Bagienice, Ruska Wieś, Koszelówka, Zdwórz,...). Der „übliche" Preis, den Sie auf einem Campingplatz für 2 Personen mit Womo (mit Strom) bezahlen, beträgt zwischen 60 und 80 Zł. Ein 24 h bewachter Parkplatz ist da nicht viel günstiger. Zahlreiche Campingplätze sind in der **Polnischen Förderation für Camping und Caravaning** (PFCC) zusammengeschlossen. Diese gibt jährlich eine große Karte mit einem Verzeichnis ihrer Campingplätze in Polen heraus, die man sich zuschicken las-

en kann. Weitere Infos unter www.pfcc.eu.
Neben Campingplätzen stehen auch noch die PTTK-Stationen mit häufig sehr einfachen, aber wunderschön am Wasser gelegenen Geländen zur Verfügung (Bsp. PTTK-Station in Sorkwity, Ruciane-Nida oder der Camping in Elblag). Die **PTTK ist die Polnische Gesellschaft für Tourismus und Landeskunde**, eine seit vielen Jahren im Naturtourismus und Umweltschutz aktive Organisation.
Eine weitere Möglichkeit zur Unterkunft sind **Biwakplätze** (*pole biwakowe*) oder **Zeltplätze** (*pole namiotowe*), die allerdings teilweise nur einfachste Sanitäreinrichtungen zu bieten haben oder überhaupt zu klein für Wohnmobile sind.
Mit **freien Stellplätzen** haben wir bisher nur beste Erfahrungen gemacht. Mit „Freiem Stehen" ist nicht „Wild Campen" gemeint, denn das ist auch in Polen verboten! Solange Sie nicht Tisch & Stühle auspacken, die Markise ausfahren und einen Platz über Tage belagern, werden Sie keinerlei Probleme bekommen! Wir haben häufig „frei übernachtet" und nie Schwierigkeiten erlebt.
Zahlreiche Infos für Campingliebhaber finden Sie auf der Seite www.campingpolska.com oder unter www.eurocampings.de/europa/polen.

Devisen / Geld

Die **Landeswährung** ist der Złoty und die kleinen Münzen heißen Groszy. Bei unseren Reisen lag der Kurs bei rund 1:4, also 1 Euro entsprach ca. 4 Złoty. Mit der Bankkarte (Maestro oder V Pay) und Geheimnummer können Sie an den meisten Geldautomaten Bargeld abheben. Je nach Hausbank wird pro Umtausch zwischen 5 und 8 € verlangt, es lohnt also durchaus größere Summen abzuheben. Achtung: Die Frage „In Euro oder Złoty?" immer mit „Złoty" beantworten, denn der DCC-Service (Dynamic Currency Conversion) kann durch Kommissionen oder schlechte Wechselkurse sehr teuer werden.
Gängige Kreditkarten wie Mastercard, Eurocard oder Visa werden von den meisten Tankstellen sowie von vielen Restaurants, Supermärkten oder großen Campingplätzen akzeptiert.
Falls die Karte weg ist: Sperr-Notruf 0049 116116. Zur Identifizierung des Karteninhabers ist Geldinstitut und Kartennummer anzugeben.

Diebstahl / Kriminalität

Hartnäckig hält sich das Vorurteil, dass man in Polen besonders leicht Opfer von Handtaschendiebstahl, Trickbetrügerei oder Autoklau werden könnte. Das lässt sich so nicht belegen. Was Kraftfahrzeugdiebstähle angeht, liegt Polen bezüglich Fahrzeugdiebstählen oder -aufbrüchen in der Statistik gleichauf mit Deutschland (Quelle: Eurostat, 2012: Polen 76.000 Kraftfahrzeugdiebstähle, Deutschland ebenfalls 76.000). Wie in jedem Land ist jedoch Vorsicht geboten an Orten, an denen sich viele Menschen drängeln, wie z.B. auf Wochenmärkten, Rummelplätzen, überlaufenen Strandgebieten oder Parkplätzen an den Hauptfernstraßen. Das Auswärtige Amt warnt vor *Diebstahl auf unbewachten Parkplätzen und vor vorgetäuschten Unfällen bzw. vorgetäuschten Pannen.*

Bewachte Parkplätze (*parking strezony - 24h*) werden überall angeboten und bieten die Möglichkeit, das Auto sicher abzustellen, während man einen Stadtbummel unternimmt.
Womos sind nicht ideal für Diebe: Ziehen Sie vor dem Verlassen die Vorhänge zu, lassen Sie die Trittstufe draußen, vielleicht vermutet ein Dieb noch Personen im Inneren.
Aber auch gegen aktive Vorbeugung ist nichts einzuwenden:

- Die Sicherheitsgurte durch die Armlehnen der Vordertüren fädeln und ins Gurtschloss stecken.
- Beide Armlehnen der Fahrerhaustüren mit einem Spanngurt verbinden, so können die Türen nicht lautlos geknackt werden.
- Der WOMO-Knackerschreck (siehe Bestellseite am Buchende) verhindert das Öffnen der Türen zuverlässig.
- Schmuck, Uhren, Kameras, Pässe oder Brieftaschen/Geldbörsen sollten, wie in allen anderen Reiseländern auch, möglichst nicht sichtbar getragen oder im Auto liegen gelassen werden.

Wie auch zuhause empfiehlt es sich darauf zu achten, dass beim Abheben mit EC- oder Kreditkarte niemand die PIN-Nummer erspäht.

Ein- und Ausreiseformalitäten/Reisedokumente/ Aufenthaltsdauer/Zoll

Seit Mai 2004 ist Polen Vollmitglied der EU und damit gilt die Reisefreizügigkeit. Die Grenzkontrollen entfallen durch den Beitritt zum Schengener Abkommen, dennoch sollte jeder deutsche Staatsangehörige ab 16 Jahren einen **gültigen Personalausweis oder Reisepass** mit sich führen. Trotz des Wegfalls der Passkontrollen sind Ausweiskontrollen immer noch möglich.
Kinder und Jugendliche können mit eigenem Kinderreisepass (nur bis 12 Jahre), Reisepass, Personalausweis oder Kinderausweis mit Lichtbild einreisen. Einträge in den Pass der Eltern sind seit 2012 ungültig. Minderjährigen, alleine oder in Begleitung von Verwandten/Bekannten, wird das Mitführen einer Einverständniserklärung der Eltern empfohlen.
Dauer des Aufenthalts: Für Reisen von EU-Bürgern nach Polen, die **länger als 90 Tage im Halbjahr** dauern, ist eine Aufenthaltsgenehmigung notwendig. Der Antrag für eine befristete Aufenthaltsgenehmigung muss spätestens 45 Tage nach der visafreien Einreise nach Polen bei der zuständigen Wojwodschaft gestellt werden.
Österreich und die Schweiz gehören ebenfalls zum Schengen-Raum, daher sind für die Einreise die selben Dokumente notwendig wie für deutsche Staatsangehörige. Informieren Sie sich dennoch bei den zuständigen Botschaften vorab über Veränderungen oder Verschärfungen der Grenzbestimmungen (siehe Seite 251).
Weitere Reisedokumente: Notwendig sind außerdem der nationale Führerschein, der KFZ-Schein (oder korrekt: Zulassungsbescheinung Teil 1), und falls der Fahrer nicht mit dem eingetragenen Fahrzeughalter übereinstimmt, muss eine **Nutzungsbevollmächtigung** mitgeführt werden. Musterformular auf Polnisch und Deutsch unter: www.msz.gov.pl/resource/623b4141-f7f0-4e7e-bc97-97427b3aa776.
Über genaue Ein- und Ausfuhrbedingungen erkundigen Sie sich bitte vor Ihrer Reise beim Zoll unter www.zoll.de.

as persönliche Reisegepäck bei der direkten Einreise von Deutschland nach Polen ist zollfrei. Im privaten Reiseverkehr dürfen Waren zum eigenen Verbrauch unbegrenzt mitgeführt werden.
Folgende Mengen gelten als Richtlinie zur Abgrenzung zwischen privater und gewerblicher Verwendung: 800 Zigaretten, 200 Zigarren, 1 kg Rauchtabak, 10 l Spirituosen, 90 l Wein und 110 l Bier. Die Einfuhr von Waffen (auch Tränengasspray) ist verboten.
Interessanter sind vielleicht aber die Bestimmungen für die Ausreise und hier gelten für Gebrauchsgüter die gleichen Werte wie bei der Einreise nach Polen. Die Ausfuhr von Gegenständen (z.B. Bücher, Schmuck, Kunstgegenstände oder Gemälde), die aus der Zeit vor 1945 stammen, unterliegt besonderen Bedingungen. Erkundigen Sie sich vor dem Kauf. Feuerwerkskörper sind bei der Einfuhr nach Deutschland stets an der Zollstelle anzumelden.
Hier noch ein Hinweis insbesondere für Wanderer im **Grenzgebiet Polen-Russland** (Gebiet Kaliningrad): Die „grüne Grenze" (bei uns erreicht in Tour 5) ist an verschiedenen Stellen nur durch weit auseinander liegende Grenzsteine markiert. Wer die Grenze, eventuell auch nur für wenige Meter, illegal überschreitet, muss mit der Festnahme durch die russische Grenzpolizei und einer mehrjährigen Haftstrafe rechnen. Auch im Grenzgebiet zur **weißrussischen Grenze** ist Vorsicht geboten (siehe Tour 9).
Bestimmungen bei der Mitnahme von Haustieren siehe Seite 269.

Elektrizität

Die Netzspannung (230 V) und Frequenz in Polen sind die gleichen wie in Deutschland. Mit den auch bei uns gebräuchlichen Steckern (Typ E und Typ C) kommen sie überall gut zurecht. Stecker Typ F (Schuko, die dicken, runden Stecker) kann nur benutzt werden, wenn er ein Extra-Loch für den mittleren Kontaktstift hat. Sonst brauchen Sie doch einen Reisestecker-Adapter. Stromausfälle sind relativ selten. Rechnen Sie nicht damit, sich auf jedem Campingplatz mit Ihrem Kabel irgendwo einstöpseln zu können, die nächste Steckdose ist manchmal weit entfernt. Aber uns wurde immer sehr engagiert geholfen...

Essen und Trinken

Typisch polnisch sind die vielen **Imbissbuden und Snackbars**, die häufig besser sind als ihr Ruf. So haben wir zum Beispiel des öfteren leckere überbackene Baguettes (*zapiekanka*) mit frischen Kräutern gegessen (den Ketchup-Streifen, der zum Schluss über alles kommt, kann man ja ablehnen!). Aber natürlich findet man, vor allem in den touristisch erschlossenen Orten, zahlreiche **Restaurants mit internationaler Küche**. Auf der Suche nach polnischen Spezialitäten taten wir uns manchmal nicht so leicht. Um Bigos zu finden, mussten wir bis in die Dosenabteilung der Supermärkte vordringen.
Die polnische Küche ist herzhaft und deftig, sie spart nicht an fetten Zutaten. Entsprechend der ethnischen Vielfalt hat sie jüdische, russische, deutsche, litauische, tatarische oder urkainische Einflüsse. Sehr beliebt sind **Suppen**. Ob mild, mehlig, säuerlich, scharf oder

klar, die berühmteste Suppe ist der *barszcz* (Rote-Bete-Suppe) oder auch das Nationalgericht *bigos* (Sauerkraut, Speck und Zwiebeln), das strenggenommen gar keine Suppe ist. Gut geschmeckt hat uns auch *żurek*, eine saure Mehlsuppe mit Ei und Wurst, auch wenn die Übersetzung erst mal nicht so einladend klingt. Weitere Hauptgerichte sind die in vielen Variationen gefüllten, herzhaften oder süßen Teigtaschen (*pierogi*), fangfrischer Fisch oder *gołąbki* (deftige Kohlrouladen). Für Ihre **Vorräte** bekommen Sie in den großen Supermärkten inzwischen fast alles, was es auch zu Hause gibt, meistens auch Alkohol. Wir haben viele kleine Wochenmärkte besucht, auf denen man den Womo-Kühlschrank sehr günstig mit frischem Obst und Gemüse füllen kann. Sie bekommen dort auch köstlichen Honig oder regionale Produkte. Brot kaufen Sie am besten direkt in einer der zahlreichen Bäckereien (*piekarnia*).
An **Straßenständen** finden Sie, je nach Jahreszeit, ebenfalls ein gutes Angebot an Obst und Gemüse, wie zum Beispiel Heidelbeeren oder Pilze (31 verschiedenen Pilzsorten wurden in Polen registriert).
Getränke:

Tee und Kaffee: In Polen wird gerne Tee (*herbata*) getrunken, gerne gesüßt und mit Zitrone. Kaffee (*kawa*) gönnt man sich nach dem Essen. Je nach Etablissement bekommt man aber auch mal Carocafe serviert. Eine Spezialität ist *kawa po staropolsko*, Kaffee mit Zimt, Sahne und einem Schuss Brandy.

Bier: In Polen wird gutes **Bier** (*piwo*) gebraut, es gibt rund 65 Brauereien. Die gängigsten Marken sind *Okocim*, *Tyskie, Żywiec, Lech, Żubr, EB* und *Tatra. Piwo z sokiem* ist Bier mit Himbeersirup, *piwo z miodem* ist heißes Bier mit Honig oder Himbeersaft und Gewürzen. *Piwo bezalkoholowe* ist das Bier, nach dessen Genuss Sie auch noch Auto fahren dürfen.

Wein wird in Polen seit ein paar Jahren in kleinen Mengen hergestellt, ist aber ziemlich teuer und wird eher weniger getrunken.

Wodka: Noch immer ist „das Wässerchen" Nationalgetränk und auch hier gibt es ein breites Spektrum an verschiedensten Geschmacksrichtungen. Bekannte Sorten sind *Wyborowa*, *Żubrowka* (leicht grünlich durch Büffelgras) oder *Pajsachówska* (der stärkste mit 75%). Getrunken wird Wodka eiskalt und möglichst in einem Zug. Eine andere Vodka-Spezialität ist *Krupnik* – Wodka mit Honig. Es gibt auch Goldwasser Vodka (in Gdańsk) – Wodka mit echten Goldflocken.

In Polen ist das Trinken von Alkohol in der Öffentlichkeit verboten – Alkohol draußen geht nur im Gastro-Betrieb. Wer von der Polizei erwischt wird muss ein Bußgeld bezahlen, auch fürs Sonnenuntergangsbier am Strand. **Die Promillegrenze beträgt 0,2 %.**

u jeder Mahlzeit wünscht man sich ***smacznego***! (Guten Appetit), bzw. ***na zdrowie***! (Prost/auf die Gesundheit!).

Hier eine kleine Sprachhilfe zum Thema Essen und Trinken:

Milch - *mleko*
Bier - *piwo*
Tee - *herbata*
Brot - *chleb*
Pfeffer - *pieprz*
Wurst - *kiełbasa*
Käse - *ser*
Ei - *jajko*
Kaffee - *kawa*
Mineralwasser - *woda mineralna*
Apfelsaft - *sok jabłkowy*
Butter - *masło*
Salz - *sól*
Gemüse - *warzywa*
Obst - *owoce*
Reis - *ryż*

Suppen - *zupa*

Rote-Bete-Suppe - *barszcz czerwony*
Kalte Suppe mit Rote-Bete, Gurke und Yoghurt - *chłodnik*
Saure Mehlsuppe mit Wurst und Ei - *żurek*
Kuddelsuppe/Kaldaunensuppe - *flaki*

Teigwaren und Gemüsegerichte - *potrawy maczne i z jarzyn*

Nudeln - *kluski*
gefüllte Teigtaschen - *pierogi*
Pommes frites - *frytki*
Knödel - *knedle*
Sauerkrauteintopf - *bigos*
Pfannkuchen - *naleśniki*

Fleischgerichte - *potrawy mięsne* (Fleisch - mięso)

Rindsgulasch - *gulasz wołowy*
Kalbfleisch - *cielęcina*
Schweineschnitzel - *kotlet schabowy*
Lammbraten - *jagnięcina*
Schweinefleisch - *wieprzowina*

Wild und Geflügel - *dziczyzna i drób*

Entenbraten - *kaczka pieczona*
Hähnchen - *kurczę*
Gänsebraten - *gęś pieczona*
Kaninchen - *królik*

Fisch - *ryba*

Zander - *sandacz*
Karpfen - *karp*
Dorsch - *dorsz*
Hering - *śledź*
Scholle - *gładzica*
Lachs - *łosos*

Gemüse/Beilagen - *jarzyny/dodatki*

Rote Bete - *buraczki*
Kartoffeln - *kartoffle*
Tomaten - *pomodory*
Spinat - *szpinak*
Buchweizengrütze - *kasza gryczana*
Kohl - *kapusta*
Karotten - *marchewka*
Salat - *sałatka*
Pilze - *grzyby*

Nachtisch - *desery*

Eis - *lody*
Mohnkuchen - *makowiec*
Creme - *krem*
Kartoffelpuffer - *plackiziemniaczane*
Pudding - *budyń*
Apfelkuchen - *szarlotka*
Früchte - *owoce*

Feste/Feiertage/Ferien

Gesetzliche Feiertage:

01. Januar	Neujahr
01. Mai	Tag der Arbeit
03. Mai	Tag der Verfassung von 1791
11. November	Nationalfeiertag/Unabhängigkeitstag

Religiöse Feiertage:

06. Januar	Heilige Drei Könige
März/April	Ostersonntag, Ostermontag, nicht Karfreitag
Mai/Juni	Fronleichnam
15. August	Mariä Himmelfahrt
19. August	Tag der Verklärung Christi in der russisch-orthodoxen Kirche
01. November	Allerheiligen
25./26. Dez.	Weihnachten

Ferien: Alle polnischen Schüler haben gemeinsam von **Ende Juni bis Ende August Sommerferien**. Osterferien sind rund fünf bis sechs Tage rund ums Osterfest.

Filmen und Fotografieren

Generell gilt: Bevor Sie mit der Kamera direkt auf Menschen halten, sollten Sie um Erlaubnis fragen und eine eventuelle Ablehnung dann auch akzeptieren.
Beachten und respektieren Sie Fotoverbote in zahlreichen Kirchen oder Museen. Zudem dürfen bestimmte gekennzeichnete militärische Anlagen oder Ämter nicht fotografiert werden.
Spezielle Batterien oder produktspezifische Datenträger (vielleicht eine zweite Speicherkarte für die Sicherung der vielen tollen Urlaubsfotos) sollten Sie besser von zu Hause mitbringen, sofern Sie nicht in die nächste Großstadt zum Einkaufen fahren möchten.

Gas

Wir haben immer zwei volle Flaschen dabei und haben es noch nie geschafft, diese leer zu bekommen (auch nicht bei drei Monaten Aufenthalt, in denen der Kühlschrank sehr viel auf Gasbetrieb lief und wir außerdem häufig selbst gekocht haben). Falls aber irgendwann alle Ersatzflaschen leer sein sollten, werden Sie feststellen, dass in Polen niemand die graue Camping-Europa-Umtauschflasche eintauscht.
Die an vielen Tankstellen vorrätigen Propangasflaschen werden nur gegen gleiche Flaschen eingetauscht. Aber die Abmessungen und die Anschlüsse stimmen genau mit den deutschen Flaschen überein. Für einen längeren Aufenthalt sollten Sie daher nur eine Flasche von zu Hause mitnehmen, in Polen eine polnische kaufen (Leihgebühr ca. 80 Zł, Füllung 20 Zł), sie dort immer wieder tauschen und vor der Ausreise wieder verkaufen.
Falls sie eine befüllbare Tankflasche haben, Gastankstellen (LPG) gibt es reichlich. (Falls Sie überlegen sich eine Tankflasche anzuschaffen, gibt es Infos darüber zum Beispiel bei Wynen-Gas, 41747 Viersen, www.wynen-gas.de, Preis ca. 300 €).

eschichte im Überblick

Von ruhmreichen Epochen bis zu heftigsten Niederlagen, die Geschichte hat Polen schwer gebeutelt: Das Land wurde erobert, geplündert, zerteilt ...

Hier eine Zusammenfassung:

Anfang des 6. Jh. n. Ch.: Slawische, heidnische Stämme besiedeln die Gebiete zwischen Weichsel und Elbe. Wichtige Handelsstraßen entstehen, z. B. die Bernsteinroute von der Ostsee zum nördlichen Mittelmeer. Neben Bernstein wurde vor allem mit Tuch, Hering und Salz gehandelt.

965: Miezko I. heiratet die christliche Fürstentochter Dubrava.

966: Miezko I. und mit ihm sein ganzes Volk, nimmt das Christentum an, was dem polnischen Herrscherhaus eine gleichberechtigte Stellung im europäischen Hochadel einträgt und Großpolen zum nordöstlichen Vorposten des christlichen Abendlandes macht.

992: Miezko I. stirbt, sein Sohn Bolesław I. Chrobry wird Herzog.

1000: Ernennung Bolesławs zum „Bruder und Mitstreiter" im Heiligen Römischen Reich durch den deutschen König und römischen Kaiser Otto III. Akt von Gniezno: symbolische Beisetzung der Überreste des durch Märtyrertod gestorbenen Heiligen Adalbert (Wojciech). Gniezno wird Erzbistum, dem man die Bistümer Kolberg, Breslau, Krakau und Posen unterstellt. All das waren bedeutende Schritte zur Entwicklung des polnischen Staates.

1002: Tod des Kaisers Otto III. mit nur 22 Jahren und dadurch Änderung der politischen Situation.

zw. 1004 und 1018: Drei lange Kriege und mehrere Feldzüge der Deutschen gegen die Nachbarn.

1018: Frieden von Bautzen: Kaiser Heinrich II. erkennt die Grenzen des Herzogtums an und Bolesław leistet ihm, im Gegenzug für das Lausitzer- und das Milzener Land, den Lehnseid.

1025: Bolesław I. Chobry wird erster König Polens und stirbt.

Ab 1038: Polen zerfällt in Teilfürstentümer. 1139 wird die Residenz Gniezno durch den böhmischen Herzog Bretislav zerstört.

1121: Bolesław III. Krzywousty (Schiefmund) erobert Pommern nach drei Feldzügen.

1128: Auf dem Landtag zu Usedom wird die Christianisierung ganz Pommerns beschlossen.

Ab 1140: Gründung des Bistums Wollin. Die Christianisierung ist auf dem Vormarsch, Förderung des Zuzugs deutscher Siedler durch die Geistlichkeit und die Greifenherzöge in der Hoffnung auf produktivere Wirtschaftskraft und Steuereinnahmen.

1181: Kaiser Friedrich I. Barbarossa ernennt den Greifenherzog Bogislav I. von Stettin zum „Herzog von Slavien" und gibt ihm Pommern zum Lehen.

1185-1227: Pommern-Stettin wird dänisches Lehen.

zw. 1250 und 1350: Zahlreiche deutsche Siedler strömen ins Land. Die Städte werden nach Magdeburger oder Lübischem Recht gegründet, küstennahe Orte schließen sich häufig der Hanse an.

1226: Herzog Konrad holt den Deutschen Orden (siehe Kasten Seite 223) zum militärischen Beistand gegen die Pruzzen ins Land. Als Gegenzug wurde ihnen das Kulmer Land und weitere Ländereien ver-

sprochen. Dem Ritterorden kam dieser Auftrag wie gerufen, es w. die Chance, sich im heidnischen Land eine Machtbasis zu schaffen.
1230: Ein erster Ordenskonvent zieht an die Weichsel.
ab 1231: Gründung zahlreicher Städte (Thorn 1231, Kulm 1232, Elbing 1237, Königsberg 1255). Siedler aus Flandern, Westfalen oder Sachsen machen das Land urbar.
1234: Papst Georg IX. sichert in der Bulle von Rieti die Schenkung an den Deutschorden ab. „Mit dem Schwert" wird die prußische Bevölkerung „missioniert", ungefähr ein Drittel der rund 200.000 Menschen zählenden Bevölkerung wird dabei getötet.
1260 und 1274: Aufstände der Prußen gegen die Landnahme des Deutschen Ordens werden blutig niedergeschlagen.
1283: Preußen ist in der Hand des Deutschen Ordens, einem inzwischen wirkungsvoll organisierten Staatswesen, das als starke Militärmacht den polnischen Teilfürstentümern bedrohlich gegenübersteht.
1308: Władysław Łokietek, Herzog von Kujawien, ruft den Deutschen Orden zu Hilfe nach Danzig gegen die brandenburgischen Truppen. Da Władysław die versprochenen 10.000 Silbermünzen nicht zahlen kann, werden Danzig und Pomerellen durch die Ordensritter annektiert.
1314: Vereinigung der wichtigsten polnischen Provinzen Groß- und Kleinpolen. Damit wird die Grundlage für ein einheitliches Staatsgebilde gelegt.
1320: Krönung Władysławs zum König des vereinten polnischen Königreichs auf dem Burgberg in Krakau.
1333: Nach dem Tod Władysławs besteigt sein Sohn Kazimierz III. den Thron und stabilisiert das Land mit zahlreichen Reformen: Der Klein- und Landadel darf Staatsämter bekleiden, der Hochadel erhält Einflussmöglichkeit auf die Thronfolge, der polnische Sejm (Reichstag) entscheidet über Kronwürden, sobald keine männlichen Erben zur Verfügung stehen. Die Macht der Teilfürstentümer wird zurückgedrängt, es wird ein verbindlicher Rechtskodex eingeführt und den Bauern Schutz gegenüber der Willkür des Adels geboten.
Mitte 1400 Jh.: Die Pest wütet in Europa, im Deutschen Reich wurden dafür die Juden grausam verfolgt. Kazimierz III. gewährt den Juden Zuflucht, die größte jüdische Gemeinschaft Europas entsteht in Polen. Frieden mit Böhmen durch den Verzicht auf Schlesien nach jahrhundertelangem Krieg.
1364: Gründung der Universität Krakow, der zweiten nach Prag in Mitteleuropa.
1370: Kazimierz III. stirbt. Er bekommt den Titel „*Wielki*" / „der Große".
1386: Gründung des jagiellonischen Großreichs: Hochzeit der 13-jährigen Jadwiga (Tochter Ludwig des Großen, König von Ungarn und Polen) mit dem Großfürst von Litauen Władisław Jagiełło II. Ein riesiges polnisch-litauisches Großreich entsteht über Nacht. Jagiełło wird König von Polen-Litauen und damit steht dem Deutschen Orden erstmals eine Großmacht gegenüber.
1409: Spannungen zwischen dem expandierendem Deutschen Orden und dem Großreich Polen-Litauen führen zum Krieg.
Juli 1410: Die Schlacht von Tannenberg/Grunwald ist eine der größten militärischen Auseinandersetzungen des Mittelalters auf mitteleuropäischem Boden und endet mit einer totalen Niederlage des Deutschen Ordens, dessen Hochmeister und 40.000 Soldaten ums Leben kommen.

1411: Beim ersten Thorner Frieden verliert der Deutsche Orden Ländereien und muss hohe Reparationen zahlen.
1440: 19 Städte schließen sich unter der Führung Danzigs zum Preußischen Bund zusammen.
1453: Der Preußische Bund unterstellt sich dem Schutz Polens. Beginn des Dreizehnjährigen Krieges gegen den Deutschen Orden.
1466: Der Deutsche Orden ist besiegt, er muss 21 seiner Burgen verpfänden. Im Zweiten Thorner Frieden verliert der Orden Pomerellen mit Danzig, das Kulmer Land sowie die Gebiete von Marienburg, Elbing und das Bistum Ermland. Der Hochmeister leistet dem König Kazimierz IV. den Treueeid und gelobt Heeresfolge. Der Untergang des Deutschen Ordens ist besiegelt, der Orden zieht sich in das Königsberger Gebiet zurück.
15. und 16. Jh.: Im „Goldenen Zeitalter" unter den beiden Jagiellonen Zygmont I. Stary und Zygmont II. August wächst das Polnisch-Litauische Reich zum größten Staatswesen Europas heran. Der Staat reicht vom Baltikum bis zum Schwarzen Meer, von Pomerellen bis weit nach Russland und erlebt eine Blütezeit für Handel, Handwerk, Kunst und Kultur.
bereits ab 1505: Polen wird durch „Nihil nori" (zahlreiche Zugeständnisse an Adlige) und „Liberum Veto" (Einspruchsrecht im Sejm für jeden) zu einer Adelsrepublik, die innenpolitisch regierungsunfähig ist.
ab 1514: Erste Bücher auf Polnisch erscheinen und Nikolaus Kopernikus entwickelt das Heliozentrische Weltbild.
1568: Bis zum Tod des Hohenzollern-Prinzen Albrecht verbreitet sich die Reformation überall im Land. Evangelische Kirchen entstehen, Luthers Schriften werden auf Polnisch gedruckt.
1572: Der Tod des Königs Zygmunt II. August beendet die Herrschaft der Jagiellonen und das „Goldene Zeitalter".
ab 1618: Die Brandenburger leiten die Geschicke des Herzogtums Preußen.
1618-1648: Der Dreißigjährige Krieg verwüstet das Land. Im Westfälischen Frieden von 1648 fallen Vorpommern, die Inseln Usedom und Wollin sowie ein weiterer Landstrich an Schweden. Hinterpommern geht an Preußen.
1654: Russische Truppen dringen in Polen ein, erobern Smolensk und große Teile Litauens.
1655-1660: Schwedisch-Polnischer Krieg mit grausamer Gewalt durch die Tataren, die Pest und verheerende Hungersnöte. Polen hat riesige Gebiete, die Großmachtstellung sowie die Hälfte seiner Bevölkerung verloren.
1700-1721: August der Starke entfesselt den Nordischen Krieg, um den Schweden Livland wieder abzunehmen. Aber Livland wird russisch, Warschau von Schweden besetzt und Russland steigt zur europäischen Großmacht auf.
1701: Kurfürst Friedrich III. krönt sich selbst zum ersten polnischen König.
ab 1713: Unter „Soldatenkönig" Friedrich Wilhelm I. beginnt die Wiederbesiedlung der verödeten Landschaften.
ab 1740: Preußenkönig Friedrich der Große führt den Aufbau des Landes fort, führt die Kartoffel im Land ein (siehe Seite 76) und lässt aus den Sümpfen Äcker machen.

1756-1763: Siebenjähriger Krieg europäischer Mächte gegen Polen.
ab 1764: Unter Stanislaus II. Poniatowski greifen die Russen immer wieder politisch und militärisch ein.
1772: Erste polnische Teilung: Gebiete östlich der Düna und Weißrussland gehen an Russland, das Ermsland und Westpreußen an Preußen, Süd- und Südostpolen an Österreich. Polen hat damit 203.000 km² mit 4,5 Mio Menschen verloren.
1791: Unter Stanislaus II. gibt sich Polen eine Verfassung, die erste niedergeschriebe Verfassung Europas. Auf dem Papier war eine konstitutionelle Demokratie entstanden: Gewaltenteilung, Liberum Veto werden abgeschafft, die Thronfolge erblich und die Religionsfreiheit festgeschrieben. Zarin Katharina die Große schickt Soldaten ins Land, besetzt sämtliche ostpolnischen Gebiete, Preußen nimmt sich Großpolen und Danzig.
1793: Die zweite Teilung Polens wird vollzogen.
1795: Dritte Teilung Polens zwischen Preußen, Russland und Österreich. Polen ist von der politischen Landkarte verschwunden.
1815: Wiener Kongress: Zahlreiche Polen kämpfen unter Napoleon in der Hoffnung auf Wiederherstellung ihres Landes. Allerdings wird Polen erneut verteilt. Posen und Westpreußen bleiben bei Preußen, die Gegend um Krakow und Lwów geht an das Habsburger Reich. Russland erhält die ostpolnischen Gebiete. Unter Kontrolle der Teilungsmächte entsteht eine Freie Stadt Krakow und das Restherzogtum Warschau, „Konkresspolen" genannt, mit dem russischen Zaren als König.
zw. 1846 und 1905: Zahlreiche Aufstände in allen Teilungsgebieten werden blutig niedergeschlagen.
1887: Der 20-jährige spätere Staatspräsident Jósef Piłsudski verübt ein Attentat auf den Zaren und wird für fünf Jahre nach Sibirien verbannt.
1914-18: Erster Weltkrieg: 3 Mio. polnische Soldaten unter deutscher, österreichischer oder russischer Führung stehen sich gegenüber.
1918: Die Mittelmächte verlieren den Krieg. Polen wird im 14-Punkte-Programm des US-Präsidenten Wilson als unabhängiger polnischer Staat mit Zugang zur Ostsee genannt, der für die westlichen Mächte als Puffer gegen das Sowjetsystem dienen soll. Danzig erhält den Sonderstatus als „Freie Stadt" unter dem Schutz des Völkerbundes (weder zu Deutschland noch zu Polen gehörend).
Marschall Jósef Piłsudski bekommt am 11. November den Oberbefehl über die polnischen Streitkräfte und provisorisch die Staatsgewalt übertragen (Nationalfeiertag).
1920: Bei einer Volksabstimmung sprechen sich die Bewohner Ostpreußens mehrheitlich für eine Zugehörigkeit zu Deutschland aus. Wer für Polen votiert hat, wechselt besser über die neue Grenze. Der polnische Nachbarstaat steigt schnell zum Feindbild auf.
1921: Friedensvertrag von Riga: Durch den Russisch-Polnischen Krieg gewinnt Polen beträchtliche Gebiete im Osten. Mit 6 Mio. Ukrainern und 2 Mio. Weißrussen ist die junge polnische Republik ein Vielvölkerstaat.
Konstituierung der polnischen Verfassung, die Nationaldemokraten gewinnen die Wahl, Piłsudski tritt zurück.
1926: Piłsudski putscht sich erneut an die Macht und schließt einen Nicht-Angriffs-Pakt mit Russland und Deutschland.

935: Neue Verfassung macht Piłsudski zum Alleinherrscher, einen Monat später stirbt er. Nachfolger wird Armeechef Edward Rydz-Śmigły.
1938: Hitler ist in Deutschland an der Macht, die Rufe nach einer »Rückkehr ins Reich« der Freien Stadt Danzig, deren Bewohner zu 90% Deutsche sind, wird immer lauter.
23.8.1939: Hitler-Stalin-Pakt: In einem geheimen Zusatzprotokoll zum offiziellen Nicht-Angriffs-Pakt wird die Aufteilung Polens zwischen Deutschland und der Sowjetunion vereinbart.
1.9.1939: Schlachtkreuzer „Schleswig Holstein" eröffnet das Feuer auf die polnische Militärbasis der Danziger Westerplatte.
Ab 1939: Zweiter Weltkrieg: Kein Land musste im Verhältnis zu seiner Einwohnerzahl mehr Tote beklagen als Polen. Mehr als 6 Mio. Menschen, ein Fünftel der polnischen Bevölkerung, verloren ihr Leben. Ziel der nationalsozialistischen Politik war es „Lebensraum im Osten" zu erobern und die polnischen „Untermenschen" zu versklaven. Die Nazis verbieten die polnische Sprache, sie töten die Gebildeten und den Klerus. Sie errichten Massenvernichtungslager und in den großen Städten installieren sie Ghettos, in denen jüdische Einwohner bis zum Abtransport eingesperrt werden.
April 1943: 27-tägiger Aufstand im Warschauer Ghetto.
1944: Aufstand in Warschau gegen die deutschen Besatzer. 32.000 Menschen werden getötet, die Stadt in Schutt und Asche gelegt.
Jan. 1945: Sowjetische „Befreiungskomitees" rücken in das zerstörte Warschau ein.
Feb. 1945: Konferenz von Jalta: Stalin, Roosevelt und Churchill beschließen die Westverschiebung Polens, die Vertreibung von 100.000 Polen nach Westen beginnt. Polen verliert knapp die Hälfte seines Territoriums an die Sowjetunion und erhält dafür die Gebiete Schlesien, Neumark, Hinterpommern, das südl. Ostpreußen und Danzig. Die deutsche Bevölkerung wird vertrieben, ihre Stelle nehmen die Polen aus den ehemaligen Ostgebieten ein.
Ab 1947: Bei den Wahlen zum Sejm gewinnt der Demokratische Block mit mehrheitlich Sozialisten und Kommunisten. Polen wird Teil des sozialistischen „Ostblocks". Verfolgungen und Inhaftierungen durch die Staatssicherheit finden statt.
1952: Polen wird Volksrepublik.
1956/1968/1970: Unruhen und Streiks von Arbeitern werden blutig niedergeschlagen.
1976: Zahllose bis zu 10-jährige Haftstrafen werden nach den Arbeiteraufständen verhängt. Bildung des „Komitees für gesellschaftliche Selbstverteidigung" (KOR), der Wegbereiter der Solidarność-Bewegung.
1978: Zum erstenmal wird ein Pole zum Oberhaupt der katholischen Kirche gewählt: Karol Wojtyła wird Papst Johannes II.
Aug. 1980: Streik der Arbeiter der Danziger Lenin-Werft, der große Unterstützung durch den Papst und das ganze Land erfährt. Lech Wałęsa wird Führer der Bewegung. Unterzeichnung der „Danziger Vereinbarung", die die Zulassung freier Gewerkschaften garantiert. Solidarność zählt wenig später über 10 Mio. Mitglieder.
Dez. 1981-83: Verhängung des Kriegsrechts durch General Jaruselski. Von 1982-1989 ist Solidarność verboten.

1989: Bei den Parlamentswahlen erringt Solidarność alle unabhängigen Sitze.
1990: Lech Wałęsa wird erster, frei gewählter Staatschef Polens.
Nov. 1990: Nach der Wiedervereinigung von DDR und BRD erkennt Deutschland 45 Jahre nach Kriegsende die Oder-Neiße-Linie als völkerrechtlich verbindliche polnische Westgrenze an.
17. Juni 1991: Vertrag über „freundschaftliche Zusammenarbeit und Nachbarschaft zwischen Polen und Deutschland" wird geschlossen.
1993: Polen tritt der Europäischen Freihandelszone bei (EFTA).
1995: Ex-Kommunist und Sozialdemokrat Aleksander Kwaśniewski löst Wałęsa als Staatspräsident ab. Polen tritt der Welthandelsorganisation (WTO) bei.
1996: Polen tritt der Organisation für Wirtschaftliche Zusammenarbeit und Entwicklung (OECD) bei.
1997: Die neue Verfassung tritt in Kraft, gewaltige Reformen werden gestartet.
1998: Beitrittsverhandlungen mit der EU beginnen.
1999: Polen wird Mitglied der NATO. Die Zahl der Woiwodschaften wird von 46 auf 16 reduziert, eine Bildungs-, Renten- und Gesundheitsreform beginnt.
2000: Erneut wird Kwaśniewski für fünf Jahre bestätigt. Es gelingt ein wirtschaftlicher Aufschwung, aber die Zahl der Arbeitslosen steigt auf acht Millionen. Besonders die ländlichen Regionen sind betroffen.
2004: Polen wird Mitglied der Europäischen Union. Zahlreiche Straßen- und Ortskernsanierungen sowie Beschäftigungsprogramme können durchgeführt werden, aber die Kluft zwischen reicher Stadt- und armer Landbevölkerung wird größer.
2005: Am 2.4. stirbt der „berühmteste Pole der Welt" Karol Wojtyła (Papst Johnnes Paul II.). Bei den Parlamentswahlen im September gewinnt die nationalkonservative Partei Recht und Gerechtigkeit (PIS) unter Jarosław Kaczyński. Sein Zwillingsbruder Lech Kaczyński wird Staatspräsident. Eine „Säuberung" von Andersdenkenden und politischen Gegnern findet statt, Polizei und Armee werden gestärkt, über die Einführung der Todesstrafe wird wieder diskutiert.
2007: Die Bürgerplattform (PO) von Donald Tusk gewinnt bei vorgezogenen Neuwahlen und koaliert mit der gemäßigten Bauernpartei PSL. Das Schengener Abkommen tritt in Kraft, die Grenzkontrollen zu EU-Ländern fallen weg.
2010: Zum 70. Jahrestag des Massakers von Katyn kommen erstmals die Staats- und Regierungschefs von Russland und Polen zu einer Gedenkfeier zusammen. Ein Flugzeugunglück tötet wenige Tage später Staatschef Kaczyński und seine Frau, führende Vertreter der Kirche und des Militär sowie fast alle ranghohen Politiker der PIS. Bei vorgezogenen Präsidentschaftswahlen gewinnt Bronisław Komorowski von der Bürgerplattform (PO).
2011: Abermals wird Donald Tusk zum Premier gewählt.
2012: Polen ist mit der Ukraine Gastgeber der Fußball-Europameisterschaft.
2015: Erneut kommt die PIS an die Macht, Ministerpräsidentin wird Beata Szydło. Amtierender Präsident ist seit dem 6. August 2015 Andrzej Duda.

GPS (Global Positioning System)

In diesem Reiseführer sind für alle Übernachtungsplätze die Koordinaten im Format hddd° mm“ss.s“ angegeben. Sie können vor dem Urlaub beim WOMO-Verlag die „GPS-CD zum Buch“ erwerben und dann direkt die GPS-Daten aller Stellplätze vom PC aufs Navi übertragen.

Haustiere

Hunde und Katzen dürfen natürlich mit auf die Reise. Sie benötigen den EU-Heimtierausweis mit Kennzeichnung des Tieres durch Mikrochip oder Tätowierung. Für Tiere, die ab dem 3.7.2011 zum erstenmal gekennzeichnet wurden, ist der Mikrochip Pflicht. Im Heimtierausweis muss ebenfalls die gültige Tollwutimpfung eingetragen sein (Erstimpfung mindestens 21 Tage vor Grenzübertritt). Hunde, die jünger als 15 Monate sind, dürfen nicht einreisen. Sie dürfen maximal fünf Hunde mit auf die Urlaubsreise nehmen, dafür sind aber alle Rassen erlaubt. Da viele Polen selbst Hunde haben, sind die Tiere durchaus akzeptiert. Allerdings besteht an vielen Stränden, Seen, Parks, Freiluftmuseen sowie in Nationalparks oder Restaurants Hundeverbot oder zumindest Leinenzwang.
Über Selbstverständliches brauchen wir hier nicht zu reden, zahlreiche Hundetütenspender stehen überall zur Verfügung.

Internet

Die Möglichkeiten, mit dem eigenen Handy/Laptop auch im Ausland im Internet zu surfen, werden ständig vielfältiger. Wer auch im Urlaub nicht auf permanente Erreichbarkeit oder umfassende Information verzichten möchte, sollte sich also schon im Vorfeld bei seinem Netzanbieter bzgl. der Tarife schlau machen.
Die altmodische Variante ein Internetcafé (*kawiarenki internetowe*) aufzusuchen, ist in Polen in Städten oder größeren Orten noch relativ einfach möglich. Touristeninfos geben Auskunft zum nächstgelegenen Internetpoint. Häufig gibt es auch auf dem Campingplatz die Möglichkeit, mit dem eigenen Laptop ins Internet zu gelangen – nachfragen, Passwort geben lassen und ausprobieren! Dieser Service ist nicht immer kostenlos.
Auch an großen Tankstellen oder in Cafés/Restaurants gibt es häufig Hotspots. Dass Sie mit Ihren Daten vorsichtig sein sollten, müssen wir Ihnen hoffentlich nicht sagen, insbesondere bei freiem WLAN (nicht passwortgeschützt). Unter www.hotspot-locations sind kostenlose Hotspots aufgelistet.
Und noch eines: Bei uns verstärkt internetfreie Zeit das Urlaubsfeeling ungemein!

Karten

Wir sind mit folgenden Karten gereist:

- Übersichtskarte Polen, 1:300.000, Marco Polo
- Märkisch Oderland/Lebuser Land, 1:75.000, Radwander- und Freizeitkarte
- Radwandern in Masuren, 1:75.000, Bielefelder Verlag

- Polnische Campingplätze, 1:750.000, Karte des PFCC.
- Stadtpläne sind in den lokalen Touristenbüros erhältlich, häufig auch mit Bus- oder Straßenbahnverbindungen.
- Detaillierte Wander- oder Übersichtskarten für die Nationalparks gibt es in den Büros oder Besucherzentren der Parkverwaltungen, z.B. Krzywe S.179 oder Białowieża Stellplatz (283).

Kinder

Polen ist durchaus ein kinder- und familienfreundliches Land. Der Badeurlaub mit der ganzen Familie steht bei vielen auf der Hitliste ganz oben. Dazu bieten die Ostsee und die zahlreichen Seen ausreichend Gelegenheit. Im Hochsommer sind die Ostseestrände großer Orte zudem mit Trampolinen, Riesenwasserrutschen oder aufblasbaren Hüpfburgen bestückt. Auch die Zelte voller Plastikkrokodile oder Wasserspielzeuge stehen bei unserer Jugend leider hoch im Kurs. Aber auch der Ausflug auf dem Wikingerboot, das Erklettern von Riesendünen, das Paddeln in romantischen Flussläufen, die Fahrt mit der Schmalspureisenbahn... Das entzückt nicht nur die Kinder! Kindern unter 13 Jahren ist die Besichtigung der Konzentrationslager nicht gestattet.

Literatur

Hier wollen wir Ihnen eine Auswahl an Büchern auflisten, die uns beim Reisen und Schreiben unseres Reiseführers begleitet und geholfen haben (Karten siehe Seite 269):

- Polnische Ostseeküste, Isabella Schinzel, Michael Müller Verlag.
- Polen-Der Norden, Reise-Handbuch, DuMont Reiseverlag.
- Polen Ostseeküste und Masuren, Kristine Jaath, Handbuch für individuelles Entdecken, Reise Know-How Verlag.
- Warschau, Jan Szurmant, Magdalena Niedzielska-Szurmant, Michael Müller Verlag.
- Kulturschock Polen, Isabella Gawin, Dieter Schulze, Reise Know-How Verlag.
- Frankfurt oder Słubice, Sieben Spaziergänge durch die Stadtgeschichte, Monika Kilian, Ulrich Knefelkamp.
- Reiseführer Deutschlands Osten-Polens Westen, Band Unteres Odertal/Oderbruch/Warthebruch/Lebuser Land und Usedom/ Stettiner Haff/Wollin/Stettin, Steffen-Verlag.
- Bikeline Radtourenbuch, Ostseeküsten-Radweg 3: Polen von Ahlbeck/Usedom nach Danzig, Verlag Esterbauer.
- Polnisch-Deutsch, Visuelles Wörterbuch, coventgarden.
- Lehrbuch: Polnisch, Einstieg polnisch für Kurzentschlossene, Hedwig Nosbers und Matthias Öhler, Hueber Verlag.
- "Nicht mich will ich retten!", Monika Pelz. Die Lebensgeschichte des Janusz Korczak, Verlagsgruppe Beltz.
- 111 Gründe, Polen zu lieben, Matthias Kneip, Schwarzkopf&Schwarzkopf Verlag.
- Bücher des Kabarettisten Steffen Möller, z.B. Viva Polonia, S. Fischer Verlag.
- Auf unseren (Recherche)Reisen kam manchmal das urlauben

etwas kurz, dennoch hatten wir immer Bücher von Siegfried Lenz, Arno Surminski, Marion Gräfin Dönhoff, Klaus Bednarz oder Günter Grass dabei, alles AutorInnen oder JournalistInnen aus den ehemals deutschen Ostprovinzen.

Nacktbaden

FKK verletzt sittliche und religiöse Gefühle und wird nicht gerne gesehen. Aber auch hier ändert sich einiges und die „Naturisten" haben inzwischen auch Strände für sich. Auch das Oben-ohne-Sonnenbad ist verpönt.

Öffnungszeiten

Generell sind die Öffnungszeiten in Polen nicht so reglementiert wie bei uns. Dass auch am Sonntag Supermärkte offen haben, hat uns für ein katholisches Land doch sehr erstaunt.

Museen sind häufig montags geschlossen.

Restaurants haben meist durchgehend ab ca. 11.00 Uhr geöffnet (wenn Frühstück angeboten wird, natürlich schon früher). Dafür schließt die Küche häufig schon gegen 20 oder 21 Uhr.

Ortsregister siehe ab Seite 277

Religion

Die Zahl derer, die sich selbst als religiös oder sogar sehr religös bezeichnen ist laut Umfragen gleichbleibend hoch. Rund acht von zehn identifizieren sich mit dem Katholizismus. Die katholische Kirche war ein zentrales Element in der dualistischen Struktur der Gesellschaft vor dem 1989 eingeleiteten demokratischen Umbruch. Der Kampf gegen die „bösen" Kommunisten, die zur kommunistischen Partei und deren Apparat gehörten, wurde von der Kirche unterstützt. Die Rolle der Kirche in Polen ist sowohl in ihrer institutionellen, als auch in ihrer gesellschaftlichen Dimension außergewöhnlich stark.

Sprache / Kleiner Sprachführer Seite 272

Unsere Erfahrung ist, dass das Bemühen, sich mit den Menschen und der Kultur zu beschäftigen, als sehr positiv vermerkt wird. Es erfreut meist, wenn man zumindest ein paar Worte Polnisch zu sprechen versucht.

Polnisch ist sehr alt und gehört zur Familie der westslawischen Sprachen. Ungewohnt für uns, und damit schwierig, ist die Konsonantenhäufung (gerne auch mal bis zu fünf Konsonanten hintereinander!) Die Polen wissen das und freuen sich umso mehr, wenn man sich bemüht. Hier ein paar Grundlagen und das Wichtigste:

Aussprache: Die Betonung liegt fast immer auf der vorletzten Silbe eines Wortes, alle Vokale werden kurz und offen und in Verbindung mit anderen Vokalen **getrennt** ausgesprochen. Auch Konsonantenverbindungen werden getrennt ausgesprochen (ck wird zu *tsk*).

Wichtige Worte und Fragen

ja	*tak*	Ich komme aus ...	*Jestem z ...*
nein	*nie*	Sprechen Sie	*Czy Pan/Pani mówi*
danke	*dziękuję*	...Deutsch?	*...po niemiecku?*
bitte	*proszę*	...Englisch?	*...po angielsku?*
Wie bitte?	*Proszę?*	Können Sie mir bitte helfen?	*Proszę o pomoc?*
Guten Tag	*Dzień dobry*	Frau	*pani*
Guten Abend	*Dobry wieczór*	Mann	*pan*
Auf Wiedersehen	*do widzenia*	Wie geht es Ihnen?	*Jak się Pan/Pani ma?*
Hallo/Tschüss	*cześć*	Danke, gut!	*dziękuję bardzo!*
Entschuldigung!	*przepraszam*	heute	*dzisiaj*
Ich spreche kein Polnisch!	*Nie mówie po polsku!*	morgen	*jutro*
Ich verstehe nicht	*Nie rozumiem*	jetzt	*teraz*
Ich heiße ...	*Nazywamsię ...*		

Begriffe/Schilder/Hinweise

WC	*toaleta*
Post	*poczta*
Arzt	*lekarz*
Umleitung	*objazd*
Wechselstube	*kantor*
Tankstelle	*stacja benzynowa*
Achtung!	*uwaga!*
Haltestelle	*przystanek*
Eingang	*wejście*
Ausgang	*wyjazd*
nicht berühren	*nie dotykać*
geschlossen	*nieczynne*
Rauchen verboten	*nie palić*
Kein Zutritt	*wstęp wzbroniony*
Freilichtmuseum	*skansen*
See	*jezioro (jez.)*
Laden	*sklep*
Straße	*ulica (ul.)*
Fahrrad	*rower*

Zahlen und Wochentage

0	*zero*
1	*jeden*
2	*dwa*
3	*trzy*
4	*cztery*
5	*pięć*
6	*sześć*
7	*siedem*
8	*osiem*
9	*dziewięć*
10	*dziesięć*
100	*sto*
Montag	*poniedziałek*
Dienstag	*wtorek*
Mittwoch	*środa*
Donnerstag	*czwartek*
Freitag	*piątek*
Samstag	*sobota*
Sonntag	*niedziela*

Unterwegs

Wo ist die Straße nach ...?	*Gdzie jest droga ...?*
Wann fährt der Zug nach ...?	*Kiedy odjeżdża pociąg do ...?*
Auto	*samochód*
Gibt es in der Nähe einen Camping?	*Czy jest gdzieś tutaj camping?*
Die Rechnung bitte!	*Proszę o rachunek!*
Was kostet das?	*Ile to kosztuje?*

Im Notfall

Hilfe!	*Pomocy! Ratunku!*
Pannenhilfe	*pogotowie techniczne*
Ich bin bestohlen worden!	*Zostałem okrad (m)/ okradziona (w)!*
Botschaft	*ambasada*
- deutsche	*- niemiecka*
Polizei	*policja*
Rettungswagen	*pogotowie ratunkowe*

Bitte beachten Sie: **Essen/Trinken S. 261** und **Verkehrshinweise S. 276.**

Steckbrief Polen / Landeskunde

Name: Republik Polen (Rzeczpopolita Polska)

Hauptstadt: Warszawa/Warschau (1,7 Mio.)

Große Städte in Nordpolen: Gdańsk, Posnań, Szczecin

Fläche: 312.685 km² (Deutschl. 357.168 km²), davon 8.220 km² Wasser

Einwohner: 38,5 Mio. (2013), 123 Einwohner/km², (Deutschland: 80,6 Mio.).

Lebenserwartung: 77,2 Jahre (2014), (Deutschland: 80,8 Jahre)

Währung: Złoty

Kfz-Kennzeichen: PL

Grenzen: 3.047 km

Religion: Christen (91%), Andere (9%)

Nationalfeiertage: 3. Mai und 11. November

Klima: Nordpolen liegt im Übergangsbereich vom ozeanisch bestimmten Klima Westmitteleuropas zum Kontinentalklima Osteuropas. An der Ostseeküste sind daher Schwankungen geringer, so ist in Gdańsk z. B. die Durchschnitts-Tageshöchsttemperatur im Sommer um 23° und im Winter 1°. Die Ostsee hat Wassertemperaturen zwischen 22° und 1°. Weiter östlich setzt sich dann Kontinentalklima mit sehr warmen Sommern und sehr kalten, schneereichen Wintern durch.

Nationalparks: Polen hat 23 Nationalparks. Von diesen Parks ist der Nationalpark Białowieża (S. 194) der älteste, der Nationalpark Warthemündung (Seite 24) der jüngste, der Nationalpark Biebrza (Seite 185) der größte. In den ausgedehnten Wäldern und Sümpfen leben andernorts längst ausgestorbene Tiere wie Wolf, Bär, Elch und Wisent. Teile dieser Parks sind für Besucher nicht zugänglich, um die Natur zu schützen, andere Regionen bieten vielfältige Möglichkeit zum Erkunden zu Fuß oder per Rad.

Tankstellen / Treibstoff

Das Tankstellennetz ist in Polen gut ausgebaut. An den Hauptverkehrsstraßen stößt man alle paar Kilometer auf moderne Servicestationen mit Selbstbedienung internationaler und polnischer Konzerne (Orlen, Rafineria Gdańska, Rafinerie Płock, BP, Shell, Esso...). Die Preise liegen etwas unter dem deutschen Niveau, schwanken aber je nach Station und Ort. Unverbleites Benzin wird mit 95 und 98 Oktan angeboten. Diesel wird mit ON bezeichnet. Sehr gut ausgebaut ist das Autogas-Tankstellen-Netz (LPG/Flüssiggas). Die Bedienung erfolgt durch den Tankwart. Die in Deutschland üblichen Erdgas-Tankstellen findet man in Polen hingegen nicht.

„Bitte volltanken!" bedeutet: *„Proszę do pełna!"*

- 98E - bleifrei, Oktanzahl 98 (Europlus)
- 95E - bleifrei, Oktanzahl 96 (Eurosuper)
- 95U - bleifrei für Autos ohne Kat,
- Oktanzahl 95 (Uniwersalna)
- ON - Diesel (Ekodiesel)

Während der Sommersaison sind die meisten Tankstellen von 6.00 bis 22.00 Uhr, an Sonn- und Feiertagen von 7.00 bis 17.00 Uhr, in

Großstädten und an Kreuzungen von Fernstraßen sowie an internationalen Routen teilweise durchgehend Tag und Nacht geöffnet. An Tankstellen können Campingtouristen auf Nachfrage Flüssiggas und Wasserbehälter füllen lassen, aber auch die WC-Kassette entleeren.

Telefonieren

Vorwahl Deutschland: +49, Österreich: +43, Schweiz: +41, Polen: +48. Die darauffolgende "0" der Stadtvorwahl entfällt jeweils. Wichtig: In Polen ist die Vorwahl fester Bestandteil jeder Telefonnummer, sie muss daher auch bei Ortsgesprächen mitgewählt werden.

Die örtliche Telefonauskunft hat landesweit die Nummer: 913, die Auskunft für Fernverbindungen 912. Von öffentlichen Fernsprechern kann man mit Telefonkarten sprechen, die man bei der Post, Hotels oder Kiosken bekommt.

Handys funktionieren in Polen nahezu flächendeckend. Aber Achtung: auch angerufen werden kostet (Mailbox abstellen). Das Partnernetz, in das sich das Handy in Polen automatisch einbucht, ist nicht unbedingt das günstigste. Besser Sie informieren sich vor der Reise über die Roaming-Tarife (z.B. www.verivox.de). Alternative, vor allem bei längerem Aufenthalt, ist eine Prepaid-Karte zu kaufen (Kiosk, Tankstelle, Supermarkt) und im eigenen SIM-lock-freien Handy zu nutzen. Nachteil ist die neue Nummer.

Toiletten

In Polen sind Toiletten für Damen oft mit einem Kreis oder der Aufschrift „Damski“ oder „dla Pań“, die für Männer mit einem nach unten gerichteten Dreieck, „Męski“ oder „dla Panów“ gekennzeichnet.

Verhalten im Alltag/Brauchtum

Begrüßung und Verabschiedung: Traditionell ist zur förmlichen Begrüßung in Polen immer noch der angedeutete Handkuss üblich, auch wenn diese Begrüßungsform unter jungen Leuten, in der Stadt oder auf der Straße eher nicht mehr gepflegt wird.

Höflichkeit: Aufstehen im Bus, Türe aufhalten, sich intensiv um Gäste kümmern... in Polen wird Höflichkeit noch sehr wichtig genommen. Wenn auf dem Campingplatz ein Verlängerungskabel fehlt, wird so lange gesucht und gebastelt bis die Stromzufuhr klappt.

Gastfreundschaft: Gäste bekommen viel zu essen angeboten. Grundsätzlich abzulehnen kommt nicht gut an. Ein bisschen „Mittrinken“ erfreut ebenfalls. Ein kleines Gastgeschenk ist üblich, Blumen in ungerader Zahl oder auch was Süßes.

Kommunikation: Generell ist es eher nicht üblich außerhalb des Familien- oder engen Freundeskreises Dinge offen und direkt anzusprechen. Es wird empfohlen sich diplomatisch zu äußern, wenn etwas nicht gefällt oder man nicht einverstanden ist.

Trinkgeld: Trinkgeld zu geben ist üblich. Zu wenig oder zu viel sind beleidigend, zwischen 5 und 15 % sind angemessen.

Rauch- und Alkoholverbot/Drogen: Wie in Deutschland herrscht

n Polen ein umfangreiches **Rauchverbot** für alle öffentlichen Einrichtungen, aber auch auf Spielplätzen oder an Bushaltestellen. Wer erwischt wird muss bis zu 500 Zł zahlen. Der **Alkoholkonsum an öffentlichen Plätzen ist ebenfalls strikt verboten.** Das gilt auch für das Picknickbier am Strand, das mit Bußgeld von 100-200 Zł recht teuer werden kann. Ausgenommen sind natürlich Gaststätten. Kontrollen haben wir allerdings nie erlebt.
Die Ein- oder Ausfuhr sowie der Besitz von Drogen sind verboten.

Besonderheiten: Am „Śmigus-Dyngus", dem Ostermontag, sollten Sie vorsichtig sein: Jeder, ob jung oder alt wird erbarmungslos mit Wasser überschüttet. Der Ursprung dieser Tradition liegt vermutlich in der Taufe des polnischen Fürsten Mieszko I. im Jahr 966, die an einem Ostermontag stattgefunden haben soll. An diesem Tag nahm Polen offiziell das Christentum an.

Verkehr / Straßenverhältnisse / Regelungen

Das **Fernstraßennetz** ist dicht und recht gut ausgebaut, allerdings auch (vor allem die Strecken nach Russland, in die Ukraine und ins Baltikum) vor allem von LKWs zahlreich genutzt. Auf diesen Straßen wird in der Regel schnell, recht rücksichtslos und risikoreich gefahren sowie gerne wild überholt. **Nebenstraßen** sind teils topfeben, häufig jedoch schmal und ohne Standstreifen, teils einspurig oder als wunderschöne, aber enge Alleen angelegt (Achtung: Tiefhängende Zweige). Auch Kopfsteinpflasterstraßen oder Schotterpisten findet man in entlegenen Gegenden durchaus noch. **Autobahnen** sind selten, streckenweise sind sie mautpflichtig, aber eher günstig, meist leer und gut ausgebaut.
Bezüglich der **Straßengebühr** auf dem öffentlich finanzierten Straßennetz wird zwischen Fahrzeugen unter und über 3,5 t zulässigem Gesamtgewicht unterschieden. Fahrzeuge unter 3,5 t bezahlen an Mautstellen an den Autobahnen bar, mit Kredit- oder Bankkarte (Maestro oder V Pay) oder mit Hilfe des elektronischen Bezahlsystems ViaAuto (Preisbeispiel 2016: Strecke Świecko/Frankfurt/Oder bis Poznań: 36 Zł).
Fahrzeuge und Gespanne über 3,5 t müssen in Polen mit dem elektronischen **Mautsystem ViaToll** ausgestattet sein. Man muss sich, bevor man eine mautpflichtige Straße benutzt, im System registrieren und das viaBOX Gerät im Fahrzeug montieren. Welche Unterlagen zur Registrierung erforderlich sind, lesen Sie auf der viaTOLL Website unter www.viatoll.pl. An den Konzessionsstrecken kann ViaToll nicht genutzt werden, dort muss in bar oder mit Kredit- oder Bankkarte gezahlt werden.
Regelungen im Verkehr, die sich von deutschen Bestimmungen unterscheiden:

- Alkohol am Steuer: **Promillegrenze 0,2 %**.
- Auf allen Straßen muss **tagsüber ganzjährig mit Abblendlicht** gefahren werden.
- **Jeder Unfall ist der Polizei zu melden**. Die Rufnummer der Polizei lautet landesweit: **997**. Verlangen Sie für die spätere Scha-

densregulierung ein Exemplar des Polizeiprotokolls.

- Die zweispurigen Fernstraßen verfügen normalerweise über breite Seitenstreifen, auf die langsamfahrende Fahrzeuge ausweichen, um dem nachfolgenden Verkehr das Überholen zu ermöglichen. Dies wird gerne vom Gegenverkehr einkalkuliert und entsprechend überholt. Also auch hier gilt, vorausschauend fahren und ggf. "nachgeben" und bei überholendem Gegenverkehr nach rechts ausweichen.
- Bei Verkehrskontrollen: Der ADAC schreibt: *Motor ausschalten, Hände aufs Steuer und im Wagen sitzen bleiben, auf Aufforderung KFZ-Schein und Führerschein aushändigen.*
- Überholverbot: Im Bereich von Kreuzungen, Bus- und Straßenbahnhaltestellen, Fußgänger- und Radwegen sowie auf Brücken und in Tunnels.
- Polen ist stark landwirtschaftlich geprägt. Rechnen Sie mit langsamen Fahrzeugen, wie Traktoren, Pferdefuhrwerken oder übergroßen Mähdreschern.
- Straßenbahnen haben Vorfahrt an Kreuzungen gleichrangiger Straßen.
- Auch auf Fernstraßen steht am Bahnübergang ein Stoppschild.
- Bei kleinen Orten markieren grüne Ortsschilder Beginn und Ende. Bei größeren Ortschaften sind am Anfang und Ende schwarzweiße Schilder mit einer Stadtsilhouette aufgestellt. Innerhalb dieses Bereichs gilt die Geschwindigkeit für geschlossene Ortschaften.
- **Höchstgeschwindigkeit:**

innerorts: 5-23 Uhr	50 km/h
innerorts: 23-5 Uhr	60 km/h
außerorts:	90 km/h (bis 3,5 t), 70 km/h (>3,5 t)
Schnellstraße:	100 km/h (bis 3,5 t), 80 km/h (>3,5 t)
Schnellstraße 4-spurig:	120 km/h (bis 3,5 t)
Autobahnen:	140 km/h (bis 3,5 t), 80 km/h (>3,5 t)

2015 wurden die Strafen für Geschwindigkeitsüberschreitungen drastisch erhöht und es wird auch mehr kontrolliert (häufig aus größerer Entfernung mit der Radarpistole). Bußgelder sind vor Ort und in Landeswährung zu zahlen. Bei einer Verweigerung der Bezahlung, darf der Beamte den Fahrzeugführer bis zu 48 Stunden vorläufig festnehmen und eine richterliche Entscheidung abwarten.

- **Verkehrshinweise**: *Uwaga* - Vorsicht, *objazd*- Umleitung, *koniec* - Ende (Aufhebung einer Einschränkung), *droga kreta* - kurvenreiche Strecke, *koleiny* - Spurrillen, *wypadki* - Unfallgefahr, *wjazd* - Einfahrt, *wyjazd* - Ausfahrt, *piesi* - Fußgänger, *parking strzeżony* - bewachter Parkplatz, *parking niestrzeżony* - unbewachter Parkplatz , *parking płatny* - gebührenpflichtiger Parkplatz, *czarny punkt* - Große Schilder mit schwarzen Punkten, die unfallkritische Strecken anzeigen.
- Straßenbezeichnungen: *ul. = ulica* (Straße), *al. = aleja* (Allee)

Ver- und Entsorgung

Natürlich ist die Ver- und Entsorgung auf Campingplätzen unproble-

...atisch. Für die transportablen **WC-Kassette** gibt es dort fast immer gute Möglichkeiten zur Entleerung. Manchmal sind die Stationen etwas unscheinbar und versteckt, fragen hilft.
Die Entsorgung des Grauwassers ist allerdings teilweise problematisch. In Städten kann man sich mit einem Gully behelfen, Tankstellen haben häufig auch Waschplätze und erlauben Ihnen, dort zu entsorgen. Wir nehmen grundsätzlich nur Spülmittel aus abbaubaren Substanzen. Beim Duschen kann man den Duschgelverbrauch aufs Nötigste beschränken oder auch einmal ganz darauf verzichten.
Wer viel frei steht, kann sein Chemie-Klo (in das wir übrigens auch keine chemischen Zusätze geben) vorsichtig auf öffentlichen Toiletten entsorgen, zum Beispiel an Tankstellen. Hier ist auch das Wasserfassen auf Anfrage fast immer möglich.

Ortsregister

Es werden die Regionen und Städte im nördlichen Polen beschrieben, daher verwenden wir allergrößtenteils im Text und in den Karten die polnischen Bezeichnungen. Da natürlich häufig auch die ehemals deutschen Namen genutzt werden, hier eine Auflistung.

Polnisch-Deutsch

Bagienice - Neu Bagnowen
Barczewo - Wartenburg
Białogard - Belgard
Biały Bór - Baldenburg
Biskupice - Bischofsee
Biszkowice - Bischkowitz
Bisztynek - Bischofstein
Borne Sulinowo - Groß Born
Braniewo - Braunsberg
Bukowo Morskie - Seebukow
Buczyniec - Buchwalde
Bydgoszcz - Bromberg

Chałupy - Ceynowa
Chełmno - Kulm
Chełmża - Kulmsee
Chmielno - Chmelno
Cieszyno - Teschenbusch
Choćmirówo - Neu-Gutznierowo
Choczewo - Gotendorf
Chojna - Königsberg in der Neumark
Czaplinek - Tempelburg
Czarnów - Tschernow
Czelin - Zellin
Czolpino - Scholpin

Dąbki - Neuwasser
Dąbroszyn - Tamsel
Dąbrówno - Gilgenburg
Darłowo - Rügenwalde
Darłowko - Rügenwaldermünde
Dębki - Dembeck
Dębno - Neudamm
Derczewo - Dertzow
Drawsko Pomorskie - Dramburg
Drzecin - Trettin
Dzierzgon - Christburg
Dziwnówek - Dievenow
Dźwirzyno - Kolberger Deep

Elbląg - Elbing
Ełk - Lyck

Fromborg - Frauenburg

Gardna Wilka - Groß-Garde
Gąski - Funkenhagen
Gawroniec - Gersdorf
Gdańsk - Danzig
Gdynia - Gdingen
Gierłoż - Görlitz
Giżycko - Lötzen
Gniezno - Gnesen
Gozdowice - Güstebiese
Gorzów Wielkopolski - Landsberg
Górzyca - Göritz
Grudziądz - Graudenz
Grunwald - Grünfelde
Gryfice - Greifenberg
Gryfino - Greifenhagen
Grzybowo - Gribow

Hel - Hela
Harsz - Haarszen

Jankowice - Jankenwalde
Jantar - Pasewalk
Jarosławiec - Jershöft
Jastarnia - Heisternest
Jastrzębia - Habichtsberg
Jelonki - Hirschfeld
Jezioro Bukowo - Bukower See
Jezioro Byszyno - Boissinsee
Jezioro Drąbąg - Drabag See
Jezioro Gardno - Gardersee
Jezioro Jamno - Jarmunder See
Jezioro Maltnskie - Malta See
Jezioro Śniardwy - Spirdingsee
Jezioro Wukśniki - Wuchsnigsee
Jezioro Wulpinskie - Wulping-See
Jezioro Żarnowieckie - Zarnowitzer See
Jurata - Danziger Heisternest

Kadyny - Cadinen
Kal - Kehlen
Kaleńsko - Kalenzig
Kamień Pomorski - Cammin
Kątno - Tafelbude
Katy Rybackie - Bodenwinkel
Kartuzy - Karthaus
Karwia - Karwen
Kętrzyn - Rastenburg
Kluki - Klucken
Kołczewo - Kolzow
Kołobrzeg - Kolberg
Kopalino - Kopallin
Kórnik - Kurnik
Kostrzyn - Küstrin
Koszalin - Köslin
Kowalów - Kohlow
Krokowa - Krockow
Krutyn - Krutinnen
Krynica Morska - Kahlberg-Liep
Krzywe - Krzywen/Rundfließ
Kunowice - Kunersdorf
Kuźnica - Kußfeld
Kwidzyn - Marienwerder

Łagów - Lagow
Lazy - Lasse
Łeba - Leba
Leszno - Lissa/Lissen
Lidsbark-Warmiński - Heilsberg
Lipiany - Lippehne
Lipsk - Leipzig
Lubieszewo - Güntershagen
Lubkowo - Georgendorf

Malbork - Marienburg
Mamerki - Mauerwald
Moczyłki - Springkrug
Morąg - Mohrungen
Mrągowo - Sensburg
Międzyrzecz - Meseritz
Międzyzdroje - Misdroy
Mielno - Großmöllen
Mierzeja Wiślana - Frische Nehrung
Mikołajki - Nikolaiken
Mikoszewo - Nickelswalde
Miłakowo - Liebstadt
Morze Bałtyckie - Ostsee
Moryń - Mohrin
Mosina - Moschin
Motława - Mottlau
Mrzeżyno - (Treptower) Deep
Myśliborz - Soldin

Nidzica - Neidenburg
Niechorze - Horst
Nowielin - Naulin
Nowogard - Naugard
Nowy Dwor Gdański - Tiegenhof
Nowe Guty - Seegutten
Nowe Lebusz - Neu Lebus
Nowe Warpno - Neuwarp

Odra - Oder
Olecko - Treuburg
Oliwa - Oliva
Olstztyn - Allenstein
Olsztynek - Hohenstein
Orneta - Wormditt
Orzysz - Arys
Ośno Lubuskie - Drossen
Ostróda - Osterode
Ostrzyce - Ostritz

Pasłęk - Preussisch-Holland
Pępowo - Pempowo
Piaski - Neukrug
Pieniężno - Mehlsack
Pisz - Johannisburg
Płock - Plock/Plotzk/Plozk
Połczyn -Zdrój - Bad Polzin
Porost - Porst
Porzecze - Preetz
Pozezdrze - Possessern
Poznań - Posen
Przemęt - Priment
Puck - Putzig

Pyrzyce - Pyritz
Pogorzelica - Fischerkarten
Pogrodzie - Neukirch-Höhe
Poznań - Posen
Puck - Putzig
Przybiernów - Pribbernow

Radzieje - Rosengarten
Reszel - Rössel
Rewal - Rewahl
Rogowo - Roggow
Rowokól - Reveken
Rowy - Rowe
Ruciane Nida - Niedersee-Nieden
Ruska Wieś - Reussen
Rzystnowo - Rißnow

Samin - Seemen
Sarbinowo - Sorenbohm
Schimonken - Szymonka
Sikory - Schikorren
Skwierzyna - Schwerin
Słonsk - Sonnenburg
Słubice - Damm
Słupsk - Stolp
Smołdzino - Schmolsin
Sobieszewo - Bohnsack
Sopot - Zoppot
Sorkwity - Sorquitten
Stare Jabłonski - Alt Jablonken
Stare Folwark -
Stargard Szczciński - Stargard
Stegna - Steegen
Stepnica - Stepenitz
Straduny - Stradaunen
Suchacz - Succase
Sucha Koszalinska - Zuchen
Suwałki - Suwalken
Swarzewo - Schwarzau
Świebodzin - Schwiebus
Świnoujście - Swinemünde
Świecie - Schwetz
Święta Lipka - Heilige Linde
Szczecin - Stettin
Szczecinek - Neustettin
Szeroki Bór - Breitenheide
Szkotowo - Skottau
Sztum - Stuhm
Sztutowo - Stutthof

Tabórz - Tabor
Tolkmicko - Tolkenmit
Toporzyk - Bramstädt
Toruń - Thorn
Trzebiatów - Treptow an der Rega
Trzebież - Ziegenort
Tumiany - Daumen

Ukta - Ukta
Ustka - Stolpmünde
Ustronie Morskie - Henkenhagen

Wapnica - Kalkofen
Warszawa - Warschau
Warta - Warthe
Węgorzewo - Angerburg
Wejherowo - Neustadt
Wicko - Vietzig
Widuchowa - Fiddichow
Wieniotowo - Wendhagen
Wisłeka - Neuendorf
Wisła - Weichsel
Witnica - Vietz
Władysławowo - Grossendorf
Wojnowo - Eckertsdorf
Wolin - Wollin
Wschowa - Fraustadt

Zakota Gdańska - Danziger Bucht
Zbąszyń - Bentschen
Zaleskie - Saleskie
Zarańsko - Sarranzig
Żarnowiec - Zarnowitz
Żnin - Znin
Żukowo - Zuckau

Deutsch - Polnisch

Allenstein - Olsztyn
Alt Jablonken - Stare Jabłonski
Angerburg - Węgorzewo
Arys - Orzysz

Bad Polzin - Połczyn -Zdrój
Baldenburg - Biały Bór
Belgard - Białogard
Bentschen - Zbąszyń
Bischkowitz - Biszkowice
Bischofsee - Biskupice
Bischofstein - Bisztynek
Bodenwinkel - Katy Rybackie
Bohnsack - Sobieszewo
Boissinsee - Jezioro Byszyno
Bramstädt - Toporzyk
Braunsberg - Braniewo
Breitenheide - Szeroki Bór
Bromberg - Bydgoszcz
Buchwalde - Buczyniec
Bukower See - Jezioro Bukowo

Cadinen - Kadyny
Cammin - Kamień Pomorski
Ceynowa - Chałupy

Chmelno - Chmielno
Christburg - Dzierzgon

Drabag See - Jezioro Drąbąg
Damm - Słubice
Danzig - Gdańsk
Danziger Bucht - Zakota Gdańska
Danziger Heisternest - Jurata
Daumen - Tumiany
Dembeck - Dębki
Dertzow - Derczewo
Dievenow - Dziwnówek
Dramburg - Drawsko Pomorskie
Drossen - Ośno Lubuskie

Eckertsdorf - Wojnowo
Elbling - Ebląg

Fiddichow - Widuchowa
Fischerkarten - Pogorzelica
Frauenburg - Frombork
Fraustadt - Wschowa
Frische Nehrung - Mierzeja Wiślana
Funkenhagen - Gąski

Gardersee - Jezioro Gardno
Gdingen - Gdynia
Georgendorf - Lubkowo
Gersdorf - Gawroniec
Gilgenburg - Dąbrówno
Gnesen - Gniezno
Göritz - Górzyca
Görlitz - Gierłoż
Gotendorf - Choczewo
Graudenz - Grudziądz
Greifenberg - Gryfice
Greifenhagen - Gryfino
Gribow - Grzybowo
Grossendorf - Władysławowo
Groß Born - Borne Sulinowo
Groß-Garde - Gardna Wilka
Großmöllen - Mielno
Grünfelde - Grunwald
Güstebiese -Gozdowice
Güntershagen - Lubieszewo

Habichtsberg - Jastrzębia
Haarszen - Harsz
Heiligelinde - Święta Lipka
Heilsberg - Lidsbark-Warmiński
Heisternest - Jastarnia
Hela - Hel
Henkenhagen - Ustronie Morskie
Hirschfeld - Jelonki
Hohenstein - Olsztynek
Horst - Nichorze

Jamuner See - Jezioro Jamno
Jankenwalde - Jankowice
Jershöft - Jarosławiec
Johannisburg - Pisz

Kahlberg-Liep - Krynica Morska
Kalenzig - Kaleńsko
Kalkofen - Wapnica
Karthaus - Kartuzy
Karwen - Karwia
Kehlen - Kal
Klucken - Kluki
Kohlow - Kowalów
Kolberg - Kołobrzeg
Kolberger Deep - Dźwirzyno
Kolzow - Kołczewo
Kopallin - Kopalino
Königsberg in der Neumark - Chojna
Köslin - Koszalin
Küstrin - Kostrzyn
Krockow - Krokowa
Krutinnen - Krutyn
Krzywen/Rundfließ - Krzywe
Kulm - Chełmno
Kulmsee - Chełmża
Kunersdorf - Kunowice
Kurnik - Kórnik
Kußfeld - Kuźnica

Lagow - Łagów
Landsberg - Gorzów Wielkopolski
Lasse - Łazy
Leba - Łeba
Leipzig - Lipsk
Liebstadt - Miłakowo
Lippehne - Lipiany
Lissa/Lissen - Leszno
Lötzen - Giżycko
Lyck - Ełk

Malta See - Jezioro Maltanskie
Marienburg - Malborg
Marienwerder - Kwidzyn
Mauerwald - Mamerki
Mehlsack - Pieniężno
Merseritz - Międzyrzecz
Misdroy - Międzyzdroje
Mohrin - Moryń
Mohrungen - Morąg
Moschin - Mosina
Mottlau - Motława
Naugard - Nowogard
Naulin - Nowielin
Neudamm - Dębno

Neustettin - Szczecinek
Neidenburg - Nidzica
Neu Bagnowen - Bagienice
Neuendorf - Wisełka
Neu Gutznierow - Choćmirówo
Neukirch-Höhe - pogrodzie
Neukrug - Piaski
Neu Lebus - Nowe Lebusz
Neustadt - Wejherowo
Neuwarp - Nowe Warpno
Neuwasser - Dąbki
Nickelswalde - Mikoszewo
Niedersee-Nieden - Ruciane-Nida
Nikolaiken - Mikołajki

Oder - Odra
Oliva - Oliwa
Osterode - Ostróda
Ostritz - Ostrzyce
Ostsee - Morze Bałtyckie

Pasewark - Jantar
Pempowo - Pępowo
Plock/Plotzk/Plozk - Płock
Porst - Porost
Posen - Poznań
Possessern - Pozezdrze
Preetz - Porzecze
Preussisch-Holland - Pasłęk
Pribbernow - Przybiernów
Priment - Przemęt
Putzig - Puck
Pyritz - Pyrzyce

Rastenburg - Kętrzyn
Reussen - Ruska Wieś
Reveken - Rowokól
Rewahl - Rewal
Rißnow - Rzystnowo
Roggow - Rogowo
Rosengarten - Radzieje
Rössel - Reszel
Rowe - Rowy
Rügenwalde - Darłowo
Rügenwaldermünde - Darłowko

Saleskie - Zaleskie
Sarranzig - Zarańsko
Schikorren - Sikory
Schmolsin - Smołdzino
Scholpin - Czolpino
Schwarzau - Swarzewo
Schwetz - Świecie
Schwiebus - Świebodzin
Seebukow - Bukowo Morskie
Seegutten - Nowe Guty
Seemen - Samin
Sensburg - Mrągowo
Skottau - Szkotowo
Soldin - Myśliborz
Sonnenburg - Słonsk
Sorenbohm - Sarbinowo
Sorquitten - Sorkwity
Spirdingsee - Jezioro Śniardwy
Springkrug - Moczyłki
Stargard - Stargard Szczciński
Steegen - Stegna
Stepenitz - Stepnica
Stettin - Szczecin
Stolpmünde - Ustka
Stradaunen - Straduny
Stuhm - Sztum
Stutthof - Sztutowo
Suwalken - Suwałki
Swinemünde - Świnoujście
Szymonka - Schimonken

Tabor - Tabórz
Tafelbude - Kątno
Tamsel - Dąbroszyn
Tempelburg - Czaplinek
Teschenbusch - Cieszyno
Thorn - Toruń
Tiegendorf - Nowy Dwór Dański
Tolkenmit - Tolkmicko
Trettin - Drzecin
Treptow an der Rega - Trzebiatów
(Treptower) Deep - Mrzeżyno
Tschernow - Czarnów

Ukta - Ukta

Vietz - Witnica
Vietzig - Wicko

Warschau - Warszawa
Wartenburg - Barczewo
Weichsel - Wisła
Wendhagen - Wieniotowo
Wollin - Wolin
Wormditt - Orneta
Wuchsnigsee - Jezioro Wukśniki

Zarnowitz - Żarnowiec
Zarnowitzer See - Jezioro Żarnowieckie
Zellin - Czelin
Ziegenort - Trzebież
Znin - Żnin
Zuckau - Żukowo

Stichwortverzeichnis

Der WOMO®-Knackerschreck

* ist die universelle und **sofort sichtbare Einbruchssperre**.
* Wird einfach in die beiden Türarmlehnen eingehängt, zusammengeschoben und abgeschlossen.
* Passend für Ducato, Peugeot, Renault Master, MB Sprinter und VW (alle Typen).
* Krallen aus 10 mm massivem, einbrennlackiertem Stahl, d. h. nahezu unverwüstlich.

Nur 54,90 € – und nur bei WOMO!

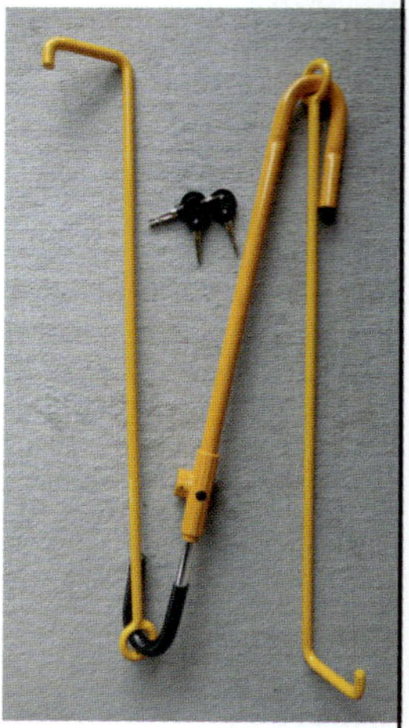

Der WOMO®-Aufkleber

* passt mit 14 cm Breite auch auf Ihr Wohnmobil.
* ist das weit sichtbare Symbol für alle WOMO-Freunde.

0,00 € – und nur bei WOMO!

Der WOMO®-Leserservice

Passend zu unseren Reiseführern bieten wir in unserem Online-Buchshop unter **www.womo.de** an:

* Die besten **Autokarten** von Michelin, Freytag & Berndt, Reise-know-how, die garantiert die komplette Reiseroute abdecken.
* Die Kauderwelsch-**Wörterbücher** für jede Sprache unserer Reiseländer.
* Von jedem Reiseland mindestens einen Rother-**Wanderführer** über die schönsten Wanderregionen.
* Eine **GPS-CD** für jeden Reiseführer mit allen Koordinaten zur schnellen Übertragung auf Ihr Navi (Garmin, TomTom, Falk).

Info-Blatt für das WOMO-Buch: Polen Nord '17
(ausgefüllt erhalte ich 10% Info-Honorar auf Buchbestellungen direkt beim Verlag)

Lokalität: Seite: Datum:
(Stellplatz, Campingplatz, Wandertour, Gaststätte, usw.)
unverändert gesperrt/geschlossen folgende Änderungen:

Lokalität: Seite: Datum:
(Stellplatz, Campingplatz, Wandertour, Gaststätte, usw.)
unverändert gesperrt/geschlossen folgende Änderungen:

Lokalität: Seite: Datum:
(Stellplatz, Campingplatz, Wandertour, Gaststätte, usw.)
unverändert gesperrt/geschlossen folgende Änderungen:

Lokalität: Seite: Datum:
(Stellplatz, Campingplatz, Wandertour, Gaststätte, usw.)
unverändert gesperrt/geschlossen folgende Änderungen:

Lokalität: Seite: Datum:
(Stellplatz, Campingplatz, Wandertour, Gaststätte, usw.)
unverändert gesperrt/geschlossen folgende Änderungen:

Lokalität: Seite: Datum:
(Stellplatz, Campingplatz, Wandertour, Gaststätte, usw.)
unverändert gesperrt/geschlossen folgende Änderungen:

Meine Adresse und Tel.-Nummer:

Nur komplett ausgefüllte, zeitnah eingesandte Infoblätter können berücksichtigt werden!

Info-Blatt für das WOMO-Buch: Polen Nord '17

(ausgefüllt erhalte ich 10% Info-Honorar auf Buchbestellungen direkt beim Verlag)

Lokalität: Seite: Datum:
(Stellplatz, Campingplatz, Wandertour, Gaststätte, usw.)

unverändert gesperrt/geschlossen folgende Änderungen:

Lokalität: Seite: Datum:
(Stellplatz, Campingplatz, Wandertour, Gaststätte, usw.)

unverändert gesperrt/geschlossen folgende Änderungen:

Lokalität: Seite: Datum:
(Stellplatz, Campingplatz, Wandertour, Gaststätte, usw.)

unverändert gesperrt/geschlossen folgende Änderungen:

Lokalität: Seite: Datum:
(Stellplatz, Campingplatz, Wandertour, Gaststätte, usw.)

unverändert gesperrt/geschlossen folgende Änderungen:

Lokalität: Seite: Datum:
(Stellplatz, Campingplatz, Wandertour, Gaststätte, usw.)

unverändert gesperrt/geschlossen folgende Änderungen:

Lokalität: Seite: Datum:
(Stellplatz, Campingplatz, Wandertour, Gaststätte, usw.)

unverändert gesperrt/geschlossen folgende Änderungen:

Meine Adresse und Tel.-Nummer:

Nur komplett ausgefüllte, zeitnah eingesandte Infoblätter können berücksichtigt werden!

Wir bestellen zur sofortigen Lieferung: (Alle Preise in € [D], Preisänderungen vorbehalten)

- ❑ Wohnmobil Handbuch .... 19,90 €
- ❑ Wohnmobil Kochbuch .... 12,90 €
- ❑ Albanien .... 19,90 €
- ❑ Allgäu .... 17,90 €
- ❑ Auvergne .... 19,90 €
- ❑ Baltikum .... 20,90 €
- ❑ Bayern (Nordost) .... 19,90 €
- ❑ Bayern (Südost) .... 19,90 €
- ❑ Belgien & Luxemburg .... 19,90 €
- ❑ Bretagne .... 18,90 €
- ❑ Burgund .... 17,90 €
- ❑ Dänemark .... 19,90 €
- ❑ Elsass .... 19,90 €
- ❑ England (Süden) .... 19,90 €
- ❑ Finnland .... 19,90 €
- ❑ Franz. Atlantikküste (Nord) .... 19,90 €
- ❑ Franz. Atlantikküste (Süd) .... 17,90 €
- ❑ Franz. Jura .... 19,90 €
- ❑ Griechenland .... 19,90 €
- ❑ Hessen (Norden + Osten) .... 19,90 €
- ❑ Hessen (Mitte + Süden) .... 19,90 €
- ❑ Hunsrück/Mosel/Eifel .... 19,90 €
- ❑ Irland .... 19,90 €
- ❑ Korsika .... 18,90 €
- ❑ Kroatien/Montenegro .... 19,90 €
- ❑ Latium/Rom/Abruzzen .... 18,90 €
- ❑ Ligurien .... 17,90 €
- ❑ Loire-Tal/Paris .... 17,90 €
- ❑ Languedoc/Roussillon .... 19,90 €
- ❑ Marokko .... 19,90 €
- ❑ Mecklenburg-Vorpommern (Ost) .... 18,90 €
- ❑ Mecklenburg-Vorpommern (West) .... 18,90 €
- ❑ Namibia .... 19,90 €
- ❑ Neuseeland .... 24,90 €
- ❑ Niederlande .... 19,90 €
- ❑ Nord-Frankreich .... 18,90 €
- ❑ Normandie .... 19,90 €
- ❑ Norwegen (Nord) .... 19,90 €
- ❑ Norwegen (Süd) .... 19,90 €
- ❑ Österreich (Ost) .... 19,90 €
- ❑ Österreich (West) .... 18,90 €
- ❑ Ostfriesland .... 20,90 €
- ❑ Peloponnes .... 18,90 €
- ❑ Pfalz .... 19,90 €
- ❑ Piemont/Aosta-Tal .... 19,90 €
- ❑ Polen (Nord/Masuren) .... 19,90 €
- ❑ Polen (Süd/Schlesien) .... 17,90 €
- ❑ Portugal .... 19,90 €
- ❑ Provence & Côte d'Azur (Ost) .... 19,90 €
- ❑ Provence & Côte d'Azur (West) .... 19,90 €
- ❑ Rumänien .... 19,90 €
- ❑ Pyrenäen .... 17,90 €
- ❑ Sachsen .... 19,90 €
- ❑ Sardinien .... 19,90 €
- ❑ Schleswig-Holstein .... 19,90 €
- ❑ Schottland .... 18,90 €
- ❑ Schwarzwald .... 17,90 €
- ❑ Schweden (Nord) .... 18,90 €
- ❑ Schweden (Süd) .... 19,90 €
- ❑ Schweiz (Ost) .... 19,90 €
- ❑ Schweiz (West) .... 19,90 €
- ❑ Sizilien .... 18,90 €
- ❑ Slowenien .... 18,90 €
- ❑ Spanien (Nord/Atlantik) .... 19,90 €
- ❑ Spanien (Ost/Katalonien) .... 18,90 €
- ❑ Spanien (Süd/Andalusien) .... 18,90 €
- ❑ Südafrika (Krüger NP) .... 24,90 €
- ❑ Süditalien (Osthälfte) .... 19,90 €
- ❑ Süditalien (Westhälfte) .... 19,90 €
- ❑ Süd-Tirol .... 18,90 €
- ❑ Thüringen .... 19,90 €
- ❑ Toskana & Elba .... 20,90 €
- ❑ Trentino/Gardasee .... 18,90 €
- ❑ Tschechien .... 18,90 €
- ❑ Tunesien .... 17,90 €
- ❑ Türkei (West) .... 18,90 €
- ❑ Türkei (Mitte-Kappadokien) .... 17,90 €
- ❑ Umbrien & Marken mit Adria .... 18,90 €
- ❑ Ungarn .... 17,90 €
- ❑ Venetien/Friaul .... 19,90 €
- ❑ Wales .... 18,90 €

* WOMO * * WOMO * * WOMO * * WOMO *

Absender:

Datum

Unterschrift

WOMO®-VERLAG

Versandabteilung

Wiesenweg 4-6

98634 Mittelsdorf/Rhön

DIE REISE- UND ERLEBNISFÜHRER

* Bequeme Touren durchs ganze Urlaubsland.
* Viele Plätzchen für freie Übernachtungen mit GPS.
* Genaue Hinweise auf viele Trinkwasserstellen.
* Die schönsten Badeplätze, die nicht jeder kennt.
* Bergtouren und Spaziergänge für groß und klein.
* Die besten Anreiserouten, Fähren, usw.
* 300 Tipps und Tricks – für Ausrüstung, Reisevorbereitung und Urlaub.
* Ausgefeilte Profipackliste.
* Spezialkarten mit präzisen Einträgen der freien Stellplätze, Trinkwasser- und Entsorgungsstellen.

DAS KOCHBUCH

* Einrichtung der WOMO-Küche.
* Lebensmittel-Grundausstattung.
* Konserven selbst gemacht.
* Backen in der Bratpfanne – Kuchen, Pizza, Brote.
* Viele, viele WOMO-Rezepte für zwei Gasflammen – einfach, schnell und lecker!
* Einkochen im Urlaub.
* Spezialrezepte für den Dampftopf.
* Der WOMO-Pfannenknecht.

DAS HANDBUCH

* Beratung bei Kauf und Miete.
* Gas-, Wasser-, Elektroinstallation.
* Einrichten des Wohnmobils.
* Tipps & Tricks fürs Wochenende.
* 3200 freie deutsche Stellplätze.
* 700 deutsche Entsorgungsstationen.
* Urlaubsvorbereitung, Profipackliste.
* .Stellplatz-Infos für ganz Europa.
* Wohnmobil und Wintersport.
* Der WOMO-Urlaubspartner-Service.
* Gastankstellen in ganz Europa.

Unsere Bücher erhalten Sie in jeder Buchhandlung oder auf Rechnung direkt vom Verlag. Hier gibt's auch die aktuellen Infos über unsere ständigen Neuerscheinungen. (Versandkosten 1,20 €, ab 10 € portofrei / Ausland 4 €, Preisänderungen vorbehalten).

24 Std.-Bestell-Telefon: 036946-20691*Fax: 036946-20692
Internet: www.womo.de * eMail: verlag@womo.de**

* WOMO * * WOMO * * WOMO * * WOMO *